脱稿讲话

梁素娟 编著

北京联合出版公司
Beijing United Publishing Co.,Ltd.

图书在版编目（CIP）数据

脱稿讲话 / 梁素娟编著 . — 北京：北京联合出版公司，2016.1
（2024.11 重印）

ISBN 978-7-5502-6945-3

Ⅰ . ①脱… Ⅱ . ①梁… Ⅲ . ①演讲—通俗读物 Ⅳ . ① H019–49

中国版本图书馆 CIP 数据核字（2015）第 321461 号

脱稿讲话

编　　著：梁素娟

出 品 人：赵红仕

责任编辑：杨　青　李　征

封面设计：李艾红

图文制作：潘　松

北京联合出版公司出版

（北京市西城区德外大街 83 号楼 9 层　100088）

河北松源印刷有限公司印刷　新华书店经销

字数 650 千字　　720 毫米 × 1020 毫米　1/16　27.5 印张

2016 年 1 月第 1 版　2024 年 11 月第 4 次印刷

ISBN 978-7-5502-6945-3

定价：68.00 元

目前在需要当众讲话的场合，有些时候，发言稿早已写好印发与会人员手中，讲话者上台只不过是朗诵一下，过过场，上上镜头而已。即使有插话，也只是偶尔现象。开会的时候照本宣科，无稿不成言，无稿不成会，无稿心就慌，不念稿就不会讲话，甚至接受媒体采访，面对记者关于数据等情况要点问题的频频追问，也以事先写好的文稿应对，破绽百出、"笑话"百出。这种唯"稿"独尊、目中无"人"的讲话模式常常让听众昏昏欲睡，难以收到预期的效果。这其中的原因可能有因为工作过于繁忙，自己没时间动手准备；也有怕脱稿发言失语，引发不必要的麻烦，索性照稿子一字一句念；还有的存在懒惰思想。因此，尽管人们期望看到更多的脱稿即席讲话，但长期以来很难出现。

常言说，心无二用。说的是人在一个时间点上脑子只能想一件事。读稿时，脑子要高度紧张地看文字，念字发声，害怕念错，就不容易出现形象生动的画面，所以读出来的语言就容易平淡，不生动。所以，脱稿讲话就显得尤为重要。那么，脱稿讲话有什么好处呢?

脱稿演讲时，脑子在组织语言时有生动形象的画面出现，有画面，就会触景生情，语言自然容易生动形象，抑扬顿挫。读稿，眼睛要一直看着文稿，无法和观众进行视觉交流；脱稿演讲，眼睛不用看稿子，能够一直看观众。而眼睛看观众有三个好处：一是可以让眼睛说话，眉飞色舞，表达自己的喜怒哀乐；二是可以和观众进行眼神交流，传达自己对他们的关注和善意；三是可以观察观众反应，及时调整自己的思路和语言。

写出文字稿，讲究结构严谨，语言准确，并且有字数限制，不能超时。一旦你要读稿时，文字稿就形成了一个框框，框住了思维和语言。时间有限，你要严格按照文稿将全文读完，不能随便插进即兴语言，也不能随意停顿，才能保证不超时。而脱稿演讲时，只有一个大概提纲，在讲的时候可以现场调整思路和时间，还可以结合现场情况增减讲话内容。

在今天这样的信息时代，人们的文化视野、交际视野开阔了，有越来越多的场合需要公开地发表意见、用语言来打动别人。自我推荐、介绍产品、主持会议、商务谈判、交流经验、鼓励员工、化解矛盾、探讨学问、接洽事务、交换信息、传授技艺，还有交际应酬、传递情感和娱乐消遣都离不开脱稿讲话。另外，看一个人是否有能力，这些能力能否表现出来，在很大程度上取决于他是否能脱稿讲话。因此，脱稿讲话就成了衡量一个人是否有能力的重要标准之一。

脱稿讲话是个人魅力的集中展示，无论是在严肃的工作场合还是平时的聚会活动中，发言讲话用脱稿的方式，才会让听众更愿意接受。本书不仅有适用于脱稿讲话的理论基础，更有具体场合的说话方式，分别从欢迎欢送会、开闭幕式、颁奖仪式、开竣工、主持会议、生日聚会、婚礼宴会等 26 个场合为大家展示脱稿讲话的技巧，其中一些精彩的范例更是能让大家获益匪浅。希望本书能让每一位读者朋友克服脱稿讲话的恐惧，并在以后的类似场合轻松应对，出口不凡。

第一章 是什么让我们无法脱稿

第二章　脱稿说话难吗

第三章　遇到尴尬怎么说

第四章　具体场合怎么说

第五章　如何讲得更自信

第六章 如何说得更生动

第七章　脱稿讲话的组织思路

第八章 即席发言的法则

是什么让我们无法脱稿

脱稿讲话提升自信，增强气场

不常开口说话造成的"能力弱化"或"场合恐惧"

在现实生活中存在着这样一种现象：有一些人各方面的能力都很优秀，唯独不敢在众人面前进行脱稿讲话，每当遇到这样的情况时，他们都紧张不已，甚至有的人还会选择逃避……其实，这样的情况不仅体现在这些优秀的人身上，每个人都或多或少地恐惧当众讲话，尤其是那些性格内向的人，平时就不太爱说话，不愿意与人交流，更加恐惧当众讲话。因为他们不知道应该说些什么，或者怎样去说，一遇到需要发言的场合就闪闪躲躲，不愿意去面对，越是这样恐惧害怕越是不敢讲，久而久之，这种当众脱稿讲话的能力就会越来越弱，甚至会失去这项能力。

这就和练习英语听力的状态差不多，如果不经常练习，英语听力的水平一定会下降，而它导致的结果就是害怕听力考试。放在脱稿讲话上也是一样，越是不开口说，不练习，越不知道怎么说，也就越害怕遇到这种场合，时间长了，这种能力自然就会弱化。

李晓燕的性格很内向。她小时候是在农村跟外祖母一起生活的。外祖母觉得她父母不在身边，生怕她受委屈，因此对她是百般疼爱。因为从小的生活环境所致，李晓燕接触到的人不多，与人交往也少。偶尔与周围的邻居说话都脸红，更不用说面对一群人展示自我了。

有一次，全校组织演讲比赛，需要每一位学生都积极参加，李晓燕不可避免要面对当众讲话的场合。她上台前就感觉非常紧张，害怕一下面对那么多人。于是她刚站在台上就脸红了，接下来的演讲当然也没有成功，紧张和恐惧的心理让她没说几句就匆匆地下台了。后来，只要是遇到当众讲话的场合，她就找各种理由进行推脱，从来不试着去锻炼自己。

参加工作后，因为自己不善言谈，人际关系也不是很好，但她想的是，自己作为普通的职员，只要做好自己本职工作就可以了。可没想到的是，当众讲话无处不在。比如：平时需要和领导汇报工作、给同事们介绍工作情况等等。而李晓燕每次遇到这样的场合都是紧张不已，始终克服不了这个缺点。

故事中李晓燕选择逃避讲话是非常不理智的做法。因为当众讲话这种事会伴随着一个人的职业发展悄悄地来到人们面前，逃避是解决不了任何问题的。更重要的是，不常开口讲话的人说话能力也会弱化，遇到人多的场合就不知道说什么，然后就会因为没有底气而害怕遇到这些场合，甚至是只要一想到需要当众讲话，就会非常恐惧和忧虑，越恐惧越不敢说，越不敢说越不会说，长此以往，就形成了不敢说话的恶性循环。

我们要想不断提高自己讲话能力，就要学会正视自己面临的问题，在平时多说、多练。只要反复练习，不断地提高自己讲话的能力，才能熟能生巧，练就出色的口才。

美国总统林肯出身于农民家庭，当过雇工、石匠、店员、舵手、伐木工等，社会地位卑微，但从不放松口才训练。17岁时他常徒步30多英里到镇上，听法院里的律师慷慨陈词的辩护，听传教士高亢悠扬的布道，听政界人士振振有词的演说，回来后就寻一无人处精心模仿演练，终于练就好口才。林肯经常会为准备某次演讲而面对光秃秃的树桩和成片的玉米，一遍又一遍地试讲。正是因为如此，林肯最终成了著名的演说家。

林肯无论是在平时生活中，还是工作中，都在练习说话，提高自己的口才。所以，我们要想提高自己的口才，面对脱稿讲话毫不怯场，就要注意平时的练习。

其实，不敢当众开口说话还有一个重要的原因就是自卑心理。因为内心自卑，所以在当众讲话时总是忧虑这个，恐惧那个，怕自己说错话会闹出笑话，担心自己的紧张会给他人留下不好的印象。怯场者也希望自己能够在众人面前展现自己的风采，可是偏偏又突破不了自己的心理障碍，总是想着自己讲不好而不试着去锻炼，这也逐渐让自己的说话能力变得越来越弱，也越来越恐惧说话的场合。所以，要想提高自己的讲话能力，就需要克服自卑心理，实现自我突破。唯有如此，才能让自己演讲更出色。

综上所述，我们知道，要是不常开口说话就会造成能力弱化或者场合恐惧。所以，要想练习脱稿讲话的能力，首先就要勇于克服自卑心理，经常练习说话，这样才能让我们越来越愿意讲话，逐渐培养起讲话的自信。

因成长经历而造成的关键时刻掉链子

有些人在脱稿讲话的时候容易卡壳，也就是人们常说的"关键时刻掉链子"。这其中的原因很可能与讲话者的成长经历有关。成长经历中的一次或几次比较特别的讲话经验会对讲话人产生深远的影响。而导致人们面对类似场景掉链子的多数都是不好的经历，比如一次重大失误或者一次非常失败的演讲。这些失败的经历平时会潜藏在某一个角落，让人不容易察觉到，一旦类似的情况出现时，它们就不请自来，让讲话人出现卡壳、掉链子的情况。

一位著名的心理学专家说："成长中一次失败的经历会对以后的生活产生重大的影响，也许会在心中留下阴影。"讲话的经历也不例外。一旦有相关的或相似的内容出现时，讲话就会卡壳，无法顺利地进行，这就充分说明了在关键的时刻容易掉链子在很大的程度上是由我们成长经历决定的。

这种由于成长经历造成的阴影让人们在当众讲话，尤其是脱稿讲话时脑子里一片空白，或者因为恐惧，担心再次失败而不知所措，语无伦次，闹出种种笑话，甚至有些人还会深度怀疑自己的能力。

这样的情况也发生在李先生身上：

李先生从小就很聪明，为人也很开朗，在学校也喜欢参加一些文艺活动。有一次，班里举办一次演讲比赛，李先生自然也报了名。

在演讲的时候，面对那么多老师和学生，他才发现自己是如此紧张，他感到脑子里一片空白，不知道要说什么。最终只是草草地说了几句就下台了。这次演讲的失败给他留下了深刻的印象，以致以后每次演讲都会受其影响。

在初二的时候，学校要求每个班级组织演讲比赛，李先生精心准备了材料，他害怕上次的失败再次重现，害怕像上一次那样紧张地说不出来话，在老师和学生面前当众出丑。怀着这些复杂的心理，他登上了讲台，面对眼前的这么多人，他又开始紧张，同样的情景又出现了，看着老师和同学们期待的眼神，他焦急而又不知所措，可想而知，这次演讲又一次失败了。

虽然事情过去很多年了，随着他走上了管理岗位，每逢遇到重要的场合时，他总会嗓子眼发紧，脑袋空白，说不出话来……

成长的过程中经历的痛苦势必会给以后的人生带来影响。年幼的时候一次失败的演讲，在李先生的心底刻上了印记，致使以后在当众讲话的时候还会担心出现类似情况。显然，这些痛苦的经历让他难以释怀。

在我们成长过程中，难免会经历一些创伤，这就在心里形成了心结，用俗话说也就是"一朝被蛇咬，十年怕井绳"。尤其是在公开场合进行讲话，讲话者要是在众多人面前出丑，势必会强烈打击他们的自信心。这样的心结会在心中久久挥之不去，进而影响以后的讲话。

心中之所以有阴影是因为不能够突破自我。其实一次失败的讲话并不可怕，一次在关键的时候卡壳也并不可怕，可怕的是一生的失败。所以，请不要为自己失败的经历而懊悔不已，抛开成长的经历，把每一个失败或者失误当作历练。只有这样，我们脱稿讲话的能力才会越来越好。

王燕和几个同事由于业绩突出，一起被公司提升为区域总经理，同时公司还将要为他们举办一次庆功会。期间，需要王燕作为代表讲几句话。为了能够树立权威的形象，她提前准备了很多，写了一篇振奋人心的演讲稿。在正式讲话之前，王燕只要是一有空就会把演讲稿拿出来念念。

到了庆功会那天，公司上下所有人都向王燕表示祝贺。王燕也一一回应了。轮到她上台发言时，她有些紧张，毕竟这也是第一次面对这么多人讲话。开始还算顺利，可等讲了大约有两分钟后，王燕突然忘词了，她努力去回想稿件上的下一句话，时间过去了几秒，可那句话还是毫无踪影，会场的灯光忽然变得很亮，她清晰地看到台下所有人期盼的目光，但还是记不起下面该说什么。就像在梦中突然面对一张完全不会的试卷，时间在那一刻无限拉长，在大家善意的鼓励的掌声中，她匆匆忙忙说了几句祝福公司未来发展的话就结束了发言。

这无疑是一次失败的讲话经历，但是王燕并没有被这次失败打倒，而是冷静仔细地分析了自己忘词的原因，并且不断地回想当时的状况，从而把出现的问题、采取的对策逐条地写在了自己记事本上，并在下次的讲话场合避免了同样失误。

可见，在关键的时刻掉链子其实也没什么，只要我们敢于突破自我，挥去心中的阴影，不要对一次经历耿耿于怀，从中汲取经验和教训，相信我们下一次还会充满自信地站在众人面前，不仅能展现自己自信的魅力，同时也向他人呈现自己出色的口才。

总而言之，不为泼翻的牛奶哭泣，不为已经发生的事情懊悔。一次的脱稿讲话失败并不意味着什么，只要忘掉曾经痛苦的回忆，抹去心中的阴影，除掉心中的心结，我们就能从失败经历中走出来，在以后的脱稿讲话中讲得更顺利、更自信。

求完美、输不起的心理作祟

生活中，你是否有过这样的情况：参加会议的时候，之前做了精心的准备，也满怀信心，并且还有把握能成功。可是在听到别人发言，看到人家讲话时的表现，就会不自觉心生胆怯，就像是泄了气的皮球，怎么也打不起精神，原先树立起的自信心顿时全无。虽然表面看起来是自信心不足，实际上这种现象的背后潜藏着另一个原因，那就是过度追求完美的心理。

这种追求完美的心理实际上在每个人的身上都有体现，但如果过分追求，超出了一定的限度，也许就会产生问题。因为过度追求完美，让自己执着于关注生活的某一个方面，以至于给自己带来了一些不良影响，有些人不能脱稿讲话也是受其所害。由于追求完美，总是对自己和讲话的内容过度关注，生怕因为一点儿小错误毁坏了讲话，但是往往越害怕也就越容易出错。

事实上，世界上没有所谓完美的人，脱稿讲话也没有所谓完美的标准。关键是看你怎么想，怎么去对待。如果你站在台上还想着自己准备的不够完美，就定会有所顾忌，不能完全放开讲，也不会有能讲好的自信。倘若你对自己充满信心，不去关注或者在意一些细节，也许你就能满怀热情地将脱稿讲话做好。

然而，生活中的很多人就是想不通这一点，非得达到完美的境地不可，到头来只是自讨苦吃。

刘女士是某知名大学的教授，她长期致力于学术研究，并且也取得了丰厚的硕果。最近，她被邀请去参加某一项学术交流的座谈会。为了给自己的学校争光，为了让更多知名人士认可她，她在参加座谈会之前做了精心的准备。

到了座谈会那天，刘女士非常自信，她知道自己准备得很充分，并且自己的观点和内容也是非常新颖的。可是，在听了许多人的发言之后，刘女士焦虑和担心的表情增添了许多。于是她就开始反复修改自己的演讲稿，她在纸上标记着这个地方应该怎样讲，那个地方需要怎样讲，讲到哪里需要和别人互动一下等等。

一个人讲完了，另一个人接着讲……终于到了刘女士上台讲话的时候，可是此时她还在对自己的讲稿做修改，一直走到台上她都觉得现在的讲话内容不够完美，没有前面一些人讲得精彩。怀着这种心理，她在讲话时犹豫不决，表达磕磕绊绊，越是这样刘女士越是着急，越着急越是语无伦次，最后这次讲话只能草草收场。

刘女士就是太过于追求完美，她想让自己表现得最出色，可是又很在意别人对自己的看法，不想输，想要各方面都尽善尽美，这种复杂的完美情结不断地干扰着刘女士的思维，结果原本可以讲得很好却被自己弄砸了。显然，过分追求完美、输不起的心理并不会让你的表现更加完美，反而有可能越来越糟。

造成这种心理的因素很多，其中很大一部分原因，是因为这些人在过分的夸赞下长大，小的时候是父母面前的"乖孩子"，上学的时候是老师面前的"好学生"，不仅学习成绩好，各方面的素质都很好。久而久之，在万般的宠爱下，就把自己的姿态抬高了，他们不允许自己输给别人，这就造成了严重输不起的心理。

要想做好脱稿讲话，就得放弃这种追求完美的心理。只有放弃，我们才能自信脱稿，放开去讲话，毫无顾忌地把想说的话，讲得到位、讲得漂亮。不要害怕失败，要知道，害怕是正常的，怕也不能代替出错，与其在意那些细节给自己带来困扰，不如尽力做好自己。不要成为"死要面子，活受罪"的典型。

金无足赤，人无完人，世界上没有100%完美的事情。再有名的歌星也有唱错歌词的时候，常胜将军拿破仑最后也兵败滑铁卢。更何况我们一个普普通通的人，为什么要这样要求自己呢？过分追求完美，脱离了实际，结果必将令人失望。

要知道，脱稿讲话的目的是交流，不是追求完美，把你所想所感告诉别人是你讲话的最终目的，如果你对哪怕一点儿小错都诚惶诚恐，就不可能富有成效地完成任务，也没有什么快乐可言。因此，在以后脱稿讲话的过程中，我们应该抛却追求完美的心理，量力而行，也许就会收到意想不到的效果。

不"失语"才能不"失态"，才能不"失职"

拆掉失语的墙，关键是讲出自己的话

第一次踏上讲台，面对那么多的观众时，多数人会心生胆怯，变得紧张起来；一紧张就忘记自己要说什么，脑中出现一片空白，说不出话来。还有一些人在登上讲台之前，就会过早地感到紧张。甚至对有些人来说，这种紧张的状态从接受讲话邀请时就已经开始了。通常，我们参与活动的时间越长，紧张的状态便持续得越长，严重者甚至讲不出话来，这正是处于失语状态的表现。

其实，每个人在脱稿讲话的时候，都会有紧张的心理，这是正常的。为了正确地克服紧张的情绪，我们不妨追本溯源，弄清紧张的根本原因，然后才能对症下药，合理地克制紧张的情绪。紧张的原因有很多，具体表现为以下几点：

首先，它源于对评价的忧虑，这是产生紧张心理的最主要原因。在任何存在评价的场合，人们往往容易紧张，难以发挥自己的正常水平。这也就不难解释为什么运动员平时训练时做一万次都不会失误的动作会在世界大赛中出现失误。

其次，听众因素对于讲话者产生压力。听众因素包括听众的层次、人数、熟悉程度、听众观点等诸多方面。如果听众的社会地位、知识层次、行政级别都比讲话者要高，讲话者则容易产生紧张情绪；同时演讲者的紧张程度和听众人数往往成正比，听众人数越多讲话者越容易紧张。

最后，准备得不充分。如果讲话者对于自己所说的主题不了解，内容和材料没有准备好的话，心里没底气，一上台就会紧张，一紧张就会卡壳，甚至说不出话来。

在了解什么原因导致了自己的紧张之后，我们就可以根据自己的情况找出方法，不断练习，并最终克服这种原因带来的紧张。下面的几个讲话技巧也会进一步帮助讲话者克服紧张情绪：

第一，脱稿讲话者应该认识到紧张感是一种正常的现象，是在脱稿讲话的时候不可避免的情形。古今中外，许多优秀的语言大师，如林肯、丘吉尔等，他们的第一次演讲都是因紧张而以失败告终的。对此，讲话者应该有一个清醒的认识，明确告诉自己：演讲的紧张心理的产生是必然的，但同时也是可控的。这正如许多短跑名将的情况一样，不管他们有过多少次比赛经验，不管他们取得过怎样的辉煌，但每当站在起跑线上准备起跑时，紧张感总会伴随着他们。

第二，讲话者要有充足的准备。讲话者要使自己的脱稿讲话更出色一些，就需要把讲稿词记得更熟一些，只有把态势语和口语设计更加精细一些，才能表达得更出色。比如你可以找几个朋友，让他们作为你的听众，在他们的面前试讲一番，对于自己讲话时的状态，可以让朋友多多提点建议，好在正式的讲话前及时修改。

此外，在正式脱稿讲话的时候，不要只想着背稿子，还要看看之前的人讲话的状态，以此为借鉴，不要出现和他们类似的错误，这样在自己讲话的时候，就不至于太紧张了。

第三，调整心理状态，内心充满自信。法拉第不仅是英国著名的物理学家和化学家，也是著名的演说家。当人们问及法拉第演讲成功的秘诀时，法拉第说："他们（指听众）一无所知。"从此，这句格言就作为法拉第的演讲秘诀而流传于世。

法拉第是一个谦逊诚恳的人，他说的这句话绝没有贬低和愚弄听众的意思。他只是启示讲话者，必须建立演讲获得成功的信心。事实上，不少讲话者对听众做了过高的估计，以致对自己的演说缺乏必要的自信。"他们一无所知"就是说讲话者根本不必要担心在某个地方出了问题，即使是某个地方卡了壳，只要你不停止讲话，不失语，懂得随机应变，放心大胆地去讲，不动声色地做出调整，听众也听不出来，就算是高明的专家听了出来，也只会暗暗钦佩你的灵活机智，会对你有更高的评价。

第四，端正演讲动机，减轻心理负担。不要把目标定得过高，对于不切实际的期望要有客观的分析。如果把脱稿讲话的意义片面夸大，甚至把这次与个人终生的成就、事业和幸福等紧紧联系在一起，讲话还未来临，就已经是惶惶不可终日了。带着强烈的求胜动机和沉重的心理负担去准备，结果情绪焦虑程度越来越强烈，到了发挥时却事与愿违。因此，讲话者要学会适度降低求胜动机，减轻心理负担，真正做到轻装上阵。

第五，避免机械背诵演讲稿。逐字逐句地背诵讲稿，很容易在面对听众时发生遗忘，即使没忘，讲起来也会显得十分机械化。美国总统林肯曾说过："我不喜欢听刀削式的、枯燥无味的讲演。"显然，背演讲稿对讲话者可能是一种必要的准备方式，但是，背诵不是机械记忆，逐字逐句的记忆不仅耗费大量的时间，而且容易形成心理麻痹。在实际的讲话过程中，一旦因怯场、听众骚动、设备故障等突然出事而极容易出现"短路"现象。因而，在准备脱稿讲话的时候，要列好大纲，根据自己的思路自己组织语言来打动听众。

总之，了解以上的消除紧张的方法，我们在以后脱稿讲话的时候就不会因为紧张而没话说了，也不至于因为紧张而忘词。只要肯多下功夫，就会发现这种上台恐惧的程度，很快便会减少到某一地步，直至完全消失。

心里没底怕犯错误

在传统的观念里，很多人如果底气不足，就不会去做某些事情。在当众讲话时，如果手里拿着讲稿，就会觉得底气十足，肯定不会在讲话中出错，这也是很多人之所以依赖讲稿的原因。手里没稿，心里就没底，心里没底就可能会犯错误。

现如今，随着社会发展，虽然人们已经逐渐地摆脱念稿的形式，但还是不能完全地脱稿，尤其在各种会议中，仍有许多官员是念稿子，这有两个重要的原因：

一是对自己的工作、对会议的议题心里没底。有些官员平时工作作风漂浮，眼睛朝上，将工作重心放在迎合上级领导上，脱离基层、脱离群众，不能专注于自己分管的工作，久而久之业务荒疏，存在着"三少"(即调查研究少、分析问题少、谋划对策少)的倾向。对情况不了解、不熟悉，开口讲话云山雾罩，到了见真章时，只能依赖讲稿。但这些讲稿大多"高屋建瓴""高瞻远瞩"，缺乏脚踏实地的落实细则，缺少深思熟虑的创新思维，只能用漂亮的口号，用"宏观"的"指导"来掩饰工作的不足和思维的贫乏。本来就心虚，哪有底气脱稿？

二是怕说错话，怕担责。官员要对自己讲话所产生的后果负责，一些官员担心即兴发挥表述不准确，容易引出是非，产生不良的后果，就事先准备好讲话稿。这些讲话稿虽然各方面都考虑周全，四平八稳，不会犯错误，但这种没有实际内容的八股文式的讲话，言之无物、无味。

不仅官员们在脱稿讲话的时候心里没底，怕犯错误。职场中的很多人也是如此，每次公司组织会议让他们发言的时候，他们总是拿着稿子念，不顾稿子上写的是否属实，都会一一照念，这就严重地影响了工作成绩。

为什么很多人在脱稿讲话时会心里没底呢？是因为准备的不够充分，还是因为缺乏自信？很多人都把原因归结到第二个答案，也就是缺乏自信上。其实，仔细想想，或许有这一方面的原因，可只要自己准备的足够充分，又怎么会心里没底呢？归根结底还是对自己要说的话不熟悉，不知道该讲什么，怕自己所说的话会得不到听众的认可，怕犯错误，甚至害怕在众人面前丧失自己的宝贵形象等。

曾任教育部新闻发言人的语文出版社社长王旭明说过："为什么很多官员在开会的时候必须要照本宣科？一是心里没底，二是怕犯错误，根本原因还在于我们选拔、任用官员的时候忽略了这个问题，提拔谁的时候也是让谁念稿子。而官员要想在不念稿子的情况下把话说好，首先就是必须对自己的工作心里有底，其次是要学习说话的方式。"

的确，要想在脱稿讲话的时候把话说好，首先就要对自己的工作心里有底，做到心中有数。要知道，对工作没有深入的调研，讲话就会言之无物；对问题没有深入的思考，讲话就会言之不实。相反，掌握了一手的资料，对自己的工作又进行了深入了解，对问题做了深入的分析和思考，逐渐形成了自己的见解和看法，讲出来的话才能言之有物、言之有据、言之有理，这样讲出来的话才会有底气，才能得到听众的赞同认可。

孙先生是一家建筑公司的项目经理，他主要负责监控项目工程的进度，及时做出统筹和调配，以确保各项工作顺利有效进行。他对工作非常认真，他负责的每一个项目都是亲自去调查，不敢有丝毫马虎，因此也得到了领导的器重和嘉奖。

有一次，领导派他去勘察一个项目，把调查的情况写成书面报告。孙先生在接到任务后，立刻动身，他把这个项目的每一项情况都调查得非常详细，并且做好了详细的记录，回去之后，他详细地做成了报告，并且在向领导口头汇报的时候不看自己写的材料，就能直接把项目的各项情况以及对策都说得条理清楚、详细明了，领导对此非常满意，也很赞赏孙先生脱稿讲话的能力。

显然，因为心里有底才不念稿，才敢脱稿。孙先生对自己的各项工作，做到心中有底，心中有数，这样他就能在领导面前"畅所欲言"，更没有照着稿子念，这样的精神值得每一个讲话者学习。

除了上述的方法之外，我们还需要转变说话的方式。在当众讲话时，即使很胆怯，也不要让别人一眼看出来。相反，如能在开场的时候，底气十足地把话讲出来，这样也是从内心给自己鼓劲，增强自己的信心。

没有养成积极主动脱稿讲话的习惯

生活中你会发现，周围总会有一些人在发言的时候，总是照着稿子念，无论大会、小会，还是长会、短会；无论是发言讲话、还是主持致词，所有要说的话全写在稿子中……这就逐渐形成了被动的坏习惯，这也是大多数人的通病。所以，我们就知道为什么脱稿讲话这么难，其中很大一部分原因是因为依赖讲稿，没有养成积极主动脱稿讲话的好习惯。

其实，这样的主动习惯应该从小就开始培养。很多人之所以不敢进行脱稿讲话，畏首畏尾，是因为他们习惯了在这样的场合"念稿子"或不说话，害怕在听众面前失语、失态，甚至担心会出现尴尬的局面。

要知道，脱稿讲话也没有想象的那么难，只要我们改掉被动的习惯，采取积极的主动的态度，抓住随处可见的说话机会多加锻炼，就能发现我们都可以成为脱稿讲话的高手。据崔永元、白岩松身边的朋友爆料，在他们成名之前，他们的共同特点是喜欢讲话，有机会必说，有场合必讲。久而久之，他们练得思维敏捷，机智诙谐，且思想有深度。像俞敏洪、马云更是不用说，在创业的过程中，大家可以想象，带团队需要讲话；融资需要说服投资人；面对媒体需要机智反应；洽谈业务同样需要能言善辩，他们摸爬滚打这么多年，练就的一副好口才靠的正是主动去多说多练的习惯。

练习脱稿讲话也是如此，我们只要多留心周围的事情便会发现，无论哪种商业、社交、政治甚至邻里间的活动都是开口说话的好机会。只要我们能够主动开口说话，并且抓住一切机会不停地说，即便开始时比较难，也会在多次尝试之后熟能生巧，最后成为健谈者。

千万不要以为日常说话不需要什么口才。其实，练习口才的人应该把每一句话都说好，口才好的人一开口就能说上一句好话、一句动听的话。这恰如练习书法的人一样，必须首先练好每一个字。一个书法好的人，一动笔就能把一个字写好。所以，我们绝不能轻视那些日常生活对话。

练习口才与其四处找寻机会，不如在家里先练好。有人说："家庭是练习好口才的第一个场所。"是的，当你在家里的时候，你能给自己的孩子讲清楚一个寓言故事吗？如果不能，就得去找一本儿童文学看看，再来训练，并融合一些有用的趣味知识讲给你的孩子听，使其觉得有趣而想听。这样你便会渐渐了解孩子的语言，懂得如何并敢于与他们交谈了。另外，在家庭中难免会遇到一些琐碎事情，比如经济收支问题、子女教育问题、卫生保健问题、饮食起居问题。如果你能够很好地与家庭成员进行沟通与交流，那么你的讲话能力就会取得明显的进步。

在一些社交场合，也要养成主动说话的习惯。我们要尽量地找寻自己当众讲话的机会，锻炼自己说话的胆量。比如说在生日聚会上，你要在合适的时机为宴会致辞；在同学聚会上，你要勇于站出来，向同学们展示内心的想法或者是抒发内心的感情，既活跃了现场的气氛，同时也能锻炼自己讲话的能力。此外要注意的是，我们不要在聚会上浪费一个任何开口的机会，即使是几个同学闲聊也要抓住机会，因为只有在小的场合讲好，才能为大场合讲话奠定基础。

除了家庭、社交场合，我们还不要忘记自己身边的朋友，因为与朋友们谈话也是练习口才的一个重要途径。每个人都有自己的朋友圈，由于年龄、地域、阶层、职业等方面的不同，需要我们依据朋友的性格调整自己的讲话内容。比如：朋友近日要结婚；同事的儿子考取了大学；亲戚的小商店近几个月没什么起色；邻居家中昨晚被盗……我们为了练习好自己的口才，训练自己的说话胆量，试着去了解他们的各种情况，好好找他们谈谈，尽量想出如何帮助、开导、启发他们的谈话内容来。这样，无形之中，我们拥有的朋友，我们所了解的谈话内容，都会渐渐增多，自然说话的胆量也会渐渐大起来。

　　以上的这些场合都是我们练习脱稿讲话的好机会，我们要善于抓住这些机会，时间久了，我们的被动习惯就会逐渐消失，在任何场合，都会积极主动地进行当众讲话。不要担心和害怕做不好，只要你相信自己能做好，就一定能把每一次脱稿讲话做好。

脱稿，塑造魅力新形象

脱稿讲话能体现扎实的口才基础

在脱稿讲话时，讲话者用肢体动作和面部表情将内心的想法最大化地演绎出来，给听众带来听觉和视觉的冲击；并通过艺术化、富有逻辑性的语言以及抑扬顿挫的声音，系统地把道理、事实和故事，富有感情地传递给听众，让听众通过讲话者的讲话看到一幅幅画面，并产生深刻共鸣，进而影响听众的思维，改变听众的行为。

善于脱稿演讲与即兴发言的人，总能以生动活泼的语言和听众互动，引发心灵的共鸣，从而更好地表现自己的亲和力与感染力，也充分展现自己的工作能力和个人魅力。我们之所以能够感受他们的口才魅力，是因为脱稿讲话是以良好的口才为基础的，巧妙组织语言，上下衔接顺畅自然，自然就会受到大家的赞赏。相反，如果是依赖讲稿，一字一句照着念下去，虽然也看起来比较连贯，但是并不能说明讲话者的口才好，只能说是会念稿子而已。

马丁·路德·金在华盛顿广场的林肯纪念堂前发表了演说——《我有一个梦想》，他激情而洋溢的演说鼓舞着现场的每一个人，全文截取如下：

今天，我高兴地同大家一起，参加这次将成为我国历史上为了争取自由而举行的最伟大的示威集会。100年前，一位伟大的美国人——今天我们就站在他象征性的身影下——签署了《解放宣言》。这项重要法令的颁布，对于千百万灼烤于非正义残焰中的黑奴，犹如带来希望之光的硕大灯塔，恰似结束漫漫长夜禁锢的欢畅黎明。

然而，100年后，黑人依然没有获得自由。100年后，黑人依然悲惨地蹒跚于种族隔离和种族歧视的枷锁之下。100年后，黑人依然生活在物质匮乏的贫困孤岛上。100年后，黑人依然在美国社会中间向隅而泣，依然感到自己在国土家园中流离漂泊。所以，我们今天来到这里，要把这骇人听闻的情况公之于众。

从某种意义上说，我们来到国家的首都是为了兑现一张支票。我们共和国的缔造者在拟写宪法和《独立宣言》的辉煌篇章时，就签署了一张每一个美国人都能继承的期票。这张期票向所有人承诺——不论白人还是黑人——都享有不可让渡的生存权、自由权和追求幸福权。然而，今天美国显然对她的有色公民拖欠着这张期票。美国没有承兑这笔神圣的债务，而是开始给黑人一张空头支票——一张盖着"资金不足"的印戳被退回的支票。但是，我们决不相信正义的银行会破产。我们决不相信这个国家巨大的机会宝库会资金不足。因此，我们来兑现这张支票。这张支票将给我们以宝贵的自由和正义的保障。我们来到这块圣地还为了提醒美国：现在正是万分紧急的时刻。现在不是从容不迫悠然行事或服用渐进主义镇静剂的时候。现在是实现民主诺言的时候。现在是走出幽暗荒凉的种族隔离深谷，踏上种族平等的阳关大道的时候。现在是使我们国家走出种族不平等的流沙，踏上充满手足之情的磐石的时候。现在是使上帝所有孩子真正享有公正的时候。忽视这一时刻的紧迫性，对于国家将会是致命的。自由平等的朗朗秋日不到来，黑人顺情合理哀怨的酷暑就不会过去。1963年不是一个结束，而是一个开端。如果国家依然我行我素，那些希望黑人只需出出气就会心满意足的人将大失所望。在黑人得到公民权之前，美国既不会安宁，也不会平静。反抗的旋风将继续震撼我们国家的基石，直至光辉灿烂的正义之日来临。但是，对于站在通向正义之宫艰险门槛上的人们，有一些话我必须要说。在我们争取合法地位的过程中，切不要错误行事导致犯罪。我们切不要吞饮仇恨辛酸的苦酒来解除对于自由的渴望。我们应该永远得体地、纪律严明地进行斗争。我们不能容许我们富有创造性的抗议沦为暴力行动。我们应该不断升华到用灵魂力量对付肉体力量的崇高境界。席卷黑人社会的新的奇迹般的战斗精神，不应导致我们对所有白人的不信任——因为许多白人兄弟已经认识到：他们的命运同我们的命运紧密相连，他们的自由同我们的自由休戚相关。他们今天来到这里参加集会就是明证……

我梦想有一天，甚至连密西西比州——一个非正义和压迫的热浪逼人的荒漠之州，也会改造成为自由和公正的青青绿洲。我梦想有一天，我的四个小女儿将生活在一个不是以皮肤的颜色，而是以品格的优劣作为评判标准的国家里。

我今天怀有一个梦。我梦想有一天，亚拉巴马州会有所改变——尽管该州州长现在仍滔滔不绝地说什么要对联邦法令提出异议和拒绝执行——在那里，黑人儿童能够和白人儿童兄弟姐妹般地携手并行。我今天怀有一个梦。我梦想有一天，深谷弥合，高山夷平，歧路化坦途，曲径成通衢，上帝的光华再现，普天下生灵共谒。这是我们的希望。这是我将带回南方去的信念。有了这个信念，我们就能从绝望之山开采出希望之石。有了这个信念，我们就能把这个国家的嘈杂刺耳的争吵声，变为充满手足之情的悦耳交响曲。有了这个信念，我们就能一同工作，一同祈祷，一同斗争，一同入狱，一同维护自由，因为我们知道，我们终有一天会获得自由……

马丁·路德·金热情洋溢的演说振奋了现场每一位听众，也正体现了他扎实而出色的口才。在这个演说的过程中，他采用了很多的修辞方法，如：比喻、排比、反复、对比等，给人们展现了澎湃宏阔、激越高昂、豪壮刚健、英武奔放的广阔前景。若是没有出色的口才，再好的内容也表达不出来。

其实，许多出色的脱稿演说者，都是凭借其出色的口才从人群中脱颖而出。在公司里，金钱、资源和权力的流向全部都朝着表现突出的人。好口才给予演说者的力量是任何事情都无法超越的。换句话说，没有好口才，就没有成功的脱稿演说。无数事实证明了这一观点。有一位供职于一家全球500强的大公司的员工，他职位上升的速度之快令人咋舌。他许多同僚的能干程度并非不及他，可他是一位非常杰出的脱稿讲话者；他的口才不仅有效，而且极具说服力。毋庸置疑，他因此拥有了一项无往不利的利器。

在生活中，脱稿讲话无处不在。教师讲课不念教案，领导开会不念稿子，朋友聚会能够畅所欲言……这些成功的脱稿，无不令人钦佩，也正说明了他们拥有着扎实的口才基础。所以，我们要想在众人面前树立新形象，脱稿能出口成章，就需要我们锻炼口才，只有口才出色，无论什么即兴发言、演讲，我们都会做得很好。

塑造脱稿现形的表达能力

一个平时只会念稿的人，看起来口才很好，但并不能说明这个人表达能力很强。倘若还能在脱稿的情况下自然而流畅地讲出来，这才能体现其真正的表达能力。这里所说的表达能力是指在念过稿子之后，对讲稿的内容有个大致了解，并且经过反复阅读，把大致的脉络和框架熟记在心中，在正式讲话的时候，根据这些框架来讲的能力。这里的"讲"不是背讲稿，而是在现场即兴发挥出来。也许你会发现，讲出来的话和你原来讲稿中的原话存在一些差别，但大体意思是相同的。

脱稿讲话要是能讲得精彩，我们就会摆脱念稿的烦恼，更不会为死记硬背而伤脑筋。另外，在实际表达的时候，要把讲稿上的一些书面语转化成比较通俗易懂的语言，这样才会更加亲切，容易拉近和听众之间的距离，更有助于塑造魅力新形象。

王远是一名大学教授，他长期致力于学术研究，创造了许多新成果，得到了学校的很多奖励。可他的现场语言表达能力不太好，他在课堂上也是如此，讲课内容即枯燥又乏味。

王远每次上课，手里都是拿着一本厚厚的教案。给学生们讲课的时候，只是按照教案上念，死板的课堂完全没有一点儿生气。就连在学术会议他也是一样。与会的教授学者们虽然都会在事前准备好自己的讲稿，但真正发言的时候，都是脱稿发挥，因此并不会显得教条呆板。可是到了王远，他又是照着讲稿来念，而且丝毫不考虑在座的听众，一心只想把稿子快点念完。

有一次，为了和大家保持一致，王远也打算脱稿发言，他事先把准备好的稿子进行了认真研读，就差一字不落地背下来了。可放下了讲稿，王远一上台就不知道自己该讲什么了，那些熟悉的公式、理论突然变得陌生起来，似乎手里不拿着稿子，就没有安全感一样，一句话也不敢说。

从事例中我们可以看出，只要是王远照着稿子念，他就能把要说的内容表达出来，可是一旦脱离了稿子，他就不知道说什么了，甚至是语无伦次。这就是因为王教授的现场表达能力弱，在脱稿的时候，思维和大脑出现了混乱的局面，讲稿没了，也就没了底气和根据，即兴发挥的结果只能是让自己尴尬不已。

生活中像王远这样的人不在少数，都是因为即兴的表达能力太弱，不知道脱稿的时候应该说什么，所以这些人常常为自己的脱稿讲话而烦恼。但是，这样的苦恼和问题并不是什么难题，更不必恐慌。既然是一种能力，就是可以进行后天的培养和训练，只要平时多加练习，不胆怯，脱稿的现场表达能力自然会不断地提高，脱稿的困扰和烦恼也会迎刃而解。

李艳是某电视台的节目主持人，她负责主持的节目能像新闻类的主持人那样可以看台本。刚参加工作的时候，李艳还很不适应，为了背台本，她费了不少功夫，她坚信自己经过长时间的训练会脱离台本，能够应付自如。

每次她主持节目之前都会做好充分的准备，她试着不拿台本彩排，把台本的内容熟记心中，并且按照自己的思维方式讲出来。即使中间出现了错误，她也不会因此气馁，而是从中汲取经验和教训。就这样通过长时间锻炼，李艳终于使自己的能力得到了提升，主持时完全可以不看台本，形成了自己独特的"脱口秀"。

从李艳的经历我们感悟到，脱稿表达能力不是一天就能练成的，是需要长期的摸索和实践才能达到的，并且在实践的过程中，要保持积极的心态，不要因为个别的失误就灰心丧气，而是要像李艳一样，从中总结经验教训，只有这样，才能逐渐提高脱稿讲话的能力。

其实，每个人的表达能力都是由后天培养的，特别是抛开稿子脱稿讲话的能力。只有不断地实践，不断地锻炼自己的能力，带着不怕输，不怕丢面子的精神，迟早有一天我们能练就出色的口才。正如俗语所说："磨刀不误砍柴工"。多磨磨，多练练，脱稿讲话能力自然就熟练、顺畅多了。

依赖讲稿就会疏离听众

在平时的会议上往往会出现这样的现象：在一间会议室里，一些人员在开会，柔和的灯光照在主席台上，也照在了讲话者和与会人员的身上；台上讲话者正襟危坐，手里拿着一沓整整齐齐的讲话稿，正低着头沉浸在自己的演讲中；台下的听众时而翻翻手里的资料，时而将后背从舒服的椅子背中拔出来在笔记本上写上几笔，有的索性就埋进了舒适的椅背中抬头听着讲话者的演讲，思绪也不会转动，甚至不知道讲话者在讲什么，整场大会无趣又毫无生机。

这样一味地照本宣科，当然提不起台下听众的兴趣，也不能吸引他们的注意力。如此依赖讲稿只能让讲话者逐渐地疏离听众，慢慢地与听众产生距离。这样的讲话往往会造成这样的结果：听众不在意讲话者谈什么，而更多在意的是什么时候能结束这种无聊的讲话。

究其原因，我们会发现，依赖讲稿是罪魁祸首。讲话者在当众讲话的时候只要念了稿子，他们就会把更多的注意力放在稿子上，而不去考虑听众的感受，既不会考虑听众有没有听懂，也不会在乎听众是什么样的表情，更不会与听众进行互动。纵使讲话者在乎，但若是听众追问下去的话，稿子上也没有相应的答案，自己更是无言以对，尴尬的场面就会发生在眼前。

讲话者要想从根本上解决问题，就应该果断地放弃念稿，进行脱稿讲话。因为一个成功的脱稿讲话者，他们善于调控听众的情绪，吸引听众的注意力，抓住听众的心理。让听众对他们的话题感兴趣，甚至是如痴如醉。这样一来，不但不可能疏离听众，而且还能缩短与听众之间的距离，从而获得听众的认可和好评。

有一位刚上任的语文老师，在和同学们见面的时候，她是这样做的：

同学们，大家好吗？

我很高兴能和大家站在同一个教室，你们高兴吗？（学生几乎齐声喊"高兴"）我姓郭，是大家的语文老师。

其实呢，我是大家的语文老师，还有一个原因就是本人对英语一窍不通，数学是一知半解，其他学科也是标准的门外汉，不得已只能做做语文老师。但是大家不要笑，记住老师下面一句话：像我这样学好语文，却不一定能学好其他学科，但是学不好语文肯定很难学好其他学科，因为语文是所有科目的基础学科，大家能不能理解？（学生大声说"能"）同学们，汉语是我们的母语，又是这样的重要，所以说，你们一定要学好语文，你们应该下这个决心。你们下不下？（学生齐声喊"下"）好，老师这里也做个保证，保证自己在以后的教学中一定全力以赴。有了你们的决心，加上我的保证，我相信我们班的语文课一定会学出个样子来。你们说行不行？（学生喊"行"。）

简短的讲话成了一个互动交流的平台，因而才有了活跃的课堂气氛。可以说，她的讲话是成功的，除了简单的自我介绍，她还把语文学科的重要性以幽默的方式给学生们讲解了一遍。一般新任老师来上课之前都会做一番自我介绍，以及对自己所教学科的教学计划说明，这个时候都是即兴发挥或者提前打好腹稿，正式介绍时张口就来。试想，如果有位老师拿着稿子作自我介绍，念学科计划，给学生的感觉一定是严肃呆板的，随之对他所教的课程也会失去兴趣。而脱稿说话就不一样了，像范例中的语文老师，脱稿不仅给学生以亲切的感觉，一问一答的形式也缩短了老师和学生们的距离，吸引了学生的注意力，因此取得了很好的效果。

其实，讲话是一种传播信息的方式，如果演讲者像做报告一样，念稿子，唱独角戏，那样很容易使演讲变成一个单向而且单调的发言，效果不理想也是情理中的事。讲话者只有不忘记听众，听众才会给你掌声。

总之，依赖讲话就会疏离听众，而采用脱稿讲话就能够缩短和听众之间的距离，实现与听众面对面的交流，让现场的每一位听众都能感受到讲话者的热情和想法，在空间上实现更深层次的交流。因此，我们不但要脱稿讲话，而且还要把脱稿讲话讲得精彩。

一次脱稿胜过十次照念

脱稿讲话能增强交流互动

脱稿讲话重在交流，一次成功的讲话，并不是客观事理的空洞说教，而是思想情感真挚而热情的互动。的确，现在的一些人在发言的时候是拿着稿子照本宣科，搞一个人的独唱，没有和下面的听众做一些必要的互动，像是把自己隔离出来，机械式在重复讲稿上的话语，这样的讲话势必是索然无味甚至会遭到厌倦。因此，我们在讲话时，最好采用脱稿讲话的方式，因为脱稿讲话有助于增强交流，可以采用各种方式增加与听众之间的互动，实现与听众之间的双向交流。

生活中，无数的例子也充分地证明脱稿讲话有助于增强交流和互动。请看这个事例，张先生是北京一家食品公司的经理，他介绍麦当劳连锁经营方式的讲话是这样的：

我想问大家一下，谁到麦当劳吃过饭？（等听众回答）好，基本上都去过。那么大家知道吗，麦当劳在世界上平均每2个小时就建一个店，而且麦当劳的质量好，标准又非常统一，每个店几乎是一样的。你知道是为什么吗？（停顿）因为它采取的是连锁经营的形式。那么什么是连锁经营的形式？简单地说，就是把工业化生产原理运用到连锁企业经营当中。什么是工业化生产形式呢？就是由工厂来生产。比如，咱们穿的衣服，几乎都是买的成衣，都是在加工厂加工出来的，而不是在一个小的服装加工部加工出来的。为什么要在加工厂加工出来？因为加工厂能够把复杂的衣服分解成无数个细小的单元，由专业的设计人员去设计服饰、样品，由专业的人员去裁剪，由专业的机工轧每个部位，由专业的人员锁眼，专业人员进行熨烫，这样就能保证衣服能以最低廉的价格、最快的速度、最好的品质、统一的标准加工出来。所以，从这个意义上讲，麦当劳不是建出来的，而是在流水线上生产出来的。这样才能够保证麦当劳快餐连锁店建店的速度最快、质量最好、标准统一。这就是麦当劳能够在世界上大行其道，每2个小时建一家店，保证它的品质，保证它的标准的最根本的原因。

张先生在整个脱稿过程中，层层深入，带着听众跟着他的思路走，用了五个问号，形成了一条线，清楚明了地向听众阐述出来。最为巧妙的是，他采用提问的方式创造出了他与台下听众专心交流的感觉，制造了轻松愉悦的氛围，从而达到了很好的沟通目的。所以，为了达成有效的互动交流，我们也可以在讲话中设计几个有力的提问，这将大大增加讲话的沟通指数。

旧金山的喜剧教练约翰·坎图说过："通过唤起听众情感上的共鸣，让他们参与到脱稿演讲中来。也许在生活中有一些特殊事件对人有很多特别意义——比如说人生中的许多第一次，第一辆车，第一次约会……这些都可以引入到脱稿讲话中去。这里有一件事需要注意——必须澄清为什么你要让听众想这些情感上的东西。它必须与你的讲话有关并且能够说明问题。"的确，找一些可以引起类似感觉的情况，然后将它与你要让听众想象的东西联系起来就行了。

要知道，成功的演讲并不是一个人在讲，而是在场的所有人都在讲。脱稿讲话者，在不念稿的时候，会把更多的注意力放在听众身上，会有更多的机会与观众进行情感和心灵的互动，从而调节现场的气氛为现场增添许多乐趣。

脱稿发言可以畅所欲言

在重要的场合发言，有的人喜欢照着念稿子，上面写的什么就照搬念什么，几乎是没有自己的想法和观点，再加上讲话的内容单调、乏味，当然不会受到听众的欢迎。在讲话时，完全按照讲稿上念，就限制了思维的发展。要知道，思维是通过语言表达出来的，限制了思维也就限制了思想，限制了思想也就限制了表达，更别说什么畅所欲言了。

在某次座谈会上，很多资深的学术专家都前来参加会议，虽然是学术交流会议，但是场上气氛却显得格外的"冷清"。参加会议的每一位学者都拿着自己准备的讲稿，轮到自己的时候就按照上面的文字读了起来，虽然看起来很好、很顺畅，但只是稿件上的一些想法，缺乏生动性，只是在像机器一样向人们传达信息，除了稿子上写的，几乎不说其他的事情。看似每个人都做好了自己的部分，但实际上这种学术交流会议是无效的。

有人曾说："与其念稿子，不如找个播音员。"的确，念稿子会限制我们的思维，禁锢我们的思想，这样一来，就不能使我们畅所欲言表达自己的思想，还会使现场的气氛沉闷不已。

脱稿讲话就不会受这方面的限制和拘束，讲话者根据已有的知识，离开稿子进行发散式地解说。但需要注意的是，这种畅所欲言不是胡乱地讲解与主题无关的事情，胡乱闲扯，而是根据现有的话题，联想出与话题相关的事情，让人们能够感受一场空前绝后的话题盛宴。

下面我们来看这样一个座谈会，脱稿讲话让人们在会议上畅所欲言地表达了自己的想法：

在某校研究生会办公室里组织和召开了一次座谈会，很多老师都参加了这次会议。在这次会议上，研究生处李淑华在开始的时候，脱稿为大家阐述了国家教委关于创新创业教育的一些相关政策和理论指导。其中李老师谈到了创新的来源，创新创业教育开展的必要性，创新创业教育体制的发展，关于在校学生开展创新创业活动的资助，校园创新创业活动的开展情况等一系列大家关注并困惑的问题。

听了李老师的深入浅出的阐述后，其他人的热情也被激发起来。其他老师也提出了心中的疑惑，并积极加入关于创新创业活动的讨论之中。其中大家共同讨论的主要话题是高学历创业是否是社会资源的浪费。就这一问题，王老师进一步深入地阐述教委关于提倡创新创业的初衷。创新创业，不是要求大家都自己开办企业，创新创业是一种思维模式。创新创业要求我们创造性的学习，要求我们转变思维方式，进行创新性的研究。无论在什么工作岗位上，这种创新创业的精神将是我们人生的一笔宝贵财富。

随后会议就社会创新创业的大环境以及创业所需要具备的条件展开了进一步的讨论。与会者也将这一讨论逐渐深化到研究生生活之中，希望学校能够多开展一些创新创业活动，开设创新创业课程，使研究生既有扎实的理论功底又有相应的实践能力。在这一点上，李老师也提到学校率先开设的 MTI 专业硕士，正是创新创业教育体制的一种形式，既要学习翻译的理论，更要注重翻译的实践。研究生处也将竭尽全力多开展创新创业活动，开设创新创业课程，培养研究生的创新创业思维。

在这次座谈会中，没有一个人照着念稿子，大家都是脱稿，畅所欲言地表达自己的看法。两个多小时飞逝而过。座谈会最后，与会者还分别就这次座谈会发表了自己的感想与收获。

显然，脱稿发言能够使人们畅所欲言。在学校组织的座谈会上，老师们没有讲那些空话套话，他们打破了传统的念稿模式，依据现场提出的问题进行思考，进而表达自己的想法，用真心与其他人进行沟通交流。

脱稿讲话可以使人们畅所欲言地表达自己想说的。我们要抛弃古板的念稿模式，自觉地追求个性的表达，这样才能共同的汇聚成蓬勃向上的"中国好声音"。

脱稿汇报赢得上司的欣赏

在企事业单位或者机关单位都会出这样的情况：上级让下级汇报工作，下级手里总会拿着汇报材料，照本宣科，这样的汇报材料少有七八页，多则十几页，几乎汇报材料上的每一条都会逐字念给上级听。殊不知，也许上司早已听得不耐烦，要知道，几十页的材料会占用上级大量的时间，并且还不能马上听到有效的信息，这就大大地降低了工作效率。

其实，这样的汇报方式在企事业单位中很常见，但这种方法已经不适应新时代的发展了。在这个充满竞争的社会，每一位领导者的时间都是很宝贵的，他们大多不喜欢形式主义的汇报工作，更希望听到切合实际的有效消息。脱稿汇报就是一种非常有效的方法，它不是让你把十几页的材料都背诵下来，而是对材料进行整理归类，选择重点内容来记，然后将其汇报给领导，实际上领导希望听到的也是这部分重点，这样可以大大缩短汇报时间。而且脱稿汇报也让你更熟悉工作内容，体现出你对工作的认真负责，领导必定对你更加欣赏。《解放军报》2003 年 6 月 23 日在第 3 版上刊登过这样一篇报道：

济南军区某团新任政委李文舸带领机关有关人员到各连队了解情况。一些连队主官动开了脑筋：先到机关找人打听李政委的思维习惯，再翻阅上级近日下发的一系列指示，尔后根据本连特点进行认真准备——十几页甚至几十页的汇报提纲装订得整整齐齐。为预防万一，个别连队主官还准备了一摞资料卡片。

李政委先来到炮连，他拿过王指导员的汇报提纲，边翻看边点名让张连长汇报有关问题。"你认为连队官兵目前最关心的是什么？""你们连近段时间遇到了什么问题？""问题是怎样解决的？"……张连长匆匆忙忙在汇报提纲中寻找答案，李政委却和蔼地说："请脱稿汇报。"

没想到，这样一脱稿，张连长顿时乱了阵脚，汇报起来磕磕巴巴，一些数据前后矛盾。李政委先后转了 5 个连队，全部要求脱稿汇报，结果不少连队出了洋相。

事后，李政委语重心长地说："脱稿汇报卡壳，说明我们肚里无货啊。念稿子洋洋万言，空话、套话连篇，能让上级充分了解情况吗？大家只有'身在兵中，兵在心中'，多在实践中摸索带兵规律，仔细掌握官兵的思想实际，汇报起来才能讲出属于自己的东西。"一番话，让不少连队干部感到羞愧。

紧接着，团党委做出一项决定：今后各种日常会议和领导机关干部到营连了解情况，一律要求口头汇报，不提倡写汇报材料。

可见，不能脱稿汇报工作的下属是不会得到上司的欣赏，虽然自己辛苦准备几十页的汇报材料，但是上级也不会认同你的做法，自然是徒劳无功。所以，在汇报工作时，要脱稿汇报，用自己的语言把实际情况向领导和上级讲清楚，这样的讲话自然会受到上级或领导的欣赏。

但是在现实生活中，很多人因为肚里无货，不敢脱稿汇报，怕因为一些事情说错话。究其根源就是没有深入去了解和调查，如果每个情况自己都亲自弄清楚了，就不会害怕脱稿汇报说错话。上级在听你精心准备的脱稿汇报时，自然会非常满意，定会对你刮目相看的。

脱稿讲话可以拉近听众距离

脱稿讲话可以让讲话者摆脱念稿子的死板状态，以更鲜活的姿态展现在听众的面前；不念稿子，就可以更多地照顾到听众的情绪和感受，想办法设计一些独特的方式来吸引听众，拉近自己和听众之间的距离，这种距离被打破了，才能实现与听众更多地交流和互动，讲话才会更加顺利精彩。

作家老舍在一次即兴发言中是这样说的："听了同志们发言，得到很大好处，可惜前两次没来，损失不小。……今天来的都是专家，我很怕说话，只好乱谈吧。"如此抑己扬人的开场白，如此谦逊坦诚的口吻，一下子拉近了演讲者与听众之间的距离，消除了听众对一位名人可能产生的敬畏心理。另外，老舍说自己是"乱谈"，也就表明自己不是居高临下作演讲，而是平等地和大家交流意见罢了。如此平易近人，自然会获取听众的好感，创造融洽现场的气氛。

在脱稿讲话的过程中，听众虽然处于客体地位，但绝不是被动的"接收器"，而是积极的参与者。如果听众一开始就对演讲者及演讲内容有好感、有兴趣，自然会报以热情；反之，就会视而不见、听而不闻，甚至早早退场。因此，有经验的讲话者都十分注重自己与听众的关系，总会主动地缩短自己与听众之间的距离，从而为现场营造和谐氛围。

传媒大亨比尔在一所贫困生居多的大学做演讲，题目是《不要仇恨这个世界》，用自然而亲切的语言打动了听众，这就缩短了与听众之间的距离，让听众自然而真切地感受到自己的想法：

我小时候靠卖报养活自己。那个年月，报童有菜园里的蚂蚁那么多，瘦小的便不容易争到地盘。我常常挨揍，吃尽苦头。从炎热的夏日到冰封的隆冬，我都在人行道上叫卖。

一个暮春的下午，一辆电车后拐过街角停下，我迎上去，准备通过车窗卖几份报纸。车正在启动的时候，一个胖男人在车尾的踏板上说："卖报的，来两份"。我迎上前去递上两份报。车开动了，那个胖男人举起一枚硬币却并不给我，只是笑着看着我。我追着说："先生，给钱。"

"你跳上踏板，我就给你。"他哈哈笑着，把那个硬币在两个掌心搓着。车子越开越快。

我把报纸从腋下转到肩上，纵身一跃想跨上踏板，脚却一滑，仰身摔倒……

谢谢上帝，艰难困苦是好东西，我感激它。如果不是它，我不会有今天的成就。不过，我更要感激这个世界，因为它不仅有坏人，而且它有更多的好人，靠了这些我才没有沉沦，才没有一味地把世界恨死。

……

从传媒大亨比尔的讲话中可知，比尔以描述小时候的苦难开始，引出主题："艰难困苦是一件好东西，我们应该感激这个世界。"以自己的亲身经历和感受，贴切地安慰了一颗颗成长的心，一下子就引起了全部听众的共鸣，用真情感动了听众，这就自然拉近了听众之间的距离，其演讲也自然会取得良好的效果。

为了让听众更好地接受自己，缩短自己与听众之间的距离，我们就需要采取方法来增强与听众之间的互动和交流。比如说：你可以适当地暴露自己的短处，你可以在开场的时候加点儿笑料，你还可以让自己语言充满更多的情感，用真情打动听众……不论你采取哪一种方法，只要是能缩短与听众的距离就可。除了采取技巧之外，自己平时也要广泛阅读，增加自己的知识面，只有这样才能使自己有备无患。

话风折射做事风格

正确的废话，漂亮的空话，严谨的套话，违心的假话

2007 年，某省能源集团有限公司原党委书记张某当庭宣读抄袭来的悔过书，被媒体评论为"地狱门前讲官话"，可见官话的"废、空、套、假"之积弊有多么深。由此激起人们对机关话语系统的思考与诘问，这也值得我们每一个人深思。不管身处哪一个行业，回过头来看看自己在平时的发言讲话时，是不是总说一些"废话、空话、套话、假话"。在觉察反省之前，我们还要弄懂"正确的废话，漂亮的空话，严谨的套话，违心的假话"到底指的是什么？

正确的废话指的是那些你挑不出毛病也抓不住把柄而又毫无意义的话。"正确的废话"已形成当下官场中的一种话语系统。所谓正确，就是在道理上无可非议；所谓废话，就是没有实际作用和指导价值。正确的废话，就是人民群众不待见的空话套话。说空话套话者，显然是那些务虚不尚实者。

不仅官场如此，经营管理活动中，也常出现正确的废话。在平时的会议上，总是说一些无关痛痒的套话，说了和没说是一个样子。

正确的废话还是一块遮羞布。问题不愿讲，成绩又不突出，而每年这个会那个会又不少，让领导讲什么？那就讲讲正确的废话吧。"国际、国内，形势一片大好……""市里、县里，发展一片兴旺……"兜过来绕过去，一通报告能做一两个小时，干货甚少，一挤全是水。

"正确的废话"折射的是一种浮躁、浮夸之风，若得不到很好的遏制，

就难以风清气正。因此，在脱稿讲话的时候，要坚决抵制正确的废话。

漂亮的空话，就是那些没有营养的话。说多说少一个样，说与不说一个样。在企业或者是个人身上随处可见。比如说某些企业人员在汇报工作的时候说，以后我们要在的三个月里创造高成绩，开创新体系……看似体现干劲儿，但实际上也没说出自己要具体怎么做，怎么实现，这就像是给人们描绘一个美好的愿景，但是这个愿景是不切实际的，不会付出行动的。

古语说："空谈误国，实干兴邦。"现在，许多人还是做口头功夫、纸上文章，玩虚的，丢实的。对那种空话连篇、废话成堆的照本宣科，是该"零容忍"。所以，我们必须坚决地遏制这种恶性行为，不然脱稿讲了，也是等于没讲。

严谨的套话，是指那些长期形成固定模式的语言套路，只要是在类似的场合，他们都会依据这样的模式说。一般这种语言模式主要分为两类：一类是因循惯例的套话，另一类是配套成龙的套话。这样的套话在生活中使用频率极高，多见于大会讲话、总结汇报、经验介绍等书面或口头陈述中。比如，总结大会有总结讲话的套路，表彰大会有表彰讲话的套路、介绍经验有交流发言的套路等等，甚至于开场白说什么、中间段说什么、结束语说什么都有固定的格式和语言。

其实，上述的废话、空话、套话在本质是没有什么区别，它们是大的空话，大而不实，言之无物，这样的话之所以得到发展是因为既省事又保险，四平八稳，圆滑老到，自然也稳妥。无论自己处于什么样的岗位，如果在公众讲话时废话连篇、空耗时间，难免会令人心生厌倦和憎恶，更不能服众。要知道，每一个岗位都有其职责，在面对公众脱稿讲话的时候，要抛弃以上三种陈旧的观念，不说废话、空话、套话，立足实际，这样务实的办事作风也会逐渐地形成。

违心的假话，通俗点儿讲，就是说一些违心的不符合事实的话，有些人明知是假却要默认为真，装傻或许可以，但绝对不能点破。久而久之，大家说同样的假话，不说还不行；彼此知道是假话，又都必须说。其实这就严重地败坏了社会风气，必须受到一定的惩罚和打击。

这样的假话势必会遭人痛恨，它们歪曲事实，捏造假象，这必然不能使其他人看清楚事实的真相，势必会影响工作和事情的开展。所以，这样的假话一定不要说，特别是领导要你脱稿汇报工作的时候，如果是你说的事实和现实的情况不符，势必会给自己和企业带来严重的后果。

当然，"话风"的转变总是需要一个过程。要想有精彩的脱稿讲话，一方面，要不断学习，提高和锻炼自身的综合素质；另一方面，需要进一步解放思想、改变观念、创造良好宽松的环境。只有这样，才能放下包袱，告别官腔和官样文章，逐步树立好的会风和话风。

总之，说废话令人生厌，说空话令人鄙夷，说套话令人腻烦，说假话令人痛恨。希望每一个人进一步改进"话风"，让脱稿讲话成为一种习惯，成为一种常态。在实际脱稿讲话中，多一些真知灼见，少一些照本宣科；多行务实之举，少讲正确的废话、漂亮的空话、严谨的套话和违心的假话。

自己的话，真心话，实在话

在很多场合，我们会看到有这样一群人：只要是一上台进行当众讲话，手里就拿着稿子，逐字照念，甚至都不知道自己说什么，虽然表面上看起来很好，但实际上说的并不是他们的真心话。因为这些讲稿有的并不是他们自己亲自起草的，而是找人代写的，更多的是依据别人的思想呈现出来的，根本不是属于自己的话语，那么，这样的讲话自然不会受到大家的认可和赞赏。

这样的现象在生活和工作中随处可见。在生活中，一些人因为会议太多，甚至可能看都没看写的稿子，就马不停蹄地奔波于各种会场，拿起讲稿照本宣科，成了别人思想的"话筒"，这就限定了讲话者思想，久而久之养成了念稿的形式主义作风，就把许多人内心真实的想法埋在了心里。

李倩是一家大型公司的区域经理，因为平时有很多事情要处理，许多琐碎的事情都交给自己的助理打理。不管是出席什么会议，会议的稿子都是由助理写的。这样一来，李倩就能轻松地应对各种场合，但她讲出的话总是得不到大家的认可和赞赏。

有一次，李倩带着助理去基层调研，调研结束后，对于调查的情况要发表自己的见解和看法，并且回到公司之后还要写好报告。在基层调研后，许多人员期待李倩的想法，并且希望提出建设性的意见，可李倩的举动却让人大失所望。

在讲话的时候，李倩拿着稿子，照本宣科地读了起来，让人觉得她在敷衍工作。后来回到公司和领导汇报的时候，李倩又拿出了一叠文件，念了起来。领导看到她如此照本宣科，非常不高兴，于是就中断了李倩的读稿汇报。

就在李倩非常疑惑的时候，领导说："我想听的是你内心真实的想法，而不是让你在这浪费时间，你手里的那些讲稿，我自己读一遍就可以理解，何必让你在这做无用功呢？从这个汇报就可以看出你对待工作时多么不负责任，只想着敷衍，我们不需要敷衍了事的员工，你回去好好反省反省。"

但是李倩总是不能摆脱讲稿，逐渐地丧失对工作的热情，最终辞职离开了公司。

李倩总是让助理给自己写讲稿，总是在汇报工作的时候照本宣科，这样一来就不能说出自己对工作的真实想法、真实感受，也许就不会发现其中的问题，进而影响工作的进程和发展。此外，汇报工作依赖讲稿也不会得到领导的欣赏和认可，所以我们要想让自己的事业发展地更好，就要逐渐地摆脱讲稿，说出自己内心的话。

脱稿讲话能让我们在现场用自己的话语去组织语言，根据自己心中实际的想法去阐述事情，自然讲出的话会更加实在、真实。这也能充分地体现出讲话者对工作的认真思考的态度，同时也能得到领导更多的赞赏。

我们要知道，脱稿讲的真实效果大大优于照稿读。这主要是因为脱稿讲能给人以直抒胸臆之感，由于不借助讲稿直接与对方沟通，对方就会感到真实可信并能集中注意力主动参与沟通。美国哥伦比亚广播公司"早间新闻"播音员、哥伦比亚广播网"奥斯古德"系列主讲人查尔斯·奥斯古德深有体会地说："念稿子远不如讲话好。后者是发自内心的。即使它显得不够流畅，但效果反而好。"

有一次，哥伦比亚广播公司董事长杰科斯基去洛杉矶参加基督教和犹太人全国会议的颁奖仪式，在飞机上，他一直在准备受奖后的发言讲稿。第二天，娱乐大师唐尼·凯亚向杰科斯基颁奖。当杰科斯基拿着讲稿走向前台时，凯亚对他说："不要念，把你的感受告诉大家。"说罢他就抢走了演讲稿。僵持了一会儿后，杰科斯基开口了，讲出了他的内心真实感受，结果非常成功。

"话风"也是作风的反映，脱稿讲话能让人根据实际讲真话、实话，才能摆脱大话、空话、套话的风气，从而赢得更多听众的掌声和支持。杰科斯基最终做到了这一点，发自内心地讲出了自己真实的感受，自然获得更多听众的支持和赞赏。

现代社会社交活动频繁，电视、录像手段被广泛运用，这都要求讲话者直接面对观众，用出色的口才、真实的情感、传神的表情和体态语去影响征服观众。所以我们都应当努力提高自己的讲话能力，学会脱稿讲话。

脱稿讲话的随机应变反映处事智慧

依赖讲稿的演讲者，他们的思绪只会停留在稿子上面，场上发生的状况，他们几乎掌控不了，面对他人的提问，演讲者不知如何作答，因为讲稿上没有写；面对听众的讽刺，即使惹来笑话，他们也不知道怎么去化解……这其中的部分原因是他们缺少处事智慧，没有灵活的应变能力，致使他们在突发的状况面前束手无策。

要知道，任何事物的发展都不是一条直线的，聪明人能看到直中之曲和曲中之直，并不失时机地把握事物迂回发展的规律，通过迂回应变，达到既定的目标。能把脱稿讲话说得精彩者都具备随机应变的处事能力以及灵活多变的智慧，因而才能在复杂多变的现场沉着冷静，从容面对。

1966年，现代著名的文学家林语堂从美国回台湾定居。6月间，台北某学院举行毕业典礼，特意邀请林语堂参加，并且请他即席演讲。安排在林语堂之前的几位颇有身份的演讲者，发表了长而乏味的演讲，让台下听众昏昏欲睡。

面对这样的状况，林语堂并没有发慌，而是沉着地看了看表，已是十一点半了，于是就改弦换调。他快步走上讲台，仅说了一句话："绅士的演讲应该像女人穿的'迷你裙'，越短越好。"然后就结束了演讲。他的话一出口，大家先是一愣，几秒钟后，会场上"哗"地响起一片笑声，接着与会者用最热烈的掌声表达他们对这位优秀演讲家的拥戴。

在第二天，台北各大报纸上均出现了"幽默大师名不虚传"的消息。

从林语堂先生的演讲中我们可得知，即兴之类的脱稿讲话能够让我们灵活地处理现场发生的事情，彰显自己随机应变的能力。

在日常生活中，我们就需要注意做事不死脑筋，敢于接受生活中挑战，学习沉着应对生活中所发生的事情，逐渐积累处世智慧。这对脱稿讲话很有帮助。

然而现实生活中，很多人都喜欢念稿子，不敢脱稿。他们之所以选择念稿子，就是因为害怕漏掉其中的某些问题。在面对突如其来的状况时，会不知所措。对于已经设定好的事情，他们可以按照这个方向走下去，如果超出了设想的范围，就不知该怎么办。显然，总是念稿的人，他们的应变能力也会变差。

李媛是一家公司的业务代表，最近上级要求李媛给某某大学做一场讲座，李媛很高兴地答应了。因为她觉得只要写好讲稿，到时候照着念就可以了，不需要做更多的准备，因为以前她就是这么做的。

到了演讲那天，李媛和同学问完好后，就开始自己的演讲。她手里拿着一份讲稿，照着讲稿一字不差地念着。刚开始，现场很安静，同学们也很愿意听，李媛心里很是得意。可是当李媛念到中间的时候，就发现底下的同学们"蠢蠢欲动"，有的同学戴上耳机听音乐，有的同学在一起聊天，有的同学还"专心"地玩手机，几乎没有一个人在听她的讲话。李媛看到如此情况，有些不知所措。就在她惆怅的时候，突然有一位同学举手示意。李媛本来以为这个同学是来救场的，可没想到，那位同学居然提出一个尴尬的问题："老师，您看现场这么混乱，您还在那里念稿子，您觉得有意义吗？"

面对学生的质疑，李媛真的崩溃了，因为她不知道该如何处理，讲稿上也没有写这样的问题。所以，李媛跳过了学生的问题，匆匆地结束了自己的演讲。

显然，讲话者习惯了念稿子，在面对现场突发状况时便可能会束手无策。凡事习惯于已有模式，只能是让自己限定在固定的套子里。所以，我们要试着尝试自己脱稿，并且加强随机应变的能力。

说得自信，赢得相信

在脱稿说话中，自信是必不可少的，它决定你这次讲话能否出色与成功。因为自信心给人一种安全感，使你敢于与他人相处，并自由发表自己的看法。一旦你愿意去表达，那么即使在很小的场合，你也会努力地搜索以前的经验，以此作为谈资。这样，你的视野将会变得更加开阔，并对自己的生命产生新的认识。在某种程度上可以说，没有什么比自信更能够将一个人引向成功的。

要知道，脱稿时保持的自信是需要在平常的生活中训练出来的，如果熟练的专业技能和得体的装扮仍然无法带给你足够的自信，那就需要更多的自我表现。下面就给大家介绍一些训练自信的方法，激发大家的潜在力量。

第一，做好准备，相信自己能成功

一个人是否能够达到成功说服他人的目的，跟说话之前所做的准备有很大关系。林肯说："再有实力的人，如果没有精心准备，也无法说出有系统、高水平的话来。"所以，你需要在说话之前广泛地搜集素材，并对你的主题进行深入细致的思考。当你确认自己准备充分之后，不妨设想自己正在以完全的控制力对他人说话。这是你很容易就能做到的。只有先相信自己能够成功，最终才会有成功的可能。

第二，针对自身不足进行纠正性训练

名列古希腊"十大演说家"之首的德摩斯梯尼从小就有口吃的毛病，而且他在说话的时候总是一个肩膀高一个肩膀低，还不停地抖动。在那样一个崇尚口才的时代，这样的人理所当然地会受到歧视。他十分苦恼，并很自卑。不过，他并没有被自卑打倒，而是以超常的毅力和吃苦的精神进行刻苦的训练。每天清晨他都站在海边，口里含着石子进行练习。针对爱抖动的毛病，他对着镜子进行练习，并在两个肩膀上挂两把剑，这样就不会抖动了。通过这些有效的训练，德摩斯梯尼觉察到自己已经能够很容易地克服恐惧和焦虑，并且取得了突破性的成功。他在当众讲话中获得自信心，逐渐成为一个十分出色、受人尊敬的演说家。

读了这个故事，我们懂得即使说话方面先天存在不足，依然可以通过后天的刻苦训练和培养不断地强化自己的口才，相信总有一天我们可以自信地站在台上，让所有人为我们拍手喝彩。但要想成为出色的演讲家，最重要的就是敢于克服自身不足，进行针对性的训练，从最小的细节入手，才能一步步地摆脱自身的不足。

第二章

脱稿说话难吗

只会照本宣科，现在不好混了

在重要的场合说合适的话，是最基本的能力

在什么场合说什么话，这是人们在长期交往实践中总结出来的经验。当众讲话要顾及场合，否则，再好的话题，再优美的话语，也不会产生好效果，有时甚至会适得其反。试想，如果是在肃穆的葬礼上，像相声演员那样讲出通篇幽默的哀悼词，将会产生怎样的后果呢？所以，重要的场合说好合适的话，是每一位当众讲话者最基本的能力。

生活中，人们总是在一定时间、一定地点、一定条件下进行当众讲话，在不同场合，面对着不同的人、不同的事，从不同的目的出发，就应该选择说不同的话，这样才能收到理想的讲话效果。例如，在婚宴场合，你就不要讲不吉利的话题；当众作演说、作报告时，应当讲严肃的话题，而且中心思想要明确。

一对新人在一家大饭店举行婚礼，正赶上大雨下个不停，新人和客人们觉得很懊丧，婚礼气氛有点不愉快。这时一位新郎的长辈正在台上发言，最后他微笑着高声说："老天爷作美，赶来凑热闹，这是入春以来的第一场好雨。好雨兆丰年，这象征着这对新人的未来是十分幸福的。雨过天晴是艳阳天，这说明今天在座的所有客人都将迎来更加灿烂的明天。我提议，为了创造和迎接雨过天晴的明天，大家干杯！"话音一落，整个餐厅的气氛发生了180度的大转弯。沉闷的婚礼场面，一下子活跃起来。

俗话说："一句话把人说笑，一句话把人说跳。"这位长辈的讲话打破了这种沉闷的气氛，恰到好处的讲话正说明在重要的场合说好合适的话的重要性。本来因为下雨，在场的人们心情就不是很好，这时这位长辈的一番别具新意又应时应景的话顿时让现场的气氛活跃起来了，同时也得到了大家的赞赏。

除了讲话内容要符合当时的气氛之外，也要注意在不同场合的称呼问题。比如现今网上流行的"淘宝体"，用"亲"称呼对方，这里的"亲"可以理解为"亲爱的"的省略语。如果用在朋友聚会上可能显得亲切友好，能拉近彼此之间的距离；但用在比较严肃正式的场合，显然就不合适了，比如在工作会议或者葬礼上，就显得浮躁、不庄重，很可能会引起听众的反感。

另外，有些场合虽然比较轻松，讲话也可以比较随意，但随意的前提是尊重在场的听众，也不能想到什么说什么，讲合适的话是任何场合都应该遵守的基本原则。

某市派出所的老所长退休了，所里为他举行了一次欢送会。期间，作为新所长的赵兴代表所有人发表讲话，赵兴也不负众望，不仅大力赞扬了老所长以前的光荣事迹，也恰到好处地表达了不舍之情。最后他突发奇想，想来个幽默结尾，就指着餐桌上一道炸田鸡说道："老所长就像这道炸田鸡，生前是功臣，保护庄稼，这老了之后，还是一道美食供大家享用，可谓鞠躬尽瘁，死而后已啊……"但是，这段话不仅没有带来赵兴预想的幽默效果，还让老所长沉下了脸色。

之所以造成这样的后果，就是因为赵兴说话不看场合，这是老所长的欢送会，并不是追悼会，拿田鸡的生前死后与老所长的退休前后作比，显然不妥当。

要知道，脱稿讲话的人在任何场合都有其特定的身份，这种身份也是自己当时的"角色"。在工作场合，讲话者应该更加严肃地汇报工作；在社交场合，讲话者的话语应该更加幽默和风趣；在商务场合，讲话者要依据当时的情况而定，无论是东道主还是客人，都有特有的讲话内容。

总之，在脱稿讲话时，要注意场合，增强场合意识，懂得在不同场合对说话内容和方式的特定限制和要求，并时时不忘看场合说话。倘若在公众讲话的时候，没有实现考虑到场合，说出了不该说的话，不仅让自己成了别人的笑柄，还会给我们带来更多的麻烦，所以我们要谨慎地对待。

脱稿讲话需要应变能力和创新思维

在进行脱稿讲话的时候，难免出现各种各样意想不到的事情。而一个成功的演讲者总能把场面化险为夷，体现出其良好的应变能力和创新思维。它和照本宣科有着很大的不同，讲稿上写的虽然是你要讲的内容，可是现场发生的意外状况是无法在讲稿上找到答案的。所以，这就需要讲话者提高应变能力，多培养创新思维。如此一来，面对一些突发状况时就不至于束手无策。

达尔文在一次演讲中，刚说出题目，有一位年轻美貌的女士就站起来，带着戏谑的口吻问道："听说您断言，人类是由猴子变来的？"达尔文答道："是的。"这位美女继续说："那么，我也属于您的论断之列吗？"达尔文彬彬有礼地答道："那当然啦！不过，您不是由普通的猴子变来的，而是由长得非常迷人的猴子变来的。"达尔文幽默风趣的回答博得全场一片笑声。

达尔文在面对这位女士突如其来的问题时，立马做出了回复，既避免了尴尬场面的发生，也给观众带来了笑声，显然一个人的应变能力对于化解演讲中的突发状况很重要，这同样适用于脱稿讲话。

脱稿讲话的现场意识特别强，它不像写文章那样可以反复地修改，弥补漏洞。可脱稿讲话就不同了，因为听众就在面前，出现什么意外情况都要求说者迅速做出反应，遇到一些状况必须立即处理，更需要用自己智慧的头脑去及时应对。唯有如此，才能抛却念稿，让脱稿讲话进行得更精彩。

有一次，里根总统在白宫钢琴演奏会上发表演说时，夫人南希一不小心连人带椅跌倒在台下地毯上，观众发出惊叫，但南希却灵活地爬起来，在数百名宾客的热烈掌声中回到自己的座位上。正在讲话的里根看到夫人并未受伤，便插入一句俏皮话："亲爱的，我告诉过你，只有在我没有获得掌声的时候，你才应该这样表演。"

里根总统如此风趣幽默的表达，巧妙地化解了夫人难堪的场面。不仅没有因为夫人的突发状况打断演讲，而且还巧妙地圆场，化尴尬于无形，如此这样机智的智慧，创新的想法值得我们深刻的思考。所以讲话者在脱稿讲话的时候，一定要准备好应对突发状况，在意外发生的时候，一定要沉着、冷静，切不可失了方寸。

脱稿讲话是口语表达中最高级最完美的一种形式，但是要把脱稿讲话讲得出彩并不是一件容易的事。它依靠的不仅仅是渊博的知识储备、良好的口才能力，而且还需要一些随机应变的能力和创新思维，唯有如此，才能应对场上发生的任何意外变化。那么具体来说，在现场一般会出现哪些情况呢？主要分为两大方面，一个是从自身方面来说，另一个是从听众方面来说。

首先，从自身角度来说，一般会出现以下两种情形：

1. 失误

在脱稿讲话时，失误可能发生在每个人身上。比如说：讲错话，张冠李戴，讲错了词句、数字、年代等等。那么要发生了这种情况应该怎么办呢？我们可以用两种方法来弥补。

第一种方法是重复纠正。在发现自己出现错误之后，就要选择在合适的时机，适当地加重语气来提醒听众，最好重复一遍，以便让听众清楚地记得。

另外一种纠正的方法借"错"发挥。在脱稿讲话的过程中，出现的错误不好消除，更正和纠正都很困难，那怎么办呢？只能是束手无策吗？答案当然是否定的，我们应该借"错"发挥来弥补错误。

举个最简单的例子，比如在数学公开课上，有一次，高老师在讲乘法分配律时，安排了一组巩固练习，最后一题是: $32 \times 46 + 32 \times 54$，一位同学帮老师小黑板时，不小心将后半部擦去了，变成了 32×46，等到课上学生叽叽喳喳地说这题不好做时，高老师才意识到由于自己的疏忽，造成学生的争议。他本想补上，但突然灵机一动，这不正好可以编一道开放题吗？

于是就给学生一个主动探求的机会。他故作神秘地说："这道题是一道运用乘法分配律进行简便运算的习题，你能猜出老师后面的内容吗？谁来帮老师补上？"

一石激起千层浪，学生积极性被充分调动起来，下面议论、讨论声更大了。学生在黑板上陆陆续续补上"$+32 \times 54$、$+32 \times 254$、-32×16、$+68 \times 46$、$+168 \times 46$、$-22 \times 46 \cdots \cdots$"。学生思维非常活跃，在猜测、讨论、交流的过程中感悟到运用乘法分配律进行简便运算的关键，培养了学生的数感；同时学生合作意识、探究问题的能力得到提高，思维广阔性也得到发展。

虽然形式不同，但是道理是相同的，需要我们在以后的脱稿讲话时，一旦发现自己出现错误，就要激活自己的头脑，借"错"发挥，也许会产生意想不到的效果。

2. 忘词

在脱稿讲话中，时常就会出现忘词的现象。比如说讲着讲着思维的链条就突然断了，想不起下面应该讲什么。遇到这种情况有的人可能就慌了，甚至就干脆退场不讲了。如果遇到这种情况，不必要惊慌，你可以用下面两种方法来衔接：

（1）进行插话。在你出现忘词的时候，巧妙地插入一两句与之相关的话语，注意语气节奏，要注意给自己留下思考的空间。比如："我刚才讲的你们都听明白了没有啊？不知道我前面讲的是否清楚？"趁着问话的间隙时间你再回忆你要讲的内容，这种方式效果是很好的。有的老师在讲课的时候也是一样，在讲课的时候他突然发现他要讲的内容忘了，怎么办呢？他就会问学生："我讲的你们听清楚没有？"便能顺利衔接上。

（2）重复衔接。重复衔接就是在你忘却的时候，把最后讲的那句话加重语气再重复一遍。这样也能把断了的思维链条重新衔接起来。

其次，从听众的角度来说，一般会出现以下几种情况：

第一，听众不合作。很多讲话者，都希望自己的讲话得到更多人的认可，有时候需要和听众进行配合，但是有的听众就是不愿意和讲话者配合。面对这样的情况，我们就需要用机智的头脑和灵活的思维处理问题。

听众不合作的现象有很多，比如说出现吵闹、喧哗、起哄、叫喊等等不文明的现象，甚至可能会出现听众跟讲话者过不去的现象。那么碰到这样的情况可对这种人提出批评，但是在批评的时候言词一定不能太激烈，激烈的言辞容易造成一种对抗的心理，形成僵局，这个讲话就没有办法进行下去了。如果还是不太清楚，看到这个例子也许我们就会有所启发。

有一次，中央歌舞团的几个青年演员到地方演出遇到了尴尬的情况。在演出即将开始的时候进来几个年轻观众，他们一看这几个青年演员名气不是很高，感到非常不满。即使台上的演出还在继续，这几个年轻观众就开始出口不逊，现场顿时陷入了尴尬。

但是就在场面几乎陷入混乱局面的时候，台上有一位青年演员这样说道："我早就盼望有一天来到你们美丽的城市，亲眼看看驰名中外的解放牌汽车，游览下誉满全球的十里长街，更想领略一番你们美好的象征——君子兰的风采。经过两天的观察，我已经感受到了这个城市的风采，同时我也发现这里的姑娘小伙子们也像君子兰那样文质彬彬大有君子风度。"

听了青年演员这么一说，那几个出言不逊的年轻人低下了头。青年演员看着观众理解的目光，又接着诚恳地说："我也是二十几岁的青年人，虽然没有歌唱家的名望，但我有一颗年轻的心。我非常高兴为你们唱歌，我想我会得到你们的支持和爱护，因为我们是同龄人。"

青年演员的一番话博得了长时间雷鸣般的掌声。这位年轻演员非常懂得控场技巧和批评的语言艺术，他没有直接批评这种不文明的现象，而是运用君子兰花象征意义给这些观众戴了高帽子，虽然是赞扬，但是批评尽在赞扬中，如此的应变能力相信对你会有所启发。

第二，碰到突发情况。在脱稿讲话中，很多突发状况是我们无法预料到的。比如上台不小心摔倒了、讲话的时候麦克风突然坏掉了等等，面对这些情况，我们应该学会借题发挥，变被动为主动。比如当你不小心被话筒绊倒了，台下的观众哈哈大笑，你就可以站起来对台下的观众说："同志们简直太热情了，刚才我就是被你们的热情倾倒了，谢谢大家了。"而不要总想着自己出丑了，然后就不好意思往下说了，只有学会随机应变，借题发挥，才能完美化解这种尴尬局面，不影响讲话的顺利进行。

脱稿讲话存在的三个误区

公众讲话就是脱稿讲话

说到练习脱稿讲话，人们脑海首先想到的可能是到网上或者书上找寻答案，搜索"口才"或者"公众讲话"等内容，认为这些是解决脱稿讲话的实践"教材"。实则不然，这也是脱稿讲话的第一个误区，那就是公众讲话并不等同于脱稿讲话。

如果说"口才"这个范围太大的话，"公众讲话"所涵盖的内容就太窄了，最重要的是它在内容上与脱稿讲话是偏离的。"公众讲话"更偏重于在工作中的一些重要场合演讲，比如一些政治演说、主题演讲、学术讲话等，而脱稿讲话的内容更加实际具体，要求反应迅速，思路清晰，言之有理，让人信服。另外，两者之间的表现手法和风格也有很大差异。"公众讲话"表演性技巧成分多一些，脱稿讲话的实用方法和思路要多一些。我们可以通过一个对比看出两者的区别，以参加比赛的"主题演讲"和实际工作中的"脱稿讲话"为例，前者更像在跳艺术体操，重点体现的是动作的优美与难度系数，而后者就是广播体操，目的是用来强身健体的，更实用一些。

换一种说法，公众演讲也许只需要一些鼓舞、鼓励之类的语言就可以，更加强调"宣传"作用，哪怕说一些空话、套话也能完成任务。但脱稿讲话必须体现出解决问题的实用方法，也要重视交流互动，要求语言更有表达力、感染力，让听众完全理解明白你的讲话内容。因为开会，除了作报告、专题讲座、布置工作等，一个重要方面内容就是议事，既然是议事，就应当解放思想、求真务实、畅所欲言。

所以，综上所述，公众讲话与脱稿讲话从专业角度讲也不是一个层级的概念。这也是为什么很多人从网络或口才书上学到的东西，在实际生活中不适用的原因。

脱稿讲话可以速成

现代生活节奏快似乎成了人们的共识，各行各业也在加速度增长。于是"速成"这个概念成了人们面对一项新知识新技能的第一想法。然而，并不是所有事情都可以通过"速成班"学会的，脱稿讲话就是如此。虽然市面上关于"好口才速成课"之类的培训、书籍等很多，但脱稿讲话并不是几天就能练成的能力。

任何事情都是有规律的，脱稿讲话就是一种规律性的技能，需要循序渐进，不能一蹴而就。俗话说"一口吃不成胖子"，脱稿讲话也是这样，它需要我们从易到难，一步一步练习实践。虽然有人说养成一种习惯或改掉一个坏习惯，需要连续重复练习21次，但如果想要21次就能顺利脱稿，显然是不可能的。

脱稿讲话是靠长期的训练得来的。古今中外所有口若悬河、能言善辩的演讲家、雄辩家无一不是长期刻苦训练而获得成功的。

我国早期无产阶级革命家、演讲家肖楚女，更是靠平时的艰苦训练，练就了非凡的口才。肖楚女在重庆国立第二女子师范教书时，除了认真备课外，他每天天刚亮就跑到学校后面的山上，找一处僻静的地方，把一面镜子挂在树枝上，对着镜子开始练习讲话。从镜子中观察自己的表情和动作，经过这样的长期训练，他掌握了高超的演讲艺术，他的教学水平也很快提高了。著名的数学家华罗庚，不仅有超群的数学才华，而且也是一位不可多得的辩才。他从小就注意培养自己的口才，学习普通话，他还背了唐诗四五百首，以此来锻炼自己的说话能力。

美国前总统林肯为了练口才，徒步30英里，到一个法院去听律师们的辩护词，看他们如何论辩，如何做手势，他一边倾听，一边模仿。他听到那些云游八方的福音传教士挥舞手臂、声震长空的布道，回来后也学他们的样子。他曾无数次地对着树、树桩、成行的玉米练习口才。

这些名人与伟人为我们训练口才树立了榜样，我们要想练就脱稿讲话的能力，就必须像他们那样，一丝不苟，不断训练。所以说，脱稿能力需要的是慢功。而有些人之所以在脱稿讲话上遇到了各种困难，并不是因为脱稿本身的难度系数大，而是练习者太过心急，耐不下性子进行系统的、有针对性的学习。

脱稿讲话是个知识积累的事

脱稿讲话的第三个误区就是：认为知识丰富就可以脱稿。也许有人要问，这个怎么能是误区呢？脱稿讲话本来就是个知识积累的事。那么，请想一想，为什么网络和书籍为我们提供了那么多的相关资料，还是没有能提高脱稿讲话的水平呢？

其实，这其中有两个最主要的原因，分别是知识与技能的认知和讲话人对自身情况的认识。前一个因素的意思是说，很多人把脱稿讲话当作知识积累，实则它更像是一门技能。知识通过学习积累可以获得，而技能除了要求学习外，更多的是在实践中不断练习。就像戏曲界说的"一日不练自己知，两日不练街坊知，三日不练观众知""隔日不唱口生，三日不练手生"。当年的老北京天桥地区卖艺的人中流传着这样一句话"三年的胳膊，五年的腿，十年练成一张嘴！"充分说明了说话艺术在各种技能中的掌握难度。所以，要想练好脱稿讲话，从网络和书籍上积累知识固不可少，但也不要忘记勤于练习。如果说知识是脱稿讲话的必要前提，那么，练习和实践就是实现最终效果的重要保证。

而对自身情况的认知的意思就是要综合分析自己讲不好的原因。一般来说，由于自身情况无法提升脱稿讲话能力的因素有三方面：第一，心理因素。即讲话者的紧张、恐惧心理；第二，思路问题。即讲话人条理不清，组织驾驭语言的能力较弱；第三，讲话者对内容的把握。简单说就是对自己要讲的话是否熟悉、理解，是否有话可讲。如果这三个方面欠缺，就绝不是积累知识就能解决的问题了。它需要讲话人，尤其是性格内向、有自卑心理或不良心结的人，在学习积累相关资料的同时找出自己的症结所在，勇敢面对自身问题，寻找解决方法，或者通过他人的指导帮助克服。总之，最不可取的是退缩、逃避，否则难以有成功脱稿的一天。

正常来说，多说多练多实践，能有效解决脱稿讲话时自卑紧张的心理问题，但也并不是适用于所有人。因为那些练习效果不稳定、经常反复的人一定有深层面的心理原因需要解决，要想提升脱稿能力，探究出并将其攻克才是最重要的。

感觉不错的四步骤练习法

学会辨别自己在想什么

紧张，是绝大部分讲话者面对听众时首先遇到的最大障碍。20世纪80年代美国的心理学家做过一项调查，调查的题目是"你最害怕的事情是什么？"调查结果让调查人员大吃一惊："死亡"这一让人恐怖的事实竟然被排在了第二位，排在第一位的是公众演讲。有41%的人认为公众演讲比其他事情更让人感到害怕，也就是说，这些人认为公众演讲比死亡还可怕。

大学里面的调查结果比例更高，有80%~90%的大学生觉得当众演讲非常恐怖。的确，很多人以为抛弃了照本宣科的观念，做好充足的准备就能成功。可是世事难料，紧张的问题又出现了。其实，在照本宣科的时候，紧张的情绪就已经存在，只是在脱稿后，由于心里没底，紧张的情绪就显得更加明显了。所以，为了克服紧张的情绪，我们要把它看成是正当的情绪，学会克制它。比如说：一些政治家，在演讲之前也会感到紧张和恐惧。美国密苏里州众议员杜·肖特和缅因州众议员弗兰克·费洛斯都是有名的脱稿演讲高手，他们每次演讲引经据典，妙语连珠，众议院会议厅里总是座无虚席。但他们两人在上场前总要喝上几口酒，为的是给自己壮胆，以克服上台后紧张的情绪。

虽然讲话者可以找各种各样的方法来克制紧张，但这只是让自己表面看起来很轻松，心里的紧张情绪依然存在。那么，如何根除这种紧张情绪呢？首先，我们需要搞清楚，自己感到紧张的时候到底在想什么，是不是这种"想象"让自己越来越紧张呢？

为了能够弄清这个问题，我们先来回答下面几个问题：

当我为脱稿讲话焦虑时心里最担心的是什么，这种担心是怎样消失的？

当时我心里有没有一闪而过的念头？

脱稿讲话时我为什么担心紧张？

我想象的结果发生了吗？现实情况又是怎样的？

面对上面的问题，要仔细回想和研究，然后把这些问题的答案统统记下来。这个事情说起来似乎很简单，可事实上真正操作起来却非常困难。因为人在紧张的时候产生的一些想法，往往是瞬间的、自动的，还没有等你意识到，它就已经溜走了，你还没有来得及将其演绎成具体的语言，它就已经无影无踪了。可是，如果不记录下来就无法帮助你避免这种负面情绪。所以，每次紧张时你需要认真审视自己的内心，事后也要仔细回忆当时的情形并将那时心里闪过的念头记录下来。

接下来，就需要你用笔把想起的事情记录在本上，主要有两个部分，最好能形成鲜明的对比。你可以在记事本的左上方写想象的事情，在右上方写真实的情况，这样通过你回忆的和现实的情况一对比，你就能发现在紧张时想的事情和实际的情况是不一样的，下次再紧张的时候就要提醒自己，不要那么紧张了，其实这不过是自己给自己增加的负担而已。

如果每次讲完话，总是能够针对自己当时紧张的心理活动做一次调查研究，比如将心里的想法与当时的真实情况或听众的反馈信息作对比，也许你会发现，那些你担心害怕的结果并没有发生，即使一些失误也远没有你想象的那么严重。坚持这种记录对比，半年以后就会明显感到你自己的紧张情绪在减少，渐渐地你会发现自己不太在意现场的感受了。这就是先辨别自己在想什么，然后用实际情况帮助自己将担心的事情解决，用对真实结果的认知有针对性地来克服紧张情绪的方法。

清楚和正视自己的表现

当我们明白了在脱稿讲话时自己心里的想法，就要改变这些想法对我们产生的影响。首先就是动作的改变。在这之前，我们先要知道紧张时产生的念头会以什么样的动作呈现出来。也就是说，在那样的想法和状态下，我们的表现是怎样的？以下这几种表现，是否同样发生在你紧张的时候：

说话时，声音特别小；

语速慢而轻，哆哆嗦嗦，没有底气；

时常握拳抵在嘴边或者摸鼻子；

不停地捋头发或扯领带；

低着头，很少和听众有目光交流……

这些行为从心理学上讲，是属于自我保护行为。它们是在脱稿讲话恐惧或者紧张的时候下意识的自动行为，也许讲话者在当时是感受不到。对于一些心理比较脆弱的讲话者来说，如果有人给他们指出这些情况的时候，他们不但不会改进自己的不足，反而产生抵触心理，再也不会在众人面前讲话了，因为他们害怕再提及这样的事情。要知道，不会正视自己的不足，也不能清楚地看清自己，是永远也不会在讲话中取得进步的。

要想能够更好地完成脱稿讲话，我们就需要谦虚地接受别人的建议，学会正视自己的表现，这样才能清楚地知道自己在那时真正的状态和不足，要抱着乐观的心态去接受，也可以这样告诉自己："幸亏早一天发现，早一天知道，早一天受益。"

对于自己紧张时的表现，我们不但要学会客观认识，还要反省自己并且还要找出其中的原因，这样才能确保在下一次的讲话中避免出现同样的举动，清楚和正视了自己的表现，也就不会那么紧张了。比如说，你可以针对出现的状态，采取相应的措施：

讲话的声音小，可能原来自己没意识，下次在开讲的时候，一定要多加注意，尽量地提高声音；

说话慢而轻，可能是由于性格原因决定的；为了能够增加说话的节奏，我们可以在以后的时候，尽量地提高速度，也要多多提醒自己；

讲话时手上小动作不断，你可以在讲话时手拿个本子或拿支笔不让手处于空闲状态；

低着头不看听众，可以上场前先找个熟人或者友善的目光，盯着他慢慢适应，直到能面对全场……

既然我们清楚了自己在讲话时的紧张表现，就不能逃避，而要有意识地去克服，并且说到做到，这样才能真正解决问题。在下次脱稿讲话时表现得更加自信，时间长了，你也就真的有信心了。

寻找突破口

现在你可以从自己面对紧张时的表现中找一个有代表性的行为，试验一下有意识地改掉这个行为会产生怎样的变化。比如，你在脱稿讲话的时候不敢面对听众，那就尝试抬起头不再逃避，用眼睛正视全场。用这种方法探究一下，那些令你感到紧张的原因是不是真的无法克服。

虽然听起来很简单，但这也是最艰难的一步，仍然值得你去尝试，而且必须去尝试。这表明你已经开始为自己重建信心。如果第一次这样做会产生焦虑，别灰心，继续尝试，看看你的紧张、焦虑会不会逐步减轻。那么，一般来说，我们会从以下四个方面寻找突破口：

1. 忍受视线

脱稿讲话一般不会只面对一个人，所以也就表示，讲话者必须忍受众目睽睽的注视。当然，可能并不是每一位听众都会对你报以善意的眼光。即便如此，我们也不可以不顾听众的感受，避开听众的视线来讲话。尤其当我们走到麦克风旁边站立在大众面前的那一瞬间，来自听众的视线有时甚至会让人觉得刺痛。

那么克服这股视线压力的秘诀就是一边进行演讲，一边从听众当中找寻对于自己投以善意而温柔眼光的人，并且要无视那些冷淡的眼光。此外，还需要把自己的视线投向强烈"点头"以示首肯的人，这对于我们巩固自信心有着很好的效果。

这里要提醒的是，不要把视线只放在一个人的身上。要照顾到现场的每一个人，听众感受到我们在意他们的想法和感受，这样听众的视线对于我们来说就是帮助，而不是压力。

2. 控制脸部表情

脱稿演讲时的脸部表情无论好坏都会带给听众极其深刻的印象。紧张引发的一些情绪都会清楚地表露在脸上，这是很难由本人的意志来加以控制。讲话的内容即使再精彩，如果表情总缺乏自信，老是畏畏缩缩，那么讲话也很容易变得欠缺说服力。

控制脸部表情的方法，首先"不可垂头"。人一旦"垂头"就会予人"丧气"之感，而且若视线不能与听众接触，就难以吸引听众的注意。另一个方法是"缓慢说话"。说话速度一旦缓慢，情绪即可稳定，脸部表情也得以放松，全身上下也能够为之泰然自若起来。

3. 控制声音和腔调

众所周知，声音和腔调是天生的，需要后天的勤奋努力才能得到改善。但是并不是努力立刻就能取得效果。不过音质与措词对于整个演说影响颇大，我们可以从这两方面进行尝试。根据某项研究报告指出声音低沉的男性比声音高亢的男性，其受信赖度更高。为了营造沉着的气氛，说话稍微慢点是很重要。标准大致为5分钟讲完3张左右的A4原稿。不过，要注意的是，倘若从头至尾一直以相同的速度来进行，听众会睡觉的。

所以，对于声音和腔调，我们要在做好控制，合理地控制了说话的声音和速度，我们才能赢得观众的认可。

4. 害怕自毁形象

美国演讲学家查尔斯·R.格鲁内则提出了"自我形象受威胁论"。他认为"每个人都具有理性的、社会的、性别的、职业的自我形象，当人们进行演出、演讲时其自我形象完全暴露在公众的面前，由于害怕自我形象会遭到破坏，因而让人产生了窘迫不安的怯场心理"。

"害怕自我形象会遭到破坏"用简单的话来说就是"怕出丑""怕丢脸""怕没面子""怕出洋相"。这些原因都有一种共同的心理特征，就是害怕。不管你害怕的是什么，都是由于出现了害怕的感觉，让人产生了紧张。害怕和紧张是两个不同的概念，不是环境恶劣直接造成紧张，而是环境先让人有了不安全感，产生了害怕心理，才会导致紧张出现。

为了缓解害怕的心理，我们需要看轻结果，放下自我。

有一位音乐家叫陈其钢，他说自己是个内向的人，不太习惯在公众面前讲话。2002年北京第5届国际音乐节上他要展现音乐作品《蝶恋花》，这次展现的方式与以往不同，采用"音乐会现场解说"的特殊表现形式，由他自己亲自登台讲解。演奏是他的长项，但对着观众讲话陈其钢心里就打鼓了，感觉很紧张。但他意外想到了一个方法立刻调整了紧张的心情，是什么方法呢？

他说："有时候我想，音乐会台上有一百多位音乐家在拉琴，好像是一百多只猴子在那里搞表演，台下有一千多名观众，也就是一千多只猴子在看表演，这些猴子在看的时候还会鼓掌。这次更特别的是，还有两只猴子在说话。猴子们在一起玩，所以没必要那么认真。咦，你看，大家都不是人了，还有必要那么一本正经吗？"

当然，我们普通人谁也不能像陈其钢那样把自己当猴子，但很多时候，我们做人确实太过认真了。只要我们能够在脱稿讲话之前调整心态，看清结果，放下自我，便能更容易地克服紧张。

以上的四种你可以任选一种去尝试，努力去寻找突破。但是并不是说这就是克服紧张的所有方法。要知道，克服脱稿讲话紧张的方法并不是固定、严格地按照一种，有各种各样的方法供你选择。但你要做的是，从现在起，每逢脱稿讲话要关注听众，不再关注自己。深呼吸，放松下来后再开口讲话。

亲力亲为写稿子

任何一篇讲稿都有自己的内在逻辑，是经过深思熟虑，为了使演讲者更容易理解和掌握才写下的。所以，养成自己动手的习惯对于脱稿讲话来说是至关重要的。你可以根据自己的思维组织思路，依据自己的习惯来搭建框架，这样就可以使稿子内容熟记心中，到脱稿的时候，定会展现自己的风采。

俗话说："讲前偷懒，讲后丢脸。"的确，现实中的很多人都不愿意自己写稿子。这样一来势必会造成一系列的问题，这也是照本宣科的人的真实写照。况且很多人手里的讲稿大都是由秘书或者找其他人来代写的，讲稿上要讲什么，或者做出的什么标记，这些人都不知情。在发言的时候他们就会一字一句照念出来，就连秘书为了提醒做出了标记文字也一并读了出来，让自己丢了面子不说，进行这场演讲的目的也可能无法实现。

解放初，在欢迎仪式上，某领导神采飞扬，慷慨激昂，照秘书写的稿子念道："感谢上级领导给我们带来一个巨大的鼓！"翻过一页后，才发现还有一个"舞"字，但是已经无法接着前面读下去了，一紧张，顿时语塞，心跳加快，小腿抽筋，脚发麻，为不继续被误解下去，只好红着脸补充说道："还有一个舞！"台下顿时哄然大笑。事后，这位领导就以"上级送鼓"的讲话成了人们的笑柄。

显然，不亲力亲为写稿子，对自己要讲的内容就没有那么熟悉，很可能会闹出笑话。所以，发言稿要自己写，这不仅是对自己负责，更是对听众负责。他们有权利听到你的真实想法，而不是别人代写的稿件。另外，在公司里的讲话更是能体现你对工作的熟悉程度，也是对工作经验和成就的高度浓缩，这些内容对同事以及下属具有指导意义。一定要亲力亲为才能写出真正有影响力的稿件。

其实，写讲稿就跟吃饭一样，重要性不言而喻。吃饭既讲一个能吃，还讲一个善吃，这都是吃的过程和结果的表现。但这之前，必须解决"愿不愿吃"的问题。假若人家没有胃口，或者把吃饭看得无所谓，勉强为之就收不到效果。于己而言，写讲稿的作用无论多么奇妙无比，但假若不愿提笔，不屑动手，不想动脑，写与不写都没有什么实际意义。

不管是作为领导干部，还是其他人士，写文章是应有之才。邓小平同志认为，不懂得用笔杆子，这个领导本身就是有缺陷的。文章贵在思想，并不在乎文辞多么华丽。如果找人代笔，或许文字功底不错，但是和自己比起来，阅历、视野、政策水平、思维层次肯定会有一定差距，写出来的东西往往难以表达出自己的真情实感。

总之，没有执行就没有发言权，别人没有对工作亲力亲为，也没有亲身地经过你的事情，有的只是旁听途说再加个人想象，很难深刻、全面地阐述问题和想法。一篇好的稿子不是就事论事，更多的是饱含个人在工作或者生活中的感悟、思考、研究，那是局外人所难以想象出来的。当写稿子成为自觉行为与责任时，照本宣科就不会再发生了。

第三章

遇到尴尬怎么说

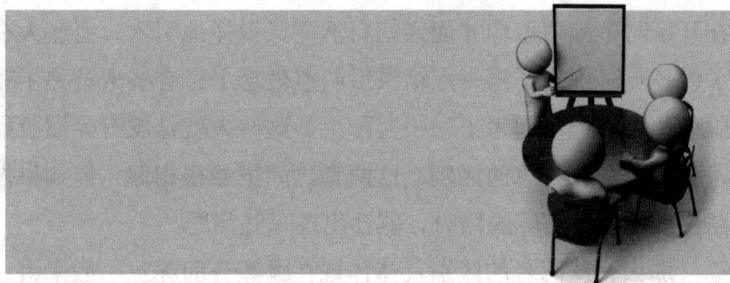

如何寻找思路

脱稿讲话的前期准备和写文章的区别

在脱稿讲话时往往会出现以下类似的情形: 有些人遇到一些场合就发蒙; 在开场时不知道怎样才能亲切自然而又得体地引入; 有些人在讲话时, 想好了说三点, 说完了第一点结果后两点就忘了; 有些人背熟了写好的讲稿, 一脱稿什么都记不起来了……实际上, 这些人就是没有弄懂脱稿讲话的前期准备和写文章的构思的区别, 这两者之间虽然很相似, 但如果按照写文章的思路去准备, 在实际脱稿时, 就会出现一些问题。

那么, 这两者的区别具体体现在哪些方面呢? 一般来讲, 主要是从目标的群体、现场意识、语言意识、角色意识、时间意识、构思提纲这六个方面来说。只有明确了两者之间的区别, 找出其中的差异, 讲话者才能做到顺利脱稿。下面我们就分别来看一下:

第一, 从目标的群体来说。写文章的目标群体比较广泛, 它的读者对象可以面对广大的群众, 不存在任何限制。而脱稿讲话的目标听众是设定的, 听众相对比较集中, 需要脱稿讲者根据听众的需要来准备思路。

第二, 从现场意识来说。写文章的现场意识没有那么强, 读者看文章, 一遍看不清楚, 可以回头再看, 因此, 层次稍微复杂一些不要紧; 而脱稿写作的思维方式颇为独特, 在构思和下笔时就需要提前进入"现场", 听众只能听一遍, 因此要求层次、条理十分清楚, 一听就明。在内容选择、语言选用和谋篇布局上都要有临场感, 都要对未来的现场气氛和效果有所预感有所把握。因此，要写好演讲稿，就要突破一般文章写作的思维定式，从寻找现场感觉入手，以此作为运思行文的分寸，做到一一对应。

第三，从语言意识来说。写文章的时候，虽然是各种语言都采用，但是大多数采用的都是书面语言，而脱稿讲话一般以口语为主，这种语言是经过精心锤炼的，是生活化的语言，它的语汇、句式和语气都有浓厚的口语色彩，没有雕刻的痕迹，没有公文的程式化，没有诗歌式的跳跃和剪辑。因此，脱稿讲话的前期准备时需要使用生活化的口语，这样才符合现场意识。

此外，写文章时也不会有那么多的表情和手势语言，而脱稿讲话的时候会运用语气、停顿、语调等语音手段和感情、手势等体态语言。因此，在起草腹稿时，要摆脱其他文体的负面影响，在语言体裁的抒情上以适合现场表达为尺度。比如说：秋瑾的著名脱稿演讲《敬告二万万女同胞》：

陈后主兴了这缠足的例子，我们要是有羞耻的，就应当兴师问罪！即不然，难道他捆着我的腿？我不会不缠的吗？男子怕我们有知识、有学问，爬上他们的头，不准我们求学，我们难道不会和他分辩，就应了吗？这总是我们女子自己放弃责任，样样事一见男子做了，自己就乐得偷懒，图安乐。男子说我没用，我就没用；说我不行，只要保着眼前舒服，就做奴隶也不问了。自己又看看无功受禄，恐怕行不长久，一听见男子喜欢脚小，就急急忙忙把它缠了，使男人看见喜欢，庶可以借此吃白饭。

此段文字，语句组合精巧，语言通俗易懂，讲话者通过几个反问的句子，加强了说话的语气，用充满感情色彩的语气向人们阐述了自己对缠足的看法。自然讲话就显得生动、深刻。

第四，从角色的意识来说。写文章的角色相对变化的少一些，可能只需要将文章写出来，其中所发生的事不需要参与进去。而脱稿讲话的角色却是变化多样的。每个人在脱稿演讲的时候，要根据具体的场合来转变自己的角色。如在婚庆场合应该说什么，在悼念场合应该说什么，在年终庆典应该说什么，在各种会议上应该怎么说……不同的场合决定了脱稿演讲者要扮演什么样的角色。所以，在准备脱稿讲话时，一定要弄清自己的角色，只有这样，才不会让自己犯更多的错误。

第五，从时间意识来说。写文章的时候不用考虑时间的长短，更不用担心没有时间，而脱稿讲话的时候，就需要根据已有的时间安排自己讲话的内容，最好不要超出规定的时间。因此，在准备脱稿讲话的时候，打好腹稿后，要做好预讲，仔细估算出你需要的时间，切记不能太短和太长，时间把握得当，才能赢得听众的认可。

第六，从构思的提纲来说。写文章的时候，需要越详细越好，尽量地把所说的事件都一一讲清楚，而脱稿讲话在准备的时候正相反，越简单越好，因为越简单才越容易理解和记忆，如果把任何细节都装在脑子里，等到紧张的时候可能会统统忘掉，与其这样，还不如简单地记下框架，允许自己即兴发挥一下。

以上这六个方面是写文章和脱稿讲话准备的六大不同，了解了这些，我们就不会用写文章的方法去构思脱稿讲话的思路了。

不是自己想说什么而是听众想听什么

在脱稿演讲上，说话不但要看场合，还要说出听众最想听的，这样才能满足听众的心理需求，讲话才具有感染力，如若不然，听众就会渐渐离你而去，你的脱稿演讲也变成独角戏，自弹自唱自听。因此，脱稿演讲上，我们要时刻地提醒自己，不要总说自己想说的，而是要说出听众最想听的。

要知道，脱稿演讲效果的评判在很大程度上是由听众对演讲的接受程度而定的，这就需要我们时刻把握演讲过程中听众的心理。因此，这就要求讲话的内容必须符合听众的知识结构，切合听众的心理。

十分有名的《钻石宝地》是由康威尔·罗李演讲，而且他曾经即兴演讲过6000次以上，也许有人会以为他的演说只不过像录音机一样，多次播放相同的内容，甚至连每一句话的抑扬顿挫都没有改变。然而事实并非如此，因为罗李明白每一次的听众都不尽相同，他必须对演说做适当调整以满足不同层次、不同品位的听众。当他到某地发表演说前，总是先去拜访当地的各个阶层的人物如局长、经理、工程师、理发师等，或是随便和某人闲聊，并从闲聊中根据他们的言谈举止分析他们会有怎样的期望。然后，才因地制宜、因人而异确定内容、题材，再发表演说。无疑，罗李深知思想传达的成功与否很大程度上取决于听众的理解和接受程度的高低。

显然，罗李充分调查了听众的情况，掌握了大量的材料，从而弄清了听众的知识结构，这样才能充分抓住听众的心理，说出听众想听的内容。因此，我们在脱稿讲话的之前，不妨调查一下，知道听众是什么样的群体，见机行事，才能取得预想的效果。

要知道，成功的脱稿演讲者热切地希望听众感觉到他所感觉的，同意他的观点，分享他的快乐，分担他的忧苦。而听众也很在意高高站在讲台上的那个人说的话与自己有多大的联系。所以，在脱稿演讲时，要想说出观众想听的话，讲话者就得以听众为中心，放弃以自我为中心，努力去寻找共同语言，与听众产生共鸣。这里要提醒的是，共同语言必须考虑到听众、场合等因素，可以寻找大家可能的共同经历和遭遇、目前面临的共同问题、共同的需要等等。

然而许多人无法成为一名脱稿演讲高手，主要原因是他们只会谈些他们自己感兴趣的事情，而这些事情却令其他人感到厌烦、无聊。相反，若是多讲一些听众感兴趣的话题，给予听众更多的乐趣，也许你最终会成为一个成功的脱稿演讲者。因此，必须依着听众的兴趣而演讲。抓住听众最想听的，让他们知道你的说话内容与他们有关，与他们的兴趣有关，与他们的问题有关。这种与听众的联系，可以稳获听众的注意，保证你与听众沟通的道路畅通无阻。

艾立克·约翰斯敦曾担任过美国工商会长、电影协会会长，他在演讲中说道：

"俄克拉荷马这块土地对商人而言，原本与鬼门关一样，认为是永无发展的荒凉之地，甚至在旅游指南中删去了名字，这都是不久前发生的事情。但是，你们一定也曾听说过，1930年左右，曾经过这里的乌鸦向其同伴提出警告，除非已备足粮食，否则到这里就无法生存。

大家都把俄克拉荷马当成无可救药之地，绝不可能有开拓性发展。但到了1940年，这里奇迹般逐渐变成了绿洲，甚至将她的美妙变革谱成流行歌曲：大雪过后，微风轻拂，麦田飘散着芳香，摇曳多姿……这不是俄克拉荷马欣欣向荣、勃勃生机的写照吗？

仅仅10年的时间，你们的家乡已由一片黄土沙漠，摇身变为长得像大象一样高的玉米田，这就是信念的报偿和敢于冒险犯难的结晶。"

由于演说者善于从听众所熟悉的生活环境、切身体验中选材，然后经过分析、归纳、总结，在纵向比较和横向比较上做文章，因而取得了演讲的成功。他以新奇、生动、贴切的语言紧紧抓住了听众的心，拉近了演讲者与听众的心理距离，说出听众想听的，这样的脱稿演讲无疑是成功的。

不用举更多的例证，我们已经明白：与听众休戚相关的话题，必然会赢得听众的认同进而被听众接受。如果我们心中没有听众，以自我为中心，听众就会因感到事不关己，而显得心不在焉，东张西望，这无疑是对演讲的嘲讽。

也许，我们每个人都会使用语言，重要的是看你怎么样去使用，在寻找思路的时候，若能够更多地关注听众的情绪，让他们听到最想听的部分，这样我们的演讲才能精彩成功。

新颖的主题受欢迎

大凡即兴演讲与说话，都有一个特定的主题范围，因为主题是演讲的灵魂。但主题的范围有大小，于是就有一个选题是否新颖的问题。只有脱颖而出的主题才能让人为之侧目。

有位演讲者参加了以"交通安全"为主题的演讲比赛。他分析了这个主题之后，感觉到可能很大一部分选手会立足于"人们交通安全意识淡薄而产生的危害"这个角度，展示在听众面前的可能是一幅幅骇人听闻、惨不忍睹的血腥事件。这样，十几名选手讲下去，听众会听得喘不过气来，时间长了，会产生一种倦怠的感觉。考虑之后，他想从新的角度去表达。于是他选准现代生活中很多人不理解交通警察，致使交警的工作举步维艰，如果全社会都来理解交警、支持交警的工作，交通事故将会减少。他斟酌再三，确立了以《奉献与理解》为主题，通过赞颂交警默默耕耘，为祖国、为人民无私奉献的精神，呼唤人们理解交通安全工作。他的演讲为比赛吹来一股清凉的风，赢得了听众的热烈掌声。

在演讲中，创新已经成为一种时尚的追求，创新主题的途径，无外乎三种：

1. 钩沉发挥法

即兴说话中用到的材料一般都是习以为常的事物，这一方法要求针对某一事物现象发现人们向来并不注意的本质意义，从而确定更新颖的主题。某些常见的事情，并不符合实际，但往往被当作正确的东西长期相传，而对那些事理的正确认识，却沉到了生活的最底层。如果把它们钩出来，确定为主题，自然能够突破习见或传统看法，使听众耳目一新。

2. 角度变换法

艺术摄影不仅可以从正面平视的角度拍摄，镜头可侧、可背、可仰、可俯；可以逆光，可以顺光。只有这样才能拍摄出不同特点的照片。从同一则材料中发现不同的主题，也需要这种艺术，这就是角度变换法。苏轼的"横看成岭侧成峰，远近高低各不同"这句诗，很形象地说明了这种方法的奇特作用。任何事物的内部结构都比较复杂，外部情况也是多种多样，因而同一事物除了具有正面基本意义之外，还具有许多旁引乃至反面性的意义。因此，在构思过程中就可以从多角度引出众多主题进行充分选择，避开俗题。

3. 知识杂交法

即把自己熟练掌握的不同学科中相对独立的知识或问题结合起来，使之构成一个新的研究题目进行研究，从而引出全新的观点的方法。这也是学术研究选题创新的重要方法之一。在即兴演讲当中，针对那些比较客观的材料和标题，构思时可以将某些感性的东西渗入到其中，如个人的生活经历或经验等，这样一来，你已赋予这个题材新的内涵。于是，这个主题便在无形中产生了新意。

最后，不要忘记给新选出的主题冠一个漂亮的、能准确概括它的名字，这就是题目。题目的拟定务必要做到简洁、新奇、意远，让听众"一听便知，过目不忘"。

容易断电怎么办

关键词提醒法

在讲话过程中，往往有的人因为一些原因忘记要说什么了，思维突然中断，这就是我们通常所说的断电、卡壳。显而易见，在这种情况下，如果你不能及时有效地续接演讲，就可能使自己陷入无法摆脱的窘境，并由此而导致整个脱稿讲话的失败。

实际上，造成断电的原因是比较复杂的，它涉及主观和客观两个方面的因素，如自己的文化素养、理论水平、心理素质和表达能力等等，但这种情况也不是不能克服的。讲话者若能熟练掌握和灵活运用一些临场的应急处置技巧，提前做好准备，那么，面对断电的情况，讲话者就不会那么恐惧和紧张了。在众多的技巧中，我们可以采用有效的关键词提醒法，这个是脱稿讲话高手的秘诀，它能够帮助我们迅速从断电中解脱出来。

所谓的关键词提醒法，这是一种对于讲稿更高层次的提炼。把整个演讲的内容用几个关键词提炼出来，再由这几个词衍生出关键的内容，保证你在众人面前脱稿讲话时能够准确地、流畅地表达。

高杰作为嘉宾被邀请参加一个培训师的高端会议，会议倡导建立一个培训师联盟，在主办方发表了热情而洋溢的演讲后，也同时希望在场的嘉宾能够发表讲话，多给培训师联盟提一些建议。

高杰早就知道自己要在众人面前发言，所以已有准备。他以出色的口才赢得了在场每一位听众的好评。在脱稿发言的时候，他采用了关键词提醒法，简单而直接说出了自己想要表达的内容。

他把演讲稿概括了4个关键词，分别是奉献、学习、成长、发展。这4个词是有内在的逻辑关系的。首先他在开头说："愿意加入该平台的人是懂得奉献的人，如果大家来这个平台是索取，这个平台注定是会失败的。所以，他的第一个关键词是懂得奉献，愿意奉献、乐于奉献。"

第二个关键词是学习。他接着说："因为你奉献了，大家就都奉献了，所以，才会互通有无，这样每个人才会从中学得知识……"

第三关键词是成长。他继续说："我觉得在这里光学知识是不够的，大家来这里的目的是成长，只有在经验和技术上获得成长，最终才能被市场所接受……这也取决于主办方是否有足够的资源让我们成长。"这还是引出了他第四个关键词——发展。

"我想大家聚到这里就是为了发展，尽我们最大的努力，把这个平台做大做强。而发展需要一个目标，只有把目标确定下来了，我们才能实现飞跃式发展。"

我们可以从看出，这篇讲稿思路非常的清晰，总结的4个关键词非常的简练，并且还存在一定的逻辑，提到这个自然就想到下一个，内在之间的逻辑会增加大脑记忆。因此，我们在熟记讲稿的时候，要善于提取关键词。我们再看一个例子，也许对你怎样提取关键词帮助很大：

在座的各位人保局的领导、各培训机构的领导，大家上午好！

首先要感谢市人保局组织的这次研讨会，为我们各培训机构创造了一个学习和交流的机会。我也非常高兴能有这个机会，和各位经验丰富的专家、领导交流办学经验和心得。

这是我第一次参加全市范围的培训机构研讨会，为了方便大家记住我，我先介绍一下我自己。我叫张蕾，张爱玲的张，徐静蕾的蕾。她们一个是文化界的名人，一个是文艺界的名人。我想我们做教育、做培训与她们的共同之处就是"通过一个舞台去影响更多的人"。说到这个舞台，我就得介绍一下我们培训学校……

今天来到这里主要是抱着一个学习的心态，向各位前辈取经来了，下面就结合我们的创业经历谈一点儿我个人不成熟的想法……

上述这个例文，我们可以总结出："好、感、高、名、人、希"这6个关键词就可以了。"好"就是提示你开头要问好;"感"是感谢主办方的邀请;"高"是高兴,提示你现在需要向听众传达自己受到邀请的高兴心情,一般也会带上谦虚的语气,用荣幸、有幸等词语表达;"名"是提醒你该做自我介绍了,向听众介绍自己的名字,这其中可以有适当的自我发挥;"人"就是告诉大家你是哪个单位的人;"希"是提出希望,也是最后的结束语。这样简单地总结出的 6 个字,会比背诵整篇演讲稿更容易记忆,6 个字串联起整篇内容,使讲话者的思维更顺利,不会因为死记硬背而丢掉内容,还有一定的发挥空间,使讲话显得更丰富,不死板不单调。

总之,每一篇演讲稿都有其独特的内容,我们要依据具体的情况来总结关键词,这样才能在脱稿讲话出现断电、卡壳的时候及时根据关键词联想出后面的内容,保证讲话能够顺利地进行下去。

情况复杂不知说什么好

也许经历过脱稿讲话的人都曾面对过这样的情况:在发言的时候确实有话可说,但因情况特殊或者比较复杂,一时不知怎么说才好。比如说,不说不合适,说了又怕得罪人,或者是拿捏不好怎样表达才容易让大家接受等等。面对这些情况,讲话者往往很容易断电或者卡壳,这就需要我们加强四大意识即场合意识、角色意识、听众意识以及目的意识。

首先是加强场合意识。脱稿讲话者在遇到一些特殊的情况,比如说在你讲话的时候,或许在环视全场的时候,看到一些听众无视演讲,并且还不遵守场上的秩序;或者是有人突然对你讲的内容进行提问,同时其他听众也随之问起来……面对突如其来的复杂状况,你却不知该怎么说。这时候,就需要你镇定自己,如果你自己都失控了,掌控不住局面,场面会变得很难堪。面对这样的情况,讲话者不妨在这时候,多多重复刚才听众提出的问题,并且把这些问题有顺序地说出来,就像是排列一样,一一为他们解答,并且在回答听众问题的时候一定要非常谦虚,切记不要忽略了听众的问题,试着把这样的问题看成是一种现场的交流和互动。多多增加和听众的交流互动,增强场合意识,你所面临的复杂情况就会迎刃而解了。

其次是增强角色意识。有一些讲话者,往往在脱稿的时候,分不清自己所处的角色,没有根据自己的"角色"说好合适的话,这样很有可能会得罪某些听众,或者冒犯了听众,从而招致听众的反感。这样做的结果就是失去听众的支持，甚至会遭遇一些突发状况。对于这样的情况，讲话者先要在开讲之前明确自己所处的角色，量身定位，根据自己的角色说好合适的话，尽量让自己的讲话内容获得听众的赞赏和认可。

再次是增强听众意识。在有些脱稿讲话的过程中往往会出现这样的情形：你所讲到内容得不到听众的认可，得不到听众的支持，你内心会琢磨着采用怎样的表达会让听众接受和认可，甚至会急得满头大汗。越是着急越是说不出来。内心这种复杂的心理活动会一直干扰着你直到讲话的结束。

对于上述这种情况，脱稿讲话者不妨在现场多多进行尝试，试着去听取听众的意见，这样你会逐渐发现听众喜欢怎样的表达方式，这也是增加听众意识的表现。只有充分了解了听众的意识和想法，才能确保在现场得到更多听众的认可。

最后是增强目的意识。尤其是在辩论赛的时候，每个人的目的意识都非常强。很多人会由于自己的思维没有跟上或者是还没有想出回答对方的提问的答案，自然会被人问到哑口无言，不知道接下来应该怎么接。

这种情况是需要一定的应变能力和知识储备，只要我们在这方面做好准备，尽可能地想出对方会问到的问题，自然就不会断电了。如果事先这方面还没有准备好，这就需要你做出及时的反应，并且只要是和主题有关，尽可能说出内心的想法。

总之，在平时脱稿讲话时，时刻注意加强这 4 种意识，事前做好充分的准备，即使遇到再复杂的情况，都可以轻松化解。坚持下去，你就会发现，讲话中卡壳的时候越来越少了。

积累不够没话说

在脱稿演讲的过程中，尤其是在遇到专业的话题的时候，由于对这个话题的了解不深，讲话者不知道说什么好，没话可说，造成了思维的断电，这种情况就是因为讲话者自身的知识储备不足。所以，为了预防这种断电的事情再次发生，讲话者需要扩充自己的知识储备，拓展知识面，做一个胸有成竹的讲话者。

要知道，人类知识包罗万象、纷繁复杂，这也是脱稿讲话者侃侃而谈的力量之源。讲话者要想发挥自己的潜能，成为妙语连珠、滔滔不绝的演说家，就必须要有足够的知识底蕴。因此，就需要不停地阅读来增加自己的知识储备。当然,这种阅读并不是盲目的,而是有选择、有目地阅读。我们要选择那些有影响的书籍来填充自己的头脑,而不是那些精神垃圾。

古今中外的成功演说家无一不是学识渊博的。他们之所以能旁征博引、妙语惊人,之所以能把一些事例生动、形象、有趣地组织到演讲中,就是因为他们博览群书,学识渊博。随着现代科技的高速发展,各种科学高度分化和高度综合,演讲者如果不了解新知识,跟不上时代发展的步伐,就不会使演讲充实、新鲜、生动。因此,丰富的学识是脱稿演讲者讲话成功的基本条件。

对讲话者来说,知识是多方面的。不同的人,有不同的知识要求;不同的人,对知识的把握程度也不尽相同。但作为讲话者,应当掌握的最基本的知识有以下几方面:

1. 处世知识

处世知识一般指的是人情世故、社会活动、与人交往等一些为人处世的知识。要知道,人是社会中的人,每个人与社会都有着千丝万缕的联系,要想在社会中生存,就必须懂得一些做人之道、处事之道。这对于脱稿讲话也同样的重要。比如说,你出席一些重要的应酬场合,就需要掌握最起码的应酬知识,只有这样,才能说出与当时的情境适宜的言辞。倘若我们不了解这些知识,就一定会在脱稿讲话时因某一细微疏忽讲错话而造成不良后果,导致讲话失败,甚至闹出笑话。

2. 世事知识

世事知识指的是社会生活中方方面面的常识、经验、教训、风土、人情、习俗等方面的相关知识。这样的知识无须我们深入地研究学习,只要在平时的生活中多加积累,逐步领悟、体会,慢慢就能感悟到。

曹雪芹曾说:"世事洞明皆学问,人情练达即文章。"一个不谙世事的人,所发言辞要么造成笑话,要么酿成苦酒。因此,人们要想丰富自己的语言修养,提高讲话的能力,让脱稿讲话做得更出色,必须具备这类知识。

3. 文化知识

文化是指大文化,是人类在社会历史发展过程中所制造的物质财富和精神财富的总和。诸如天文、地理、历史、文学、艺术、哲学、经济、法律等等。这些知识往往以成语、典故、佳作、名言、警句为载体,最能陶冶情操、提高修养、开阔视野,从而使表达者的言辞更具感染力、说服力、吸引力。这种知识不能从一时的学习中获得,需要孜孜不倦地积累。只有当文化知识的积累达到一定的程度,才能在脱稿讲话时才思敏捷,如滔滔江水连绵不断。

正所谓"问渠那得清如许，为有源头活水来"。

4. 专业知识

所谓"术业有专攻"，人一生精力有限，不能做一个博学家，就要精于本职工作，熟练掌握专业知识。而获得专业知识，我们可以从两条途径入手，一是靠学习，二是靠实践。当今社会是信息社会，知识更新迅疾，一个好的专业人员不关注本领域最新进展，就无法发现自身的知识盲点，既不利于工作进行，更不利于说话水平的提高。脱稿讲话的时候，很可能因为对新知识的匮乏导致无话可说，出现断电的情况。

知识是人类进步的阶梯，同样也是提高脱稿讲话能力的秘籍，更是让讲话精彩呈现的保障。那么，有哪些知识积累法效果比较好呢？下面为大家提供 3 个参考方法：

卡片法。你可以买一个活页的笔记本，主要是摘录一些观点和材料。把这些材料按照类别整理在一起，这样，页码灵活，便于整理，也便于查找。

剪贴法。平时你肯定会阅读一些报纸、杂志，当你看到有需要资料的时候，最快的方式就是把它剪下来，分门别类地整理在笔记本上，并且还要注明这些材料的作者和出处，以便以后说话的时候，能说出依据和来源。

记录法。上述的两种做法，如果你觉得很麻烦的话，你可以统一地记在一个笔记本上。在平时的生活中，你可以把读书、看报、听广播、看电视、看电影以及与人交谈等活动时发现的有用材料，随时记录下来，然后分类整理，拟上标题，并在开头编上目录，便于日后的搜索。

也许每个人都觉得开始很容易做到，但是很少有人能长期地坚持下去，因为积累知识是需要更多的恒心和耐心，只有长期地坚持下去，才能发现自己已经储备很多知识了，才能在脱稿讲话中表现更加出色，才能显示自己更加出色的口才。

总之，只有在脱稿讲话之前，了解了各方面的知识，讲话者才能在众人面前口若悬河，侃侃而谈。因此，增加知识储备是脱稿讲话刻不容缓的任务。

话从哪里来

现场找亮点

生活中，很多人在即兴讲话的时候都很犯愁没有话说，不知道应该说什么，找不到合适的话题。正所谓"巧妇难为无米之炊"，没有话题，讲话就不知道从何讲起。对此，讲话者不妨多留心一下现场的情况，有时候你不经意间的发现，会提供灵感，找出合适的话题，便不会无话可说了。

在现场，你可以寻找与演讲主题有关的、比较特殊的物体和重要的人群，经过联想将他们融入到主题当中去，即借物说事或借人说事，这样一来，即兴演讲就会有更多的亮点，从而吸引听众。

张雨是比较木讷的一个人，不太爱说话。可生活中，当众讲话是在所难免的，在不知道该怎么说的时候，他学会了从现场找话题，善于从现场中找亮点。这样，他每次当众讲话时，都能侃侃而谈。

最近在一次同学聚会上，许多人发言，前面的同学都说得非常好，几乎都讲了自己的经历和阅历。到了张雨的发言的时候，他觉得别人说的都差不多，不应该像其他的同学一样，于是他就开始观察现场的同学，经过一段时间的思考后，他是这么说的：

"大家都知道，原来我不太爱说话，可这次我不能不说。因为这次聚会我有三个意外。

"第一个是赵宇竟然出国发展了。刚才听小加说他去美国了，一直以为他在北京发展的呢，竟然也向往起美利坚合众国了；

"第二个意想不到是高鹏竟然自己当老板了。看来这家伙是厌倦了百度高层的惬意生活，出来单打独斗了，是不是想体验民生啊？！

"第三个意想不到是娟子竟然购得金屋来藏"孩"。一直听说娟子为了孩子上学买了套学区房，没想到竟然是上千万的豪宅，可谓用心良苦啊，自愧不如啊！

"看着同学们今日的成就，想想当年，真是感慨万千啊！看到桌上的面条，想起了深夜里一起煮方便面吃的弟兄们，每次饭盆轮到张晓松那儿，总是只剩下汤；看到徐册，又想起了你追小加时的情境，现在我们都为人父、为人母了，从事的是各行各业。这份缘分，这份兄弟情，我会一直珍藏。

"最后在新的一年来临之际，祝大家事业有成、家庭和睦、万事如意！来——干杯！"

这样的话题，身在现场的每一个人都会感觉到很亲切，张雨就是把眼前听到的、看到的人或者事情，用自己的语言组织起来，不仅表达了内心的真情实感，同时也牢牢地抓住了每一位听众的心。

其实，有没有话说，不在话有没有，而在你有没有"现场抓话"的意识。成功的脱稿演讲者都善于从现场中寻找话题，为自己的讲话增添亮点，从而让自己的讲话新奇出彩。此外，从"现场抓话"的方法还可用在事先来不及准备的脱稿场合。只要你善于发现自然就会找到合适的话题。

下面是一次在地铁上的演讲：

在场的乘客朋友们大家好，非常抱歉，我想在此发表一场短简的演讲，因为有一个非常重要的观点想和大家一起分享。

今天不管是何原因，茫茫人海，我们却相遇到了同一辆地铁上，我都觉得这是一种缘分，如果你愿意的话，可否为我们这样的缘分鼓掌一下。谢谢大家的配合。

今天要跟大家分享的观点是什么呢？那就是4个字叫"快乐有钱"，如果你也希望人生过得更快乐，同时也希望人生过得更富有的话，那么这样的一个观点就非常重要了。

我们都知道我们的心情可能会因外界的事情而影响，如天气、金钱、工作的压力、家庭关系、婚姻、房子等等。在此我想要说的是，不论这些有没有发生，我们都生活在这样的一个现实中：我的过去受到性格、房子、金钱等诸多因素影响，让我一直过得很有压力，但今天的我完全改变了。这个改变并非因为事情已经全部解决，而是我们心态已经发生了翻天覆地的改变。我不再受外界事物的影响，因为我们都知道这样一句话："开心是一天，不开心也是一天，何不开开心心过好每一天呢？"我们今天生活在这美丽的城市，它被称为最快乐城市、最具幸福感城市、现代田园都市，这些都是事实。亲爱的朋友们，看看你身边的朋友，每天是不是都洋溢着幸福的笑容呢？

（这时候，他开始向一对夫妇走去）问道："你们觉得每天幸福吗？开心吗？"

女人回答："每天有很多烦心事，没有什么值得开心的事情。"

"那你喜欢这座城市吗？"

女人回答："喜欢，我想尽力让自己开心起来，可是就是有那么多琐碎的事情烦恼，总是开心不起来。"

（说到这里，他离开了那位女士，开始面向大众）我也是非常喜欢和热爱这个城市，我希望为这座城市的魅力增添色彩。如果你愿意让自己变得更快乐的话，来让我们主动跟你旁边的那个可能之前还不认识的朋友来一个迷人的微笑好吗？同时再看看有哪一位没有微笑露齿哟，谁不露齿的话，今天我们就叫他无齿好吗？开个玩笑别介意啊。微笑是世界上最美丽的语言，请把我们的微笑传递你身边的每一个朋友好吗？我相信如果我们的朋友都能做到的话，这将是世界上最美丽和最有魅力的城市，各位说是不是呢？认同的话鼓声鼓励一下。

……

通过这篇讲话我们可以看到，这样的演讲既切合实际，又能得到观众的认可，还可以为自己讲话的内容增加亮点。因此，在以后即兴演讲或者当众讲话的时候，讲话者要善于从现场寻找话题，这样也就不用犯愁没话可说了。

生活中，不管是出席什么场合，要说什么话，即使在准备好的情况下，我们也可以从现场找寻一些话题，只有把现场的人和事与论证的观点联系在一起，才能让讲话者与听众达到情感交融、思想共鸣。

从梳理的阅历中来

脱稿讲话属于公众沟通，而公众沟通不仅承载着信息的传递、思想的交流，还有情感的沟通。情感的沟通往往又是最能直指人心、打动听众的。所以，如果在脱稿讲话的时候找不到话题，不妨从你和对方共同经历开始说起，这样不仅找到了共同点，而且这样的讲话是深受听众喜欢的。简单来说，在脱稿讲话的时候，你不知道怎么寻找话题的时候，你就需要梳理一下自己的阅历，找出与人共同的经历，也许能让你的讲话更加真诚、可信。

下面的范例是华中科技大学的校长在学生毕业典礼上的一次讲话，他就充分运用了从阅历中找共鸣的方法，打动了毕业生们的心，令众多学子潜然泪下，如果将这种方式用在脱稿讲话中，则能感染听众，拉近彼此之间的距离，使听众在心理上与讲话者产生共鸣。

我知道，你们还有一些特别的记忆。你们一定记住了"俯卧撑""躲猫猫""喝开水"，从热闹和愚蠢中，你们记忆了正义；你们记住了"打酱油"和"妈妈喊你回家吃饭"，从麻木和好笑中，你们记忆了责任和良知；你们一定记住了"姐的狂放""哥的犀利"。未来有一天，或许当年的记忆会让你们问自己，曾经是姐的娱乐，还是哥的寂寞？

亲爱的同学们，你们在华中科技大学的几年给我留下了永恒的记忆。我记得你们为烈士寻亲千里，记得你们在公德长征路上的经历；我记得你们在各种社团的骄人成绩；我记得你们时而感到"无语"时而表现的焦虑，记得你们为中国的"常青藤"学校中无华中大一席而灰心丧气；我记得某些同学为"学位门"、为光谷同济医院的选址而愤激；我记得你们刚刚对我的呼喊："根叔，你为我们做了什么？"——是啊，我也得时时拷问自己的良心，到底为你们做了什么？还能为华中大学子做什么？

我记得，你们都是小青年。我记得"吉丫头"，那么平凡，却格外美丽；我记得你们中间的胡政在国际权威期刊上发表多篇高水平论文，创造了本科生参与研究的奇迹；我记得"校歌男"，记得"选修课王子"，同样是可爱的孩子。我记得沉迷于网络游戏甚至濒临退学的学生与我聊天时目光中透出的茫然与无助，他们还是华中大的孩子，他们更成为我心中抹不去的记忆。

我记得你们的自行车和热水瓶常常被偷，记得你们为抢占座位而付出的艰辛；记得你们在寒冷的冬天手脚冰凉，记得你们在炎热的夏季彻夜难眠；记得食堂常常让你们生气，我当然更记得自己说过的话："我们绝不赚学生一分钱"，也记得你们对此言并不满意。但愿华中大尤其要有关于校园丑陋的记忆，只要我们共同记忆那些丑陋，总有一天，我们能将丑陋转化成美丽。

同学们，你们中的大多数人，即将背上你们的行李，甚至远离。请记住，最好不要再让你们的父母为你们送行。"面对岁月的侵蚀，你们的烦恼可能会越来越多，考虑的问题也可能会越来越现实，角色的转换可能会让你们感觉到有些措手不及。"也许你会选择"胶囊公寓"，或者不得不"蜗居"，成为"蚁族"一员。没关系，成功更容易光顾磨难和艰辛，正如只有经过泥泞的道路才会留下脚印。请记住，未来你们大概不再有批评上级的随意，同事之间大概也不会有如同学之间简单的关系；请记住，别太多地抱怨，成功永远不属于整天抱怨的人，抱怨也无济于事；请记住，别沉迷于世界的虚拟，还得回到社会的现实；请记住，"敢于竞争，善于转化"，这是华中大的精神风貌，也许是你们未来成功的真谛；请记住，华中大，你的母校。"什么是母校？就是那个你一天骂她八遍却不许别人骂的地方"。

亲爱的同学们，也许你们难以有那么多的记忆。如果问你们关于一个字的记忆，那一定是"被"。我知道，你们不喜欢"被就业""被坚强"，那就挺直你们的脊梁，挺起你们的胸膛，自己去就业，坚强而勇敢地到社会中去闯荡。

亲爱的同学们，也许你们难以有那么多的记忆，也许你们很快就会忘记根叔的唠叨与琐细。尽管你们不喜欢"被"，根叔还是想强加给你们一个"被"：你们的未来"被"华中大记忆！……

通过这位校长的讲话内容我们看到，他使用了一些发生在学生们身边的事件作为材料，这不仅让学生们回忆起了某些大学时光，还道出了学生们毕业后即将面临的问题，什么烦恼越来越多、抱怨越来越多、住的条件肯定会很差等等。文章没有华丽的文采，但句句都是学生们曾经的真实写照，没有高深的道理，也没有深奥的哲理，更没有旁征博引的渊博知识。有的只是大家的共同经历，自然让学生们听起来那么亲切，那么自然。

要知道，并不是所有的脱稿讲话都是以讲解知识、作报告为主。有的场合，知识仅是一方面，不应该过分地展示知识，特别是社交场合，大家聚在一起不是来讲知识的，而是增进彼此之间的感情。这时候的发言，还是多多谈及共同经历的事情，这样就会唤起大家共同的回忆，促进感情的升华。

其实，我们生活、工作中可能会遇到各种脱稿讲话。这时候，只要我们放平心态，发自内心地说几句话，自然就能传递情感。不过，在语言组织上还是有技巧的，要将所感受到的真情实感串起来一层一层地表达，争取做到让听众句句看得见，感受得到，自然能够赢得听众的欢迎。

从平时积累的阅读中来

虽然我们说过在脱稿讲话没有话题的时候，可以从现场和共同的经历说起，但是这种做法并不适用于所有的场合。时代在更迭，社会在进步。当今世界上的任何事物都在变化着。每天我们一睁眼，国内外新事件、新问题、新矛盾不断涌现。我们也在吸收着包括书籍、报刊、网络、电视、广播等传递来的大量知识和信息，更应该学会去及时捕捉那些新知识、新信息，多讲点儿新话题，多说点儿新故事，不能开口闭口总是那几句话。只有这样，我们才能把脱稿讲话讲好。

杭州电子科技大学校长薛安克在2013届本科生毕业典礼上的演讲，主题为"破解人生的迷惘，你需要的是思考"，这篇讲话是结合当前的就业形势而发表的一篇讲话，其观点新颖独特，内容有自己的看法和见解，演讲词如下：

我是77级大学生，当年，一张大学文凭就可以走遍天下。而今，你们却遭遇了史上最难就业年。挤在699万就业大军中，为生计、为理想苦苦寻求。此时此刻，我很想像杜甫那样，大声疾呼：安得岗位千万个，大庇你们俱欢颜！这样的现实带给我一个深深的思考，也带给中国大学一个深深的思考，更带给中国教育一个深深的思考。

所以，临别之际，我想和大家谈谈思考。也许同学们一听就笑了：思考谁不会？思考多累啊？思考又有什么用呢？

这个时代，似乎已经无须思考。内事不决百度一下，外事不解谷歌一番，我们已经习惯了寸步不离电脑，习惯了与手机耳鬓厮磨。网络覆盖世界，信息湮灭一切。

这个时代，似乎已经无暇思考。大家忙于玩人人、逛淘宝、织围脖、打网游。为应付各种考试要背的东西太多，南一门报亭边要收的快递太多，32号楼要约会的"甜素纯"太多。

这个时代，似乎已经无心思考。一部《泰囧》，国人盲目追捧；一曲骑马舞，竟然全球狂欢。微信、微博、微电影……，微时代的到来，让我们的知识碎片化，需求感官化，审美娱乐化。

这个时代，似乎已经无法思考。现代人就像生活在高压锅里，面对高物价、高房价，直呼：压力山大！难怪近期有个统计，70%的人甘于把自己归为屌丝。屌丝还需要思考吗？！屌丝只需逆袭！

有人说：这是一个最好的时代，也是一个最坏的时代。我害怕：在这个时代，你们已经习惯了不思考，习惯了只活在当下；为生存而"蜗居"，因沉溺网络而"宅居"，或缺少真爱而"独居"，成为"无梦、无趣、无痛"的"橡皮人"。我更害怕，外在的生活会压倒内心的本性，大学培养的社会精英随波逐流，成为"精致的利己主义者"。灵魂逐渐消磨，思想日益枯竭。思考令人痛苦，甚至让人孤独，这就是所谓的"思考之痛"。但是，30多年的社会阅历带给我的最大启迪是：人生走得越远越需要思考，社会环境越复杂越需要思考，世界变化越大越需要思考。一旦思考明白，你将会无比地轻松与快乐；一旦思考明白，你就有勇气和力量，去改变现状，去改变命运！

这篇演讲稿以当下最热门的话题"大学生就业难"为开头，进而层层深入，告诉大学生们面临当下的形势，残酷的现实要学会思考，并且还用三个排比道出了大学生不喜欢思考的现象，如什么事情都询问百度、利用网络做一些娱乐活动、看电影只知道看喜剧、不懂得思考问题等等，这些话都说到了大学生的心坎里。这都得源于他平时的阅读，把自己所读到了的新信息和脱稿的内容联系起来，自然呈现出精彩绝伦的演讲。

想知道充实自己最有效的方法是什么吗？那就是读书、看报。报纸杂志上会往往会出现最新的动态信息、动态资讯，只要我们及时阅读，就能掌握和捕捉到现实社会的新动向，把这些新动向储备起来，在脱稿讲话的时候，就不会犯愁没话可说了。

第四章

具体场合怎么说

调动气氛的欢迎会、欢送会

欢迎会是工作和生活中经常遇到的场合之一，这类场合非常适合脱稿讲话，因为脱稿讲话能调动和拉近人们之间的距离。在欢迎会上，一般都会有相关人员发表讲话。面对不同的欢迎场合，他们所说的话也不同。但所有的欢迎会都有共同的特征，即可以从以下几个方面说：

首先，表示欢迎。在开头的部分，讲话者一般要用简洁的文字交代致词的背景，如什么活动开幕了，然后用热情的话语对来宾表示欢迎，也可以向来宾或者有关方面（人士）表示祝愿或者感谢。

其次，阐释意义。讲话者在这一部分，要清楚明了地阐述为什么要举办节庆活动，目的何为，意义何在。这对于听众来说十分重要。

再次，展示优势，也可以说树立形象。此部分是欢迎词重点描述的部分。讲话者在这里要根据具体情况做详细的说明。

最后，表达祝愿。这是欢迎词正文的结尾部分，讲话者可以用简洁的句子祝愿活动圆满成功，或者祝愿来宾生活愉快，并以"谢谢大家！""谢谢各位！"这样的礼仪结语结束讲话。

而欢送会与欢迎会都属于礼仪场合，通常情况下，领导、被送者要说几句，有时是为表达惜别之情，作为同事也会被邀请说几句话，这时候需要发言的你该怎么说呢？

你作为领导或者同事，在欢送会上要表达的是惜别之情，送上美好的祝愿。如果你是作为被送者，要做出感谢，并且表达遗憾之情。怀着这样的情感去讲话，大致的方向就不会出错。

总之，不管是欢迎会还是欢送会，这样的场合都是为了调节气氛而准备的。一般来说，讲话者可以遵照上述的方法。但每个场合，每个角色也有其自身的特点，这就需要依据具体的场合而定，下面就具体来看在具体场合应该怎样说。

三层意思表达欢迎之情

在欢迎会上，很多人都不知道脱稿该怎么说，应该说什么，即使说出来也没有合理的逻辑，思维混乱。这样的讲话容易给听众造成负担，让他们猜想你要表达什么，结果只能是让听众产生倦意和厌烦的心理。那么，为了能够吸引观众的注意力，不妨我们用三层意思表达欢迎之情：欢迎——希望——祝愿。既有层次地表达了欢迎之情，更能体现你的真情实感，一举两得。下面是某学校的领导在新生欢迎会上的讲话稿，如果用脱稿的形式表现出来，会让欢迎之情显得更加真挚，也更加亲切。

亲爱的 2007 级全体同学：

你们好！

金秋送爽，丹桂飘香。今天美丽的校园迎来了又一批××学院的新主人。首先，请允许我代表××学院的全体老师和同学，对你们表示最热烈的欢迎！看到各位年轻的面孔、灿烂的笑容，我就仿佛清晰地看见××学院这所百年老校永不穷尽的生命力，内心真是无限欢欣。

刚刚步入象牙塔的你们大概还没有时间静下心来想一想即将展现在你们面前的大学生活。而这就是我们今天集会的目的。今天的开学典礼宣告着：你们来到了一所有着125年历史的民办教育百强学校。在高等教育大众化的今天，我们××学院矢志不渝地坚持鲜明的"英语"与"计算机"特色，以培养人才为宗旨，为社会造就应用型"英语＋计算机"的双面人才。无论你们出于何种理由选择了××学院，我们都将以"以生为本，尽责善仁"的精神，帮你们实现从合格的中学毕业生向应用型优秀大学生质的转变。

你们必定在想：我们这所学校为你们准备了什么？今后的黄金岁月里，你们将可以享受这里丰富的资源、迷人的景致，从聆听讲演、阅读经典、省思辩论和实验实训之中，感受独特的校园文化，接受基本素质和应用技能的专门训练，增长知识，健全身心，掌握谋生技能，获得发展自我的能力。我们有平易近人、全心全意投身教育的专业教师，有尽心尽责的辅导员、行政人员和后勤员工，他们虽然不一定能告诉你所有问题的答案，但他们一直会鼓励你自己去独立思考、去自主探索、去自由地感悟心灵深处的智慧和幸福生活的脚步。这正是大学教育与中学教育的最大不同所在。

展望未来，作为学院领导，我今天给大家提出四点要求。

一、学会学习。学会读专业书，读专业原著名著，读专业杂志，读自己喜欢的书籍。养成读书的习惯，从读书中寻找快乐！大学期间是读书的美好时光，书读的多少会影响乃至决定人生境界的高低和事业成就的大小。

二、学会思考。学会从"专业"角度思考问题，有深度的思考；学会从"大学"角度思考问题，有高度的思考。养成思考的习惯，从思考中寻找快乐！大学期间一定要让自己的思维有一个质的飞跃，这不仅是大学时光也是未来一生发展的核心支柱。

三、学会做人。同学们从全省各地到我们学院，成为同学、同窗，这是十分难得的缘分，希望大家彼此珍惜。我特别希望，我们同学，特别是同班的同学、同寝室的同学，彼此间一定要相互关心、相互帮助，同学遇到困难要主动伸出友谊的双手，力所能及给予帮助；同学取得成绩，要发自内心表示祝贺。学会分担别人的痛苦和分享别人的成功，这是现代人最重要的品质。

四、学会规划。学会规划自己的人生。大学期间，我们每个大学生都应该认真地思考：我要做一个怎么样的人？我的人生目标是什么？怎样让大学生活过得充实、有意义，为未来的人生发展奠定坚实的基础？我们应该学会充分利用大学的资源。我们学院具有丰富的教育资源，除了静态的图书馆、实验室、运动场以外；还有动态的各种社团活动、各种学术报告等等。希望同学们要有强烈的"资源"意识，充分利用大学给予的资源和条件，全方位锻炼自己、提高自己！

同学们，"××学院时间"现在开始！从今天起，××学院将塑造你们的人生，而你们将塑造××学院的未来。祝愿大家在××学院快快乐乐、健健康康、平平安安！

这篇稿子的思路非常清晰，主要是由三层意思来表达欢迎之情，即欢迎——希望——祝愿。所以，我们在欢迎会上即兴发言的时候，可以采用这种思路。

那么，如果是在类似的场合，我们如何用这三层意思来构思呢？

首先，在开头的构思中，可以采用范例的方式，开场就直接表达欢迎之意，因为这个开场白不仅活跃了现场的气氛，同时也恰到好处地表现了主题。

其次，在主题的构思上，可以逐条进行说明。对于刚入学的新生来说，首先需要了解学校的情况，发言者可以在台上把学校的基本情况阐述一下，注意要简单明了，不要长篇大论，让新生有个最初的了解。

接下来，在欢迎会上，发言者就需要对新生提出希望要求：在阐发要求的时候，最好仿照范例，逐条进行说明，列出具体的次序，只有这样，才能减轻听众的听力负担，也不会让听众产生倦意。

最后，在结尾的时候要提出祝愿。发言者需要在结尾的时候要对新生提出美好的祝愿，这不仅照应了开头，而且还升华了主题。因为，一个好的结尾，也就预示着讲话的成功。

此外，除了以上的三层意思表达之外，从这篇范例中，值得我们借鉴的思路是，从内部结构来说，演讲需要形成或创造现场的情绪氛围，所讲的内容应该较为集中，通常一篇演讲稿最多只能讲两三个问题，而且这两三个问题还得很紧密地在逻辑上串联起来，以层层推演的方式，一环扣一环地展开。

神来之言添亮点

很多公司都会举办欢迎会来庆祝新员工的入职，这时候公司领导者在欢迎会上发表讲话是必不可少的，如果公司老总拿着现成的稿子照本宣科，难免让新员工觉得这种欢迎只是一种形式，即使讲话者真的对新员工的到来感到高兴，念稿子的方法也很难让他们感受到真诚的欢迎。所以，这时候最好的选择就是脱稿讲话，这样既能表达自己的诚意，同时又能在新员工面前展现自己的好口才。

此外，采用脱稿讲话最重要的是内容新颖，能够出奇制胜，讲话者能把平时枯燥的内容用另一种方式呈现出来，为发言增添亮点，能够在很大的程度上调动听众的兴趣。以下范例是某领导在新员工的欢迎会上发表的讲话，其中的神来之言，可以让脱稿讲话收到更好的效果。

大家好！有你们加盟，我感到万分高兴，你们的加盟为公司注入新的血液，添加新的希望。在这里，我代表全公司对在座的各位表示热烈的欢迎！

公司于2011年2月25日注册成立，项目地址在××市，由A有限公司、B股份有限公司、C（集团）有限责任公司共同出资组建，注册资本金54亿元人民币，三方股东出资比例分别为A有限公司出资50%，B股份有限公司出资25%，C（集团）有限责任公司出资25%。公司下属两个项目，一个是Y合作示范项目，另一个是配套的Z煤矿项目。公司于2011年×月×日举行了Y项目和Z项目开工进点仪式，目前，各项筹建工作正在紧锣密鼓进行中。

在此，我献给大家三个词：敬业，勤奋，脚踏实地。敬业是所有员工第一美德，也应该是我们的聪明的生存之道。敬业表面上看好像是为公司，其实终生受益的却是你自己。每个人都有工作的能力，但是，只有敬业的工作态度，才能让一个人具有最佳的精神状态，才能够将自己的工作能力发挥到极致。勤奋是我们永远不过时的敬业精神。一个人的成功外部因素是重要的，但更为重要的是自己的勤奋、努力以及脚踏实地工作，从小事做起，细节成就完美。

对于公司的制度，我不想多说什么，给大家讲一个故事吧：有一天，一只小小的跳蚤在一个人身上跳上跳下，不断地叮咬他，弄得他极其难受。他一把抓住跳蚤，问它："你是谁？怎么在我身上四处叮咬，使我全身瘙痒？"跳蚤说："请饶恕我，千万别捏死我！我们一直就是这样生活的，虽然不断地骚扰人们，但决不会去干更大的坏事。"那人笑着说："罪恶不论大小，只要祸及别人，就决不能留情，所以一定要捏死你。"好了，故事讲完了，希望我们每一个人都不要成为故事里的跳蚤。

公司的进步取决于每一名员工的能力和业绩，要学会正确的思考方法和工作方法。公司会提供给你们一些学习的机会，但是自我的培养更加重要，要有意识地培养自己，适应公司发展的需要。不要光指望他人，自己要多请教，放下架子，努力使自己的兴趣和工作结合起来，快乐的工作，体会到工作的喜悦和满足，这样你的职业生涯才会是丰富多彩的。我相信，大家能够与公司共同成长。

您有幸进入了公司。我们也有幸获得了与您的合作。我们将在共同信任和相互理解的基础上，度过您在公司的岁月。这种理解和信任是我们愉快奋斗的桥梁和纽带。事实将证明，你们来到这里是正确的选择，鼓起你们的勇气，拿出你们的激情，我们一同努力。努力是主动的，努力是追求，努力是智慧，努力更是忠诚，努力意味着辛苦，努力意味着付出，努力的过程肯定是酸甜苦辣的，而努力的结果注定是丰收和喜悦的。祝愿你们收获事业、收获成功！

范例中，领导在讲解公司制度的时候，并没有采用逐条列举的枯燥方式，而是用故事给新员工敲响了警钟，如此的"神来之言"，就为发言增添了许多色彩，把原来枯燥呆板的事情讲得生动有趣，这样不仅能够吸引更多的听众，还能让员工清楚认识到公司制度不能违反。这样的讲话技巧值得我们学习和借鉴。

在职场上，为了让脱稿讲话精彩绝伦，我们需要怎样构思思路或者框架，让自己的讲话出奇制胜呢？以在新员工的欢迎会上讲话为例进行分析：

第一部分：开头要点题——欢迎新员工入职，号召全场的人对新员工表示热烈的欢迎。

在这一部分，要主要表达出欢迎之情，比如说就着现场的情况可以这样说："……我代表全公司对于新员工的到来表示热烈的欢迎！（掌声）掌声再一次证明了大家的欢迎有多么热烈。"采用这样类似的方式，自然会调动现场的热情，活跃现场的气氛。

第二部分：介绍公司的规模及未来的发展方向。新员工刚来肯定不是很了解公司，这就需要领导者大致介绍一下公司的状况，让他们对未来的就职环境有一定的认识。在这部分，需要把原本的事实和情况清楚地讲明白。

第三部分：介绍公司的基本制度。一般这部分讲起来会比较枯燥，不妨换一种方式说，也许就会产生不一样的效果。比如说，你可以像范例一样，采用一个故事，使听众由此产生类比联想，阐述的道理就会更集中鲜明，也使演讲显得更富有文化底蕴，让听众对此产生兴趣，因而也就会提升他们对讲话内容的认可。

此外，除了上述方法，你还可以用悬念切入。设置悬念能抓住听众的注意力，调动听众的情绪。在脱稿演讲中以与主题相关的悬念切入，通过恰当的烘托渲染，使听众急欲了解谜底，然后再破悬念，顺势引入主题，使演讲更容易打动人心。这种演讲者巧妙运用悬念切入的方式，令人着迷，引人深思。

最后部分：表示感谢和祝福的话语。对新员工提出希望和祝福，促使他们在今后更加地努力工作，争取早日成功，成为公司的骨干力量。

被欢迎避免说空话

欢迎会是在工作、生活中经常遇到的礼仪场合之一，而作为被欢迎者发言时应该说些什么，怎么说呢？通常对于大家的欢迎表示感谢是不可少的，但是如果一直感谢来感谢去说一些空话套话，也不会显得多有诚意，脱稿讲话最大的特点就是真实，结合自身经历表达出的情感才是最真实的，下面用一篇范例说明：

各位领导、各位同事：

大家上午好！

我先自我介绍一下，我是吉林人，长春工业大学应届毕业生，学机械设计的，带着梦想千里迢迢来到公司。

现在我最想说的话就是十几年学习生涯结束了，我的身份也彻底发生了改变，由学生转变为员工，这一转变意味颇多，心情也是很激动。激动的同时，我也很感激，感激领导发现并肯定我们的价值，感激领导在百忙中抽出宝贵时间为我们举行这样的仪式，更感激公司在近些年就业情况如此紧张的形势下，给我们这样一个宝贵的工作机会。所以，在此，请允许我代表2009年新入职的员工对公司表示由衷的感谢！

激动和感激之余，感受最多的还是紧张，因为我们要担负起更多的责任，在企业的发展中发挥自己的作用。虽说我们读完大学，掌握了一定的知识，但对于我们这些刚迈出校门踏进社会的年轻人而言，如何尽快褪掉学生时代身上的散漫天真，尽快融入到全新的工作环境中，如何将在学校所学知识更好地应用到工作实践中，如何向厂里的老师傅学习，如何将自己个人的发展与企业的发展相统一，这些都是需要思考解决的问题。公司这个大家庭，这个将播撒我们青春年华的地方，正在热火朝天地生产中。我看到了我们公司事业的庞大。为此，我感到自豪和信心十足。公司给我们搭建了一个优越的平台，作为新员工，我们愿意接受时代的挑战，更满怀信心，脚踏实地的工作，不断地尝试、探索和创新，在工作中学习，在学习中进步、前行！

正所谓"进取无止境"，公司给了我们空间，给了我们舞台，公司的前辈们为我们搭好了梯子，铺好了路，我们应当趁着这大好时机赶快行动，把自己的利益和公司的利益统一起来，和各位同事一道人人努力，天天努力，人人学习，天天学习，为了我们共同的目标而奋斗。

在培训室的墙上写着这样的一句话：人的一生可能燃烧也可能腐朽。我不能腐朽，我愿意燃烧，为祖国的富强，为人民的安康，为国防航空事业，让我们一起燃烧！

谢谢大家！

范例中，讲话者根据实际情况来发表自己的感想，使在场的每一位听众都感受到讲话者的真诚。讲话者没有说过多感谢之类的套话和空话，自然更能获得在场每一位听众的认可。因此，这样的讲话方式值得我们学习和借鉴。

在类似的欢迎会上，我们需要采取怎样的思路让讲自己讲出的话不空泛呢？以下的思路仅供参考和借鉴：

首先，发言者在开头的时候要做出感谢。对于感谢，你不要空洞地泛泛地说，而是应该具体到某一个人，因为什么事情，你要感谢他，这样有事实依据，才能让听众感到你的诚意。比如在欢迎会上，你可以这样说："我要感谢为这次欢迎会辛苦忙碌的××……"。具体到某一个人身上，说出来的话就不显得空洞了。

其次，可以借着现场的情况，说一下自己的感受，并且要依据现场的情况来定，不能胡说和乱说。你要善于用耳、眼、身观察和感受现场，抓住现场的具象来表达含义。比如说，你可以借助场上的酒来引起话题，这也是言之有物，而且还有心意。因为有实物更能表达人们的心意。

最后还是要对现场表示感谢。你要感谢能来参加这次欢迎会的每一个人，谢谢他们能来参加欢迎会。

举例用细节，感动当事人

对于被调离的同事或者是领导，公司会为他们组织欢送会，在这样的情况下，如果让作为搭档和同事的你发言，可以在讲话主题的部分举出一些你们曾经一起工作的典型的事例，越详细越好，但要符合你之前提出的观点。

如此一来，不仅能够感动当事人，也能展现你的诚意，获得在场每一个听众的认可。下面这篇讲稿如果用脱稿的形式讲出来，收到的效果一定比照本宣科好得多。因为详细的工作经历是大家共同的回忆，念出来的效果远没有脱稿的效果真实，而最能感动人的往往是这些真实的细节。

尊敬的各位领导，亲爱的同事们：

大家晚上好！

此时此刻，我想我们大家的内心十分复杂，即有高兴也有失落。高兴，是因为××女士在A公司的工作画上了圆满句号，马上就要奔赴新的人生起点了。失落，是因为我们要失去一位非常熟悉A公司经营情况，工作经验相当丰富的领导。

在这里，我代表我们A彩印全体同事感谢××领导多年来对我们工作的大力支持，对我们干部职工生活的关怀和照顾！

弹指一瞬间，不知不觉××已经为我们服务了16个年头，将其最美好的青春年华都奉献给了A。可以这样说在A进入辉煌的时候，她功成身退地离开了A。

××女士作为我们的前领导，她知识渊博，政治思想坚定，组织领导能力强，富有魄力，是难得的一位好领导。她的思想政治觉悟、奋发进取精神、工作业务能力和领导水平是全公司上下有目共睹的，也是大家所公认的。在这工作的十几年来，她立足公司的实际情况，充分发挥自身优势，游刃有余、开创性地开展工作，有力地促进了A公司经济建设又好又快发展。在日常的生活和工作过程中，××又特别平易近人，十分关心关怀下级的工作状况和生活情况，经常了解我们工作中的实际困难，并倾尽全力帮助解决，得到了同事们的一致好评和赞誉。

××不仅能出色地完成自己负责的分管工作，还善于把握全局，统筹兼顾，注重倾听各方面意见、建议，只要是有利于公司经营的意见建议，都能积极采纳。特别是在繁忙的工作之余，她还十分注重加强自身学习，不断提高自身素质，经常抽空学习国家方针政策和分管业务知识，并用自己掌握的经济知识紧密结合我司实际创造性地开展工作，指导工作。以团结友善、互谅互敬的风格处理人际关系，经常与我们基层工作的同事谈心交心、沟通思想、建立友谊，使我们更好地理清工作思路，拓展工作视野，增强工作能力，提高工作水平，××这些指导性的意见和教诲，不但有力促进了我司十几年来各项工作的顺利开展，而且也为我们今后做好项目争取及各项工作奠定了良好的基础。

可以说，这十几年来我们A公司所取得的工作成绩和成果，很大程度上讲，得益于××等各位领导对我们工作的指导，得益于××等各位领导对我们工作的大力支持和关心，在此，我代表公司全体同事对各位领导特别是××表示衷心的感谢！并诚挚邀请您今后常来指导我们的工作，继续对我们的工作给予支持和关心。

最后，衷心祝愿××女士家庭幸福，生活愉快！

谢谢！

范例的重点是"举例回忆"部分，既有事实，也有细节，既让当事人感动，又让在场人信服，详细地说明了××女士在公司取得各种成绩以及所做的贡献。所以，在日后的欢送会上，我们也可以举出具体的事例来表彰被送者，不仅能表达自己的真挚感情，同时又能得到当事人的认可。这里需要注意的是，在列举事例的时候，最好尽量地详细，把能说明问题的细节突出出来，切记不要太笼统、宽泛地讲述。

在欢送会上，脱稿发言时，我们如何构建思路来感动当事人呢？

首先，在开头的部分应该先表示感谢。在欢送会上，讲话者对于被送者应该致以衷心的感谢。这里的"感谢"，主要是强调被送者对于公司的辛苦和付出，以及他们取得的主要业绩。

其次，举例回忆。讲话者可以举出具体的事例，比如说：曾经共事过的经历；被送者卓越的贡献；被送者几次关于公司的重大决策；在危机时刻，被送者是怎样表现的……畅谈这些曾经的往事，能使当事人和现场的每一位听众都能产生共鸣，易于流露真挚的感情。

最后，表达不舍之情，对被送者表示祝愿。讲话者要表达对于被送者的不舍和遗憾之情，但还要对他表示祝愿，希望他在未来能够一展宏图，再创辉煌。

作为被送人，最重是感谢

假如你在一家单位工作了五年，即将调离本岗位奔赴新岗位，单位又特地为你组织了欢送会，领导发言之后，特意邀你说几句，此时你作为被送人，首先要讲的是表达感谢之意。而怎样把感谢表达得真诚而到位是讲话的重点，这时候采用以下范例中的形式，用几句话来表达感谢是个不错的选择，每一句有个特定的中心，连起来又全是感谢之意，最重要的是，简单的几句话就可以说清楚，甚至都不需要写讲稿，即兴就可以说。

各位领导、各位同事：

根据组织的安排，我即将从事新的工作岗位了，此时此刻，千言万语不知从何说起，或者以下几句话最能表达我现在的心声：

第一句话是怀念。怀念与各位领导、各位同事一起工作、生活和学习的 1400 多个日子！怀念为完成某一项工作而一起挑灯夜战的感动！怀念克服重重困难而完成任务后的那一份喜悦！怀念址山的一草一木，怀念热情而纯朴的址山人民！

第二句话是感谢。感谢各位领导一直以来对我的关心和帮助！感谢各位同事由始至终对我工作的大力支持和积极配合！记得当初刚来的时候，面对的困难和面临的机遇都要大得多，我正担心工作不知从何开始的时候，大家的热情帮助和默契配合，使我迅速适应新的岗位和工作！借此机会，让我再一次衷心地向大家讲句：多谢！

第三句是祝愿。祝愿址山再创辉煌！由于历史原因，目前址山面临许多的困难和压力，但我相信，有市委、市政府的大力支持和正确领导，在书记和镇长的带领下，址山人民团结一致，同心协力，明天一定会美好！址山将会更加"和谐、稳定、至善、日新"！各位同事的收入将会好似芝麻开花一样——节节高！

第四句话是希望。希望大家继续保持联系，多些沟通！书记在大会讲过：凡在址山工作过的都是新时代人！我也不例外，在我的心目中，址山早已是我的第二故乡！希望以后大家有时间多来探探我，大家共聚乡情！我也希望日后自己能够为 ×× 的发展再尽一份绵薄之力！

多谢大家！祝大家心想事成，家庭幸福！

在欢送会上，作为被送者，此类发言，重点是表达感谢之意，既要让听众感受到你的真情实意，又要给这些曾经的同事留下最后的好印象。那么一旦遇到这种情况，需要脱稿发言时，我们应该从哪几个方面来表现这种感谢呢？

首先，先谈离别心情。讲话者应该对于即将离开表示非常遗憾以及十分不舍。让听众感受到你对以前的岗位是非常有感情的。

其次，再表感谢之意。你要感谢这么长时间一直支持你的朋友、你的领导和同事，还要特别感谢为你准备和筹办这次欢送会的每一个人，感谢他们对你的厚爱。你还可以回忆过去，讲述和同事们一起奋斗、生活的日子，这样才能与听众产生共鸣，得到他们的支持。

最后，对你和其他同事的未来展开设想并表示祝福，再次感谢。感谢到场的每一个人，对他们表示最诚挚的祝福。希望他们以后的生活快快乐乐，工作顺顺利利之类的祝福话。

此外，你还要注意讲话时的态度。一定要记住：表达你的感激不是做表面文章，而是你真的需要感激。这种感激应当是来自你的内心的。表达你感激之情的时候，一定要使你的话语清晰而自然，不要吞吞吐吐，含糊其辞，那样会给对方以做作的感觉。在向对方说"谢谢"时，一定要直视对方。在互相注视的时候，交流通常比较容易进行。

开闭幕式

开幕式是指单位组织的文体活动以及各种主题的活动。在这类场合中，一般都会请领导或者一些重要人物来致词。领导者的讲话一般包括：开头、主体和结尾。

主体部分一般包括：向大会介绍参加的领导和各方面的来宾，通报到会代表人数和团体名称；回顾过去的工作、成绩、经验及不足；提出本次会议的议题和议程；会议的筹备和出席会议人员情况；会议召开的背景和意义；会议的性质、目的及主要任务；会议的主要议程及要求；会议的奋斗目标及深远影响等等。

结语部分，一般以"祝愿大会获得圆满成功"作结尾，也可以提出带有鼓动性的口号。

而闭幕词是一些大型会议结束时由有关领导人或德高望重者向会议所作的讲话，具有总结性、评估性和号召性。只要是重要会议或重要活动，与开幕词相对应，一般都有闭幕词，这道程序标志着整个会议或活动的结束。闭幕词通常要对会议或活动做出正确的评估和总结，充分肯定会议或活动所取得的成果，强调本次会议或活动的主要精神和深远影响，激励有关人员宣传会议或活动的精神并贯彻落实会议的决议或倡议。具体也体现在以下三个方面：

开头：闭幕词的开头，一般要用简洁的语言，说明会议或活动经过全体参与者的共同努力，已经胜利完成使命，马上就要闭幕了。

主体：闭幕词的主体部分是对会议或活动进行概括总结，这部分内容要列举会议完成的任务和取得的成果，不能过于空泛笼统。然后提出贯彻会议或活动精神的要求和希望，重点要突出会议或活动精神，体现其宗旨。

结尾：闭幕词的结尾通常比较简单，最常见的说法是："现在，我宣布，××××大会或活动闭幕。"

由天气引出话题，自然亲切

一般来说，脱稿讲话除了能体现出高超的口才技巧之外，还能显得亲切自然，尤其是在一些相对较小的活动上，比如，学校组织的开学毕业典礼、田径运动会、单位组织的运动会等等，用脱稿讲话的形式，更容易得到听众的支持。如果是在一场春季运动会上，需要校领导开场致辞，怎样说才能自然呢？这时不妨利用当时的天气情况，借由天气进而转向主题，因为运动会的进行肯定与天气的好坏有着直接关系，这样过渡能显得自然流畅，也能让听众产生共鸣。尤其在脱稿讲话中，像下面这篇讲稿，先谈天气，再谈主题，就地取材，临时发挥，体现出讲话人的好口才。

各位领导、各位老师、各位同学们：

在这生机盎然、朝气勃发的春天，我们全校师生共同沐浴在春天的阳光下，迎着和谐的春风，我们在此举行"第一中学第七届春季田径运动会"，举办运动会的目的是为了全面落实党的教育方针，发展体育运动精神，为同学们提供一个锻炼身体，提升素质的舞台。本届运动会是校园文化的重要组成部分，是第一中学学子精神面貌的一个盛会。为此，我代表学校对大会的胜利召开表示热烈的祝贺，对为了筹办好本次运动会而精心策划、忘我工作、细心组织的组委会和筹备组工作人员表示感谢，对那群生龙活虎、力争上游而刻苦训练的全体运动员，道一声："你们辛苦了！"

体育既能强身健体又能陶冶情操，还能提高思维、充实精神、增强团结；体育还是增强国民体质、提高民族素质的重要手段；体育工作更是社会主义精神文明建设的一个重要内容，是社会主义四有人才培养的重要一环，也是学校精神文明建设和本科教育改革与发展的重要组成部分。本次运动会共设个人比赛项目58项，集体比赛项目11项，整个赛程计划用一天半时间完成。广大学生积极响应，踊跃参加，共有676名学生报名参加了各项比赛，其热情之高、范围之广、积极性之大，超过历届运动会。

老师们、同学们，本届田径运动会是对我们学生运动水平的一次大检阅，也是充分展示我们学校体育工作水平和精神风貌的一次很好的机会。因此，希望全体运动员发扬奥林匹克精神，发扬顽强拼搏精神，超越自我，赛出风格，赛出水平；希望全体裁判员、工作人员坚守岗位，公正裁决，确保运动会顺利进行。

预祝大会圆满成功！谢谢大家！

从范例中可知，在运动会开幕式上，借由天气引出的话题比较自然。但有人会问，好天气当然可以轻松的转向主题，要是遇上坏天气该怎么办？难道这种方法就没有效了吗？其实不然，坏天气也同样可以说。比如你就可以这样说："今天虽然是阴云笼罩，但我们运动会上的热情足以将阴云化解……"再比如，遇上下雨的天气，你可以参考这样说："今天下着小雨，看起来老天好像不太照顾我们，其实我倒觉得这时让我们提前感受一下什么是挥汗如雨，在接下来的比赛中，大家就可以省着点汗水啦……"所以，不管是好天气还是坏天气，只要你有足够的智慧，稍微转换一下，当时的天气就会为你所用，成为引出主题的开场白了。

那么，在开幕式场合，除了开场白，怎样建立完整的开幕词思路呢？大家可以参考以下的这几点建议：

首先，点题祝贺感谢。由开场白引出主题之后，就要表示感谢，比如：对举办这次会议或活动的工作人员表示感谢，对准备参加会议或活动的相关人员表示感谢等等。这里要注意的是感谢最好不要针对某一个人，而是应该广泛地说。这样节省了讲话的时间，又不会让其他人产生不满的情绪。

其次，阐述举办会议或活动的意义。在阐述意义的时候，切记长篇大论，要简明扼要，点到为止。

再次，分别提出希望。讲话者要分别对工作人员和参与人员，结合其任务和性质提出希望和要求，希望他们各司其职，在工作的岗位上做好本职工作，在会议或活动上积极表现。

最后，预祝大会圆满成功。

感谢点题，简洁明了

假如你参加的会议或活动不是露天举行的，当然就不适合用天气作为话题引入了，这时候又该怎么办呢？最简单的办法就是用感谢直接点题，简洁明了不啰嗦，尤其是对于不擅长脱稿讲话的人，这种方法可以缩短发言时间。

下面这个范例虽然篇幅短小，但是开篇用感谢点题，整篇讲话的目的就表示清楚了，然后简单介绍一下这次活动内容，最后表示祝愿，一场完整的讲话就成功了。

尊敬的各位领导、各位来宾，女士们、先生们：

大家好！

百花齐放、香草芬芳，今天，花都区第三届香草文化节隆重开幕了。在此，受花都区长的委托，我谨代表花都区人民政府，向出席今天开幕式的各位领导和来宾表示热烈的欢迎！向一直关心、支持我区旅游业发展的领导和社会各界朋友表示衷心的感谢！

花都风景秀丽、人杰地灵。近年来，我区在大力发展汽车、空港、皮具、珠宝、声光电等支柱产业的同时，加快整合生态、文化资源，通过香草文化节、枇杷节、芋头节、油菜花节等乡村游品牌节庆活动，发展生态、休闲、观光、度假等绿色旅游文化产业，努力促进农村经济健康快速发展。

花都香草文化节自 2009 年首次举办以来，全力打造最具特色的观光花海、花卉大餐，努力营造返璞归真的田园自然风光，满足广大游客体验乡村生活，享受乡村气息的需求，得到了社会各界的广泛赞誉。本届香草文化节以"香草童话、韵味花山"为主题，精心塑造如童话般浪漫的香草世界，充分展示花都最早的县城所在地——花山镇的乡村历史文化。节庆期间还将举办异地务工青年"相约香草，结缘花都"专题活动，使他们充分感受花都的自然风光和人文关怀之美，增强对花都的认同感和归属感，更好地融入花都。

乡村生态旅游产业是 21 世纪的"朝阳"产业、"黄金"产业，更是富民产业，衷心希望各部门通过香草文化节这个平台，进一步挖掘我区特色丰富的旅游资源，变资源优势为经济优势；也诚挚希望各级各部门的领导及社会各界朋友一如既往地关注花都、支持花都发展，共创美好未来。

最后，预祝第四届香草文化节取得圆满成功！祝愿各位领导、各位来宾身体健康、家庭幸福！

谢谢大家！

此范例最主要的特点就是在开头的时候直接点题，表示感谢，用简短的语言来表示感谢之意。这样的讲法让每一位听众能清楚明了地知道你在讲什么，自然获得听众的赞赏。要知道，没有一位听众喜欢发言者在那里长篇大论，开幕式的场合又不是什么学术会议，不需要讲得多么深刻，只要我们把主要的意思表达出来即可。所以，我们在开幕式脱稿讲话的时候，也需要借鉴这种方式，用简要的语言表达主题和感激之情，只有这样，我们才能赢得更多听众的掌声。

具体来讲，我们如何简洁明了地表达出感谢的主题，怎样去构建思路呢？

首先，点题感谢表示欢迎。讲话者谈及感谢的时候，要挑重点说，选择重要的对象。在开幕式上什么都说，什么都感谢，会让听众的思维混乱，让他们认为你是在敷衍了事。所以，感谢时一定要依据不同人物的状况进行感谢，简明扼要地阐述即可。

其次，介绍会议的大致情况。讲话者需要把参加会议的人数以及状况，做个简要的表述，不需要逐个进行介绍，也不需要对他们的到来进行一一感谢。你可以按照方阵、队名进行简单的介绍。

最后，提出希望，预祝成功。在提出希望和祝福的时候，只需要一两句的话表达即可。不需要你做长篇大论的赘述。

简要总结，要求表态

闭幕式分很多种，有些是在重要的场合，也有一些非重要的场合。不同的场合依据情况而定也会有不同的说法，需要讲话者依照实际情况而定。如果是在一些不是特别正式的重要场合，闭幕式可以说得简单一些，参照简要总结加要求表态的方式发言，对于脱稿讲话来说也相对降低了难度，不需要长篇大论就能把讲话说得清楚明白。下面的范例是某校读书活动的闭幕式讲话，讲话人简要总结了一下读书带给自己的乐趣，将读书的意义充分表达出来了，但给人留下深刻的印象。

尊敬的各位领导、老师、亲爱的同学们：

大家好！

今天是喜庆丰收的日子，我们为期3个月的读书活动节闭幕了。在此，我代表学校对本次活动的圆满成功表示热烈的祝贺。

书是人类进步的阶梯。为了让我们在书海中遨游，我校举办了读书节。通过这个读书节，让更多的同学与书结为了好朋友。

书是五彩生活的万花筒，书是大千世界的缩影。读一本好书，就像交了一个好朋友，书既像一位充满智慧的老人，不断启迪我们；又像是一位真诚的朋友，跟我们面对面地交流——小说教给我们做人的道理；诗歌唤起我们对美好生活的追求；童话让我们明辨美丑真假……

自从我校开展读书活动以来，我校全体师生都投入到读书的热潮当中，并开展了红领巾书市漂流、手抄报、古诗文考级、书法展示、读书墙展示等一系列比赛。一张张美报、一本本好书、一篇篇俊字，让同学们如沐春风。

书给我们带来了无穷的乐趣，让我们获益匪浅。正如一首诗所说："书是一扇沉重的门，它垂青于每一个敲门者。它敞开的门扉里，是一口淘不完的井，是一座掘不尽的矿，是一片看不够的景，是一腔抒不倦的情。"《孙子兵法》让我们走进了春秋时期，听孙武讲述深奥莫测的兵法；《西游记》让我们面对疾恶如仇的孙悟空，和他一起战胜一个个妖魔鬼怪；《我要做好孩子》让我们结识了机敏、善良的金铃，听她讲述自己成长历程中的故事！

更可贵的是，我们在读书的同时还学会了读书的方法。活动期间老师给了我们很多这方面的指导，让我们懂得了应该多读一些文学作品，特别是那些已有定评的古今中外名著；多读一些名人传记，聆听领袖人物、爱国先贤和科学家的教诲，接受他们的思想；多读一些科普类的书，让这类书籍启迪我们的智慧，帮助我们插上幻想的翅膀，去探索大自然的奥秘……

同学们，让我们做一个勤奋的读书人！让我们做一个快乐的读书人！让读书成为每一位同学的习惯，用我们的琅琅书声装点校园，让我们的校园处处飘溢着书香，让书香在每一位同学的心中荡漾！

谢谢大家！

此范例中，讲话者在闭幕式上做了简要的总结，把活动的情况、结果以及造成的影响和意义都做了简单的说明，讲话的内容不掺杂废话和空话，自然能打动听众的内心。所以，在闭幕式上脱稿讲话的时候，不妨借鉴这样的方法，我们讲得简洁省力，听众听得清楚明白。

但是在具体的闭幕式中脱稿讲话的时候，应该怎样准备，才能简明扼要把所讲的内容，清楚地表达出来呢？我们可以这样做：

首先，点题感谢并祝贺。一开始就要对所有人员表示感谢，并对在会议或活动中取得成绩的人员表示衷心的祝贺。

其次，简要总结。讲话者需要把这次会议或活动取得的成绩、各项结果都做一个具体的总结，但是总结的过程一定不要啰哩啰嗦，主要是讲一些突出的成绩，挑重点说。这样既不会浪费太多的时间，也不会让听众产生厌倦。

再次，要求表态。在闭幕式上，讲话者要多倡议和倡导这次会议或活动的精神，例如运动会的闭幕总结，除了拼搏不放弃的参赛精神，对于没有取得优秀的成绩也不应该灰心，要有不怕失败、勇创辉煌的精神。

颁奖仪式

在颁奖仪式上，通常需要两种角色进行脱稿讲话，一个是被邀请的颁奖嘉宾，一个是获奖者。如果双方事先有准备并不难，难的是事先不知道，突然被请上台发言，就容易脑子发蒙，还有的词汇不丰富，从头到尾"一谢到底"，更有甚者语无伦次……面对这样的情况，我们在脱稿讲话的时候应该如何构思，才能确保自己在场上能够畅所欲言呢？

首尾呼应，中间肯定

假如你参加某次颁奖典礼，期间作为颁奖嘉宾发表讲话，这时应该说些什么呢？在这里为大家提供一种参考思路——首尾呼应，中间肯定。这种框架可以使主题明确突出，让听众容易理解接受。对脱稿讲话来说，以这个思路写出来的讲稿也比较容易记忆，或者只需要列一个提纲，写几个关键词，就可以完成一次讲话。下面的范例就是通过首尾祝贺、中间肯定的思路组织的讲话内容，尤其是中间赞扬的部分如果用于脱稿中，更显真诚，也更容易令人信服。

各位领导、老师、同学们：

大家晚上好！

又是草木丰盈的季节，在今天这个美好的日子里，我们欢聚一堂，共同庆祝"工程烛光，毕业生心目中的好老师"颁奖典礼的隆重举行。在此，我谨代表学校对与会的所有老师、同学们表示热烈的欢迎，对你们长期以来对教学工作的关心与支持表示衷心的感谢！

十年树木，百年树人。教育是一个造福于千秋万代的事业，而从事着这项事业的教师也便显得无比崇高与神圣。美国作家梅尔维尔在名著《白鲸》中有这样一句话：讲台从来就居于人间之首，其余的一切都尾随其后。的确如此，社会的发展、人类的进步都离不开教育，因而，教育事业在漫长的发展历程中总是追寻更好、更有效的传业授道方式，如何提高教学质量便成了各大学校的工作重点。为此我院也为相关工作做出了许多努力。

为了增强师生沟通，提高教师教学积极性和同学的学习热情，及将我院"尊师重教"的优良传统发扬光大；我们借助于大学生评教委员会这个平台，本着"我手写我心，我心选我爱"的原则，举办了这次评选活动，借以表彰深受广大毕业生欢迎的部分老师。

从紧张有序的宣传，到走访毕业生寝室，到动员大会召开，到设立公投点投票，一直到最后的筹备采访，历时两个多月，大学生评教委员会圆满完成了首届"工程烛光，毕业生心目中的好老师"评选活动，遴选出了十位最受毕业生欢迎的老师和两位特别奖老师。在这里，我向第六届大学生评教委员会全体委员表示衷心的感谢！感谢你们为我院教学发展付出的辛勤劳动，并向受表彰的老师们表示热烈的祝贺与真挚的谢意。希望你们继续努力，带动全院老师为我院的教学工作做出更大的贡献。同时，我也相信，乘着这次颁奖晚会的东风，我院必定会涌现出更多的"十佳"典范。我希望在我院全体师生的共同努力下，我院的教风、学风建设可以更上一层楼！

最后，预祝此次颁奖典礼取得圆满成功。祝老师们工作顺利，同学们学业有成，身体健康，万事如意！

谢谢大家！

此范例的思路是可以大致总结为三段式：祝贺、感谢——肯定、意义——希望、祝贺。

可以看出这就形成了收尾呼应、中间肯定的模式。在开头的时候，对获奖者表示祝贺，在结尾的时候，又再次对获奖者表示热烈的祝贺，不仅赢得了更多听众的好感，也有利于增强现场感，提升现场的气氛。所以，在颁奖仪式上，作为受邀嘉宾发表讲话时，也可以参考这样的讲话思路，避免在不首先，先表示感谢。讲话者要感谢主办方的邀请，对被邀请深感荣幸。

其次，要祝贺获奖人员，肯定他们取得的成绩，进而赞扬参加竞赛的每一位选手。

最后，提出希望和祝福。不管是获奖还是没有获奖的人，都希望他们再接再厉，秉持着不抛弃、不放弃的原则，继续为这项事业做出努力、奋斗。

结合自身表情达意

在颁奖仪式上，一般获奖者都要发表获奖感言，不仅需要脱稿，有时还需要即兴发挥。在这样的情况下，许多人往往因为太激动和紧张，脑中就会出现空白，不知道自己应该说什么，只是在那里一直感谢这个，感谢那个，讲话的内容既不生动也没有意义。所以，为了避免上述情况的发生，我们就需要结合自身实际，讲述一些能够表达内心真实感受的话语，这样不仅能得到观众的认可，同时也能展现自己良好的口才能力。马季先生在中国曲协举办的终身成就奖颁奖典礼上发表的获奖感言就充分证明了这一点，结合自身经历来表达对于本次获奖的感受，真实生动，容易感染听众，这也是脱稿讲话的独特魅力。

各位领导、各位嘉宾：

大家好！

人活七十古来稀，我没想到我七十之后我还有这样的机会，能在这里接受大家的祝贺，接受对我的鼓励。我要感谢国家，感谢曲协给我的荣誉。

其实说老实话，我除了在年龄上具备这次评比条件之外，其他条件相去甚远。我比起前辈差得很多，大家都知道相声有近二百年的历史，有近十代人，我是第七代。我前边六代前辈过着清贫的生活，他们没有接受过大奖，没有接受过这种鼓励，他们没有鲜花簇拥着，没有掌声鼓励着，但他们情愿把一生的精力都投入到地头上、茶馆里和小剧场上，因此没有他们，就没有相声的今天。

我愿意在这里表示，愿把我有限的生命和我们的同仁们，携起手来，为相声的尊严，为相声曾经有过的辉煌，为相声的美好的明天站好最后一班岗。吃了一辈子相声饭，享受了一辈子相声之乐。因为我愿用一颗纯洁的相声之心来维护相声之业。不管外界任何刺激，我永远做一个相声人。

在马季先生的发言中，他结合自身的实际来表达对相声的热爱之情。比如："人活七十古来稀，我没想到我七十之后我还有这样的机会，能在这里接受大家的祝贺，接受对我的鼓励。"用年龄作为开场话题，非常明确地表达出自己的感激之情。所以，在颁奖典礼上，我们要是作为获奖者，也要像马季先生学习，多结合自身的实际说一些打动人心的话，只有这样，才能获得更多听众的赞赏和掌声。

在正式的颁奖仪式，我们应当构建怎样的思路呢？当然每个人都有不同的方法，以下只是其中的一种，仅供参考：

首先，在开头的部分要提出感谢。获奖者要感谢主办方，感谢和你共事的同事们和朋友们。表达出如果没有他们的帮助，你也不会有今天的奖励。

其次，结合自身实际表达情感。讲话者一定要结合自身讲述自己的情况，注意，说话的时候，态度一定要谦卑，不要让听众觉得你傲慢无礼而产生厌恶的心理。要用合适的语气，恰当的方式表述出来，让听众能感受到你真实感受，你的讲话也就成功了一半。

最后，下定决心。讲话在结尾的时候，要谦卑地表示不会因为现在的奖励而心生浮躁之心，反而以此为动力，更加努力、奋进。

关键词提示法

如果是在事先不知情的情况下获奖并要求你发言，你可能觉得措手不及，不知道应该说一些什么，这时候，不妨采用关键词提示法来完成你的即兴讲话。所谓关键词提示，就是通过几个关键词来串起整个讲话内容，只要按照每个关键词的顺序和意思扩展一下，就是一次完整的讲话过程。我们通过一个范例来感受一下关键词提示法在脱稿讲话中的应用，在某公司举办的员工颁奖礼上，其中一位获奖人的发言只用三个词就可以简单概括。

尊敬的各位领导、各位来宾、同事们：

大家好！

作为一名刚刚工作不久的新员工，在年终会议上获得"优秀员工"

称号，对我来说是非常幸运的事情！我很高兴，我也非常激动。此时此刻，我想用三个词来表达我的心情：

第一个词是感谢。首先我很高兴与大家在此相聚一堂，每年开这样的年终大会，这就让我们所有人的心靠得更拢。今天能够代表优秀员工上台发言，我感到十分荣幸，又感到自己的压力。感到荣幸的是我今年的工作得到了公司领导及同事们的认可，我这荣誉也是离不开公司领导及同事的关心及支持，在此我深表感谢！感到有压力的是我更应该严格要求自己，把将来的工作做得更好，我想这也是对我工作的一种鞭策，这也像人们常说的"没有压力，就没有动力"一样，我在新的一年里会把工作做得更好。

第二个词是自豪。我是在2004年底进入公司，在这7年多工作中，我亲自感受到了公司规模在不断提高、不断发展，在管理上不断地完善，并成立了自己的专业消防安装公司，在工程任务上接连不断，就像芝麻开花节节高，这也是大家有目共睹的，身为公司其中的一员，我感到无比骄傲与自豪，也正是这份自豪，让我们时时充满信心，我工作中的格言是：勤勤恳恳地工作，踏踏实实地做人。

第三个词是行动。虽然被评为优秀员工，但我深知，我也有不足之处，也有很多东西还需要我学习。我会在以后的工作当中，加快脚步，紧跟公司领导的指导思想，扬长避短，尽心尽职，努力工作，并不断学习提升自己的工作技能，用实际行动为公司的发展尽自己的微薄之力。

我相信公司在总裁以及所有的同事同心协力下，我们的公司明天会更好！相信明年这个时候就是我们公司又一次丰收的时刻！

最后，再次谢谢我的领导和今天现场的所有同事！

此范例采用的基本思路是：感谢——自豪——行动。这样的思路简单、清晰、明了，最重要的是好记。我们也可以把这样的思路理解成关键词，只要记住了合适的关键词，在颁奖仪式上用自己的语言组织出来，就不愁自己没话可说了。

其实，不管你事先有没有准备，都可以采用关键词提示法完成整个讲话。把这样的思路当成是一种规律性的东西，用这些关键词去提醒自己，我们就能应对颁奖仪式上出现的各种突发情况。

在一般的颁奖仪式上，我们需要记住哪些关键词来帮助自己应对突发的状况呢？也许每个人的方式不一样，在这里只是提供一种方法，为大家提供参考方向：

第一，感谢。依据现场和当时的场合，说出你应该感谢的人或者单位。但不要说得太长，让人感觉很啰嗦。不要把感谢说得太宽泛，要落实到具体某个人身上。

第二，高兴。对于自己能获奖感到高兴，说话的时候一定要注意态度，不要让听众感觉到你已经开始骄傲了。否则，就会令听众产生反感。

第三，决心。不会因为这次的获奖而骄傲，而是化奖励为动力，继续努力前进。这样说不仅能使主办方欣慰，更能体现你踏实奋进的精神。

谦虚表达内心情感

在颁奖仪式上，获奖者的讲话对于个人形象的维护至关重要。所以，在脱稿的时候，要谦虚地表达内心的想法，不要因为得了奖就高傲不已，目中无人，而应该让他们通过讲话感受到你的不骄不躁、谦逊踏实的品质。这样的表现会为你的得奖锦上添花，赢得更多人的肯定。美国小说家福克纳就很好地做到了这一点，1949年诺贝尔奖颁奖典礼上，作为诺贝尔文学奖的获得者，福克纳做了一次谦逊真诚的讲话。

我感到这份奖赏不是授予我个人而是授予我的工作的——授予我一生从事关于人类精神的呕心沥血的工作。我从事这项工作，不是为名，更不是为利，而是为了从人的精神原料中创造出一些从前不曾有过的东西。因此，这份奖金只不过是托我保管而已。做出符合这份奖赏的原意与目的，与其奖金部分有相等价值的献词并不难，但我还愿意利用这个时刻，利用这个举世瞩目的讲坛，向那些可能听到我说笑话并已献身于同一艰苦劳动的男女青年致敬。他们中肯定有人有一天也会站到我现在站着的地方来的。

我们今天的悲剧是人们普遍存在的一种生理上的恐惧，这种恐惧存在已久，以致我们已经习惯了。现在不存在精神上的问题，唯一的问题是：我什么时候会被炸得粉身碎骨？正因如此，今天从事写作的男女青年已经忘记了人类内心的冲突。然而，只有接触到这种内心冲突才能产生出好作品，因为这是唯一值得写、值得呕心沥血地去写的题材。

他一定要重新认识这些问题。他必须使自己明白世间最可鄙的事情莫过于恐惧。他必须使自己永远忘却恐惧，在他的工作室里除了心底古老的真理之外，不允许任何别的东西有容身之地。没有这古老的普遍真理，任何小说都只能是昙花一现，不会成功；这些真理就是爱情、荣誉、怜悯、自尊、同情与牺牲等感情。若是他做不到这样，他的气力终归白费。他不是写爱情而是写情欲，他写的失败是没有人失去可贵的东西的失败，他写的胜利是没有希望、更精的是没有怜悯或同情的胜利。他不是为遍地白骨而悲伤，所以留不下深刻的痕迹。他不是在写心灵而是在写器官。

在他重新懂得这些之前，他写作时，就犹如站在处于世界末日的人类中去观察末日的来临。我不接受人类末日的说法。因人能传宗接代而说人是不朽的，这很容易。说即使最后一次钟声已经消失，消失在再也没有潮水冲刷的映在落日余晖里的海上最后一块无用礁石之旁时，还会有一个声音，人类微弱的、不断的说话声。这也很容易。但是我不能接受这种说法。我相信人类不仅能传宗接代，而且能战胜一切而永存。人之不朽不是因为在动物中唯独他永远能发言，而是因为他有灵魂、有同情心、有牺牲和忍耐精神。诗人和作家的责任就是把这些写出来。诗人和作家的特殊光荣就是去鼓舞人的斗志，使人记住过去曾经有过的光荣——人类曾有过的勇气、荣誉、希望、自尊、同情、怜悯与牺牲精神——以达到不朽。诗人的声音不应只是人类的记录，而应是使人类永存并得到胜利的支柱和栋梁。

范例中，福克纳把自己的姿态放得很低，没有因为个人的得奖而狂妄不已，反而虚心的结合内心的情感表达一些亲切的话语，比如说："我感到这份奖赏不是授予我个人而是授予我的工作的——授予我一生从事关于人类精神的呕心沥血的工作。"将个人的荣誉归于一生的事业，间接表明了他以后继续从事文学创作的决心和态度，也让听众感受到他对文学的热爱。

那么，在通常的情况下，我们需要在颁奖仪式上，需要构建怎样的思路来做好脱稿讲话呢？以下的思路仅供参考和借鉴：

首先，谦虚地表达奖项不是个人的事情。讲话者在这里要注意语气，要用适当的口吻讲述，否则会产生相反的效果。

其次，鼓励从事这项事业的其他没有得奖的人。讲话者要鼓励他们，不要因为没有得奖而灰心、气馁，反而要更好地为自己喜欢的事业而奋斗。这里需要提醒的是，不要让听众误以为得奖就是这项事业的目的，所以说此话时要组织好语言。

最后，表示决心。讲话者要告诉人们不会为今天的得奖而骄傲，而是以此为激励，向着更好的方向前进。

开竣工仪式

目前，很多大型的项目在开工和竣工时都会举行庆祝仪式，为的就是正式宣布项目的开始和结束以及阐述此项目的实现意义。在这样的场合非常适合进行脱稿讲话，因为读稿发言显得模式化，太呆板，很难营造热烈的气氛。但是这一类的讲话内容需要我们如何构思呢？

在开工仪式上：

首先，讲话者要表示感谢，感谢在百忙之中能够亲临现场的每一位嘉宾或每一位领导。

其次，讲话者要着重强调责任，让每一人都感受到身上肩负的重任，赋予每个人肩上的使命。

再次，提出要求、规定。宣布任命项目的主要负责人、监护人以及其他的人员。

最后，展望未来，提出希望。

以上是开工仪式的大致思路，那么在竣工仪式上又该怎么说呢？

首先，讲话者也要表示感谢。对于辛苦奔波在项目上工作人员要表示感谢，感谢他们在这一段时间里对工作的兢兢业业。如果没有他们的长期的坚持，就不会有今天的竣工成果。

其次，阐述项目的意义。项目的成功对于公司和社会的意义。

最后，祝福和展望。

做好承诺最重要

在开工仪式上，如果你是项目负责人，现场的主持人邀你上台讲几句，在这种情况下，你需要怎样说呢？对于在开工仪式上的脱稿讲话来说，最重要的是做好承诺，比如说你要保证项目如期完成，项目的质量要符合高标准，不能打造豆腐渣工程，落实和保障工作人员的安全措施等等之类的承诺，如果你不参与具体操作，那这些承诺就要变成对施工人员的要求，向他们传达保证工程质量的重要性。

其实，无论是打好底稿的脱稿讲话还是突然的即兴发言，在开工仪式上保证项目质量，注重操作安全，对领导和施工人员做出承诺或提出要求都是一个不错的讲话主题，这样的发言，会让在场的领导和即将与你共事的人员放心，也在以后的工作中更加支持配合你。下面的范例就是以项目的重要性和对参与到项目中的工作人员提出要求为主，在某项目开工仪式上发表的讲话，可以作为参考。

各位领导、各位来宾、同志们、朋友们：

大家上午好！

文渊街恢复改造工程是县委、县政府确定的全县 2010 年重点工程之一，工程内容主要包括：立面恢复改造工程；旧县衙恢复工程；快哉阁恢复重建工程和通讯、电力、供气管道入地工程等四项，其意义在于通过恢复性修复、改造和重建达到保护文物、追忆历史的目的，通过相关生活设施的建设，方便群众生活，提升居民生活质量。今天，我们在这里隆重举行快哉阁重建工程开工仪式，标志着文渊街恢复改造工程项目的全面启动。为此，请允许我代表工程指挥部向莅临开工仪式现场的各位领导、各位来宾以及工程的建设者，表示热烈的欢迎；向对工程实施给予支持和帮助的文渊街各单位、住户和居民表示诚挚的谢意。

快哉阁是乐平古城标志性建筑之一，距今有百余年的历史，历经沧桑巨变、历史更迭、人为毁坏，遗迹荡然无存，但从漫长岁月中的口口相传，至今不绝于耳，足见人们对这一建筑的怀念与感情之深。更有有心者，将一张 20 世纪 50 年代的留影照片保存六十年之久，使传诵中的快哉阁得以复原，而对这样一张泛黄的老照片，我们不禁为这位照片拍摄者和保存者肃然起敬。由此可见，县委县政府决定重建快哉阁不仅顺民意，合民情，更是一项利在当代的民心工程。

同志们，该项目的开工建设，凝聚了各级领导和各界人士的心血和汗水，全县人民对此给予高度关注。希望参加工程建设的施工单位，高标准严要求，发扬艰苦奋斗，迎难而上的优良传统，按照"建一流工程，创一流质量，树一流品牌"的要求，精心组织，科学施工，确保高质量，按时完成工程建设任务。同时，也希望社会各界人士以及广大人民群众一如既往地支持工程建设，确保工程早日竣工，发挥其应有的效益。

最后，预祝工程开工大吉，祝各方合作愉快，事业兴旺发达，同志们工作顺利，身体健康！

谢谢大家！

在此范例中，讲话者先是对工程内容做了概括性介绍，然后重点讲了这项工程的重要意义并对参与工程建设的单位提出了要求，"建一流工程，创一流质量，树一流品牌"的要求，精心组织，科学施工，确保高质量，按时完成工程建设任务……这些要求能保证工程的质量，对于一个项目从启动到施工的过程是有重大意义，同时也给基层的员工树立了正确的标准，确保了各项工作的顺利进行。

除了范例中的讲话模式之外，在开工仪式上，讲话者怎样把脱稿讲话表现得尽善尽美呢？

首先，在开头的时候，可以先提出感谢。感谢现场每一位工作人员，感谢莅临现场的每一位领导和嘉宾。

其次，简单阐述一下主要的工作内容和意义。值得注意的是，这部分的内容不要说得太详细，要记得，开工仪式不是汇报工作，这样的内容在具体的讲话中会有提到。所以，在谈及这部分时，一定要简明扼要。然后对工作实施过程中的质量和安全问题提出要求或做出承诺。

最后，提出期望。这个部分主要是展望未来，对工程顺利完工的美好祝愿等。

用重要意义作监督

在某项目的开工仪式上，假如你是某个单位项目总负责人，主持人邀你上台讲几句话，面对众多领导和工作人员，你需要怎么来构思讲话内容呢？作为项目的总负责人，首先要清楚自己的身份，说出符合自己身份角色的话，保质保量地完成任务是最重要的，但是如何让每个施工人员都工作认真负责呢？可以从项目的重要性上入手，讲话时不妨对项目的重要意义进行重点宣传，用以提高施工单位和个人对项目的重视程度，只有这样才能让他们在以后的工作中更加认真，也才能更大程度地保证工程的完美竣工。用在脱稿讲话中，这种讲话内容也是比较容易组织语言的，作为项目的总负责人肯定对于项目的现实作用和价值意义非常清楚，所以在讲话时只需要将其传达给听众即可，即使没有脱稿经验的人，也可以就项目的重要性说上几句。下面这个范例就很好地说明了这一点，只就项目的重要性做了阐述：

尊敬的各位来宾、各位朋友、同志们：

备受全区人民瞩目的中山西路二期改造工程今天隆重开工了，这是我区城市建设工作中的一件大事，也是全区人民经济生活中的一件大喜事。中山西路一期改造工程于1997年竣工通车，曾经为缓解我区交通紧张状况发挥了重要作用。随着我区经济、社会的发展进步，原有的道路已不能满足城市发展的要求，群众要求改造的呼声十分强烈。区七次党代会提出了要以城建经济为增长点，创建良好的人居环境，推进"一城、两环、五路、八区"的建设进程。这个目标，为我们明确了未来几年城市建设的方向，而中山西路在实施城市南移战略中，具有无可替代的作用，它的开工建设，是优化我区投资环境、改善群众生活条件的兴区、利民工程，必将为我区的发展起到重要作用。

中山西路改造工程得到了市、区领导的高度重视，多次召开调度会议，听取有关单位的汇报，提出指导性意见。建设、土地、房产、统计、财政等部门通力配合，克服了一系列困难，做了大量的前期工作，为工程顺利开工奠定了坚实的基础；同时，道路工程也得到了沿线群众的积极配合。在此，我代表区委、区政府向所有支持、关心中山西路改造工程的各界人士，以及工程的建设者们表示衷心的感谢和诚挚的问候。当前，我区正面临着前所未有的机遇。古城的开发得到了中央、省市领导的极大关注，也给我们提出了很高的期望，我们能不能抓住机遇，乘势而上，是摆在各级、各部门面前的一个课题。希望通过中山西路二期改造工程的建设，使我们的城市建设、管理队伍得到锻炼，努力打造一支适应新形势、新发展的高素质的城市建设管理队伍。

在工程建设实施的过程中，各有关部门、单位要服从、服务于工程建设的大局，全力配合、积极支持，为工程建设营造良好的环境，提供优质的服务，把中山西路建设成为展示我区城市新貌的精品工程、景观大道。

最后，祝工程建设事事顺利，道路改造早日竣工！

谢谢大家！

此范例中，讲话者重点阐述的就是此项工程的重要意义以及相关单位的重视程度，这可让听众清楚认识到这项工程的受重视程度，在以后的工作中也就更加认真，工程进行中出的问题也会相对减少。讲话者在最后还对工程需要达到什么样的要求以及需要哪些部门的配合进行了一一说明，这样就使得各部分或相关单位做到心中有数。此次讲话内容条理清晰，重点突出，简洁明确，值得我们在以后的讲话中借鉴。

这种以工程的重要意义为重点的讲话思路具体是怎样的呢？下面为大家依次说明：

首先，开头就阐述项目的意义。讲话者在开场的时候就直入主题，对项目本身以及建成后的现实意义进行重点说明，目的就是为了让听众明确认识到项目的重要性，让参与项目的工作人员重视起来。

其次，简要提出要求和规范。讲话者作为负责人要对项目提出的总的标准和要求，尤其要从宏观来讲，不需要细说每一个项目的细节，只要大体提出项目的标准就好。在这里还可以指出分别需要哪些部门的配合，对他们表示感谢，激励他们分别做好自己负责的部分。

最后，表示希望，展望未来。讲话者在最后可以用一些鼓舞人心的话语讲出对施工人员及工程的期望。

自我表扬显能力

在竣工仪式上，如果作为主要施工单位的领导，需要在此时发言，应该说些什么呢？一般来说，开场都是以感谢为主，感谢到场听众以及在工作期间给予支持配合的单位和各类工作人员。然后就是对工作的总结，但这个总结要根据实际情况选择不同的内容作为重点来讲，可以是工作期间的认真态度，可以是这个项目的独特之处，还可以是工作中取得的成就等等。总之就是直接或间接地自我表扬，对自己的工作质量予以肯定。范例中，讲话人就是通过自我表扬给听众留下自信负责的印象，当然也会为公司带来良好的口碑。

尊敬的各位领导、各位来宾、同志们、朋友们：

经过八个多月紧张有序的施工，今天，华北大学新校区图书馆工程按期实现主体封顶。昭示着市高等学府中规模最大的图书馆建设取得了重要的阶段性成果。在这个激动人心的美好时刻，我代表第一城建公司，向华北大学各位领导和广大教职员工表示热烈的祝贺！向支持工程建设的各级领导、各界同仁表示衷心的感谢，也要对筹办这次会议的工作人员表示衷心的感谢！

作为市城建系统的骨干队伍，我们与教委系统，与大专院校和各级示范校建立了良好的服务配合关系。在华北大学新校区一期工程建设中，我公司承建的文科楼获得市建设工程"鲁班杯金奖"。在图书馆项目施工中，我们又锁定"鲁班奖"创建标准，选派优秀项目班子，集中先进技术和优良设备，努力打造一流的现场管理、一流的精品工程。施工期间，各级领导和有关部门多次亲临现场指导工作，组织现场观摩，极大地提高了图书馆项目的社会知名度，我们的合作实现了"双赢"。

我们的责任是向建设单位负责，向业主负责，向社会负责。建设单位的要求就是我们的努力方向。以今天主体结顶为标志，图书馆项目将全面进入装修阶段。装修过程中，我们将再接再厉，继续甲乙双方的密切协作，继续以饱满的热情、周密的组织、良好的服务确保施工进度、确保工程质量、确保将一座建筑精品奉献给广大师生，为我市教育事业持续快速发展做出新的贡献！

谢谢大家！

范例表达完感谢之后，就重点讲述了工作期间的奋斗目标，也间接表达了自己公司认真负责，争做最好的工作态度，在场的听众通过讲话内容也会对这个公司的信誉以及工作能力有个好印象，讲话者也算是为公司做了一次宣传。

除了范例这种格式，竣工仪式上，讲话者要根据不同的场合做出相应的调整，下面提供一种参考的思路和框架：

第一，表示慰问、欢迎、感谢。讲话者要对参加这次工程的人员，表示亲切的慰问。对于上级领导的到来要表示热烈的欢迎。此外，还要感谢筹备这项仪式的工作人员，感谢辛苦在前线奋进的工作人员……要分别做出感谢，这样才能让自己讲话显得有诚意。

第二，阐述项目竣工的意义。简要的阐述项目的现实意义、主要影响以及对社会的重要意义。这部分根据具体的情况，可以酌情处理。可详说，也可少说。

第三，提出希望和祝福。讲话结尾时，对于此项工程在以后将要发挥的功效表示祝福，这个结尾简短有力即可，不要讲的太长，否则容易遭人反感。

结合实际来致词

在竣工仪式上，假如你是项目的负责人，就需要在脱稿讲话时结合实际来谈谈项目的运行情况以及过程中出现了哪些问题，分别采取了什么对策来应付，即使没有华丽的语言，但是这样切合实际的讲话更能获得现场听众的认可。以下范例就是某钢铁项目负责人在工程竣工投产仪式上的致辞，整场讲话都是项目操作期间真实发生的事情，让发言更有说服力。

各位领导、各位来宾、全体同志们：

中原大地绽放光芒，美丽钢城喜事连连。今天，120吨转炉—炉卷轧机相关工程竣工投产，掀开了安钢发展史上的新篇章。同时，也标志着第二炼轧厂跨入了正式的生产阶段。在这里，我谨代表第二炼轧厂1945名职工，对各位领导和各位来宾的到来表示热烈的欢迎。

120吨转炉—炉卷轧机工程投资约33亿元，是安钢"三步走"发展战略的龙头工程。这条现代化的生产线拥有世界最宽的中等厚度板坯连铸机、世界最宽的步进梁式加热炉、国际一流水准的炉卷轧机。这条集转炉炼钢—精炼—连铸—炉卷轧机四位一体的现代化生产线，几乎囊括了当今世界上转炉、连铸和炉卷轧机所有的先进技术。该生产线设计年生产合格钢水119.6万吨，铸坯116.6万吨，板（卷）材110万吨，主要产品有碳素结构钢、低合金结构钢、造船钢板、锅炉钢、压力容器钢、汽车大梁钢、桥梁钢、管线钢等八大钢种。120吨转炉—炉卷轧机工程的竣工投产，安钢的产品结构将实现升级换代，综合竞争实力将明显增强，经济效益将得到不断提升。

喜悦与汗水相伴，成功同艰辛并存。在工程建设期间，因受整个钢铁行业形势的影响，我们遇到了很多意想不到的困难。但是，在国家、省、市各级领导的关心支持和帮助下，在集团公司领导及各部室的鼎力相助下，各参战单位通力协作，奋力拼搏，有力地保证了整个工程建设的稳步推进，并确保了工程顺利竣工投产。值此，向关心支持和帮助 120 吨转炉—炉卷轧机工程建设的各位领导和各界人士表示最诚挚的谢意！

今天，在与大家分享胜利之果的同时，第二炼轧厂——这个团结战斗的集体，再次展开了新一轮的攻势，在做好 120 吨转炉—炉卷轧机生产线的达产达效工作的同时，也为掀起 150 吨转炉—热连轧机工程的建设高潮做着最充分的准备。可以说，目前，第二炼轧厂是万众瞩目的焦点，这里有各级领导的重托和 4 万安钢职工的殷切希望。因此，担子非常沉重，但是，我们信心十足。因为，我厂拥有充满朝气、年富力强、懂技术、善管理的优秀专业人才和战斗力极强的职工队伍，在工程建设中，也积累了一定的经验，120 吨转炉—炉卷轧机工程的竣工投产，已经彰显安钢人向千万吨级钢铁强厂进军的强劲势头和豪迈气概。

广大职工深受鼓舞，干劲儿倍增。目前，第二炼轧厂正着手打造特色管理模式，形成了干事创业的良好氛围。我们坚信，在各级领导的关心支持和帮助下，在安钢"三步走"发展宏伟蓝图的征程上，第二炼轧厂全体干部职工，定能以更大的热情和更加高昂的斗志，发挥设备优势、人才优势、人气优势，早日实现 120 吨转炉—炉卷轧机生产线的达产达效，为安钢建设千万吨级钢铁强厂提供强力支撑，为中部崛起创造辉煌业绩！

谢谢大家！

范例中，讲话者采用朴实的语言，根据安钢"三步走"的发展计划，讲述了目前已完成的项目以及期间出现的问题，还对接下来的工作做了简要介绍。已取得的成绩是对员工的鼓舞，也是接下来工作的榜样。比起空喊口号，用实际取得的成果来动员人们的干劲儿更容易达到目的。

在竣工仪式上，我们需要采取怎样的思路把脱稿讲话做得更精彩呢？

首先，表示感谢。讲话者要感谢到场的每一位嘉宾，感谢他们能够亲临现场，参加竣工仪式。此外，还要特别地感谢参与项目工作的每一位工作人员。

　　其次，结合实际讲述真情实感。讲话者在这部分要重点突出项目已取得的成果，工程进行过程中，参与人员表现出的优秀品质和精神，让听众对这个团队产生好感，并肯定其工作能力。

　　最后，展望未来。每一个项目的竣工都有其特殊的意义，可以在最后谈谈项目在投入使用的时候，预计会产生什么样的效果，给社会或经济带来哪些利益。

主持会议

在实施管理和决策时，会议是不可缺少的基本工作形式。会议既是与会者互通信息、协调关系的场所，又是部署工作、展示决策意图的手段，也是发动群众、鼓舞士气、调动群众积极性的方法。会议的效果与诸多因素有关，但就主持会议的发言者而言，其语言表达的技能是至关重要的。因此，在主持会议脱稿讲话的时候，要按照一定的思路，这样可以很好地避免跑题、离题和偏题。

首先，导入议题。在会议开始时，主持会议的讲话者把要陈述的内容，包括会议的主题、目的、意义、议程和开法等等之类的问题，简明扼要、条理清晰地讲出来。

其次，引出意见。你可以选择发问的形式来询问与会者的意见，或者是观察与会者的反应和动向，再相应地提出问题。此外，还要引导不发言者提出意见。

再次，导出结论。主持会议的发言者要记录与主题相关的意见，指出与会议相符合的观点和意见，把这些观点分析进而加以比较，从而导出结论。

最后，归纳结论。主持会议的发言者要澄清、归纳各意见的要点，宣读结论，务必让大家有同样的认知，唤醒与会者实行的意愿，并分配工作和任务。

牵线搭桥，巧妙连接

主持一个会议，一般都要在中间牵线搭桥、过渡照应，把整个会议连缀成一个有机的整体。这个连接过程也是主持者发挥其机智和口才的过程，它将显示组织能力和概括能力。

在脱稿讲话中，主持会议的发言者所用的连接语不外乎承上启下：肯定前面的，画龙点睛；呼出后面的，渲染蓄势。但在会议主持中，用还是不用，话长还是话短，应看具体情况。若需用连接语，既可顺带，也可反推；可以借言，也可直说；可以设疑，也可问答。总之，不要弄成"主持八股"，应以别开生面、恰到好处为原则。我们以李开复主持的互联网技术大会为例，来看一下如何在脱稿讲话中牵线搭桥、巧妙连接：

中国网友、朋友们：

大家新年好！

非常感谢大家在新年里就来参加今天这个由中国互联网协会和Google合办的互联网技术大会，希望在这次大会中你们能够看到很多新的知识和思想的碰撞，学习到新的技术和新的想法。记得在8年前我就在这个讲台上推出了"21世纪的计算"这个会议，到今天还是非常的成功，但是回顾一下这8年发生了很多的事情，8年前Google还在一个车库里，8年前中国互联网协会还没有成立，8年前我们还在讨论计算，没有想到今天互联网的重要性，在8年前我们不可能想到在今天中国即将有世界最多的互联网的网民，当时更多的是希望引进国外最先进的技术和思想，而今天我们看到中国和国外的专家交流，国外的专家来到中国更多的是他们发问，他们希望理解中国互联网如何发展，中国互联网走上了国际舞台，这是我们希望看到的。

今天这次大会我们主要的目的就是交流技术，并且带来世界最顶尖、最新的国内外技术专家，在演讲人方面我们看到有很多学术界的科学家，也可以看到很多互联网行业的实践家，他们的共同点就是他们都是这方面的技术专家。Google期待着每一年都能够在春季和中国互联网协会继续合作，办这种大会。希望明年我们会把邀请函再发给在座的每一位。

今天请到的专家有，首先被誉为互联网之父的Vint Cerf，他昨天刚刚获得了清华大学名誉教授的荣誉，中国工程院副院长、中国光纤传送网和信息网专家邬贺铨博士，还有Ask.com的首席科学家和高级副总裁Tao Yang博士，还有Mazilla公司首席执行官Mitchell Baker女士，还有清华大学吴建平教授，中国移动研究院院长Bill Huang，Google以色列研发中心的负责人Yossi Matias，Google台湾研发中心的工程总监简立峰博士，Google 工程经理 Greg Stein，核心 JAVA 类库架构师 Joshua Bloch，AJAX 创建者、产品体验公司 Adaptive path 的共同创建者兼总裁 Jesse James Garrett，希望他们能够分享他们的想法，谢谢大家。

......

下面想介绍一位中国互联网非常著名的学者和领头人，现任中国互联网协会理事长，是中国工程院院士，曾任中国科学院副院长，也是我国的模式识别与人工智能领域最早的探索者之一，他领导成立了在模式识别领域的第一个国家政府实验室，让我们欢迎中国互联网的大家长、中国互联网协会胡启恒理事长。

......

此种场合主持会议的人是作为嘉宾主持，其发言的目的是告诉听众来听什么，为什么听？主讲人都有哪些人？在讲话的时候，需要注意什么……作为主持人就是做好牵线搭桥，巧妙地连接现场，承上启下，穿插衔接性的发言，让整个会议自然而流畅地进行。所以，我们在主持会议的时候，也要做好上下的衔接，巧妙地使会议有序地进行。

主持人除了做好会议的牵线工作外，还需要在脱稿的时候怎么说，说些什么呢？

首先，点明主题。主持者一开始点题，就为自己接下来的话设定了方向，不会让自己跑题，也让一部分懵懵懂懂的听众知道来这的目的是什么。

其次，讲明缘由和目的。说缘由和目的的意义是挑起听众的兴趣，主要说与他们有关系或者是听了对他们有好处的内容。

再次，介绍主讲人。介绍主讲人的目的，树立权威性，增强听众的信任度和好感。

最后，做好现场的提醒。主持人要确保现场的秩序，就必须提前做好提醒。

此外，在上述思路的基础上，还要在承上启下的时候，做到巧妙的连接，不要出现冷场或者尴尬的局面，因为这对主持者和会议都是非常不利的。

开场白用事实和数据点题

假如你是一位银行客服经理，你所在的银行要推出一个理财产品，特意安排了一个新闻说明会，请相关专业人士为你的理财产品做介绍。这时你作为主持者，要在开场的时候说几句话，把专业人士和主题介绍出来，你应该怎样说呢？很多主持者都为此焦虑不已，他们希望自己讲的内容具有说服力，又能博得听众的认可。所以，为了能达到上述的目标，我们不妨在开场的时候，试着用事实和数据说明问题，也许会达到意想不到的效果。马云在内部讲话关于"现在人口是一个资源"中就利用了这一点：

互联网只要有人口就好。世界上人口太多是一个负担，但其实，现在人口是一个资源。澳大利亚有的是矿产，但经济搞不起来，就两千万人口，搞不起来。中国十三亿人口，人口就变成是一个资源。对蒙牛来讲，我告诉你，你们最大的资源就是十三亿人口，两千万人口要做蒙牛不可能。中国一定会诞生这样的乳业巨头。网络必须要有十三亿人口的支撑，中国没有基础建设，我们把它建起来。蒙牛当时也没有配送，也是这么一点点建立起来。我们没有想到前面9年建了以后，我们变成全中国电子商务的基础建设者。我们的基础建设是什么概念呢？我们如果把自己当作房地产开发商，我们其实只做3件事情，房地产下面的水要用我们的，电要用我们的，煤气要用我们的管道，其他我们不做。

我们希望3年、5年以后，所有的传统企业，如果你想做电子商务，就要跟我们阿里巴巴接上。水电煤是什么？就是访问量。

阿里巴巴有两千多万家中小企业，淘宝有七千万用户，假设你今天想卖产品给消费者，我们把这个管道，把淘宝的管道跟你们接在一起，你们就有七千万客户。今年七千万，明年可能是两个亿，大量的消费者到你这里来。做批发的，阿里巴巴给你接上，这就是水……

从范例中，我们可以了解到，马云在开场的时候，就利用了数字，使在场的每一位听众信服，不仅点明了主题，也让在场的每一位听众进行了深思。因此，我们在以后的脱稿讲话中，不妨借鉴此技巧，用事实和数据来证明自己的观点。

在主持会议上，怎样用事实和数据来搭建讲话的思路，说服在场的每一位听众呢？

首先，开场白用事实和数据点题。主持者可以参照范例的方式，编写自己或者组织适合自己的讲话数据、事实。数据和事实必须能够有力的说明问题，引发在场每一位听众的思考。

其次，阐发目前面临的问题，也就是要讨论的主题。每一项会议都需要集中解决几项重要的问题，尽可能地调动所有的与会者提出意见，给出宝贵建议。

最后，总结会议的结果以及分配的任务工作。主持者在会议结尾的时候，要善于总结会议的成果，并且根据具体情况把工作任务部署下去。只要这样的会议才是有效的。

结束语宜少不宜多

会议结束时，还需要主持者做出总结性发言，主持者在总结的时候，最好不要说太多的话，长篇大论讲个没完，那样只会让听众心生反感。要知道，话多不如话少，话少不如话巧。所以，脱稿结尾时，结束语宜少不宜多。以下是某主持者在会议结束的时候，做出的总结词，篇幅虽短，会议意义和期望祝愿却表达到位，显得干净利索，而话少对于脱稿来说，无疑是有益的。

尊敬的各位领导、各位来宾、经销商朋友们：

再次感谢大家参加此次盛会！感谢大家多年如一日的执着支持！今天，我们高朋满座，畅谈合作，展望我们共同事业的美好前景，通过各位领导的发言，像广袤的大海一样徐徐展开，就等待着我们高张云帆，起航共进！

我深信，经过此次会议，我们决胜未来的信心更为充足，我们的共同信念将更加稳固，我们之间的诚信合作精神将再度闪耀光芒！我深信，只要我们团结一致，真诚相待，和谐合作，激情奋进，我们一定会创造更加惊人的奇迹，我们一定会在不远的将来成为行业冠军！明年的今天我们一定会再次把酒言欢，欢庆胜利！尊敬的各位来宾、各位朋友，本年度核心经销商会议到这里就结束了，再一次感谢大家！衷心地祝愿各位在新的一年身体健康，财源广进，事业腾达，笑傲商海！

从此范例中我们可知，主持者如此简短的总结不仅做好了自己的角色，还没有喧宾夺主。所以，我们主持会议的时候，要尽量减少自己结束的话语，努力做到短小精巧。

一般来说，会议的结束语会有一个基本思路，因为不同的会议会有不同的情况，需要根据情况做出相应的调整，在此提供一个参考思路：

首先，主持者要表示感谢。这里感谢主要是对在场发言的每一位嘉宾或者是与会人员，感谢他们的参与。

其次，总结收获。整个会议持续下来，总会让你收获一些东西，作为会议的主持者，要简要地总结一下，并且这些内容要符合大众的心理，这样才能博得每一位听众的认可。

最后，再次感谢。对于来参加会议的每一个人表示感谢，对每一位发言者要表示感谢。

社交场合主持较随意

假如你作为一次同学聚会的主持人，你怎样通过讲话来协调当时的场面呢？谁都不希望自己在同学面前丢面子，所以想尽量把会议做好。其实，要主持好这样的场合并不难，因为每个会议都有各自的性质，像同学会这样的社交场合，主持的风格就应该更加随意一些，不必照着稿子念，发自内心地讲几句话，也许会有意想不到的效果。在老同学面前，念稿势必会显得关系生疏，而随意说上几句话反而能拉近彼此之间的距离，以下范例就是一次老同学聚会上的主持人发言，可供大家参考：

尊敬的各位老师、各位老同学：

十年前的今天，我们告别了熟悉的母校，也告别了亲切的同学和老师。时光流逝，岁月如歌，不知不觉我们已走过了十个春天。

十年来，大家的每一步成长和变化，成了我们心中长久的期盼。经过前期筹备，在全体同学的积极响应和共同努力下，今天我们终于相聚了！此时此刻，我想，大家的心情和我一样，难以平静，非常激动。2000年，我们怀着初识的喜悦，相聚在这平凡的集体中，从此开始了三年的同窗生活，度过了人生那段最纯洁最浪漫的时光。

我想，这不仅仅是一种记忆，更重要的是一种财富，足以让我们用一生去倍加珍惜。今天我们组织举办这次聚会，就是为大家提供一次重叙旧情、互述衷肠的机会，重温老师恩同学情，来共同追忆温馨的昨天和曾经的浪漫，畅谈人生的艰辛和美好，共同展望精彩的明天。

这次同学聚会，我们还特别邀请了班主任参加，并对我们的同学聚会进行指导，让我们以掌声对王老师的到来表示热烈的欢迎和衷心的感谢！

下面，我们的聚会联欢正式开始。请我们的班主任王老师讲话，大家欢迎！

……

老师的希望就是我们的奋斗目标，让我们牢记王老师的嘱托，在今后各自的工作岗位上继续努力拼搏，争取在下次的聚会上让我们拿出更加辉煌的业绩向我们的班主任王老师汇报！

请各位打开珍藏十年的记忆，敞开密封十年的心扉，来尽情地畅谈十年来的友情和诉说十年来的离情。也希望我们的倾心长谈能使青春时光倒流十年，能使我们每一个人的心也再年轻十岁！请大家开怀畅饮，一醉方休！

范例中的主持人，主持风格比较随意，看起来没有那么古板，很自然地把现场的流程穿插起来，既流露出了和同学之间深厚的感情，也表达了对老师的敬仰之情。同时还调动了现场的活跃气氛，增强聚会的欢乐氛围。

虽然，在社交场合可以随意地主持，但是也不是没有思路和规律可循，下面为大家提供一种比较通用的方法作为参考：

首先，表示欢迎和感谢。会议主持者要对于现场的人表示热烈的欢迎，也要特别欢迎邀请的嘉宾，对于他们的到来表示衷心的感谢。

其次，回忆往昔。会议主持者通过讲述往日的回忆来增添气氛，唤起场上每一位听众的内心情感，与听众产生共鸣。采用此方式，能够活跃现场气氛。

再次，请嘉宾上台讲话。如果在聚会现场有被邀请的嘉宾，主持者就可以请嘉宾上台讲话。即表示对他们的尊重，又可以增加了现场的气氛，会议也就不会显得单调了。

最后，感谢和祝福。主持者在最后的时候要再次感谢到场的每一位人，并对大家的未来表示美好的祝福。

生日聚会

宴会是因习俗或社交礼仪需要而举行的宴饮聚会，是社交与饮食结合的一种形式，而生日宴会即以生日为主题的一种宴会形式。在生日宴会上，就需要发言者说好合适的话，既符合生日主题，又能赢得在场每一位人的夸赞，一举两得。那么，在脱稿的情况下，我们需要遵循什么样的思路呢？

首先，讲话者要向寿星表示祝福。

其次，赞美过去。讲话者可以讲述寿星的杰出的贡献以及取得的成就，或者还可以提到对于自己的帮助、对工作是怎样的认真负责等等。

最后，祝福干杯。讲话者可以号召全场为寿星祝福，比如说：让我们共同举杯，为××的66岁的华诞干杯！

真挚热情的生日祝词

如果你是某公司的现任领导，受邀为老领导祝寿，在场的嘉宾除众亲友外，都是老领导的朋友和同事，在这样的情况下，你应该怎么说呢？一般来说，在这样的场合讲话，只要能真挚热情的表达出对寿星的祝福即可。即兴说上几句真挚的祝福比照着稿子长篇大论地念效果更好，而且这种场合对讲话语言要求不高，祝福的话谁都可以随口说上几句，正是锻炼脱稿讲话能力的好时机。范例中的讲话就是在领导生日宴上发表的：

各位朋友、各位来宾：

你们好！

今天是×××先生的生日庆典，受邀参加这一盛会并讲话，我深感荣幸。在此，请允许我代表销售部并以我个人名义，向×××先生致以最衷心的祝福！

×××先生是我们公司的重要领导核心之一。他对本公司的无私奉献我产已有目共睹，他那份"有了小家不忘大家"的真诚与热情，更是多次打动过我们的心弦。

他对事业的执着同龄人为之感叹，他的事业有成更令同龄人为之骄傲。在此，我们祝愿他青春常在，永远年轻！更希望看到他在步入金秋之后，仍将傲霜斗雪，流香溢彩！

人海茫茫，我们只是沧海一粟，由陌路而朋友，由相遇而相知，谁说这不是缘分？路漫漫，岁悠悠，世上不可能还有什么比这更珍贵。我真诚地希望我们能永远守住这份珍贵。

在此，请大家举杯，让我们共同为×××先生的47华诞而干杯！

从范例中我们感知到，讲话者怀着激动的心情，讲出了令人感动的话语，彰显了自己真挚的感情，同时也感动了在场每一个人，这也充分地说明了在生日聚会上，发自内心地讲出真心话，才能表达出真挚的感情。

借鉴上述的方法，我们在参加生日聚会，准备贺词时，一定要加入对对方称颂、赞扬、肯定的内容。同时，也不要忘了，如果具体场合允许，应借机表示致词者对被祝贺者的敬重与谢意。准备贺词，还要认真、诚恳地表达致词者的良好祝福。很多人都会在给老人祝寿时说"祝您福如东海，寿比南山"，但只有这一句是不够的，还应当结合寿星的具体情况，真挚、恰当、热情洋溢地发表祝辞。

通常来讲，面对这样的场合，我们可以参考以下的思路来构建自己的框架，真挚热情的表达祝福：

首先，根据现场的情况，分类问好，以显示尊重。在生日宴会上，会有许多长辈和朋友，如果你一上台就开始祝福，会显得很没有礼貌，考虑不周全。所以，讲话者要根据现场的情况对在场的听众问好。

其次，送出祝福，赞赏寿星。讲话者要根据寿星的具体情况送出祝福，根据其身份、年龄、地位等等情况，切合实际的送出祝福。这要比官话、套话要好得多，实际得多。

最后，号召全体举杯祝贺。一般讲话者都需要在生日聚会上号召所有的人，祝××生日快乐，为一些美好的愿望举杯祝贺。

朋友生日以祝福词为主

假如老朋友过生日，你参加老朋友的生日酒会，在生日宴会上要求你上台讲几句，这时候你需要怎么说呢？有些人在这样的场合难免会为难，不知道应该讲什么，其实，老朋友的生日，就应该以祝福为主，与其说那些官话和空洞的话，还不如说点真心实在的话来感动老朋友，下面的范例就是在老朋友的生日聚会上满是祝福之语的发言，用在脱稿中，不仅能使祝福显得真心真意，更能体现出高超的口才技巧。

各位来宾、亲爱的朋友：

晚上好！

踏着金色的阳光，伴着优美的旋律，我们迎来了王军先生的生日，在这里我谨代表各位好友祝王军先生生日快乐，幸福永远！

烛光辉映着我们的笑脸，歌声荡漾着我们的心潮。在这个世界上，人不可以没有父母，同样也不可以没有朋友。没有朋友的生活犹如一杯没有加糖的咖啡，苦涩难咽，还有一点淡淡的愁伤。因为寂寞，因为难耐，生命变得没有乐趣，不复真正的风采。

朋友是我们站在窗前欣赏冬日飘零的雪花时手中捧着的一盏热茶；朋友是我们走在夏日大雨滂沱中时手里撑着的一把雨伞；朋友是春日来临时吹开我们心中寒冬郁闷的一丝微风；朋友是收获季节里我们陶醉在秋日私语中的一杯美酒……

来吧，朋友们！让我们端起芬芳醉人的美酒，为王军先生祝福！祝你事业正当午，身体壮如虎，金钱不胜数，干活不辛苦，悠闲像老鼠，浪漫似乐谱，快乐非你莫属！干杯！

范例中的讲话比较随意一些，但在随意的同时又真正地表达了对老朋友的祝福之情。在表达的过程中，我们可以看出，讲话者利用了排比的句式，增强了现场的表达效果，增强了宴会的欢乐气氛。短短的几句话，足以表达出对老朋友的祝福之情。

在老朋友的生日聚会场合，怎样才能表达出对老朋友真挚的祝福之情，又应该组织怎样的思路呢？

通常来说，一般都会采用以下的办法：

首先，先祝老朋友生日快乐。在向各位问好之后，就应该直奔主题，向老朋友表示祝贺，祝他生日快乐。

其次，再念叨念叨朋友的好处。讲话者在讲朋友好处的时候，既可以举实例说细节，也可以用调侃的口吻来表达，这样的说法自然就会感动当事人，也能使现场听众产生共鸣。

最后，送出祝福。讲话者为了升华和体现主题，在最后的时候要送出祝福，送出祝愿。

老人寿辰以答谢、祝福为主

一般来说，老人过生日分得比较仔细。如果是大家族中德高望重的家长过生日，还会有相应的庆祝活动。作为晚辈在老人的寿宴上应该说些什么呢？一般来说，这种场合的发言以祝福、答谢为主，为老人的健康长寿表示真诚祝愿，对老人在过去为自己所做的扶持与帮助表示感谢。另外，发言态度也要谦逊恭敬，这也是对老人的尊重，更是让听众对发言者产生好感的方式之一。另外，在这样的场合脱稿发言，能让老人感到发言者的真诚，这时的感谢和祝福更像是肺腑之言，容易感动当事人。范例是儿媳妇在公公的寿宴上发表的讲话，其中就是以对老人养育子女的答谢和对生日的祝福。

尊敬的各位亲友、各位来宾：

大家晚上好！

在滨城美丽的夜景中，我们相约于滨城大酒店，共同庆贺我尊敬的公公的79岁寿辰。首先，我代表家人向各位带着诚挚的祝福，对各位拖着疲惫一日的身体前来道贺的浓浓深情，表示最衷心的感谢！

公公婆婆一生养育了四子二女，我爱人排行老小，由于年龄上的原因，我们不仅受到了公公婆婆特别的关心，而且哥哥嫂嫂、姐姐姐夫均在工作、生活上给予了相当的照顾。我和爱人于1994年8月结婚，至今已有20年的时间了，在这期间，我感受最多的就是这个大家庭无比的温馨和深厚的关爱。所以，二老在我的内心深处就好比是亲生养育我的父母，各位兄长更好似同胞亲人。

欣慰的是，公公婆婆在高龄时仍身体康健、精神矍铄，这对我们来说，真是莫大的幸福啊！在我的印象深处，公公是一个善解人意、待人厚道、勤奋节俭的人，他一生之中虽没有什么大的建树，但在乡邻眼中，在亲友同事心中，都是一个受人爱戴、受人尊敬的人，而他乐于助人、扶危济困的高尚人格，也深受大家的一致好评。

为了报答二老对我们的这番恩情，为了让他们在晚年过上幸福的生活，子女们都极为孝顺，无论在物质上还是精神上，都尽最大的努力照顾赡养二老。我在城里有两处房产，相隔较近，别人都劝说我租出去，可我的想法则是接二老进城享享福，尽尽孝心。从××年开始，二老一直跟我们一起生活，接触上的便利使得我与二老之间的情谊更为加深了。

……

此时此刻，我带着无比兴奋的心情，怀着各位兄长的体恤和关爱之情，也带着浓烈而深厚的谢意，再次感谢各位亲友、各位来宾为今晚的寿宴带来的这份珍贵的吉祥和喜气，并衷心祝愿大家春风得意、和气生财、生活幸福、心想事成！同时，我也带着一份特别的感激之情，还带着一份对公公婆婆无法用言语表达的深情厚谊，向二老由衷地说一声：谢谢二老给予我们这无私的爱和真切的情，并祝愿二老身体健康、晚年幸福！祝愿公公生日快乐、吉祥如意！也祝愿我们这个大家庭年年兴旺、岁岁平安！

谢谢大家。

此篇范例，讲话者在讲述的内容大多是一答谢为主，感谢老人一直关心和照顾自己，感谢来人老人为全家所做的贡献，同时最重要的是要祝福老人在今后的日子里要身体健康，健康长寿。

通常情况下，在老人的祝寿宴上，我们需要采取怎样的思路来使讲话变得精彩出色呢？

首先，感谢到场的嘉宾。讲话者是也算是东道主，在这部分，要感谢百忙之中到场的每一位听众。对于他们的到来要表示诚挚的感谢。

其次，赞美寿星。在这部分，讲话者要根据自身的情况讲述寿星所作的贡献，可以参照范例中所说的。适当采用朴实的语言表达自己的感谢之情。

最后，祝福寿星。讲话者要在最后结尾的时候，表示对老人的祝福，说一些健康吉祥的话语。

孩子生日多表希望

假如自己的孩子过生日，你为他举办了生日宴会，请了许多老朋友和小朋友，在孩子的生日宴会上，作为家长的你，需要作为主人发言，这时候怎样构思呢？在孩子的生日宴会上，更多要表达对孩子的希望，希望他在今后的学习和生活中逐渐地走向成熟之类的话语。一般孩子的生日宴规模不会太大，参与者多是关系比较亲近的朋友，所以更适合脱稿发言，这样会显得亲切自然，发言内容除了对参加宴会的朋友表示感谢之外，最重要的是对孩子的希望，下面以一位家长在孩子十岁生日宴上的致辞为例，来看一下这种场合要怎么说。

各位敬爱的长辈，诸位亲爱的同学、朋友，在座可爱的小朋友们：

大家好！

欢迎你们光临娜娜十岁生日宴会！你们的如约到来，你们的诚挚祝福，让全家感到非常的高兴和自豪！在这里，我代表全家，要特别感谢不远千里风尘仆仆赶到扬州来，参加聚会的我的同学和夫人的同学们；要感谢不远百里不辞辛劳前来为我们祝贺的，老家的长辈、亲戚、朋友们；要感谢不远十里从百忙中抽出时间前来欢聚的我们的在远方的同学、朋友、亲戚们。在此，我代表我们全家对大家的盛情光临表示最诚挚的感谢！（鞠躬）

光阴荏苒，岁月如歌。十年以前，我和夫人举行婚礼的场景还历历在目，（你们当中绝大部分人一定还记得），你们是不是和我一样也有太多的感慨？十年来，我们夫妇不负你们的厚望，添了一位小宝贝，她在大家的呵护照顾下，正在健康快乐地成长，天天在进步，越来越懂事；十年来，我们夫妇在你们的帮助支持下，辗转折腾，小房子换了大房子，工作换了一个又一个，天天在进步，越来越忙碌；十年来，我们夫妇在你们的关心引导下，夫唱妇随，相濡以沫，精诚团结，天天在进步，越来越和谐。这十年，是我们全家举步前进的十年，是亲朋好友给予我们太多深切关爱的十年。借此机会，代表全家向你们致以最衷心的感谢！（鞠躬）

今天是我女儿李娜的十岁生日。十岁是人生旅途中的第一个充满好奇和向往的驿站！正是一个令人艳羡的年龄，朝气蓬勃，充满希望，未来是属于他们的。我们组织这样一个宴会，让我们一起庆祝，是希望她从今天开始，学会懂得：因为有爱，生活才如此多彩；因为有苦，收获才如此甘甜；因为有泪，欢笑才如此灿烂。希望她从今天开始，学会感恩：铭记成长道路上的每一个脚印，哪怕那上面写满了艰辛；感恩成长过程中遇到的每一个朋友，笃信"三人行必有我师"，每一个朋友都应值得好好珍惜；感恩在座的每一位嘉宾，他们是我们全家的至爱亲朋，他们对我们的无私关爱，应该永远铭记。在此我也要祝愿我的女儿李娜继续快乐生活，健康成长，学习进步，希望她珍惜这幸福的生活，珍惜这属于她的时代，将来用自己的才能，报效我们伟大的祖国，用自己的赤诚，报答曾经关心帮助过我们的每一个人！

最后，我要再次对各位嘉宾的光临表示感谢，希望以后能一如既往得到大家的关心、厚爱、鼓励和支持。请大家斟满杯中美酒，畅饮开怀，畅叙情谊，感恩生活！

让我们举杯，干杯！

谢谢！

此篇范例，家长主要地讲述了自己对孩子的迫切希望，希望他们在以后学习和生活更加努力和奋斗，越来越走向成熟。讲话者在开场的时候首先欢迎了亲临现场的嘉宾，对于他们的到来表示衷心的感谢，接着就开始提出对孩子的希望和祝福。

那么，在孩子的生日宴会上，作为家长应该怎样组织脱稿讲话的思路？以下的思路和框架仅供大家参考：

首先，表示感谢。讲话者在开场的时候，作为主人，要表示感谢来参加生日宴会的每一个人。这样一来，既显示了应有的礼节，同时也表示出对嘉宾的尊重。

其次，讲出希望。每一位家长都希望自己的孩子学习越来好，越来越懂事，所以，在生日宴上，家长要多表示对孩子的希望，让他们在接下来的生活和学习中，更加有信心地战胜遇到的困难。

最后，举杯祝福。讲话者在结尾时，要号召大家举杯祝福孩子。

妻子生日以爱为主

假如你的妻子过生日，作为丈夫，在为妻子举办的生日宴会上，需要组织怎样的讲话思路呢？面对这样的宴会场合，丈夫应该在表达祝贺的同时，更着重地表达爱意，这样的讲话既能够感动主角，也能感动现场每一位观众。最重要的是在这时候一定要脱稿讲话，这样说出来的爱意才更加真诚，更容易感动妻子，而照本宣科却像是敷衍了事，很难让人觉得这是真心话。范例中发言的丈夫无疑是聪明，他知道这是向妻子表达爱意的大好时机，所以整篇讲话都充满着浓浓的爱和幸福。

亲爱的朋友们：

大家好！

很高兴大家能够来到这里，参加我太太的生日会。我的太太已经陪我走过了10年的人生路程，自从我们相识、相爱，到共同步入婚姻的殿堂，这一路走来，我们一直携手并肩，走过了人生的风风雨雨。能够拥有她这样的妻子，我觉得真是三生有幸。请大家允许我对我的妻子说几句。

老婆，谢谢你在你众多优秀的追求者中选择了其貌不扬的我。我不是个浪漫的人，情人节不懂得给你送玫瑰花；我不是个细心的人，经常会把家里搞得一团糟。可是你还是坚定地牵起了我的手，陪我走到现在，你说只要我有这份心意就好！

老婆，我虽然没有万贯家财，可我会用我的一颗心好好爱你；我虽然不会说甜言蜜语，可我会用我的行动表达我对你的爱。我今天在这里郑重地重复我在婚礼上的誓言：我会宠你爱你一辈子，会让你成为世界上最幸福的女人，请你相信我，我们一定会成为最幸福的一对。

很多人都说，爱情开始时炽烈的激情会随着时间的流逝慢慢淡去，剩下的只是平淡的流年。但是，我相信我们当初勾着小指头许下的约定不会在时间里湮没，我们的手会越拉越紧，我们的爱情一定会永远坚固如昨。

今生今世，你是我的唯一和至爱之人，让我们一起漫步在人生的道路上，寻找属于我们的幸福，追求属于我们的快乐人生。爱你，我今生无悔！

此篇范例，丈夫在致辞时表达出了浓浓的爱意，在开场时先是感谢每位客人的到来，紧接着直奔主题，开始祝贺妻子，接下来通过各种事情来表达对妻子的爱，这不仅符合了当时的宴会主题，并且还进一步升华了主题，让妻子真切感受到丈夫的爱。

那么，在妻子的生日宴会上，丈夫需要怎样的思路才能真切地表达自己的爱意呢？

首先，感谢，表祝贺。在生日宴会上，丈夫要开场时感谢客人的到来，同时也要借着主题祝贺妻子生日快乐。

其次，赞美妻子，感谢妻子一直以来对自己的默默支持。在这部分，讲话者要着重地表达自己对妻子的爱，最好通过一些事例详细说明妻子对自己的支持，大力赞美妻子的付出，然后由此表达出自己的感谢与爱意，这种充满感情的语言一定会打动对方。

最后，展望未来。在这部分，可以通过表态向妻子表达爱意，比如保证与妻子携手共度未来，不管遇到任何困难都不离不弃等。既能看出你对爱的坚定，又能给妻子信念，同时也会给听众留下好印象，并得到他们的真心祝福。

婚礼宴会

婚礼是人生经历的一种重要的场合，如今，现代人办婚礼，场面是越来越大，在现场的发言者压力也是越来越大。需要发言的角色一般包括证婚人、父母、单位领导、家族中的长辈代表以及新人等等。然而不管是哪一种角色，他们在讲话的时候都会提到以下几方面内容：

首先，表示高兴，向新人表示祝贺。

其次，希望。讲话者对新人做出希望，希望他们在以后的日子里能够相互理解相互帮助。

最后，讲话者再次对新人表示祝福。

热烈温馨的结婚祝词

婚礼上，讲话的角色很重要，不同的角色决定了不同的讲话内容，所以在开始脱稿讲话的时候，要认清自己的角色，思路开阔，贴切中肯，只有这样，才能收获到预期的效果。如果你是新人的介绍人，在婚礼上，就应该说出真心祝福的话语，用热烈温馨的话语来表达内心的祝愿。范例中的贺词就是某介绍人在他介绍的一对新人婚礼上的讲话，他用热烈温馨的话语感染了现场的每一位听众。

尊敬的各位来宾、各位朋友、女士们、先生们：

大家好！

今天，香蜜湖大酒店"喜酒香浮蒲酒绿，榴花艳映佩花红"。今天是 2013 年 12 月 19 日，一个喜庆祥和的日子，同时也是王先生和李小姐结下百年之好的大喜日子。

"久热恋，迎来良辰美景，长相思，共赏花好月圆。"一对新人从此又开始了人生的又一个新里程。

在这大喜的日子里，我希望王先生和李小姐共同肩负起新的家庭和社会责任，孝敬父母、尊敬长辈及双方；在未来的工作中，互相帮助、互相鼓励、共同进步、开拓进取、与时俱进；在未来的生活中，肩负起为人父、为人母的责任，和睦相处、心心相印、白头到老。

愿你们在天成为比翼鸟，在地结为连理枝，海枯石烂心不变。最后，祝福王先生和李小姐新婚幸福，好景常在，好运常伴；祝天下有情人终成眷属，爱满人间、情满人间；祝在座的各位来宾事业发达、身体健康、万事如意！

范例中，介绍人用简短的话语表达了对新人的祝福，话语间洋溢着美好和温馨，不仅切合了主题，而且还增强现场的氛围。要知道，介绍人是促成新人姻缘的大功臣，新郎、新娘一般都会对介绍人怀有很强烈的尊敬与感激之情。鉴于这一特殊的身份，除了说出热烈温馨的话语，还可以向新人婚后的生活提出更具体、更切实的要求，促使他们珍惜来之不易的幸福。

那么，在婚礼上，作为介绍人，我们需要按照怎样的思路来发言表达祝福呢？也许每一个都有自己的想法和观点，在这里提供一种方法供大家参考：

首先，表达自己作为介绍人的特别心情，向新人致以由衷的祝福。

其次，讲述婚恋双方经自己介绍由相识到相恋的过程，使宾客对新郎、新娘的基本情况有更多的了解。比如说你可选取两人在相知相恋过程中的一两件感人故事细致讲述，既可以激发参加婚礼者的兴致，又能够使一对新人感怀往事，增进心灵的契合。

最后，对新人的婚后生活提出希望和勉励。在婚礼的场合上，要表示对新人的祝福，并且介绍人的祝福要说得更加中肯、实在。这样才能让新人和现场的观众认可。

朴实风格表祝贺

在婚礼上，假如你作为其中一位新人的家长，主持人请你上台讲几句，面对众多的亲朋好友，你怎样构思呢？生活中，常会在婚礼的场合看见一些家长上台说话不自信，一味地感谢，说了几句就不知道该怎么说了，不知道该怎样表达自己内心的感受，心里明白却怎么也说不出来。其实，在自己儿女的婚礼上，不需要太多华丽的语言，朴实质朴的风格更能让现场的来宾感受到真情实意，也能让新人体会到你此刻的心情。尤其对于脱稿讲话来说，朴实的语言便于记忆，因为最真心的祝福往往是朴实无华的，说自己的话还用什么讲稿呢？我们以一位父亲在儿子婚礼上的贺词为例，感受一下朴实风格的祝福，也许你会发现，这样的语言更容易打动人心。

女士们、先生们，各位亲朋好友：

今天是我的儿子范敏、儿媳周琴结婚的大喜日子，各位亲朋好友在百忙之中前来祝贺，我代表全家向各位朋友的到来，表示热烈的欢迎和衷心的感谢！

作为新郎的父亲，借此良机对我的儿子、儿媳提出如下要求和希望：希望你们俩要把今天领导的关心、大家的祝福变成工作上的动力，为了祖国的富强，你们要在各自的工作岗位上多献青春和力量，携手并肩，比翼齐飞。从今天起，你们俩要互敬互爱，在人生漫长的道路上建立温馨幸福的家。希望你们俩同甘共苦、共创业，永结同心，百年好合。

在这里还需一提的是，我非常高兴我的亲家培养了一个聪慧漂亮的好女儿，我也非常庆幸我们家得到一位贤惠、孝顺的好儿媳。我真诚地希望新亲、老亲互相往来，世世代代友好相处。

今天，为答谢各位嘉宾，各位朋友的深情厚谊，借喜来登酒店这块宝地，为大家准备点清茶淡饭，不成敬意。菜虽不丰，是我们的一片真情；酒虽清淡，是我们的一片热心，若有不周这处，还望各位海涵，谢谢！

范例中，父亲用朴实的语言表达了内心的喜悦之情、祝福之情。而且照顾全面，如：亲家、领导、亲友、儿媳、儿子以及在座的来宾等等都提到了。讲话简洁不冗长，但又照顾了在场的所有人，自然会得到现场每一个人的认可和好评。

以上的脱稿讲话风格值得其他家长日后学习和借鉴。除此之外，作为新人的家长，表达祝贺的讲话思路是什么呢？

首先，对在座的来宾表示感谢。新人家长的身份既是新人的父母，又是在座来宾的主人，因此，在致祝酒词时一定要用较多的篇幅向客人们的光临致以谢意。

其次，可以适当讲一讲自己在为儿子或女儿筹备婚事这一段时间的所思所感，以浓浓的亲情感染人。但同时也要适可而止，切不可带来"眼泪效应"。

最后，要表达一些期望，比如："希望你们从今以后，要互敬、互爱、互谅、互助，以事业为重，用自己的聪明才智和勤劳双手去创造美好的未来。同时，还要孝敬父母，爱护儿女，共同承担家庭责任，营造一个和谐美满的幸福家庭"。

鼓励关怀，多多祝福

假如你是某企业单位的领导，你所在的部门有个同事结婚，你受邀参加婚礼，主持人请你上台讲几句，你应该怎样来构思呢？

其实，单位领导能够来参加下属的婚礼，这本身就说明领导对新人的关心和重视，而领导致词则集中体现了这一点。好的领导致词不仅能给人关怀与祝福，还能够使领导与下属之间的关系更加密切，促进工作的顺利开展。马云在阿里巴巴的员工集体婚礼上的讲话就是一个很好的范例，可以供大家在类似的场合脱稿讲话时参考借鉴。

我希望大家记住，从激情到爱情，再从爱情变亲情，这才是最高境界。

感谢大家把最美好，也是人生当中，最最令人难忘的仪式，交给了阿里巴巴，我也恭喜大家从今天开始与众不同。

在结婚之前你们每个人只要照顾自己就可以，现在你们要开始照顾更多的人，承担更多的责任。大家知道在我们家，谁永远是 NO.1（第一位）？（台下喊：张瑛！张瑛！张瑛是马云的夫人，也是阿里巴巴最早的创业者之一）对！在张瑛眼里谁永远是 NO.1？（台下喊：马云！马云！）结婚之前和结婚之后永远要记住，客户第一。（台下笑，有人高声问，客户是谁啊？）

花了这么多时间把对方娶来，花了这么多时间想嫁给他，结婚之前的话和结婚以后的话是不能改变的。永远记住，客户第一，老婆第一，老公第一。很多人说父母第一，但我想结婚以后，应该永远是老婆第一，老公第一，父母也会理解的。所有在座的亲朋好友，是不是这样？（台

下齐声回答：是！掌声）

你幸福就是我幸福，你幸福父母就幸福，你幸福，朋友、亲戚们就幸福。所以记住你的幸福来自你的另一半。永远坚持，客户第一，你的另一半第一。

第二，我想跟大家讲，（阿里巴巴的）六大价值观里的第二条：团队合作。其实，婚姻是两个人的事情。从今天起，你们的婚姻刚刚开始，结婚的那一天，也是麻烦开始的那一天。这个麻烦呢，从第一天起到最后你离开这个世界，永远不会停止。但是生活的快乐，生活的意义，也就是你们之间的矛盾带来的快乐。所以我希望不要埋怨对方，而是检查自己，两个人永远是团队合作。无论对父母、对孩子、对社会，两个人永远在一起。

第三，信任，也就是我们讲的诚信，假如你们两人之间没有信任，那么永远走不久，走不长。今后不管对你的父母，对你的孩子，永远不要隐瞒。前段时间我儿子十八岁生日那天，我说，不管你犯任何错，只要你讲真话，老爸一定支持你，理解你，跟你沟通。我希望你们，也能永远坚持信任对方。

第四，我们价值观里面的敬业。坚持到底，爱他（她）了，娶她了，嫁给他了，就不要说他（她）不好，就坚持一个他（她）吧。生活永远是这样，它的不完美才是它的魅力所在。激情很难持久，婚姻最高的价值，最高的境界，不是激情，平淡的生活才是真正的家庭生活。所以我希望大家记住，从激情到爱情，再从爱情变亲情，这才是最高境界。我相信你们的父母很多已经成为亲情，我们年轻人经常说爱情变成亲情多可悲，我认为，爱情变成亲情是最珍贵的，两个毫无血缘关系的人，居然可以像亲人一样。所以我想这辈子陪你走到底的，那就是另一半。孩子不能陪你，父母也不可能陪你，陪你的是另一半。激情偶尔可以有，但最重要的是你们之间的亲情。

还有最后一点，拥抱变化。什么事情都有可能发生，但是永远有积极、乐观的心态看待它，只有阳光的心态才能面对挑战，我希望大家记住阿里巴巴倡导的，认真生活，快乐工作。我们来到这个世界不是来做实验的，来到这个世界不是来成家立业的，来这个世界中是体验人生的，而陪你体验人生的就是你的另外一半。

……

执子之手，与子偕老。选择了就永远不要退缩，往前走下去。解决问题的方法一定比问题多。

谢谢！祝福大家！

范例中，马云多采用的是鼓励、关怀的话语，对新郎和新娘表示祝福。在婚礼重要的场合，领导放下了平时的架子，以普通人的态度向新人贺喜，这不仅赢得了新人的认可，同时也得到在场所有人的认同。马云分析了结婚对于他们意味着什么，以及对新人以后的生活做出了希望和要求，这也体现了杰出领导的风范。

在婚礼上，领导脱稿致词的时候，可以借鉴和参考范例，在具体的构思上，我们可以采取以下思路。

首先，表达心情，真诚祝愿。领导者在开场时，就要直奔主题，对新人表示真心的祝福。

其次，说明自己和新人的关系。讲话者要阐明自己和新人的关系，以此让在座的听众能够了解情况，不至于你在讲话的时候，却听见有人在猜测。

再次，从工作的角度给予希望和鼓励。领导在致词时可多讲讲新郎或新娘在工作中的良好表现，给予适当的肯定与鼓动。鉴于婚礼场合的特殊性，这种鼓动肯定会给作为下属的新郎或新娘以很大的鼓舞，从而激励他们在今后的工作中更加努力。

最后，再次对新人表示祝福和希望。希望他们在今后的生活中能够相互体谅，百年好合之类的话。

表钦佩，多感谢，送祝福

在各类人的婚礼当中，尤为特殊类型的婚礼，例如残障人士的，如果你被邀请去参加这样的婚礼，需要怎样构思，才能把话说得恰到好处呢？通常在这样特殊的场合，我们需要表达自己深切的敬意，对于他们一直乐观的生活态度表示赞扬，还要对他们送出真挚的祝福，希望他们在日后的生活中更加幸福。最重要的是，一定要避免说错话而破坏现场的喜庆气氛。所以不妨在讲话之前写好讲稿或者打好提纲，然后在正式脱稿讲话时才不会因为一时紧张或激动说错话，下面这篇讲话内容就是在残疾人婚礼上发表的，以此为例，来说明如何组织语言表达钦佩和祝福。

尊敬的各位来宾、亲朋好友：

锦堂双璧合，玉树万枝荣。

今天是一个大喜的日子，遥远的地方正炮火连天，在我们身边也有很多事情发生，可是依然有这样一对新人今天晚上走进新房。不管这个世界上发生了什么事情，一个男人和一个女人，为了爱情，为了生活，为了共同的信念走到一起，这是个永恒的、最大的主题。在这里我想首先感谢互联网，也感谢比尔·盖茨。在十年前，我们不可能相信天南地北的朋友，甚至是素未谋面的朋友，能够在这样一方小小的天地里为两位几乎大伙都没有见过的新人举办如此隆重又温馨的婚礼。但是互联网让这一切美好成为现实。

张帆是一个胳膊有残缺的姑娘，我认识很多这样的人，在世界的其他地方也有很多这样的人，他们因为失去了身体的一部分，而失去了心灵的健康。但是张帆并没有因为身体的残缺而自暴自弃，所以我觉得她是个幸福的人。在这里我非常感谢新郎，感谢他一直以来的真诚和理解给了张帆以生活的热情、动力和爱，使她变得更加可爱。

我们更应该感谢张帆，正是她的自信、乐观和勇于接受生活的态度给予她面对痛苦的勇气，而不是像某些人那样对生活采取隔绝或是排斥的态度，所以她今天得到这一切是理所当然的。

婚姻和爱情是一个非常漫长的过程，它几乎要花去两个人一生的精力。哦，他们的结婚彩照出来了，为我目前的证词提供了更多的喜庆和灵感。爱情需要两人不断地、有创新地、有信念地、持之以恒地去撰写的一部大书。在今天这样一个喜庆的日子里，我们希望新郎和新娘能够从今天起直到永远，把爱情和婚姻书写好。

有的人有权位，有的人有金钱，有的人有学识，有的人拥有了生活中所有令人羡慕的东西，如果说他没有自己美好的家庭、婚姻和爱情，那么他的一切都是有残缺的，都是不完美的。所以，让我们再一次地祝福这对新人。当你们走出第一步的时候，我希望你们能相濡以沫地携手走好人生的每一步。

这当中会有很多的风雨、困难和麻烦，但是我相信，当你们已经走出这样一步的时候，已经为将来的道路找到了一个非常好的方向。希望你们把恋爱时期的浪漫和激情，在婚姻现实和物质生活中，一直保留到永远，一直到你们年老的时候，你们可以说：我们没有亵渎今天的婚礼，我们没有亵渎我们当初的誓言，我们的选择让我们满意，我们的选择使我们成功。请允许我再次代表今天出席的所有来宾向你们祝福，代表所有没时间赶来参加婚礼的亲朋好友们向新郎和新娘祝福。祝福二位百年好合、早生贵子、白头到老、永远幸福！

谢谢！

此篇范例，讲话者首先表达了自己对新郎和新娘的钦佩，钦佩他们对于生活和爱情的执着，这是所有人都需要学习的精神。接着，他开始感谢新郎用自己的真诚和理解，给新娘的生活带来了热情、动力和爱，同时也赞扬了新娘的自信、乐观的豁达精神。在接下来的话语中，讲话者还着重地表达对新人的祝福，希望他们在今后的生活中会一直牵手走下去。这样的讲话思路不仅迎合了婚礼的主题，更能博得现场每一位观众的掌声。

那么，在特殊人群婚礼上，我们需要组织怎样的思路来搭建脱稿讲话的框架呢？

首先，讲话者要在开场时表示祝贺。在婚礼的现场，讲话者最好在开场时，直奔宴会主题，对二位新人表示祝贺，这样有助于活跃现场的气氛，使全场都洋溢在热闹喜庆的氛围中。

其次，举例表示钦佩，多多感谢二位新人对于爱情的执着。因为婚礼的场合比较特殊，二位新人的结合也是非常不容易，所以，在这部分，讲话者要举例来说明两个人在爱情和生活的道路上遇到的各种困难，以及他们又是如何克服的，接下来就要感谢二位新人的各种精神，对于我们有着什么样的鼓舞和认知。

最后，送出祝福。讲话者在结尾的时候，要着重地表达对新人的祝福，祝福他们在婚后的生活中要相互理解，相互帮助，更加相亲相爱。

联谊活动

联谊活动是指同学之间，各类的行业之间为了增进感情而组织的聚会活动。在这类活动中，有时需要组织者讲几句话，但更多的时候是参与者的代表在现场发表讲话。如果你作为聚会人员的代表需要发言，应该怎么说呢？其实只要懂得普遍的规律和思路，依据具体的情况加以变化，自然就能脱口而出，畅所欲言了。

通常在联谊活动上的讲话，我们需要注意以下几个方面：

首先，明确联谊会的目的，讲出合适的话语。讲话者只有弄清了联谊会的目的，才能在联谊会上讲出合适的话，才能赢得更多听众的认可。

其次，讲话者最好简明扼要的阐明主题。以免长篇大论，惹人厌烦。

再次，说话要有中心、有重点、有条理。避免出现语无伦次，思维混乱的现象。

以上这几点需要我们在联谊活动上特别注意，接下来，在具体的场合中，我们来看看应该怎么说。

用回忆引起共鸣

假如你来到阔别 30 年的母校参加同学聚会，很多人推举你为联谊会的领导者，这时需要你上台即席讲几句话，面对这样的情况，你应该怎么样表达内心的情谊呢？要知道，此次的联谊活动是为了沟通师生感情，增进同学之间的情谊，所以，讲话者可以借助大家共同的回忆，那些在校园一起度过的日子来引起听众的共鸣，尤其对于那些不习惯脱稿讲话的人来说，这样的方式比较容易实现，因为回忆是自己固有的东西，那些信息存在大脑里，不需要讲稿，就可以讲出来，接下来，我们就来看一篇在同学联谊会上的讲话，看一下讲话者是如何用回忆和听众产生共鸣的：

尊敬的老师、亲爱的同学们：

大家好！我是赵传，三十年前，我们怀揣着同一个梦想，相遇在石人中学，从此结下了深深的师生情、同学情。三十年后的今天，我们重新在母校相聚就是为了追忆这份真挚感情。此时此刻，我和大家的心情是一样的，非常激动。首先请允许我以东道主的身份，并代表石人中学现有的全体师生，对我们的恩师表示由衷的敬意和热烈的欢迎！老师——你们辛苦了！谢谢你们！（鞠躬致意）

同时对前来参加聚会的同学们表示热烈欢迎！（鼓掌）并对因故不能前来参加聚会的老师、同学送上我的理解和祝福！——祝你们幸福、快乐！还要对本次聚会的倡导者、组织者、筹备者表示衷心的感谢！同学们——你们辛苦了！

流云三十载，弹指一挥间。抹不去的是昨天的记忆，忘不了的是你我的情怀。就是在这里——晨曦中闪动过我们的身影；夕阳里留下过我们的歌声；操场上我们曾欢呼雀跃；林荫下我们曾促膝谈心；教室里我们曾书声琅琅；寝室里我们曾尽情开心；讲台上老师谆谆教诲；课桌上我们发奋苦学……过去的岁月无法忘怀，所有的一切都历历在目。今天我们重返母校，就是要寻找当年的记忆，追忆我们的青春年华。岁月如歌鬓染霜，青春无悔成栋梁，让我们为青春喝彩吧！

今天，我们都有了自己的家庭、自己的事业，我们更懂得了责任，懂得了感恩。如果要感恩的话，我们首先要感谢父母，是他们给了我们生命；其次，我们要感谢的就是我们的恩师，是他们把我们的生命由一张白纸绘成丰富多彩的画卷。数载春风育桃李，一生情怀感师恩。让我们再次喊出我们共同的心声吧：老师——你们辛苦了！老师——谢谢你们！

今天，是一个值得庆贺的日子，我们84届的同学和老师相聚在母校，重温那一段师生情、同学情，这足以表明我们是爱我们的母校的，爱我们的老师的，都希望我们的母校健康辉煌、人才辈出。可喜的是，我们的母校，辉煌依旧不减当年，每年都能超额完成升学指标，为国家为社会培养大量的优秀人才。

我们的梦想从这里开始，我们的青春从这里出发，虽然生活把我们安排在各个角落，但挥之不去的始终是心中的那份怀念、感激和牵挂。怀念那段岁月，感激那些恩师，牵挂我们的母校，因为这里是我们共同的家！

最后，我代表母校说一声：我的老师我的同学们，欢迎你们回家！

此篇范例，思路开阔，条理清晰，逻辑感强。在文章的开头，开门见山的阐明自己的身份，让现场不熟悉他的同学和老师对其有了初步的了解，接下来对所有到场的老师和同学表示了热烈的欢迎，对组织和筹备这场会议的工作人员表示了衷心的感谢。接着，讲话者开始回忆过去，与老师和同学产生情感共鸣。在追忆过去之后，接下来回看今天每个人取得的成绩，进而展望未来，最后升华了主题，欢迎大家回到母校。因为有了中间那段回忆，大家的注意力就会集中在讲话人的话语中，接下来的祝福自然也会被听众接受，也让在场的每一位听众感受到了他的诚意。

在联谊活动上脱稿讲话时，我们需要采用怎样的思路用回忆来感染每一个人呢？

首先，作为组织者或者发起人，简要介绍自己的身份之后，要表示感谢。感谢到场的每一位朋友，感谢筹备工作的组织人员。

其次，讲述回忆。因为回忆是情感的纽带、心灵的交流。因此，在同学会上要多追忆一些过去，尽可能地表述一些具体的、有画面感的共同回忆，这样在场的听众就会从你们的共同回忆中感受到你的诚恳和用心。

最后，提出希望和祝愿。为大家的未来祝福，祝愿每一个人都能有个更好的明天。

展望未来多安抚

在商场中，很多老板喜欢通过组织一些联谊活动来促进与客户之间的往来和交流，如果你是某单位的老板，受邀参加一次联谊活动，这时需要你讲几句话，你是否想过怎样构思呢？一般来说，面对众多的客户或者合作伙伴，讲话者需要根据实际阐明情况，进而展望未来，以此来安抚人心。所谓展望未来，就是间接表达出自己公司的巨大潜力，一般通过已取得的成绩和未来计划说明，简单来说就是夸一下自己公司，让客户看到公司的优点，让他们对以后的合作充满信心。以下范例中某老板在自己酒店举行的联谊活动上的发言就很好地做到了这一点。

各位来宾，女士们、先生们：

大家晚上好！

今晚，春天大酒店宾客盈门，高朋满座！各位能在百忙之中莅临我店，是我店极大的荣幸。

首先，请允许我代表春天大酒店的领导和全体员工，向出席今晚联谊会的各位来宾、朋友们致以最衷心的感谢和最诚挚的祝福！祝愿大家在以后的生活中身体健康、家庭幸福、万事如意！

光阴似箭，岁月如梭。只有与时间进行拼搏，才能创造一番成就。

自1999年开业以来，春天大酒店已走过了15年艰辛的发展历程。15年来，我们与社会各界人士尤其是与在座的宾朋建立了深厚的情谊和良好的合作关系。如今，我们的工作日新月异、成绩斐然，先后荣获了全国先进单位、省级先进单位等多种荣誉称号。这些成绩的取得，是离不开各位朋友的关心与支持的。所以，我们希望借"客户联谊会"这次机会来表达对各位来宾、各位朋友的由衷感激之情。在今后的岁月里，我们仍需要各位朋友一如既往地给予我们更多的关心与支持，我们也一定会以更优质的服务来回报各位，让春天大酒店成为您最舒适、最理想的家园。

最后，让我们举起手中的酒杯，为共同的理想早日到来、为我们的友谊天长地久，干杯！

此篇范例，讲话者一一列出酒店取得的成绩，获得的各项荣誉以及各项成就，加强了客户对酒店的信任，给所有听众都留下一个好印象。接下来的部分是展望未来，并做了"以更优质的服务来回报各位"的保证，等于是给听众吃了一颗定心丸，让他们在对酒店以前的业绩赞扬之时，对未来的服务质量也有了信心。

为了能让脱稿讲话赢得更多的信任，我们需要构建怎样思路来表达自己的想法呢？不妨参考以下的思路：

首先，表示感谢。讲话者要欢迎莅临现场的每一位嘉宾，在开场的时候就把现场气氛活跃起来。

其次，介绍公司目前的状况。讲话者要把公司的取得的成绩以及业绩简要地说明一下，目的是为了安抚对公司产生动摇心的客户，希望他们能够继续信任你，与你继续合作。

再次，展望未来。讲话者在展望未来时，一定要切合实际，简要说明自己的计划和安排，不要好高骛远，脱稿的同时也脱离了实际，这就在客户的心中留下不好的印象，进而影响以后的合作。

最后，提出祝愿。讲话者可以倡议为日后长久的合作，长久的友谊干杯之类的话。

真诚表达内心想法

在学术联谊会上，往往很多人都不能真诚地表达内心的想法，即使觉得对方的观点存在问题，也没有人愿意真诚地表达出来，所以，这样的讲话就显得不真实，这种学术联谊活动也就失去了价值。所以，为了让自己的讲话更有力度，讲话者就需要讲出真诚的话语，真实地表达内心的想法。1837年8月31日，美国诗人、散文家和演说家爱默生在美国大学优秀生全国联谊会上的讲话，就真实地表达了自己对于文学的看法。

迄今为止，我们的节日一直只是一种友善的象征，表示我们这忙碌得无暇顾及文学的民族，仍然对文学存着一点爱好。因此，这点爱好有极宝贵的意义，显示我们对文学一种永不泯灭的本能。但是，也许应该有点变化，而且必会发生变化的时刻到了；这大陆上沉睡的知识分子早应觉醒，睁开沉重的铁眼皮，向世界提供一些比机械技术更美好的事物，满足世界期待已久的愿望。我们在学术上依赖别人，长期学习别国的日子快结束了。我们周围的千千万万人，正投身在火热的生活中，不能总吃外国文化的残羹剩饭。我们也有许多事变与活动，要我们去歌唱，它们也要歌唱自己。谁能怀疑诗歌在新时代里将复兴？它像正在天顶熠熠闪耀的天琴星座那样，据天文学家报告，终有一天将成为光照千古的明星，指引我们前进。

我怀着喜悦看到未来的种种吉兆，它们已经透过诗歌和艺术、哲学和科学、教会和政府闪现出来。

这些征兆之一就是所谓国家最底层的阶级已通过运动提升了地位，这运动也同时令文学呈现出值得关注和良好的态势。人们着意发掘并谱写成诗的，不是崇高优美的阳春白雪，而是发生在身旁的、卑微而平凡的事物。那些为束装远游、寄情异国的人踩在脚下不屑一顾的事物，忽然被人发现其实远比一切外国事物更绚烂多彩。穷人的文学、童稚的感情、街头的哲学、家庭生活的意义，都是当代的题材。这是一个跃进。生命的暖流已经流入手指脚尖，身体四肢都已活跃起来，这难道不是一种新的活力迹象吗？我不奢求伟大的、遥远的、浪漫的事物，不追求意大利或阿拉伯的成就，不追求希腊的艺术或普罗旺斯的吟游诗歌；我拥抱平凡，我要探索人所共知的平凡低下的事物。你们尽可占有古代和未来的世界，让我洞察今天的生活吧。我们要从哪里去真正了解意义呢？那就是从桶中饭菜、锅里牛奶、街头小调、马路新闻、目光一闪、身材形体、走路姿态——把这些微末琐事的终极道理写出来，把隐藏于其中最崇高的精神因素写出来吧，因为最崇高的东西往往隐藏在自然界最偏远最微末的地方。让我看到每件日常琐事都直接联系着一条永恒的法则。一间店铺、一把犁耙和一本账簿同样会引起光波荡漾，值得诗人讴歌，这样，世界就不再是一间堆满零乱杂物、死气沉沉的陋室，却是井然有序。世界无所谓琐事细节，也无所谓疑案难题，最高的与最低的天地万物联成一体，有着同一的生命设计。

哥尔德斯密斯、彭斯、柯珀以及近代的歌德、华兹华斯、卡莱尔等的天才，就是由上述观念激发出来的。他们从不同的角度遵循上述观念，各取得不同成就。同他们的著作相比，蒲柏、约翰逊和吉本的文体显得冷冰冰地带学究气。而他们的著作却都是热血沸腾的。人们惊异地发现，身边的事物并不见得不如远处的美丽与新奇。近的事物解释遥远的事物。一滴水就是一个小小的海洋。一个人联系整个自然界。从平凡事物中感受价值，可以结出累累硕果。

范例中，爱默生在联谊会上发表了自己的看法，他认为当代的文学已经脱离了现实，并且已经脱离得太远了。很多文学者都在追求遥远的事物，并且对其做出了解读，但是这样的文章并没有得到人们的认可。所以，文学家要把眼光着眼于眼前，比如像文中所说穷人的文学、童稚的感情、街头的哲学、家庭生活的意义等等方面的题材，才是文学真正要探寻的道路。显然，他敢于不顾世俗的困扰，勇敢地表达出内心的真实想法，可谓是难能可贵的。这样的脱稿演讲无疑是精彩的。

那么，在联谊活动上，如果轮到你发言讲话时，应该搭建怎样的思路才能真实地表达内心的想法呢？

首先，提出自己的观点，并且要有自己卓越的见解。讲话者不要因为害怕自己的观点得不到认同而不说，只要你觉得合乎情理，有理有据，就要真实地表达出来。

其次，举出例子，证明自己的想法。发言者可以找出具体的事例来佐证自己的观点，不能凭空捏造。虽然说是表达自己的真实想法，但是也不能胡言乱语，要经对自己的想法进行整理，使其更加成熟，这样才能做到正确表达。

最后，简要总结，重申观点。在最后结尾时，讲话者要简洁有力地进行总结，将自己的观点重申一遍。

晋升乔迁

晋升这类场合指的是自己晋升了职位或职称、孩子金榜题名等宴请亲朋好友。在宴会开始之前，通常主人要说一番祝酒词。所以，不管场合是大是小，他们都会有共同的特征，只要我们掌握了这些技巧和思路，就能在晋升的宴会上脱口而出。

首先，表示感谢。讲话者要感谢公司能给自己这次机会，感谢推荐你的人，感谢曾经帮助过你的同事等等。在这里的感谢之意要分对象、分层次说。如果是升学宴，就要感谢父母、老师以及曾经帮助过你的同学等等。

其次，对自己提出要求，对同事父母作保证。承诺自己会在以后的学习或工作中认真努力，争取更大的成绩。

最后，表祝愿。祝福自己也祝福在座的每一个人未来更加美好。

乔迁之宴上主要是客人对主人表示祝贺，主人对各位宾客表示欢迎和感谢。客人说些让主人高兴的话是最适宜的，最好不要只说空洞的赞美之词，而应句句有实证，字字有根据，让主人感受到你的真情实感，那么我们如何来构思呢？

首先，要对主人表示祝贺。讲话者要在开头的时候，简要地说一些祝贺的话，切记不要太长，点到为止，否则让主人感觉太假。

其次，利用屋里放置的一些陈旧物品，比如相片或者其他的家具之类的物品，来说明虽然主人发达，但也不忘旧情。

再次，举例说明主人赚钱买新居的不容易，以及倡导学习吃苦精神。

最后，预祝自己和主人的生活都会变得越来越好。

善用比喻印象深

考上了大学是一件值得高兴和庆贺的事情，而举办升学宴也是表达喜悦的一种方式。升学宴致词讲究真诚、简洁、质朴，表达内心的真情实感，不需要很煽情和文艺。所以，为了充分地表达内心的情感，让脱稿讲话更精彩，我们只有掌握一些技巧和方法，才会给听众留下深刻的印象。

在很多技巧当中，其中比较有效的方法是使用修辞。要知道，成功的讲话者都善于运用修辞。比如比喻，通过比喻可以把枯燥、平淡的语言用另一种方式生动形象地展示出来，给在场的每一位听众留下深刻的印象。我们以一位学生在自己的升学宴上发表的讲话为例，来感受一下比喻在脱稿讲话中的作用。

尊敬的各位长辈、敬爱的各位老师、亲爱的同学们：

你们好！

感谢各位能在百忙之中抽出宝贵时间来参加我的升学宴，我感到非常荣幸和感激！感谢大家一直以来对我的关心、帮助和支持，在这里我给各位鞠一躬以示感谢。

今天我的心情非常激动，为什么会这么激动？十年寒窗终得回报，换来了我梦寐以求的一份大学通知书。对于我来说，这不仅仅是份通知书，更是我们通向成功的阶梯，它鼓舞着我奋力前进。如今终于可以自豪地对人们说我是一名大学生了。要知道，大学不是一个终点，而是一个起点。在今后求学的道路上我将更加努力，不辜负父母、老师、各位亲朋好友对我的厚望。

今天想要感谢的人很多，当然最值得感谢的人便是我的老师，衷心地感谢您对我的培养，没有您的培养就没有我今天的成绩。老师就像孕育花朵一样，每天都给我们提供养料，让我们茁壮成长去面对风风雨雨。正因为老师的辛勤灌溉，我们才能长成参天的大树，独当一面。

其次，要感谢的就是我的同学，谢谢你们对我的帮助。我们的友情，在我的生活里就像一盏灯，照亮了我的心灵，使我的生命有了光彩。山海可以阻隔彼此，却阻隔不了我的思念，距离可以拉开你我，却拉不开真挚的情谊，时间可以淡忘过去，却忘不了永远的朋友。

最后，谢谢我的家人和亲戚朋友，谢谢你们的关心和长久以来对我的支持。是你们给予我生命，给了我一个温暖的家。坚实而温馨的避风港将永远成为我栖息的地方，是你们为我创造了无忧无虑的氛围。

十九个春夏秋冬，十九个寒来暑往，造就了今日的我。在我成长的过程中，迈出的每一步，都离不开爸妈的关注，我的每一个梦想，都有他们的支持与鼓励，他们是一对平凡却伟大的家长，在这里，我要感谢他们，感谢他们这么多年来对我的悉心照顾，我会用自己的行动和成绩回报我的爸妈。

最后祝愿在座的每一位，身体健康，工作顺利，事事顺心。在此，我还想说很多，但千言万语都化作一副对联送给大家：

上联是：吃，吃尽天下美味不要浪费

下联是：喝，喝尽人间美酒不能喝醉

横批是：吃好喝好

谢谢大家！

此篇范例中，讲话者思路清晰，条理清楚，语言唯美流畅，尤其是采用了比喻的修辞手法，把老师比喻成花匠，把同学比喻成心灵的路灯……这些原本朴实的语言被讲的活灵活现，让在场的每一位听众无不为之赞赏。所以，在升学宴上表达内心情感的时候，不妨也试着采用一些修辞手法，让讲话语言更加生动形象，也让听众更容易感受你所表达出的感情。

一般情况下，在升学宴上作为主角需要构建怎样的思路来表达出自己喜悦的心情以及对在场人士的感谢呢？

首先，讲话者需要表示感谢。这里的感谢是指感谢到场的每一位嘉宾，每一位亲朋好友。

其次，表明心情，分层做出具体感谢。因为你要感谢不同类型的人，所以感谢的内容也就不尽相同。讲话者在这里可以逐条进行感谢，期间适当运用一些修辞方法穿插进去感谢的内容中，这样讲出来的效果会更好。

最后，做出祝愿。讲话者对于现场的所有人表示祝愿，这时候也可以采用一些修辞手法，比如"希望我们每个人的未来都像今天的阳光一样灿烂辉煌"。

简洁全面，不拖泥带水

假如公司因为发展迅速、前景美好，决定表扬和提升一部分优秀员工，并为此组织了一次表彰大会，你作为被提升的员工之一，被要求在表彰会上发言，应该怎样说才能表达出你对同事领导的感谢之情呢？

　　面对如此的场合，感谢是必不可少的话题，要感谢的人也比较多，最容易出现整场讲话冗长啰嗦的问题；所以，首先要注意的就是感谢既要全面，讲话还要简洁，不能拖泥带水，旁枝末节也说个没完没了。尤其是在没有讲稿的情况下，如果讲话内容过长，容易出现思维混乱、语无伦次的情况，而简洁的讲话无疑降低了脱稿讲话的难度，那么，如何在不长的话语中将感谢表达全面呢？下面这篇范例就说得很好。

尊敬的各位来宾、朋友们：

　　大家晚上好！

　　非常感谢大家能在百忙之中，抽空来参加今晚的晚宴。在这里，感谢公司给我这样的机会，更要感谢在座所有的客户朋友们，正是因为有你们的支持与帮助，才有我今天这样的机会和成绩，谢谢你们！

　　回首两年的保险职业生涯，有成功的喜悦，也有心酸的泪水，要感谢的话很多很多，不知道从何说起，那我用简短的时间，从头说起吧！

　　首先，要感谢的是我的推荐人，是她把我带到了这个行业。可惜她今天没来，也借大家的掌声谢谢她！

　　其次，感谢我的领导赵经理，是她耐心的引导，把我从一个单纯不懂事的家庭主妇，锤炼成一位独立的职业女性，不敢说自己有多么能干，但这几年来，真的成长了很多很多，也借大家的掌声，谢谢您经理！没有完美的个人，只有完美的团队，所以还要谢谢团队里的每一个同事，谢谢你们！

　　最要感谢的是在场的每一位客户，是你们一张一张的保单，让我收获信心。是你们的信任，更让我感到肩上沉甸甸的是责任。我有责任坚持在这个行业，我要为客户的保单负责，我不能轻言说放弃！谢谢你们，是你们教会了我，做人更多的是责任感和爱！这里面所有的荣誉都是你们给的，我记得我的第一个客户让我永久难忘……

　　当然我所有的成功都少不了家人的支持。我要感谢我的老公，是他让我认识了在座的很多朋友，是他在我遇到困难的时候来安慰我，让我慢慢地成长起来，因为有了他我才会越走越顺。还有我的婆婆，是她让我不用操心家里的所有事务，是她帮我把小孩照顾得很好，是她每天很早就起来帮我煮早餐，是她在我很累想休息的时候帮我带女儿出去玩，不让女儿吵我，是她让我没有埋怨，是她让我安心地工作。她是我心目中最好的婆婆，在此我想对她说"妈，您辛苦了！"

今晚，更让我感动的是，今天从上海飞回来的亲朋好友能前来祝贺我，但我未能亲自接机，在此说声抱歉。今天大家能来，我真的真的很激动。

总之，谢谢大家，在我生活与工作中给予我帮助与支持，我也会秉着感恩的心为大家带去我力所能及的全部。愿与大家一起度过一个美好而难忘的夜晚！

最后，祝愿在座的嘉宾，平安幸福，合家安康！

此篇范例简洁而全面地阐述了要感谢的对象，方方面面都说到、照顾到，没有掺杂任何累赘的话语，从公司的同事、上级、家里的丈夫和婆婆，每个人都提及了，不仅让被感谢的人心生好感，这种谦逊的态度也会得到其他人的认可。

职位晋升时的讲话，我们需要采取怎样的思路和框架才能把感谢简洁而全面地表达出来呢？一般来说，感谢会成为整个脱稿讲话的中心，不管你采取什么样的思路，只要是围绕这个中心阐述，基本上是不会出太大错误的。

首先，感谢到场宾客。讲话者对宾客的到来要表示衷心的感谢。

其次，感谢分层次。讲话者可以把感谢分成几个单元，把要感谢的人以及事件分别列在相应的单元里。这样讲话内容就不会那么混乱。听众听起来清楚，讲话者自己也不会出现重复、错漏等问题。

最后，总结发言、表态和祝愿。由于是升职，所以要在最后表一下态，比如更加努力工作以便对得起这个职位等，总之要让领导觉得提升你是正确的抉择，让同事觉得你升职是应该的，这时候的表态必不可少。最后对现场所有人说一句祝福的话结束发言。

口语化表达，到位而不越位

假如你的朋友或者是老同学搬入新居，特设家宴，邀请你参加，并在宴会上请你发言，你应该说些什么呢？要知道，乔迁新居的场合比较随意，一般适合口语化的表达，亲切自然地说出一些祝贺的话，做到到位而不越位，所以这种场合也是最适合脱稿讲话的，因为只有说自己的真心话才能更加口语化，而念稿子就很难做到这一点，同时照着稿子念容易破坏气氛，不如脱稿讲话显得轻松随意，更符合场合要求。以下范例是某人在学生时代的宿舍老大乔迁新居的家宴上的发言，可以供大家在类似的场合脱稿讲话时参考。

非常感谢孙老大给宿舍兄弟欢聚一堂提供的难得机会，感谢大嫂盛情安排和张罗了这么丰盛的家宴，更要以最大的热情，祝贺孙老大和大嫂乔迁新居。以前你们就住着大房子，现在换了复式楼，标志着老大和大嫂不断地从成功走向了更大的成功，我由衷地为你们感到高兴，因为根据以往的经验（注：孙在宿舍同学中无论事业还是爱情都先行一步），你们的今天就是兄弟们的明天。

我是宿舍兄弟中唯一尝试从政的，这么多年工作学的是马列主义，当的是无产阶级的公仆。今天来到老大的新家，才深切地感受到资产阶级是怎么过日子的。而且老大大嫂还是一对很有品位很有文化的大资产阶级。一进门的这个照壁就是中西合璧，整个房间的色调明黄搭配淡蓝和淡粉，华而不奢，大到家具、小到盆栽，无不透露出主人高雅的情趣和对生活品质的追求。特别是老大还把宿舍兄弟们的合照放在书房最显眼的地方，显示出这个资产阶级有情有义，"苟富贵，勿相忘"，心里还惦记着无产阶级的兄弟们。

工作十年多来，各位兄弟投身商海，在不同的岗位上打拼出来自己的一片天空，都已经独当一面。我虽然走上了不同的路，但你们一直是我学习的榜样。特别是老大，刚毕业的时候加班加点，走着路都能睡着，把头都磕破了。我一直记着这件事，每当我想偷懒的时候，就告诉自己要向老大学习，向各位兄弟学习。

十年的时间，老大实现了当初的梦想，白手起家，有了自己的公司，实现了财务自由。这是他刻苦努力和奋斗的结果，也与他有一位贤内助密切相关。大嫂不仅在自己的事业上取得不俗成绩，而且为家庭做出了很多牺牲，这是我们有目共睹的。老大大嫂相亲相爱，举案齐眉，值得我们大家学习。

各位兄弟在各自的岗位上也是捷报频传，相信很快大家会步老大后尘，换更大的房子，我也会接二连三不断地见识大资产阶级的生活。

春节快到了，我倚小卖小，越俎代庖，提议大家举杯，共祝老大大嫂再创新辉煌，祝各位兄弟事业再上新台阶，祝兄弟之情天长地久！

干杯！

此篇范例就是采用了口语化的表达方式，再加上双方又都是老同学，一些调侃的话语使气氛更加欢乐。比如："我是宿舍兄弟中唯一尝试从政的，这么多年工作学的是马列主义，当的是无产阶级的公仆。今天来到老大的新家，才深切地感受到资产阶级是怎么过日子的。"而且既表示了对老大的祝贺也称赞了其努力打拼的精神，符合现场氛围，到位而不越位。所以，参加庆祝乔迁之类的宴会，为了活跃现场的气氛，不妨也试着采用口语化的表达，也许比起书面表达更能受到听众的欢迎。

那么，我们在乔迁新居场合脱稿讲话的时候，又需要构建怎样的思路呢？

首先，讲话者要送祝福。对于主人乔迁新居表示祝贺之类的话。

其次，可以回忆和主人的共同经历，增进彼此之间的感情。也可以对主人某一种品质进行赞扬。讲话者在这部分可以采用口语化的表达，语言亲切自然一点，但是千万注意要把握好尺度，尤其是调侃之类的话，不能太过分，不要涉及主人的隐私，否则只会让主人产生反感。总之，有分寸地说话才能把话说到位，而不越位。

最后，号召大家共同努力奋进，为主人乔迁干杯祝贺。

语言组织上不落俗套

如果你乔迁新居，为此还邀请了许多亲朋好友来庆祝，每当这时候，作为主人总免不了被要求讲几句，那么，在种场合说什么话才合适呢？这时候主人的发言应该真诚且态度谦虚，不能让宾客觉得你在敷衍了事，最好的方法就是在语言组织上要不落俗套，不说过多空洞的套话。而是要发自内心的表达自己的喜悦和对亲朋好友的感谢，这样才能让人们感受到你的诚意和热心。而避免说空话最好的方法就是脱稿讲话，无论是提前打好腹稿还是即兴发言，都能说出比较真心实在的话，也更容易让前来祝贺的亲朋好友感受到你的真诚。此处这篇范例就是某人在自己新居乔迁宴上的答谢词，它的内容本身就不适合照着念。

各位来宾、各位朋友，先生、女生们：

大家中午好！

首先我要代表我的家人，对各位的光临表示由衷的谢意！感谢你们在百忙之中来参加我的乔迁宴，对于你们的到来表示最热烈的欢迎。

俗话说，人逢喜事精神爽。提到喜事，咱们中国人日常生活中，有许多值得祝贺的喜事。从传统的角度来讲：洞房花烛夜，金榜题名时，是人生的两件大事。而在今天对于生活在大都市的现代人来说，解决住房，装饰一个温馨舒适的家，已成为不亚于嫁娶的大事。君不见，朋友相逢谈论最多的就是房子问题么！也就是说，今天人们的生活中又多了一喜，那就是乔迁之喜。本人就正沉浸在这乔迁之喜的喜气之中。

知道我装修新房，有同事和朋友很早就打招呼：喂，什么时候"燎锅底"？搬没搬呀？喝你的酒可真不容易啊！听了朋友们的问候，我是既感动又惭愧。感动是：同事们，朋友们的问候充满了真诚；惭愧的是这些年，也确实欠下了大家不少的酒债。

其实我是很喜欢酒的，尽管我不能喝。我也很佩服会喝酒的人。因为酒是人们生活中的一部分。酒能振奋人的精神，李白不就曾经斗酒诗百篇么！酒还能缩短人与人之间的距离，一席酒能使陌生人成为朋友，一席酒能让朋友增进情谊。酒更能为人们的生活增添喜气，不然怎么会有美酒之称呢！

只是以前，由于心居寒舍，身处陋室，实在是不敢言酒。更不敢邀朋友以畅饮。因那寒舍太寒酸了，怕朋友们误解主人待客不诚；那陋室太简陋了，真怕委屈了如归的嘉宾。今天不同了，因为今天我已经有了一个能真正称得上是家的家了。这个家虽然不如杜甫老先生追求的那么广大，这个家虽然谈不上富丽堂皇，但这个家，它不失恬静、明亮，不失舒适与温馨。更重要的是，这个家洋溢着、充满着爱！有了这样一个恬静、明亮、舒适、温馨的家，心情能不高兴么！能不舒畅么！人一高兴、心情一舒畅，浑身就洋溢着喜气。伴着喜气去喝舒心的酒，那会是一种什么样的滋味呢？我想，一定会又美又醇！

今天特意备下美酒，就是要把我乔迁之喜的喜气分享给大家；更要借这席美酒为同事、朋友对我乔迁的祝贺表示我最真诚的谢意；还要借这席美酒，祝各位生活美满，工作顺利，前程似锦！

范例开场从"人逢喜事精神爽"说起，顺利引出眼下的乔迁之喜，自然流畅，还有新意。又提到朋友们迫不及待想来"燎锅底"，实实在在地说出了自己对朋友想喝点小酒的真实想法，语言组织上不落俗套，没有过多的感谢和客套，幽默调侃中又透着文采。

在乔迁宴会上，作为主人，我们怎样组织脱稿思路才能让讲话不落俗套呢？

首先，表示感谢和欢迎。一般来说，主人在开场讲话时要对现场的每一位亲朋好友表示热烈的欢迎，但是切记不要说的太多，否则全篇都是空洞的感谢，显得敷衍和虚伪。

其次，发自内心讲几句话。讲话者可以结合现场的情况，即兴发挥，注意讲话的内容要实实在在，不要宽泛地赞美友情，感谢亲情，最好是通过真实的事情来表达想要体现的感情，否则就容易落入俗套，一味地说空话套话也就失去了脱稿讲话本身的意义。只有真诚的语言才能让听众感受到你的诚意。

最后，表示祝愿。结尾时，讲话者要对现场的每一位听众表示祝福，衷心地祝愿他们在今后的生活中能够更加顺利，身体更加健康。

视察调研

在工作中，有时需要领导深入基层去视察和调研工作，在这种场合说话，不能事先准备好讲稿。因为视察调研需要结合调研的情况，联系实际来表达观点，这样才具有针对性，让听众感受到的不是官话和套话。要知道，视察人员根据实际情况发表的观点，听众才愿意听。

一般来说，视察调研人员需要构建怎样的思路，才能把话说得实际到位呢？

首先，总结看到的实际现象。讲话者在视察和调研工作时，将自己亲眼看到的现象和事实进行简要的总结，这样可以让听众知道你说的是真话，而不是在敷衍。

其次，肯定成绩或者指出问题。在视察和调研工作的时候，肯定会有值得表扬的地方，也会有出现问题的方面，对于已经取得的好成绩要给予肯定，对于出现的问题要着重地指出，这样才能使听众获得最大的益处，得到他们的认可。

最后，提出期望。讲话者在结尾的时候，要以鼓励为主，帮助展望未来的美好，定下工作目标，以此来激励听众。

首要的是思路清晰

在视察和调研时，往往会出现这样的情况：很多人在脱稿讲话的时候，这个问题提一句，那个问题也说一下，但哪个都没有说清楚，像无头苍蝇一样乱撞，让现场的听众混乱不已，整场讲话下来，几乎没有人能跟上讲话者的思路，这样的讲话势必会给听众造成负担，自然也不会得到听众的赞赏。所以，在视察调研时，讲话者一定要让自己的思路清晰，只有你自己的思路清晰了，脱稿时才能更好地表达出想说的话，也才能有逻辑地呈现给听众，他们也才能听得清楚明白。以下范例是某领导在县政协视察全县农业生产工作和开发区建设情况时的讲话，其中最大的特点就是思路清晰。

同志们：

今天召开的既是一次常委会，又是一次视察活动。视察之前，县政协责成办公室和经济委的同志们到有关部门和乡镇进行了摸底调查，对全县的农业产业化和开发区建设情况有了初步了解。今天上午，大家进行了参观视察。下面，我就这次视察，谈几点意见：

一、关于农业生产工作

今年以来，我县农业农村工作以党的十七届三中全会为指针，以市场为导向，以农业增效、农民增收为核心，进一步转变农业农村工作方式，努力推动农村经济跨越式发展和农民收入的快速增加，各项工作均呈现出良好的发展势头，迈出了新的步伐。棉花、粮食、林业、蔬菜、畜禽养殖等产业齐头并进，蓬勃发展，不仅实现了农业增效、农民增收的目的，而且极大地促进了全县加工业、商业流通、民营经济的快速发展。其中，通过这次视察，我感觉收获最大的一点是，县委、县政府通过几年来对农业和农村经济工作的重大调整，已成功地实现了从微观到宏观、从推动型向拉动型、从管理型向服务型的转变，彻底走出了就农业抓农业、催收催种的老套路，而是站在宏观的角度，在战略上调整，在关键环节上发力，力促农民整体增收、多元化增收。

此外，关于今后的农业工作，谈几点不成熟的想法：

一是抓住机遇，用活政策，加快发展。农业在我县的基础地位是不容置疑的，只有农业和农村经济的大发展才有全县经济的大发展。大家都知道，今年中央对"三农"问题非常关注和重视，这不但为我们做好"三农"工作指明了方向，而且提供了良好的发展机遇。

二是积极改善农业生产条件。应积极搞好农业综合开发，加快中低产田改造步伐，突出抓好农田基本水利建设，加快"平原水库"及其配套工程建设，大力发展引水、用水、节水工程，不断提高抵御旱涝灾害的能力。

三是不断扩大农业投资领域。招商引资不仅仅局限于工商业上，农业也是一个很重要的领域。因此我们应在现有的基础上，进一步加大引进国内外农产品名优品种和先进技术的力度，大力引进外来资金开发农业资源，加强与大中院校、科研单位和大公司、大企业的合作交流，借助外力，大力发展农产品加工项目，努力实现农产品的就地转化和加工增值。

四是加快农村劳动力转移。农村的出路在于城镇化，农民的出路在于非农民化。随着农业生产机械化程度的提高，越来越多的农民正从土地中解放出来，走向进城务工的道路。因此，我们应大力发展劳务输出，进一步完善县、乡、村三级劳务信息网络，积极提供数量更多、质量更高的用工信息。同时，应重视科技培训和文化教育，努力提高外出务工人员的素质和能力。

五是进一步健全和完善农业社会化服务体系。目前我县建立了一系列棉花、小麦、蔬菜等专业协会，它们在各自的领域中发挥了积极的作用。下一步应搞好对这些协会的扶持和帮助，促进其更加规范和完善，使之成为我县农业生产和发展中信息交流、科技推广、良种繁育、运销服务等环节的中流砥柱，更好地发挥主导带动作用。

农业工作就谈这些，不当之处，请在座的各位批评指正。

二、关于开发区建设

今年以来，县委、县政府为了进一步加大招商引资的力度，把开发区硬件建设作为一件大事来抓，下大气力进行了几项大的重点工程建设，并取得了较为显著的成效。刚才大家现场察看了开发区几条主要干道的建设情况，一是308国道向西延伸至西外环；二是双鸿路向东延伸至永馆路；三是永乐路向北延伸至北外环。这几条路建设开通后，不仅形成了四通八达、主干衔接的道路环网景观，而且对于提高城市品位、改善投资环境都有很重要的现实意义。其他基础设施建设硬件如水、电、绿化等配套设施也在逐步得到完善。

由于时间关系，就开发区建设情况，简要地谈几点看法：

一是进一步加大招商引资力度。项目数量的多少决定着开发区发展的速度，引进项目的水平决定了发展的水平。新的经济增长点和新兴产业生成的规律，要求我们必须紧紧抓住项目这个载体，用项目带动实现整体引进，推动开发区的产业结构调整，构筑开发区新世纪经济增长的新格局。

二是进一步优化开发区发展环境。开发区环境建设问题，不仅仅是形象问题，更是展示城区精神风貌、显示城区文化品位、扩大区域对外开放的重要举措。我们应按照"高科技、外向型、园林式"的城区发展定位目标，加大投入，尤其是道路、水、电等配套设施建设，使开发区的硬件建设尽快达到规范、配套、完善的标准，为外来客商创造良好的发展条件和环境。

三是加强管理，搞好服务。应进一步搞好对区内企业的管理和服务，强化责任，搞好协调，提高效率，积极为入区企业提供优质快捷的服务，尤其是协助企业做好项目审批、土地、水、电、通信等一系列工作，使入区企业切实感受到开发区的优越性，以吸引更多的外地客商入区建设。

关于农业工作和开发区建设我就谈这些，不当之处，请在座的各位批评指正。最后，给在座的各位常委提个要求，希望各位常委回去以后，积极做好宣传工作，宣传我县农业生产的大好形势，宣传开发区建设取得的巨大成就，广造声势，广造舆论，为全县经济发展营造良好的发展氛围，努力促进全县农业工作和开发区建设再上一个新的台阶。

谢谢大家！

这篇范例的思路清晰明确，讲话者根据视察活动把这次讲话分成了农业生产和开发区建设两个大的方面。每个方面又分别从基本情况、取得的成绩、自己的想法三个方面逐条说明，基本情况和现有成绩的阐述说明讲话人真正对农业生产区和开发区做了详细调查研究，真实的情况说明使他接下来的讲话容易被信服被接受，紧接着提出建议，最后还对在场听众提出要求，为全县的发展作宣传。可谓思维连贯、一气呵成，听众也能从中找到重点，对现在及以后的工作有了明确的认识。这就启发了我们在调研讲话的构思中，要善于组织语言，构建清晰的思路。

一般来说，在视察调研这样的场合，讲话更像是工作的一部分，是为了让听众对以后的工作有清楚地认识，知道努力方向，所以讲话内容的条理清晰就显得尤为重要。那么，我们怎样构建清晰的思路和框架呢？

首先，简要总结视察和调研的区域状况。讲话者要对于视察调研的情况以及出现的问题做好相关的总结，这样就可以使听众清楚地了解出现的问题。

其次，发表自己的看法和观点。讲话者最好把自己的观点和看法分条进行说明，这样自己的思路不容易混乱，也会减轻听众的负担，更容易达到讲话目的。

最后，表示希望和祝愿。讲话者在最后的时候，要再次肯定视察中发现的优点，并做出祝福，希望在接下来的工作中，大家做好相关的工作，创造更大的成绩。

把所闻所见运用到自己的讲话中

在视察调研这样的场合，有时候视察者不知道该怎么说，应该说什么，常常为此苦恼不已。其实，在视察调研的时候，讲话者可以留心现场的情况，要善于观察现场的细节，把看到的、听到的运用到自己的讲话中，这样才能让听众切实感受到了你负责的态度，这样就自然获得了认可。最重要的是，在视察调研时的讲话不能提前准备讲稿，而即兴发言又是需要良好的口才能力的，所以说一些真实的所见所闻无疑是最简单的方法，既可以体现出自己的工作态度，又能顺利完成讲话，可谓一举两得。接下来，我们来看一篇某干部在调研时的讲话内容：

同志们好！

今天和王强同志带领大家来荣成市调研，主要是了解党代会之后你们所做的工作，以及今后的工作思路、工作打算。下午看了一些现场，刚才又看了荣成市发展战略规划片，听了李明同志关于荣成市发展情况和今后发展思路的汇报，对所见所闻，感到非常高兴。总的看来，思路比以前更清晰，抓落实的办法比以前更多，发展的氛围也比以前更浓厚，所有这一切都预示着荣成市在未来的几年当中将会有一个跨越式的发展。我在工作中经常讲三句话，即思路决定出路、细节决定成败、激情决定效率。今天再讲这三句话，既作为对荣成市近期工作的评价，也作为对荣成市未来工作的期望。

第一句话，思路决定出路。一个地方要实现跨越式发展，首先必须要有一个正确的、跨越式发展的思路作引领。刚才，我们看的荣成市战略规划专题片，对荣成市的发展定位、优势和劣势、如何整合自己的资源、如何推进工作，讲得非常清楚，而且很到位，很有前瞻性，把我今天本来要讲的很多话都讲到了。你们提出的要建成现代化中心城区的目标，确定的行政中心、文化中心、资源集聚高地、环境生态高地即"两个中心、两个高地"的基本定位，实施"工业化、城市化、生态化"三大主战略，以及着力打造"都市工业集聚区、现代服务业核心区、科技文化先进区、特色山水生态区"的工作思路，我觉得都非常好，也很切合荣成市实际。特别是大家清醒地认识到要融入全市发展大局，顺应全市发展大势，找准荣成市自己的位置，趁势而上，顺势而为，这非常正确。我觉得有一个正确的思路是你们的优点，思路决定出路，一个地方思路不清晰，或者说主要领导思路不清晰，就不可能有大的发展。这次最高兴的是看到荣成市有一个跨越式发展的正确思路，思路不但清晰，思维还很宽广。

第二句话，细节决定成败。思路出来了关键是怎么干，用心干与不用心干是不一样的，用心做是一个层次，不用心做也是一个层次。比如说，建设都市工贸园区，做一般水平园区也是做，真正做一个有水平、科技含量高的都市型工贸园区也是做，关键是怎么做。今天到汇通公司去，我觉得产业选择非常正确，而且各方面考虑具有现代性，关键是要真正把这样一个走在前面的产业做起来。城市建设也是如此，市中区是全市行政、文化、教育中心，当前是坐守老城，还是既拓展新区又去提升老城？

现在思路已经很清楚，你们提出既建设新区，又加速旧城改造提升档次，这个我觉得很好，所以市委赞成你们把行政中心搬出去，做东河新城，既带动周边发展，又能支撑科教园区的发展。无论是新区建设还是旧城改造都要做成精品，要采取市场化运作手段，一片一片精心研究，一片一片做到位，眼界要进一步提高，至少能保证20年、30年甚至50年不落后。比如绿化工作，不是每年都要投入很大来搞的，那也不现实，而是要花小钱办大事，做到精致建设、精细管理，尤其要做好后期的管护工作，确保栽植一片，成活一片，见效一片，美化一片。中心城区三产也很重要，城市发展不光靠工业，工业是要抓上去，没有工业肯定不行，关键要把抓落实的每一个环节都把握好，把推进工作的每一个细节都考虑到，才能取得良好的功效。如果不注重细节，工作抓不细，决策就会落空，事情就很难办成。

第三句话，激情决定效率。做任何事情都要有责任感，有兴趣，有激情，三者缺一不可。对荣成市来讲，目前面临何等重大的战略机遇！市中区要想在几年的时间内使城市面貌发生巨大变化，经济运行质量和老百姓生活水平得到较大提高，在荣成市崛起腾飞征程当中勇挑重担，需要通过全区干部的辛勤工作，靠干部责任感、靠干部工作兴趣、靠干部工作激情去做，这样才会一步一步地实现长远目标。因此，市中区所有领导、机关干部、方方面面都要心往一处想，劲儿往一处使，团结起来，投入到火热的发展当中去。我希望全区所有干部都能够按照党的十八大代表大会提出的目标任务，集中精力，狠抓落实，踏踏实实为老百姓多做点实事，使老百姓通过发展能够得到更多实惠。

关于王强提出的两个具体问题。曹志佳同志都讲了很好的意见。一是关于荣成市都市工贸园区问题。可以与开发区相对接，就叫荣成市开发区新沂工业园，实行"一区两园"，统一规划，分别运作。关键是要使工贸园真正后来居上，真正把品位档次做高。二是关于新城开发问题。希望尽快把市中区行政中心建设好，通过行政中心建设带动周边地区发展。

总之，我觉得荣成市现在有了一个良好的开端，并且有了一个非常好的战略规划，下一步关键是要按照既定的思路、目标、任务，一鼓作气抓好落实。你们对市里有什么要求，需要市里做的，市里一定会全力以赴帮你做到位。希望大家心往一处想、劲儿往一处使，为荣成市长远目标的实现多作努力。

这篇范例的整体构思从对近期工作的评价和对未来的期望布局，用了三句话作为不同层次的引领语，通俗贴切，如："第一句话，思路决定出路；第二句话，细节决定成败；第三句话，激情决定效率。"这三句话虽然感觉不新鲜，可以说是"老调重弹"，但每一句话的后面加上了自己在调研看到的、听到的实际情况后，并不是简单的"老调重弹"，恰恰给我们感觉是言之有物，很有信服力。由此可见，视察调研类讲话能不能讲好，除了清晰的思路，把所见所闻恰到好处地运用到自己的讲话中是非常重要的。

在视察调研时，为了能让脱稿讲话更有信服力，我们需要构建怎样的思路才能把自己的亲身见闻穿插到讲话中呢？

首先，讲述视察的目的。讲话者在开篇的时候要讲清楚此次视察调研的目的和情况，向现场的听众做个大致的说明。

其次，提出展望，具体说明。讲话者须分别提出具体要求和展望。在这里，讲话者可以把所看到的、听到的实际情况融入到讲话之中，这样既体现了讲话者的真情实感，而且还彰显了讲话者认真务实的工作态度。需要注意的是，这部分需要讲话者着重的构思，依据不同的情况而定。

最后，简要总结，希望表态。讲话者要在最后简要地总结视察中发现的主要问题和建议，并且向视察单位提出希望，以简明扼要为主。

联系实际表达观点

下基层视察调研工作时，需要视察人员就视察调研的情况发表自己的观点。这种情况大多需要进行脱稿讲话。在脱稿讲话时，视察人员要联系实际来表达自己的观点，这样才能更有针对性地做出提问和回答，为相关的工作提供最切合实际的指导性意见。以下范例中的讲话就很好地做到了这一点。

各位代表、同志们：

我们组织人大代表对我县农村工作进行了集中视察，视察主要围绕"基层建设年、四覆盖、四清四化、扶贫攻坚"四项重点工作推进情况开展，同时我们也对天晶、天顺、科鸿等一批产业化和特色化农业龙头企业进行了观摩视察。在这次视察工作中，县委、县政府给予了高度重视，县政府进行了充分准备，有关部门密切配合，安排细致，各位代表积极参与，视察任务圆满、顺利完成，达到了预期目标。

在今天的视察工作中我们可以看到，政府部门以加强基层建设年活动为统揽，统筹推进"四个覆盖""扶贫攻坚""四清四化"等工作，在加快新农村建设、加强基层组织建设、推进农业农村经济发展等各个方面都取得了实际的成果，工作水平和工作成绩值得称赞。通过这次视察，我们实地感受到县政府在做好农业农村工作上所付出的努力和实实在在的成绩，看到了我县农村面貌发生的可喜变化。总的来说有以下几方面亮点：

一是农村基础设施建设和村容村貌整治成效明显，新农村建设步伐加快推进。今年以来，县政府围绕"基层建设年"和"四清四化"工作开展，高站位、高起点谋划工作思路，集中全县人力、财力、物力开展基层建设，从农民群众最急需、农村最薄弱的地方入手，加强农村基础设施建设，有效改善了农村生产生活条件。与此同时以最短的时间、最快的速度集中开展农村"四清四化"整治和改善农村面貌，建立了环境治理长效机制，并有效实现了农村"四清四化"与产业化示范典型、文化活县、全县发展大环境等方面的有机结合，集中打造样板示范村，在环境优美、文明和谐的幸福村建设上取得了卓有成效的成绩。

二是基层组织建设稳步推进，产业扶贫力度加大，农业农村经济发展活力提升。借助"基层建设年、扶贫攻坚、四覆盖"等各项政策支持，一方面县政府着力加强基层组织建设，建强班子、选准路子、打牢基础，为加快农业发展、增强农村活动提供了坚强保障。另一方面县政府以增强主导产业为抓手，大力发展设施种植、设施养殖业、大棚蔬菜种植基地、畜禽养殖基地、鲜食玉米种植基地等主导产业和特色产业，基地的规模和效益进一步扩大，农业产业经济发展活力进一步提升，产业化扶贫成效逐步显现。

三是产业化龙头企业发展势头喜人，规模化、特色化、生态化农业发展前景可观。通过政府部门卓有成效的工作，农业龙头企业带动发展的种、养、加工一条龙，产、供、销一体化的市场型农业经营模式逐步形成，并在不断完善和规范，产业加基地加农户的农业产业化体系日渐完善。和久、天顺、天晶等一批优秀龙头企业不断涌现，进一步整合了农业资源，推动了农业种植养殖业向专业化、市场化、集约化、现代化方向转变……

通过视察，我们看到县政府部门在推动全县农村经济发展中所取得的成绩。当然我们也看到我县农业农村工作还存在一些困难和问题，需要进一步完善和提高，主要表现在：

一是基层组织建设的力度还有待进一步加大，特别是村两委班子、村民监督体系、村代会常设议事决策机构等基层组织，在谋划发展思路、发挥引领带头作用、激发农业农村发展活力等方面的优势还有待更好的体现。

二是设施农业发展的规模和水平还有待进一步扩大和提高，受资金、技术、土地、农民传统观念等因素的影响，如大棚种植、特色种养殖等一些优势产业整体规模还应该进一步扩大，与周边县区相比在市场知名度和竞争力等方面还存在差距。

三是政府主导助推作用发挥还有待进一步提高。在引导帮扶、技术支持等方面 的助推力度还需进一步加大；先进农业技术推广、种养殖专业化人才配备、农业经济抗风险能力提高等方面还需更好地完善。

……

今天是人大常委会组织开展的第一次视察，这次视察工作，既是对政府今年以来工作的检验，同时也是代表们依法履行职责的重要体现，希望代表们通过这次视察，能够进一步提高认识，扩大对政府工作的监督和支持力度，为全县经济发展和社会进步做出贡献。

此篇范例，讲话者根据视察时的实际情况发表了自己的观点，先从取得的成绩开始说起，接着又从三个方面肯定已取得的成绩；同时，也提出了存在的问题，并且还给出了发展方向的意见，这次讲话有效地避免了那些官话和套话的发生，既达到了监督和视察的目的，也有助于推进农村建设的进一步发展。

在视察调研时，视察调研工作者需要怎样组织讲话思路才能切合实际地表达自己的观点呢？

首先，要表示感谢和欣慰。视察调研的工作人员要感谢各级部门的积极配合，感谢相关单位的大力支持，感谢他们让视察调研工作顺利展开。在这部分，讲话者需要注意语气要真诚，让听众切实感受到你的谢意。

其次，肯定做出的成绩。视察的工作人员对相关单位所取得的成绩，要给予充分肯定和赞扬，在这部分，要像范例一样，举出具体的几点分别说明，这样听众会更加清楚在哪些方面做得好，才有可能继续发扬坚持下去。

再次，提出问题。因为每一项工作都会或多或少存在着一定的问题，这就需要视察的工作人员及时地指出来，好让听众及早地认识到，从而想出解决问题的措施并改进。

最后，提出希望。在结尾时，视察人员要对未来充满希望，希望被视察的单位能够更加勤奋努力，把出现的问题都解决好，争取再创佳绩。

竞聘述职

　　竞聘演说是竞选者为了实现竞聘目的而发表的演说。它广泛应用于企事业单位员工招聘、承包工程招标等场合。其主要作用是制造舆论，推介自身，争取选民。随着我国民主政治进程加快，这种演讲形式将会被广泛采用，也更加显示出它的重要作用。因此，讲话者若不具备高水平的口才，绝不可能在竞选中战胜对手，也肯定胜任不了职位。

　　一般来说，演说都会先写好讲话稿，然后再进行脱稿演讲。写好讲话稿是成功的前提。竞聘讲话稿的写作思路大致包括以下几个方面：

　　一、标题。大体有三种形式，一是公文标题法，即由竞选人加文种组成，或由竞选职务加文种组成；二是文种标题法，很简单地标出"竞选演讲"；三是运用正副标题法。

　　二、称谓。对竞选主管人员或主办单位的称呼。

　　三、正文。首先写清竞选的原因和愿望；然后写明自己所具备的应聘条件，包括学历、资历、政治思想、业务水平等才、学、胆、识各方面的客观条件；最后表明自己竞选的决心和信心，请求主管单位考虑。

　　而述职演讲是人事部门考察、任用干部的一种形式，体现了干部工作中的务实作风和群众对干部任用、选拔的知情权与监督权；都是干部本人在特定的会议上，面对特定的听众所作的演讲报告；本着对个人、对组织负责的态度，采用自述的方式介绍自己工作方面的情况。

　　述职演讲要有鲜明的个性，要报喜也要报忧，要做到全面与重点相结合，要以叙述为主，兼用议论。述职演讲的重点在"述职"，主要讲在一定时期内的任职岗位上做了哪些工作，取得了哪些成绩，存在哪些问题，内容不外乎德、能、勤、绩四个方面，具有总结性和汇报性。

述职演讲的正文，一般也会先写好讲话稿，由开头、主体、结尾三部分组成。

1. 开头

开头，又叫引语，一般交代任职的情况，包括何时任何职、变动情况及背景；岗位职责和考核期内的目标任务情况及个人认识；对自己工作尽职的整体估价，确定述职范围和基调。这部分要写得简明扼要，给听者予一个大体印象。

2. 主体

主体，是述职报告的中心内容，主要说实绩、做法、经验、体会或教训、问题，要强调以下几个方面：

对党和国家的路线方针政策、法纪和指示的贯彻执行情况；对上级交办事项的完成情况；对分管工作任务完成的情况；在工作中做出哪些决策，解决了哪些实际问题，纠正了哪些偏差，做了哪些实际工作，取得了哪些业绩；个人的思想作风、职业道德、廉洁从政和关心群众等情况；指出存在的主要问题，并分析问题产生的原因，提出今后改进的意见和措施。

这部分要说得具体、充实、有理有据、条理清楚。由于这部分内容涉及面广、量多，所以宜分条列项写出。"条""项"要注意内在逻辑关系。

3. 结尾

结尾一般是结束语。如果是文本形式的述职报告用"以上报告，请审阅""以上报告，请审查""特此报告，请审查""以上报告，请领导、同志们批评指正"等作结，一般情况下用感谢语作结也可。

理由充分，条理清晰

目前，不管是各级政府机关，还是企事业单位，都在实行竞聘上岗，有的单位要求竞聘者，不仅要写好竞聘述职的报告，还要当众进行脱稿陈述。做好一次竞聘演讲，不仅需要把报告写得清楚、全面、具体，还需要在现场陈述得好。这就要求讲话者需要在脱稿陈述时充分说出竞聘的理由，条理清晰地讲给评委听，这样成功的机会才能更大。接下来以曾四次出任英国首相的威廉·尤尔特·格莱斯顿在爱丁堡郡所作的竞选演说为例，感受一下如何理由充分，条理清晰地发表竞聘讲话。

先生们：

我再次请你们与我一起看看海外的情况。同时，由于我想做到完全公正，我将告诉你们我所认为的正确的外交政策。

第一点就是：通过公正的立法和国内的经济使我们帝国的力量强大起来。由此就产生了国力的两个基本的要素，即作为物质要素的财富和作为精神要素的团结和知足。同时，我们还需保存帝国的实力，保存实力以便在更重要、更值得的海外场合使用。这些就是我所主张的外交政策的第二条原则：在国内有个好的政府。

我的外交政策的第二条原则是：外交政策的目的应该是使世界上的国家，特别是信奉基督教的国家，享有和平的好处，以便我们在想起所拥有的基督徒这个神圣名称时问心无愧。

我的第三条原则是：如果我们想使自己成为和平的倡导者，但又认为自己比其他国家更有权就和平问题发表意见，并且把这种观点传播给别国人民，或者否认其他国家的权利，那么，很有可能我们就会破坏我们的全部信条的价值。在我看来，第三条正确的原则应该是：努力形成并尽可能长久地保持现在所说的欧洲合作，使欧洲主要国家保持联合。为什么要这样做呢？因为通过保持所有国家的联合，你们即可抵消、束缚、抑制它们各自的自私目的。在这里，我不想奉承英国或欧洲任何一个国家。他们有自私的目的，不幸的是，我们也有，正如我们近年来已经可悲地表现出来的那样。但是他们的共同行动，却会压倒自私的目的；共同行动意味着共同的目标，而能够把欧洲各国联合在一起的唯一共同目标，是与他们所有国家的共同利益紧密相连的。先生们，这就是我的外交政策的第三条原则。

我的第四条原则是：你们应当回避那些没有必要、纠缠不休的义务。你们也许会因这些义务而自夸，你们也许会因它们而自大，你们也许会说你们正在为国家赢得尊敬。你们也许会说，英国人现在可以在别国面前高高地抬起头了。你们也许会说，英国人现在已不处于那个只考虑英镑、先令和便士的自由党内阁的控制之下了。但是先生们，这一切又能说明什么呢？它说明了：你们正在增加你们的义务而没有增长你们的国力；而如果你们只增加义务不增长国力，那就是在减少、削弱你们的国力，你们实际上使帝国衰弱了而不是变强了，你们使它今后承担义务的能力变弱了，你们使它传给后代的遗产显得不珍贵了。

我的第五条原则是：承认所有国家的平等权利，也许，你们给予某一国家的同情会多于对另一国家的，不，在某种情况下，你们必然是对某一国家的同情多于对另一国家的。通常你们必然最同情那些在语言上、血统上、宗教上与你们关系最近的、或在当时情况下看上去最值得同情的国家。但是，从权利的角度来看，他们都是平等的，你们也无权建立一个体系，借以将其中某一国家置于道德怀疑或监视之下，或使之成为你们经常辱骂的对象。如果你们那样做，特别是如果你们自以为是地宣称自己比他们所有国家都优秀，那么我要说，你们若乐意就谈论你们的爱国主义去吧；但你却是你们国家的一个判断失误的人，而且，正在破坏别人对你们国家的尊重与敬爱。因此，实际上你给了你们国家最严重的伤害。现在，先生们，我已告诉了你们五条外交政策的原则了。让我告诉你们第六条吧！

第六条原则是：在我看来，外交政策是受我前面所提到过的那些条件制约的，而英国的外交政策应当永远注入对自由的热爱，应该有一种对自由的赞美态度，一种给自由以发展机会的要求……

……

从这篇范例中我们可以看出，格莱斯顿在发表竞选演说时思路清晰，理由充分，分条阐述了六条原则，还针对目前外交政策的弊端提出了自己的想法和观点，整篇内容条理分明，有理有据，也反映出格莱斯顿对工作的认真态度。

一般在竞聘脱稿陈述中，我们可以参考以下思路来组织一场讲话：

首先，简要介绍自己的基本情况，如姓名、学历、职务、经历等。这一部分实际上是要说明为什么要应聘，凭什么应聘的问题。在介绍基本情况的时候，要有一定的针对性，并非要面面俱到，而应根据竞聘职务的职能情况有所取舍。

其次，阐述自己的竞争优势。讲话者可以逐条进行说明，可以像范例一样列出具体的小点进行逐一阐述。这样的表达方式让评委和听众能清楚地知道你在这次竞聘中的优势，利于自己在竞聘中脱颖而出。

再次，表明自己任职后的打算。评选者更关心的还是竞聘者任职后的工作计划和努力方向。因此，在竞聘演讲时，一定要用清晰的语言表达出自己的观点，也就是说，要紧紧围绕着听众关心的热点、难点问题，提出明确的工作目标和切实可行的措施。

全面具体阐述工作目标和设想

一般说来，竞聘者在竞聘演讲时，一要讲清自己的应聘条件，突出自己的优势，并且这种优势足以胜任应承担的职务和工作；二要回答"若在其位，如何谋其政"的问题。要在有限的讲话时间内完成上述工作，脱稿讲话的总体内容就应始终围绕一个目标——岗位职务工作进行，做到目标明确，语不离其宗，不可开口千言，离题万里。以下范例中的讲话就是以工作目标和未来发展为主要内容的竞聘发言。

各位领导：

首先，感谢公司提供了这个展示自己，让大家认识我、了解我的机会。"公开、平等、竞争、择优"，这是历史的必然，也是时代发展的要求。这次竞聘对我个人是一个重要的激励和挑战，将有益于我个人素质的提高。此次竞争，无论成功与否，我都将一如既往地听从组织的安排，干好自己的本职工作。

……

我认为设立本岗位的目的就是要适应当前的竞争环境，提高我公司运营质量，为一线业务发展做好后台支撑。主要实现以下目标：

1.贯彻落实及组织制定各项规章制度、销售指标及任务、人员管理办法、库存计划，保障卖场的安全、高效、稳定运行。

2.加强检查、监督力度和人员能力开发，组织店内、店外促销活动，做好人员调配、商品排列及布局，协调、配合厂家的现场促销，有效降低企业运营成本。

3.及时、准确、有策略地开展市场调研，确保价位优势及合理利润并制定针对竞争对手的对策。

4.掌控门店及配送中心库存情况，执行安全库存制度，提高资金使用率，加快资金周转。

5.对样机进行专项管理，加快样机周转。

6. 组织业务培训，提高员工的业务知识和销售技巧。制定技术规范、开展技术支援，提高全店人员整体水平。

7. 保证上级公司制定的命令、授权及任务等在门店得到畅通传达、充分理解和有效执行，并对结果反馈、分析。

以上七个目标是相辅相成的，全店销售人员整体水平的提高，必将能够保障我店的安全、高效、稳定运行，也必将降低企业在运行维护方面的各项运营成本。

三、工作设想

如果这次我能够顺利竞聘成功，我将做好以下工作履行自己的岗位职责：

1. 协助各部门搞好店面销售，提高岗位执行力，做好计划、组织、领导、控制和管理工作

我认为，作为门店经理，是分部总经理对部门管理的分担者，因此，我要摆正自己的位置，严格做到：工作主动积极不越位，协助管理不越权，加强团结不分散。充分调动部门员工的工作积极性，发挥他们的聪明才智；加强内部员工的业务技术培训，提高整体员工的技术水平。加强各项运行维护管理制度、作业流程、管理办法的执行力度，做好监督、检查、指导、考核，使得各项维护工作能够贯彻、落实。

2. 努力完善自我，提高工作能力

虽然我刚刚接手门店经理的工作不久，但是在家电零售行业一日千里的今天，尤其是在店面运营维护技术方面，如何加强零售经营的稳定运行能力，营销网络的业务支撑能力，强化一线销售人员技术和意识，做好运营管理系统大客户的自主开发工作，将会是一个需要认真学习、不断发展的领域。只有不断努力学习，深入实践，才能做到与技术同步，担当起技术指导和管理的任务。

3. 创新解决问题的方法，加强技术交流和对外协作

店面零售管理人员在不断提高自己水平的同时，还应该能够组织各方面技术力量。我将充分利用公司先进的交流平台，为各部门、各单位提供更加丰富和完善的数据技术支持。另外还要加强全店销售人员的交流与培训，组织更多更高水平的讲座，提高整体防范意识和技术水平，

以保证全店的安全、高效、稳定运行。

4.加强应用开发，利用先进的方法进行科学管理，提高管理成效

随着经营的日益多样化，零售工作所面临的问题也越来越复杂。俗话说，"道高一尺，魔高一丈"，服务售后的领域就是在此消彼长中不断发展，不断进步。服务永远面临着挑战，没有一劳永逸、尽善尽美的解决方案，所以在各项日常售后工作中，不仅要求我们的售后人员随时跟踪，不断提出新要求，解决新问题。最重要的是，我们还应加强售后服务的自主开发，不仅可以提高我分部客服的技术水平，而且对后期维护、客户再开发等方面带来便利之处，并且能够为企业节约大量资金，降低企业运营成本。

再次感谢公司给我这次竞聘的机会，有不当之处请批评指正。

谢谢大家！

此篇范例，竞聘的讲话者在阐述工作目标时，从制度、团队配合、样机管理，调研，业务培训等等七个方面进行阐述，分别说出了在某一方面的目标。接着在工作设想方面，明确地提出了四点，分别是：协助各部门搞好店面销售，提高岗位执行力，做好计划、组织、领导、控制和管理工作；努力完善自我，提高工作能力；创新解决问题的方法，加强技术交流和对外协作；加强应用开发，利用先进的方法进行科学管理，提高管理成效。可谓是细致而全面。

竞聘讲话为广大人才提供了一个充分展示自我、表现自我的舞台，愿广大竞职者能够克服演讲中的不良倾向，客观、公正地做好自我评价，科学合理、切合实际地阐明施政方案，向听众推销一个真实的自我，通过竞争找到适合自己才华的工作岗位。那么，在竞聘职位时，我们应该采取怎样的思路，才能细致而全面地把话说到位，赢得评委的认可呢？

首先，介绍自己的情况。在这部分，讲话者要利用简洁的语言介绍一下自己，这是应有的礼节，也是让评委或者上级了解自己情况的机会。但是关于自我介绍的部分，切忌长篇大论，简单介绍几句即可。

其次，具体阐述工作目标和设想。在第二部分，讲话者要着重地讲述自己的工作目标和设想，当然，不同的工作性质决定了不同的工作目标，所以，需要讲话者灵活地调整自己的情况。在阐述目标和设想时，我们不妨像范例一样，逐条地进行说明，让听众清楚明了地感受到自己所说的内容。

最后，谦虚结尾，表希望。在最后的部分，讲话者可以谦虚地说一些"自己的目标和设想也许还不太成熟，希望领导和上级给予批评和指正……"等类似这样的话语。

分层面述职工作

在述职报告中，述职者依据岗位规范和职责目标，对自己任期内的德、能、勤、绩等方面的情况，作自我评估、自我鉴定。述职人必须持严肃、认真、慎重的态度，既要对自己负责，也要对工作负责，对领导负责。对工作的走向，前因后果，要叙述清楚，评论恰当；所叙述的事情，要概述，更要分层面讲述，让人一目了然，并从中引出自评。但要强调：切忌浮泛的空谈，切勿引经据典的论证，定性分析必须在定量证明的基础上进行。而想要得到领导的赞赏，述职报告时采用脱稿的方式是个不错的选择，它可以体现出你对工作的熟悉程度以及责任心，比起照着报告念，更容易让领导相信你在工作中的认真态度。接下来，我们用一篇范例来说明如何分层面述职工作。

各位领导：

大家好！

本人于 2001 年大学毕业后，一直在市疾病预防控制中心从事地方病防治工作。2002 年取得执业医师资格，同年被聘为医师；2007 年取得中级职称资格。现将本人任职以来的工作情况总结如下：

在政治思想方面，我始终坚持党的路线、方针、政策，始终坚持全心全意为人民服务的主导思想。积极参加单位和科室组织的各项政治活动和政治学习，坚持读书看报，不断提高自己的政治理论水平。作为一名青年同志，我积极追求先进、要求进步，积极向党组织靠拢，并光荣地向党组织递交了"入党申请书"。

在职业道德方面，本人自觉遵守单位各项规章制度，勤奋工作，不迟到，不早退；尊重领导，团结同志；热爱自己的工作岗位，端正自己的职业操守，遵守医师的职业道德，全心全意为群众的健康服务。

在业务学习方面，我能努力钻研业务，精益求精。随着社会经济的不断发展，人民群众对健康要求的不断提高；随着科学技术的不断进步，新的理论、技术、方法不断出现，我深刻意识到只有不断学习、充实自己，才能更好地胜任自己的工作岗位，不断迎接新挑战。因此，我积极参加各种学术交流、医学继续教育活动，以及利用报刊、杂志、书籍以及互联网等，不断充实自己的知识水平，扩展自己的视野范围，提高自己的业务素质，以适应时代的需求，为今后工作打下坚实的基础。

在日常工作岗位上，我认真做好本职工作，听从科长的安排，服从领导的调度，认真做好血吸虫病、碘缺乏病、疟疾、丝虫病等地方病防治工作，协助办理政府血防办事务。我工作积极主动，善于思考，不断进取，勇于创新，为防治工作献计献策。本人坚持工作在基层第一线，不怕苦、不怕累，全身心地投入到查灭螺、查治病、健康教育、防控急感、晚血救助等血吸虫病防治的基层工作中，全心全意为群众的健康服务。本人还一直负责血吸虫病信息资料的收集、整理、统计、上报等工作，协助科长制定工作计划、撰写工作总结。

今后，我将一如既往地努力奋斗在卫生防病第一线，为人民群众的健康服务。

谢谢大家！

此篇范例中讲话者从政治思想，职业道德，业务学习等方面，逐条地进行阐述，把自己在上一段时间的工作中情况进行了很好地总结，让听众清楚地了解到他所做的工作，这样分层面的述职值得我们在以后的讲话中参考。

那么，在述职报告上，我们需要组织怎样的脱稿思路才能使自己的讲话让听众清楚明了呢？

首先，交代任职的自然情况。包括任职时间和背景，期间的变动情况；岗位职责和每次的考核成绩及个人认识；对于自己任职期间的工作表现做自我评估，确定述职范围和基调。这部分要讲得简明扼要，让听众对你有个大致了解即可。

其次，分层面讲述工作成果和问题。这是述职报告的中心内容，主要为成绩、做法、经验、体会或教训、问题。

最后，表决心。讲话者可以表示自己在今后的工作中会更加努力工作，对已有成绩不骄不躁，对出现的问题吸取教训等等之类的话语。

激情飞扬的校园演讲

校园是一个微型的社会，相对于真正的社会，校园是一个充满了激情和希望的场所，所以校园演讲大多也是激情飞扬，同时校园演讲的听众都是具有一定文化素养的学生，他们对于讲话中出现的比较复杂的成语、典故也能理解。所以在做校园演讲时，给自己选定的风格应是积极向上、充满青春热情的。

校园演讲的类型多种多样，比如开学典礼、毕业典礼、校庆演讲等等，这需要我们根据不同的类型做出相应调整，那么我们分别构建怎样的思路呢？

开学典礼是学校每学期伊始的必备工作，在开学典礼上，领导为了迎接新同学的到来、鼓励老同学更加努力，一般会进行一次讲话，这就是开学典礼演讲。开学典礼演讲，通常是介绍学校的历史、教师情况、办学宗旨、取得的成绩等等内容。

毕业典礼演讲：毕业典礼和开学典礼演讲正好相反，是学生们离开校园时，由校领导、特约嘉宾或者是学生自己对于同学们在校时期的生活做出的总结，也包括对未来的期望。

这样的演讲一般都是选用抒情的方式倾诉心声、表达情意，给学生的在校生活画上一个圆满的句号，并对他们的未来提出殷切的期望。

校庆演讲：校庆对于每一个学校来说都是至关重要的组成部分，它关系到了学校的文化和历史。一般校庆演讲都是由校领导、来访嘉宾、成功校友等人员在校庆典礼上发表演讲。校庆演讲的内容一般是祝贺学校，感谢来宾，回顾学校的发展史，畅想学校的未来规划等。

逆向思维出新意

假如你是知名人士，被某著名大学邀请，让你给学生们做一场精彩的演讲，如何通过讲话来吸引同学们的注意力和启发同学们的思考呢？要知道，学生们从小到大肯定经历了很多老师和校领导讲话的场合，最容易厌倦那种照本宣科的说教方式。所以，脱稿讲话就成了吸引学生注意，展现自己良好口才的一个机会。那么，该如何说呢？一些他们听惯了的大道理最好少说，他们肯定不希望在课堂之外还接受"调教"，我们不妨利用逆向思维的方式，用一种与他们常识相反的观点为其呈现一场别有新意的脱稿讲话。

以下范例是"甲骨文"公司总裁拉里·埃里森在耶鲁大学的演讲，他就是采用逆向思维的方法，给学生们留下了深刻的印象，同时其演讲的内容引发了同学们的思考。

耶鲁的毕业生们：

我很抱歉——如果你们不喜欢这样的开场。我想请你们为我做一件事。请你们好好看看周围，看看站在你左边的同学，看看站在你右边的同学。

请你设想这样的情况：从现在起 5 年之后，10 年之后，或 30 年之后，今天站在你左边的人会是一个失败者；右边这个人，同样也是个失败者。而你，站在中间的家伙，你以为会怎样？一样是失败者。失败的经历，失败的优等生。

说实话，今天我站在这里，并没有看到 1000 个毕业生的灿烂未来。我没有看到 1000 个行业的 1000 个名卓越领导者，我只看到了 1000 个失败者。

你们感到沮丧，这是可以理解的。为什么？我，埃里森——一个退学生，竟然在美国最具声望的学府里这样厚颜无耻地散布异端？我来告诉你原因。因为，我，埃里森，这个星球第二富有的人，是个退学生，而你不是。因为比尔·盖茨，这个行星上最富有的人——就目前而言——是个退学生，而你不是。因为艾伦，这个行星上第三富有的人，也退了学，而你没有。

再来一点儿证据吧，因为戴尔，这个行星上第九富有的人——他的排位还在不断上升，也是个退学生，而你，不是。

你们非常沮丧，这是可以理解的。你们将来需要这些有用的工作习惯，你将来需要这种"治疗"。你需要它们，因为你没有辍学，所以你永远不会成为世界上最富有的人。

哦，当然，你可以，也许，以你的方式进步到第十位，第十一位，就像史蒂夫。但我没有告诉你他在为谁工作，是吧？根据记载，他是在研究生时辍的学，开化稍微晚了些。现在，我猜想你们中间很多人，也许是绝大多数人，正在琢磨："我能做什么？我究竟有没有前途？"当然没有，太晚了，你们已经吸收了太多的东西，以为自己懂得太多。你们再也不是 19 岁了。你们有了"内置"的帽子，哦，我指的可不是你们脑袋上的学位帽。

嗯……你们已经非常沮丧啦。这是可以理解的……所以，现在可能是讨论实质的时候啦——绝不是为了你们，2000 年毕业生。你们已经被报销，不予考虑了。我想，你们就偷偷摸摸去干那年薪 20 万的可怜工作吧，在那里，工资单由你两年前辍学的同班同学签字开出来的。事实上，我是寄希望于眼下还没有毕业的同学。我要对他们说：离开这里！收拾好你的东西，带着你的点子，别再回来。退学吧，开始行动！

我要告诉你，一顶帽子一套学位服必然让你沦落……就像这些保安马上要把我从这个讲台上撵走一样必然……

此篇范例中埃里森用他自己、比尔·盖茨、艾伦、戴尔等成功人士退学创业的例子作为自己的论据，尽最大努力地让学生们相信自己的观点，他的讲话对渴望创业的人是个极大的鼓舞！然而每个人的条件不同、素质不同、追求不同，因而作为技术专家的埃里森对弃学创业的"鼓吹"有些夸张和偏激，不一定适合所有人，但蕴含在其中的事在人为、敢作敢为的精神和魄力是创业者需要的。

试想，如果有一个想要创业而又有诸多顾虑犹豫不前的毕业生，正常情况下人们会鼓励学生说："放心去吧，你的知识和学历证明你比大多数人优秀。"可这种说法的效果并不好，因为这个时候的犹豫就是缺乏勇气，与学历高低无关，而且同等学历的人也有不少，这样说不具有说服力。但埃里森却用劝学生们退学的方式，用几位名人的事实说明创业需要的是勇气和想法，强调的是敢于迈出第一步的魄力。听了这次讲话相信这个学生一定会放开自身的束缚，用"无知无畏"的勇气去社会上拼搏。这就是逆向思维的体现。

对于校园演讲，讲话者要想吸引听众的兴趣，激发听众的好奇心，就需要掌握一些方法和技巧，这样才能赢得更多听众的欢迎。那么，面对众多的学生听众，需要构建怎样的思路去完成脱稿讲话呢？

首先，讲话者要提出问题，引发听众的思考。这里需要注意的是，提出的问题一定要符合你演讲的主题，不要说一些不相关的话题来扰乱听众的注意力。

其次，举实例来印证主题。一般人都会从正面来论证自己的观点，然而，一问一答的正向思维更像是在自说自话，听众的注意力不容易集中；而采用逆向思维的论证方法，一开始就能让听众产生兴趣，因为不同于"正常"的说法显得有新意，也容易引起人们的好奇心。最后，总结主题。讲话者可以在结尾的这一部分讲一些引发思考的句子，让学生们在思考中加深讲话印象。

现身说法谈感悟

校园演讲中总是不乏名人大师的范例，尤其是在大学校园中，请一些成功人士来和学生们进行探讨交流更是平常，如果你有幸被某所高校邀请，面对莘莘学子，你准备说一些什么呢？

人们对于成功人士大多都有一种崇拜羡慕的心理，学生们更不例外，他们对社会充满了向往，对于在社会中打拼出一定成绩的人更是崇拜。希望从这些成功者身上学习一些有用的东西，是渴望成功的学生们的普遍想法。所以，如果你有了一些成就，那么，在校园演讲时不妨说一些自身经历、亲身感悟，相信这样的内容会受到大部分学生的欢迎。

以下摘取了百度创始人李彦宏在北大毕业典礼上的部分讲话内容，我们来感受一下如何现身说法进行脱稿讲话：

尊敬的闵书记、许校长，各位老师，各位家长，亲爱的学弟学妹们：

大家上午好！

今天，站在各位同学毕业典礼的讲台上，我最大的感受就是觉得非常的荣幸。在各位生命中最值得纪念的时刻与你们在一起，让我百感交集。我仿佛回到了十七年前，坐在你们中间，对这个再熟悉不过的校园感到万分的留恋，也对即将展开的新的生活有期待、有迷茫甚至有所畏惧。

……

今天我想给大家分享一些我的经历和对生活的感悟。

第一，是关于选择的故事。

进北大前我就非常喜欢计算机，我相信未来的计算机肯定会被广泛应用，而单纯的学计算机恐怕不如把计算机和某项应用结合起来有前途，于是我选择了北大的信息管理系，而不是计算机系。

我有个姐姐先我五年考上了北大，她告诉我北大的学生出国都很容易，她告诉我外面的世界很精彩。上了北大之后，我却发现我的情报学专业出国并不容易，而最先进的计算机技术那时候在美国。我被迫开始思考自己的下一步，并通过不断参与各种活动来丰富自己的视野。……

我在美国读计算机的时候，本来是读博士的，后来选择了放弃。原因是发现我更希望我做的东西能够被很多很多人使用，而不喜欢去研究一个别人已经研究了10年的命题。

……

百度公司走过了8年的历程，今天已经成为一个市值超过100亿美元的公司，为越来越多的人提供服务。我最大的心得就是要选择做自己喜欢做的事情，我们需要从自己真正的心里面去做选择，并不是你认为社会期望你这样做，父母期望你这样做，朋友期望你这样做。只有这样，你才会越工作越开心，在遇到困难、遇到挫折的时候，不会被沮丧击败，而全身心地去享受整个过程。

第二，是关于专注的认识

我一生有两个最大的幸运，一是找到我的太太，二是从事一份自己喜欢的工作。但太太与工作唯一的不同就是：太太只有一个，而工作每时每刻都充满了诱惑。很多人都会专注于一个妻子，但很多人都会喜欢上多个不同的工作。

……

很多时候，我感到百度能一直坚持做搜索是因为我对专注有宗教一般的信仰。普通人很难想象对于一个有2亿的用户的公司，每天要面对多少诱惑。百度可以做一百件事，最后我们只选择了一件，并一做就是8年，而且还会再做下去。

人一生中可以完成的事情是有限的。只有专注才能让自己变得足够优秀。所以说："有所不为，才能有所为。"

第三，是关于视野的感悟

回头望望自己走过的路，我会发现，这个世界的广阔是自己很难想象的。很多当时觉得非常大的困难，现在看来不过是一些小事，很多当时感觉到很棘手的事，现在也只是茶余饭后的话题罢了。

百度在2000年成立时，并不直接为网民提供搜索服务，我们只为门户网站输出搜索引擎技术，而当时只有门户需要搜索服务。2001年夏天，我做了这样一个决定，从一个藏在门户网站后面技术服务商，转型做一个拥有自己品牌的独立搜索引擎。这是百度发展历程中唯一的一次转型，会得罪几乎所有的客户，所以当时遭到很多投资者反对。但当我把视线投向若干年以后时，我不得不坚持自己的观点。大家知道，后来我说服了投资者，所以才有了大家今天看到的百度。

百度从后台走向了前台，加上我们的专注与努力，今天运营着东半球最大的网站。

……

所以说：视野有多远，世界就有多大。

最后，我在这里衷心祝贺你们顺利完成在北京大学的学习，祝愿你们未来的道路越走越宽广，世界在你手中。也让我们一起祝福我们的母校传承历史、继往开来、再攀高峰。

谢谢大家！

范例中，李彦宏通过三个不同的方面，结合自身经历讲述了他从学校到社会的一些感悟，三个方面看似独立，实则层层递进。先说遵从内心做选择，选择之后就要专注它，而只有专注一件事最后才有可能成功。李彦宏用这三个道理告诉学生们如何接近成功，加上他的真实经历使讲话亲切质朴，也更加有可信度。学生们从这次讲话中了解了这位成功者，也学到了做人做事的道理。

那么，我们在校园演讲中，需要怎样去构建思路，使自己的讲话受到听众欢迎呢？

首先，可以先简单总结一下自己目前的成就，用以提高听众对讲话者的好感度，也让他们对接下来的讲话保持兴趣。

其次，通过讲述自己的亲身经历，发表感悟。这也是整场讲话的主体部分，最好按照一定的顺序来讲，可以像范例中那样，分条讲述，也可以采用时间顺序、逻辑顺序等方式，重点是感悟的内容要有一定的道理，让听众觉得在这次讲话中有所收获，而不是简单听了一个故事。

最后，表示祝福。向所有坚持听完这次讲话的学生表示感谢，并祝愿他们创造出更精彩的人生。

肯定语气下定义

在校园中做学术演讲的时候，讲话者若是模棱两可地给出定义，在座的听众就会质疑讲话者的专业知识，对其产生不信任感，讲话者想要表达的观点可能不会被接受。所以，要增加讲话的可信度，讲话者最好用肯定的语气给出定义，只有这样才会得到更多听众的信服。

黑格尔，德国哲学家，德国古典唯心主义哲学的完成者。著有《逻辑学》《哲学全书》等。范例中是黑格尔在海得堡大学的演讲词：

诸位先生：

我所讲授的对象是哲学史。而今天我又是初次来到本大学，所以请诸位让我首先说几句话，就是我感到特别愉快，恰好在这个时机我能够在大学里面重新恢复我讲授哲学的生涯。因为这样的时候似乎业已到来，即可以期望哲学重新受到注意和爱好，这门几乎消沉的科学可以重新扬起它的呼声，并且可以希望这个对哲学久已不闻不问的世界又将倾听它的声响。时代的艰苦使人对于日常生活中平凡的琐屑兴趣予以大大的重视，现实上很高的利益和为了这些利益而作的斗争，曾经大大地占据了精神上一切的能力和力量以及外在的手段，因而使得人们没有自由的心情去理会那较高的内心生活和较纯洁的精神活动，以致许多较优秀的人才都为这种艰苦环境所束缚，并且部分地被牺牲在里面。因为世界精神太忙碌于现实，所以它不能转向内心，回复到自身。现在现实的这股潮流既然已经打破，日耳曼民族既然已经从最恶劣的情况下开辟出道路，且把它自己的民族性——一切有生命的生活的本源——拯救过来了：所以我们可以希望，除了那吞并一切兴趣的国家之外，教会也要上升起来，除了那为一切思想和努力所集中的现实世界之外，天国也要重新被思维到，换句话说，除了政治的和其他与日常现实相联系的兴趣之外，科学、自由合理的精神世界也要重新兴盛起来。

　　我们将在哲学史里看到，在其他欧洲国家内，科学和理智的教养都有人以热烈和敬重的态度在从事钻研，唯有哲学，除了空名字外，却衰落了，甚至到了没有人记起，没有人想到的情况，只有在日耳曼民族里，哲学才被当作特殊的财产保持着。我们曾接受自然的较高的号召去做这个神圣火炬的保持者，如同雅典的优摩尔披德族是爱留西的神秘信仰的保持者，又如萨摩特拉克岛上的居民是一种较高的崇拜仪式的保存者与维持者，又如更早一些，世界精神把它自己最高的意识保留给犹太民族，使它自己作为一个新精神从犹太民族里产生出来。但是像前面所提到的时代的艰苦和对于重大的世界事变的兴趣也曾阻遏了我们深彻地和热诚地去从事哲学工作，分散了我们对于哲学的普遍注意。这样一来坚强的人才都转向实践方面，而浅薄空疏就支配了哲学，并在哲学里盛行一时。

　　我们很可以说，德国自有哲学以来，哲学这门科学的情况看起来从来没有像现在这样坏过。空洞的词句、虚骄的气焰从来没有这样飘浮在表面上，而且以那样自高自大的态度在这门科学里说出来做出来，就好像掌握了一切的统治权一样。为了反对这种浅薄思想而工作，以日耳曼人的严肃性和诚实性来工作，把哲学从它所陷入的孤寂境地中拯救出来——去从事这样的工作，我们可以认为是接受我们时代的较深精神的号召。让我们共同来欢迎这一个更美丽的时代的黎明。在这时代里，那些向外驰逐的精神将回复到它自身，得到自觉，为它自己固有的王国赢得空间和基地，在那里人的性灵将超脱日常的兴趣，而虚心接受那真的、永恒的和神圣的事物，并以虚心接受的态度去观察并把握那最高的东西。

　　我们老一辈的人是从时代的暴风雨中长成的，我们应该赞美诸君的幸福，因为你们的青春正是落在这样一些日子里，你们可以不受扰乱地专心从事于真理和科学的探讨。我曾经把我的一生贡献给科学，现在我感到愉快，因为我得到这样一个地方，可以在较高的水准，在较广的范围内，与大家一起工作，使较高的科学兴趣能够活跃起来，并帮助引导大家走进这个领域。

　　我希望我能够值得并赢得诸君的信赖。但我首先要求诸君只需信赖科学，信赖自己。追求真理的勇气和对于精神力量的信仰是研究哲学的第一个条件。

人既然是精神，则他必须而且应该自视为配得上最高尚的东西，切不可低估或小视他本身精神的伟大和力量。人有了这样的信心，没有什么东西会坚硬顽固到不对他展开。那最初隐蔽蕴藏着的宇宙本质，并没有力量可以抵抗求知的勇气；它必然会向勇毅的求知者揭开它的秘密，而将它的财富和宝藏公开给他，让他享受。

此篇范例中，黑格尔阐述了哲学的重要意义以及对人类的重大影响，他用肯定的语气来阐述哲学在人类史上的地位，以及呼吁全人类要参加这项研究活动。因此，在做专业脱稿演讲的时候，要保持自信的心态，用肯定的语气来阐述观点，自然会得到的更多听众的信任。

除了上述的肯定语气，我们需要构建怎样的思路来表达所讲的内容呢？

首先，在开头的时候，提出定义。讲话者在这里要像范例一样，充满自信地，用肯定的语气下定义。这样的说话方必然会获得听众的信任。

其次，进入主题，具体的阐述要讲的内容。讲话者需要在主体的部分突出重点，把要讲的重要内容鲜明地表达出来，这样一来，在一定程度上减轻了听众的负担。

最后，对自己的演讲进行总结。

使用熟知的公式来说明问题

在校园演讲上，如果你要说明的观点比较复杂，或者论据阐述起来比较困难，有一个简单的方法可以参考，那就是讲道理公式化。讲话者可以利用一些学生们熟知的公式来说明自己的观点，这样就把比较复杂的问题简单化，让听众更加清楚地了解到你所要说明的问题，这样的校园演讲必然会得到更多听众的欢迎。下面以联想集团名誉董事长兼高级顾问柳传志在清华大学的演讲《怎样当好一个好总裁》的部分内容为例，看一下用熟知的公式说明问题的讲话效果。

……

下边就讲讲关于管理三要素的问题。在一个企业中，当总裁在环境问题解决了以后，应该怎么做好管理问题呢？联想有一个管理三要素，因为管理的教材内容非常之多，但是都有各自的说法。但是于我看来，办好企业有点像爬珠穆朗玛峰，目标是爬到山顶。不管是北坡上，还是南坡上，只要能爬到山顶就是好方法。其实这些理论也大同小异，关键在于怎样去归纳它。为什么一个企业要有一个自己的理论呢？就是你的这支队伍总不能一半人从南坡上，一半人从北坡上，队伍发散是不行的。所以在自己这个企业里，假如再有若干个事业部，有若干个子公司，必须要有共同的语言——管理的语言。无论企业做得好，还是做得不好的时候，都要有相应的语言以方便经验的交流。于是，就要有自己的一套管理理念，这也就像放一个东西的柜子，大家都知道，剪子、刀子这些零碎的东西放在哪个抽屉里，衣服放在哪个抽屉里，这样的话，我们便于内部交流，这就是我们联想的员工上下都知道的管理三要素的原因。

这三要素的第一点就是建班子。建班子本身实际是两个问题，班子的重要性我就不再多说了，就是做好班子的关键在于解决好两个问题：第一个是 $1+1<1$ 的问题，第二个问题是 $1+1<2$ 的问题。

$1+1<1$ 是什么意思，前边那个 1 就是总裁，加上后边的班子，甚至比你一个人管还糟糕。这很可能是因为你的班子里有宗派，有各种各样的纠纷性的问题。纠纷的问题存在，那还不如不要班子，这就是 $1+1<1$ 的问题。$1+1<2$ 就是有了这个班子了，果然就比你一个人强，但是你调动班子的积极性不充分，本来应该大于 2 或远大于 2，让班子形成一个合力，结果却是你做不到。所以我们着重要讲的是这两个问题。

$1+1<1$ 这个问题，分两种情况，一种情况就是把你调到那个单位去，那个单位以前就已经有宗派了，这时候问题很难解决。这种情况在国有企业还是很多的，我们调查过，宗派问题对某些国有企业是一个先天的问题，怎么讲呢？就是国有企业的总经理，要退休前到了 59 岁，他不能走褚时健的路，这种路犯法，但是又希望能够保证一些正常的生活待遇不变，在这样的前提下，一个非常合理的方式，就是破格选拔跟自己的感情非常要好的人来提拔他。这确实对企业的老领导者个人会有好处，可是第一把手这么做，党委书记看得很明白，也会这么做，他也选拔一个亲信来提拔，然后第二把手也这么做，这样有两三个人这么做，而且下边还形成体系，这就形成了宗派。有了宗派以后，问题就麻烦了，话就不能放在桌面上说了，说的东西都是很冠冕堂皇的，但是底下各自

有自己的系统，到了这种时候，这个企业便相当难受了。

如果你所在的企业已经不是一张白纸，而你是调到那儿去处理问题的话，这个问题不是我们今天所谈的，这不属于科学型的问题，是属于艺术型的问题，那就要看你本人有多大能力，这种问题就很难解决。现在我讲的是你在一个新的企业，或者说在这个企业里边还没有这样的问题的时候，你怎么去做呢？

核心的一点就是第一把手本人，是不是把企业的利益放在第一位，你如果能够做到把企业的利益放在第一位，将话能放在桌面上说，这个问题就好解决，你就会制定出一系列的做法，一系列的规章制度，以保证企业不产生这样的问题。联想就有些笨办法，有一些土办法，但是最起码让大家知道，在公司里对什么样的事情是深恶痛绝的。

比如联想有规定，不许子女进公司，不管你的子女是学什么的，是不是人才，是不是优秀，全不能进联想。这里边是有道理的，像我们是计算所出身的，我们的几个老副总、董事长的子女全是学计算机的，如果没有这个说法就全都可以进联想。进了公司以后，夫妇本来就在公司里，然后子女再进公司，子女之间再联姻，那就管不了了。所以这个是绝对不可能允许的，而且真的子女进公司以后，对其他年轻人的发展会有影响，人家也会觉得不公平。所以在这点上，我们特别注意。还有一点，就是在社会上，有些大的用户及各种各样的社会关系，都会推荐他们的子女或有关的人到公司里来。现在这是很正常社会现象，对于这个情况，我们怎么做呢？第一，我们要对这个人进行笔试，考试通过后，要有三个副总裁同时签字来保证这个人才能作为一个特殊情况进到公司里来，这就表示不是任何一个人的私人关系。而且我们绝不通过这个孩子跟他的家长进行特殊联系，就是说，他家里比如说你是税务局的负责人，但我们绝不经过他的孩子跟他联系，要不然的话就会出别的问题。

……

此篇范例，柳传志用1+1＜2或者1+1＜1的现象来说明企业管理中建班子的重要性，他向听众传达了要想做好总裁就应该解决1+1＜1和1+1＜2这两个问题。在1+1＜1的问题上，柳传志把前面的1比喻成总裁，后边的1比喻成班子，在两者之和小于1的时候，就说明领导班子存在很大的矛盾分歧，这样的团队必将是失败的；而两者之和小于2时，虽然比上一个阶段强，但是团队中还存在一定的问题，积极性不够，也不能称得上是一个完美的团队。接着，他又分别细说了各自解决问题的方法，这就让听众清楚地了解了怎样当好一个好总裁以及带领一个好团队。

在校园演讲中，讲话者需要组织怎样的思路才能清楚地说明自己的观点呢？

首先，开门见山地提出要阐述的问题。对于校园演讲来说，要想在开场就捕捉学生们的注意力，就不需要讲话者铺垫太多，直接提出自己的主题。在这部分，我们可以采取多种方式，比如可以向在场的学生进行提问，或者设置悬念等等，主要目的是能提高学生的兴趣，引起他们的好奇心。

其次，复杂问题简单说。讲话者可以参照范例，很多人认为管理者这个问题太复杂，不好解说，因为其中制约的因素有很多，不知从何说起。与其苦恼，不如学会借助一些工具，比如一些公式或者是工具来说明问题，这样就把复杂的问题清楚明了地呈现在别人的面前。

最后，做出总结。讲话者在最后结尾时，要简要总结自己的观点，点到为止即可。

幽默风趣表心声

在校园演讲上常会出现这样的情形：台上的演讲者说得津津有味，底下的学生却不买账，他们自顾自聊天、玩手机，甚至是睡觉，这样的演讲必定是失败的。那么，如何让学生们对你的讲话感兴趣，并且一直听下去呢？幽默是个不错的选择，在讲话内容中不断加一点笑料，就能把枯燥的内容生动地表现出来，学生们在欢笑之余也就对后面的讲话更感兴趣了。2008年，俞敏洪在北京大学开学典礼时发表的演讲，幽默风趣的风格赢得了全场阵阵掌声。由于篇幅有限，只摘取部分内容为例：

各位同学、各位领导：

大家上午好！

非常高兴许校长给我这么崇高的荣誉，谈一谈我在北大的体会。

可以说，北大是改变了我一生的地方，是提升了我自己的地方，使我从一个农村孩子最后走向了世界的地方。毫不夸张地说，没有北大，肯定就没有我的今天。北大给我留下了一连串美好的回忆，大概也留下了一连串的痛苦。正是在美好和痛苦中间，在挫折、挣扎和进步中间，最后找到了自我，开始为自己、为家庭、为社会能做一点事情。

学生生活是非常美好的，有很多美好的回忆。我还记得我们班有一个男生，每天都在女生的宿舍楼下拉小提琴，希望能够引起女生的注意，结果后来被女生扔了水瓶子。我还记得我自己为了吸引女生的注意，每到寒假和暑假都帮着女生扛包。后来我发现那个女生有男朋友，我就问她为什么还要让我扛包，她说为了让男朋友休息一下。我也记得刚进北大的时候我不会讲普通话，全班同学第一次开班会的时候互相介绍，我站起来自我介绍了一番，结果我们的班长站起来跟我说："俞敏洪你能不能不讲日语？"我后来用了整整一年时间，拿着收音机在北大的树林中模仿广播台的播音，但是到今天普通话还依然讲得不好。

人的进步可能是一辈子的事情。在北大是我们生活的一个开始，而不是结束。有很多事情特别让人感动。比如说，我们很有幸见过朱光潜教授。在他最后的日子里，是我们班的同学每天轮流推着轮椅在北大里陪他一起散步。每当我推着轮椅的时候，我心中就充满了对朱光潜教授的崇拜，一种神圣感油然而生。所以，我在大学看书最多的领域是美学。因为他写了一本《西方美学史》，是我进大学以后读的第二本书。

为什么是第二本呢？因为第一本是这样来的，我进北大以后走进宿舍，我有个同学已经在宿舍。那个同学躺在床上看一本书，叫作《第三帝国的兴亡》。所以我就问了他一句话，我说："在大学还要读这种书吗？"他把书从眼睛上拿开，看了我一眼，没理我，继续读他的书。这一眼一直留在我心中。我知道进了北大不仅仅是来学专业的，要读大量大量的书。你才能够有资格把自己叫作北大的学生。所以我在北大读的第一本书就是《第三帝国的兴亡》，而且读了三遍。后来我就去找这个同学，我说："咱们聊聊《第三帝国的兴亡》。"他说："我已经忘了。"

我也记得我的导师李赋宁教授，原来是北大英语系的主任，他给我们上《新概念英语》第四册的时候，每次都把板书写得非常的完整，非常的美丽。永远都是从黑板的左上角写起，等到下课铃响起的时候，刚好写到右下角结束。我还记得我的英国文学史的老师罗经国教授，我在北大最后一年由于心情不好，导致考试不及格。我找到罗教授说："这门课如果我不及格就毕不了业。"罗教授说:"我可以给你一个及格的分数,但是请你记住了,未来你一定要做出值得我给你分数的事业。"所以,北大老师的宽容、学识、奔放、自由,让我们真正能够成为北大的学生,真正能够得到北大的精神。当我听说许智宏校长对学生唱《隐形的翅膀》的时候,我打开视频,感动得热泪盈眶。因为我觉得北大的校长就应该是这样的。

我记得自己在北大的时候有很多的苦闷。一是普通话不好,第二英语水平一塌糊涂。尽管我高考经过三年的努力考到了北大——因为我落榜了两次,最后一次很意外地考进了北大。我从来没有想过北大是我能够上学的地方,她是我心中一块圣地,觉得永远够不着。但是那一年,第三年考试时我的高考分数超过了北大录取分数线七分,我终于下定决心咬牙切齿填了"北京大学"四个字。我知道一定会有很多人比我分数高,我认为自己是不会被录取的。没想到北大的招生老师非常富有眼光,料到了三十年后我的今天。但是实际上我的英语水平很差,在农村既不会听也不会说,只会背语法和单词。我们班分班的时候,五十个同学分成三个班,因为我的英语考试分数不错,就被分到了A班,但是一个月以后,我就被调到了C班。C班叫作"语音语调及听力障碍班"。

我也记得自己进北大以前连《红楼梦》都没有读过,所以看到同学们一本一本书在读,我拼命地追赶。结果我在大学差不多读了八百多本书,用了五年时间。但是依然没有赶上我那些同学。我记得我的班长王强是一个书癖,现在他也在新东方,是新东方教育研究院的院长。他每次买书我就跟着他去,当时北大给我们每个月发二十多块钱生活费,王强有个癖好就是把生活费一分为二,一半用来买书,一半用来买饭菜票。买书的钱绝不动用来买饭票。如果他没有饭菜票了就到处借,借不到就到处偷。后来我发现他这个习惯很好,我也把我的生活费一分为二,一半用来买书,一半用来买饭菜票,饭票吃完了我就偷他的。

……

人的一生是奋斗的一生,但是有的人一生过得很伟大,有的人一生过得很琐碎。如果我们有一个伟大的理想,有一颗善良的心,我们一定能把很多琐碎的日子堆砌起来,变成一个伟大的生命。但是如果你每天庸庸碌碌，没有理想，从此停止进步，那未来你一辈子的日子堆积起来将永远是一堆琐碎。所以，我希望所有的同学能把自己每天平凡的日子堆砌成伟大的人生。

最后，我代表全体老校友向在座的三千多位新生表一个心意，我代表全体老校友和新东方把两百万人民币捐给许校长，为在座同学们的学习、活动和成长提供一点帮助。

从范例中可以看出，同样的话语，同样的意思，不同人讲出来，自然就会获得不同的效果。俞敏洪改变了传统的说教方式，而是根据自己的大学时代的经历，用幽默风趣的话语表达出来，这样产生的效果更会让学生们记忆犹新。所以，幽默风趣的表达值得我们学习和参考。

那么，在校园演讲中，我们如何构建思路让自己的演讲穿插更多的笑料呢？

首先，开场问好。讲话者要在开场时，向各位领导和学生们问好，这是应有的礼貌和基本礼节，也是对人们的尊重。

其次，根据经历讲述问题。在这部分，讲话者可以根据自己的实际经历来阐明一些问题，这也是增加笑点的机会，比如范例中俞敏洪就把自己在读书方面的趣事拿来作为讲话材料。除此之外，还可以穿插一两个小笑话，有些道理用讲笑话的方式讲出来，更容易让人接受。重要的是也许你的演讲就不那么枯燥乏味了。

最后，升华主题，上升至人生和理想。讲话在结尾时讲话者可以谈及人生的理想，以及升华一下主题，要让学生有所感悟，并且引发思考。

热烈喜庆的节日致词

我们常见的节日有很多：元旦、春节、妇女节、劳动节、青年节、儿童节、建党节、建军节、国庆节、教师节、端午节、重阳节、清明节、中秋节、元宵节等等。

节日演讲是在庆祝节日时所发表的演讲。在节日演讲中，演讲者一般都会根据节日的特点来确定主题，通常在演讲中要进行历史的回顾，这是因为只有总结历史，才能实现立足当下展望未来的目的。一般节日都是喜庆的日子，所以节日演讲的目的就是使听众轻松愉快。

节日意义是主旨

节日演讲是在一些具有纪念性的节日庆祝仪式上所发表的讲话。节日演讲者在导引人们缅怀过去、把握现在、憧憬未来。所以，讲话者在脱稿发言时，要时刻记得紧扣着节日意义，做好准备工作，只有这样才能在致词时畅所欲言。美国总统奥巴马在复活节上的讲话就是以节日意义为主题的例子。

对无数美国人来说，这个周末是感谢上帝救赎的日子。今晚，犹太人将团结在一起再次举行家宴，重新讲述《出埃及记》的故事。明天，我家将和全世界所有基督徒一起感谢上帝给予的救赎他的子民的恩惠和复活节早晨的奇迹……这些无与伦比的礼物。

这些节日扎根来源于几千年前所发生的奇迹。这些奇迹将我们与过去联系在一起，并给予我们面对未来的力量。这些也让我们记住将我们联系到一起的人性这一基本纽带。

对我和无数基督徒而言，复活节周末是反省和愉快的节日。昨天，我们很多人都静静地花了些时间参悟耶稣为我们所做出的巨大的牺牲。

明天，我们将一起庆祝救世主的复活，正因为他的去世才让我们得以存活。

在这神圣的日子里，我们再次提醒我们自己要以他为榜样。再次毫不利己地奉献我们的时间给那些我们关爱的邻友们。我们再次让自己牢记无论我们是谁，无论我们取得多大的成就，在全能的上帝面前，我们都显得如此的卑微。

基督以死换来的胜利对于基督徒而言有着特殊的意义。但我们大家，无论你相信多少，信或不信，都能分辨出他的故事的每个细节。这是超越绝望的希望，超越怀疑的信念的胜利。

这些信念将不同信仰和背景的所有美国人团结在一起；塑造我们的价值观并指导我们的工作；让我们的生活充满希望。

至此，米歇尔和我希望祝福所有与我们一起庆祝复活节的基督徒，祝大家复活节快乐！对于所有的美国人民，我希望大家的周末充满欢乐和反思，并关注那些最最重要的事情。愿上帝保佑大家，愿上帝保佑美利坚合众国。

此篇范例从整体的内容来看，奥巴马围绕着复活节的意义，从耶稣的牺牲精神，想到自己和众人，正是因为耶稣的牺牲，众生才得以复活。接着，开始倡导节日的意义，让人们继续去信服基督，塑造正确的人生导向，最后在结尾的时候表示祝愿，祝愿所有人，同时也祝愿美利坚合众国。这种紧紧围绕节日主题的思路是值得我们效仿的。

在类似的喜庆的节日场合，我们一般构建怎样的思路去表达节日的意义呢？

首先，开头直接点明主题，阐述节日的由来。在开头的部分要着重讲述节日的由来，也许现场的听众还有不知道的，需要讲话者在这里讲清楚。这样的方式也是为了吸引听众的注意力，提升他们的兴趣。

其次，阐明在节日中应倡导的精神。不同的节日代表的意义也不同。弘扬相应的人物和精神，鼓动和激发听众的情绪，发出具体的、正义的号召。

最后，提出希望和祝愿。讲话者可以像范例一样，在结尾时对在场的听众以及身边的人表示祝福。

美好祝福层次化

节日类演讲是在庆祝节日时所发表的，根据不同的节日拟订不同的演讲主题，这同时也是一种回顾和反思。通常节日演讲都是积极向上的，为听众营造出一种轻松愉快的氛围。在这轻松愉快的氛围中，发表美好祝福的时候，最好做到层次化。我们以某人在中秋节上的致词为例，看看如何将祝福分层次表达出来。

晚上好！欢迎大家出席我们的中秋联欢晚会：

在华人的传统节日中，中秋节是欢庆丰收的节日，也是合家团聚、把酒邀月的喜庆之时，更有"嫦娥奔月"的美丽传说，将中秋月夜点缀得浪漫迷人。每年此时，总商会都会举办五彩缤纷的活动，欢度中秋佳节，不仅是加强会员和朋友们之间家庭的融合及生意的交流，我们也承此机会，让大家加深对悠久的中华文化的了解，并使不同种族、语言和宗教的同胞相互交流，增进认识，进一步加强种族和谐与社会凝聚力。

庆祝像中秋这样的华人传统节日已成为我们的常年活动，当然这只是总商会为保存和发扬中华文化所开展的许许多多活动之一。随着中国经济的迅速增长，总商会将负起更重大的使命，更加注重自身新的定位，并实现新的发展，以帮助新加坡人、特别是年轻一代更好地了解中国的文化、历史和当前的发展状况，在同中国的经贸往来及开发中国市场方面增加竞争优势。

多年来，我们一直积极支持"讲华语运动"，并一如既往地组织或赞助与中华文化及华语有关的各项活动。我们将继续开展这些活动，同时也开发一些创新的、具有实用价值的文化活动，比如主办一系列"中国古典名著给现代企业管理的启示"方面的讲座，将中华文化知识与经商紧密结合起来。

此外，我们的附属机构——新加坡中华总商会企业管理学院开办商业华语课程已有多年。这些课程广受欢迎，现在，一些放眼中国市场的本地非华族专业人士也开始青睐商业华语课程了。我们将进一步增加与办好这些课程，以满足快速增长的需求。

总商会也曾投入大量的经费和精力，帮助新加坡人了解中国的历史及其对东南亚的影响。本会充分认识到晚晴园所蕴含的深厚历史意义，对其进行了修复和扩建，重新命名为"晚晴园——孙中山南洋纪念馆"，并于去年底重新向公众开放。这座见证了孙中山南洋革命活动足迹的建筑，现在已成为一座普及国民教育的纪念馆，使到访者对中国的历史及近代发展有基本的了解。

今晚，非常荣幸地邀请到林双吉政务部长参加我们的中秋联欢晚会。我谨代表新加坡中华总商会，向您及您的家人致以真诚的祝福，并祝各位嘉宾中秋愉快、身体健康、家庭美满、合家幸福！祝愿我们总商会实现新的发展！祝我们的国家繁荣富强！

谢谢大家！

从以上的范例我们可知，讲话者在结尾做出祝愿的时候，把美好的祝福分成三个方面来说：祝愿各位嘉宾以及所有的家人身体健康，祝愿中华总商会发展更好，祝愿我们的国家繁荣富强。从对个人的祝福，到公司的祝愿，再到对国家的美好祝福。可以看出讲话者考虑得非常全面，既照顾到了个体，又照顾了国家。

在节日宴会场合，脱稿致词时，我们需要采取怎样的思路来烘托节日的喜庆气氛呢？

首先，表示欢迎。在开场的时候，讲话者要欢迎到场参加宴会的每一个人，对他们致以衷心的问候。

其次，借着节日主题，祝贺他们节日快乐。在这部分着重强调节日的意义，以及对生活产生的影响。讲话者要带着丰富的感情，真挚而热情地表达出节日的喜庆，调动和活跃现场气氛。

最后，做出美好的祝福。讲话者可以像范例一样，在祝福的时候，可以分层进行祝福，可以是个人、集体、国家这样的分层，也可以是家人、朋友、合作伙伴等类型的其他层次。

纪念意义要突出

节日演讲的内容必然离不开相关的节日，一般讲话的时间不长，但演讲者仍是将主题扣在了节日上，可以这样说，所有的节日演讲词内容都有纪念色彩。比如说：元旦演讲是在欢迎新年的同时纪念过去的一年，端午节在欢庆节日时也是为了纪念爱国诗人屈原，西方的传统节日圣诞节，是为了纪念耶稣诞生。所以，在节日脱稿致词时，要着重突出纪念意义，既符合主题，也能让讲话显得更有价值。而且一般节日的纪念意义都是耳熟能详的，可以说即使脱稿讲话也没有难度，关键是要使纪念意义在整场讲话中鲜明深刻。以某人在端午节的讲话为例，看一下如何突出纪念意义。

各位师生：

大家好！

今年的 5 月 28 日是农历五月初五，中国的传统节日——端午节。人们会通过赛龙舟、包粽子、喝雄黄酒等形式来纪念一个不朽的灵魂——屈原。

据《史记·屈原贾生列传》记载，屈原是春秋时期楚怀王的大臣。他倡导举贤任能，富国强兵，力主联齐抗秦，遭到贵族子兰等人的强烈反对，屈原遭谗去职，被赶出都城，流放到沅、湘流域。在流放中，他写下了忧国忧民的《离骚》《天问》《九歌》等不朽诗篇，独具风貌，影响深远。公元前278年，秦军攻破楚国京都。屈原眼看自己的祖国被侵略，心如刀割，但是始终不忍舍弃自己的祖国，于五月五日，在写下了绝笔作《怀沙》之后，抱石投汨罗江身死，以自己的生命谱写了一曲壮丽的爱国主义乐章。

屈原死后，楚国百姓非常哀痛，纷纷到汨罗江边去凭吊屈原。渔夫们划起船只，在江上来回打捞他的身体。有的渔夫拿出饭团、鸡蛋等食物丢进江里，希望鱼龙虾蟹吃饱了，不会去咬屈大夫的身体了。有的拿来一坛雄黄酒倒进江里，希望晕倒蛟龙水兽，以免伤害屈大夫。后来怕饭团为蛟龙所食，人们想出用楝树叶包饭，外缠彩丝，发展成为粽子。

郭沫若评价屈原为"伟大的爱国诗人"。他开浪漫主义诗歌之先河，创立了"与天地兮同寿，与日月兮同光"的楚辞文体；发明了"惟草木之零落兮，恐美人之迟暮"的香草美人传统。他奔流肆意的想象，源源不绝的才情，似河流汇聚成海一般，浩瀚无垠。我国文史上最长的抒情诗——《离骚》，就是他集毕生心血所成的作品。

屈原去世已有几千年了，今天我们来纪念他，主要是学习他爱祖国爱人民、坚持真理、宁死不屈的精神和他"可与日月争辉"的人格。屈原作为一个改革家，他的政治理念，他的改革期望，都因当时客观残酷的社会条件而失败了。但作为一个伟大的爱国者、思想家和文学家，他却成功了。"举世皆浊我独清，众人皆醉我独醒"是他的气节，"路漫漫其修远兮，吾将上下而求索"是他的伟岸。他如菊的淡雅，如莲的圣洁，强大的精神力量，为后人颂扬，激励感染了无数中华儿女！

屈原的伟大，不仅是他刻骨铭心的诗句，更是他矢志不移的爱国精神、不与奸佞小人同流合污的高风亮节。五千年中华文明史少不了屈原，灿烂的中国文学史少不了屈原。

屈原的精神是不朽的。不管时光如何变迁，他永远生活在岁月的长河里，永远铭记在人们的心中！

此篇范例，纪念的意义非常浓厚。讲话者在讲述端午节缘由的时候，简要地讲述了屈原的事迹、粽子的由来……这些事迹和话语都是为了纪念伟大的屈原，正因为屈原的爱国精神，才值得人们如此敬仰和爱戴。

通常，在具有代表纪念意义的节日上，我们除了突出纪念意义，还需要组织哪些思路呢？

首先，直接点题，引出节日。讲话者可以采用一些问答或者提问的方式，让现场的听众帮助你说出主题。这样既点出了现场的活动的主题，又很好地调节了现场的气氛，一举两得。

其次，讲述纪念人的事迹。讲话者在这一部分，要把事情的来龙去脉以及为什么纪念他们讲清楚，在讲述的过程中，适当地运用一些口语化的表达，这样才能通俗易懂。

最后，弘扬精神。在这部分，讲话者要着重的讲述需要纪念的人或事的伟大精神，并且号召所有人学习这种精神。

歌颂和弘扬节日意义

在一些节日庆典场合，上台脱稿讲话时，要以弘扬和歌颂节日意义为主。比如在国庆节上要大力弘扬歌颂爱国精神；在劳动节上，主要弘扬劳动光荣的主题，倡导相关行业认真从事劳动工作；在中秋节上，主要倡导合家团圆等等。我们选取某人在五一劳动节上的讲话为例，来说明歌颂和弘扬节日意义如何表达。

春风送爽，万象更新。今天我们迎来了又一个工人阶级和劳动人民的光辉节日——"五一"国际劳动节。

每次过"五一"的时候我都会想起初中学到的那篇杨朔的《荔枝蜜》："多可爱的小生灵啊！对人无所求，给人的却是极好的东西。蜜蜂是在酿蜜，又是在酿造生活；不是为自己，而是为人类酿造最甜的生活。蜜蜂是渺小的，蜜蜂却又多么高尚啊！""这天夜里，我做了个奇怪的梦，梦见自己变成了一只小蜜蜂。"

我们讴歌劳动，是为了纪念过去，我们崇尚劳动，是为了开创未来。放歌新世纪和美好的春天，我们讴歌劳动，歌唱祖国的美丽河山，展示劳动者的风采。祖国的大花园中到处都是我们勤劳的蜜蜂。

近年来"劳动光荣"价值观受到挑战。一些人由此变得很浮躁，一直在寻求机会"搏一搏"，痴想哪天一觉醒来就变为富翁。"一夜暴富"确实存在，但概率极小。人活着不能"守株待兔"，而是要奋斗。劳动创造世界。有了人们的体力脑力支出，才有财富产生的可能。至于非劳动收入只不过是人类剩余价值的分割而已。无论什么情况，无论哪个年月，我们都要坚信"劳动光荣"。

劳动创造了世界，劳动创造了人类，劳动创造了财富。尊重劳动就是尊重人本身。当今时代，强调尊重劳动应克服片面性，既重视创造性的、复杂的智力劳动，又重视在平凡岗位上兢兢业业、默默奉献的劳动，使各种劳动有机统一于社会主义现代化建设事业中。

一个人的劳动态度、习惯、能力，以及对劳动的认识，对劳动人民的感情，对劳动成果的珍惜意识，对劳动创造幸福、劳动创造一切的理解，对劳动光荣，劳动没有高低贵贱之分的认识程度，往往是检验这个人思想道德、意志品质的有效标准。

让我们都来发扬勤劳、勇敢的精神，为真理我们团结斗争，经风雨意志会坚韧。辛勤劳动建设自己的国家，我们的无穷力量会像海涛奔腾，祝愿我们的祖国永远光辉灿烂，永远繁荣昌盛！

此篇范例，讲话者根据"五一"劳动节的节日意义，弘扬了劳动精神，同时也倡导人们需要践行劳动，发扬勤劳、勇敢的劳动精神。这就充分契合了主题，也升华了主题。

在节日场合，我们需要组织怎样的思路和框架来搭建节日讲话的思路，并且还不让讲话的内容空洞呢？

首先，点题庆祝。讲话者在开场时要表明节日是什么，用热情而喜庆的话语庆祝节日的到来。在这部分需要注意的是，不要长篇大论，简要阐述清楚即可。

其次，歌颂节日主题。在这部分，需要讲话者采用一些方式，比如可以通过回忆一些与节日主题有关的经历，以此来引发全场的共鸣，使全场都处于这种喜庆而热烈的氛围中。

最后，弘扬和倡导节日精神。讲话者在结尾时，要大力提倡和弘扬节日的精神，倡导全民参与行动。注意语气要慷慨激昂，充满热情。这样才能真切地感染现场的每一位听众。

鼓舞人心的动员大会

动员会一般是指发动大家参与某项活动的会议。讲话者要明确动员大会的目的，一般来讲为了鼓舞员工士气和提高工作业绩而开展的，所以一篇煽情的完整的演讲稿是十分必要的。动员大会上不能批评员工，要专注于如何提升工作来讲，否则没有效果反而让员工厌恶，要有一些响亮的、煽情的鼓舞士气的话，要多增强互动性，这样鼓舞人心的目的就能达到。你可以这样说："我们明年要实现 100 万的产量，实现公司的巨大跨越，大家能不能做到？去年产品质量问题始终困扰我们长达一年之久，难道我们明年还让这个问题继续困扰我们、阻碍我们前进的步伐吗？我们必须改进改进再改进，同志们你们说行不行？"合力、凝聚力是动员大会的主要目标，如果你达到了就说明你的演讲获得了成功。

其实，在动员大会上发表的讲话是没有固定的思路，因为不同的场合决定了不同的讲话内容，所以在接下来我们来看具体场合怎么说。

关于要求具体说

动员会，是指组织开展某项活动之前，为了统一思想，振奋精神，提升士气，宣布统一实施计划等所召开的会议。在这种会上，通常有主要领导发言，还有基层代表发言。讲话者最好提出具体的要求，这样才能让员工知道自己应该做什么，怎么去做，起到鼓舞人心的作用。比如某家医院要申报"二甲"医院，各项计划准备工作就绪后，决定召开创"二甲"医院动员大会，假如你是该院分管领导，需要在这次会上讲话，从哪几方面讲？又该如何去说呢？

下面就以这个背景为例，看一下如何达到动员目的。

同志们：

今天在这里召开医院全体职工动员大会，标志着医院创建二级甲等级医院工作正式启动，会议的目的是要动员大家坚定信心、鼓足干劲、全员参与、积极投入到创建"二甲"工作中去，力争在省厅要求的时限内完成申报工作，确保医院创建"二级甲等医院"顺利通过。下面，这里我有几点看法：

首先，提高认识；统一思想，全员动员，集中精力，做好准备。我们要把全部精力投入到创建"二甲"上来，要与时俱进，解放思想，转变观念，充分认识创建"二甲"医院的重要性、必要性、紧迫性和艰巨性，要在思想深处形成只有通过"二甲"评审才能生存、才能发展的忧患意识。

其次，不断提高医疗质量，切实保障医疗安全，是完成"二甲"目标的重要措施。等级医院评审工作的重点是加强基础医疗质量管理，规范医疗执业行为，使医务工作者和管理人员在医疗实践中做到有章可循，不断提高管理能力和医疗质量，切实保障医疗安全。因此，大家应该清醒地认识到评审不是评比，而是对医院在保障质量、保障安全、提高效率等一系列措施落实的认证。这就要求我们认认真真地从基础做起，从我们日常工作一点一滴做起，不断加强医疗质量管理，完善管理体系，落实管理措施。

再次，提高服务质量，加强行风建设是实现"二甲"目标的重要保障。服务质量关系到医院的社会效益和形象，行风建设关系到群众的切身利益，这也是目前社会普遍关注的热点问题。要实现"二甲"目标，我们必须努力提高服务质量，加强行业作风建设，创造出适应社会主义经济市场的新型职业道德，创建一流的现代化职业文明。

最后，加强领导、夯实责任，层层落实，确保"二甲"顺利达标。能否保证医院的"二甲"评审按计划顺利进行并达到预期目的，取得明显成就，关键在领导，因此，我们必须加强领导，狠抓落实，夯实责任，层层负责。

同志们，"二甲"医院迎评工作任务极其艰巨，这是对我们领导班子和全体职工的严峻考验，我坚信，我们有各级领导的大力支持，有一个团结战斗的领导班子，有一个不怕吃苦、乐于奉献的职工队伍，我们的目的一定能够达到。

谢谢大家！

此篇动员会讲话范例，讲话者不仅从大局上鼓舞了员工的士气，而且也相应地提出了具体的三点要求，这就让员工清楚和明确自己肩上的责任，从而会更加努力奋斗。在这篇范例中，讲话者也很好地凝聚了员工的团结力，增强了团队的气势。

在类似动员员工的大会上，我们需要构建怎样的思路来使脱稿讲话表现得出色精彩，同时还能起到鼓舞人心的作用呢？

首先，强调主题。讲话者要在开场的时候讲清楚为什么举办这次动员会。不妨参考这种开头："同志们，今天，风和日丽，鸟语花香。在这样一个祥和的日子里，我们相聚在一起，召开医院全体职工动员大会，标志着我院创建二级甲等医院工作的正式启动！"像这样简单明了地阐述会议的主题，自然揭开了员工心中的疑团，让他们清楚了解了这次动员会的主题。

其次，说明目的。讲话者要说明开这次动员会的目的和作用。比如希望达到什么样的目标和水平等。

再次，提出要求。这部分内容要重点讲述，结合单位的实际，对员工做出具体要求，说得越详细，员工对于自己接下来的工作就越明确。

最后，号召全体，寄予希望。讲话者需要在结尾的时候可以说一些号召全体人员一起努力，为达到既定的目标努力奋斗前进等话语。

代表表态有三点

高考在即，学校为了动员高三学生努力学习、鼓舞斗志，特别为他们组织动员大会，假如让你代表学校的校领导讲几句话，应该怎么构思呢？很多人还是停留在念稿子的老套方式上，但是，这样的讲话方式效果并不好，不仅起不到动员的作用，反而会遭到学生们的反感。所以，脱稿讲话的方式才是鼓舞人心的最佳选择，那么，在高考的动员会上，应该说些什么呢？范例中的讲话方式可以供大家参考：

各位老师、各位同学：

大家上午好！

今天我们在学校大礼堂召开高考动员大会，是想给同学们鼓鼓劲，加加油，谈谈在这紧张而又关键的备考阶段应注意的几个问题，今天是11月5日，距离高考仅剩下200多天，几个月后，我们同学们将迎接高考的洗礼，迎接人生的第一次检阅。

有位哲人说："世界上一切的成功、一切的财富都始于一个信念！始于我们心中的梦想！"心中有目标，学习才有动力。这一阶段，你的近期大目标就是考入理想的大学，近期小目标应该是每天都有新收获，每天都有新进步。也许你现在还不算优秀，但只要你朝着目标执着追求，理想大学的大门就会向你敞开。

美国大思想家爱默生说："自信是成功的第一秘诀。"可以说拥有自信就拥有无限生机。自信的人会坚定不移地朝着自己的目标奋进，自信的人会在困难面前不屈不挠，勇往直前。同学们，优秀的学生不是天生的。要相信自己还有潜力没有被挖掘出来，坚信凭自己的能力一定能学好各门功课。要相信自己能取得更大的进步，能够取得更优秀的成绩。

成功从不主动上门，它来自积极的努力，勤奋创造奇迹。

牛顿是世界一流的科学家，当有人问他到底通过什么方法得到那些非同一般的发现时，他坦诚地说是靠勤奋和持之以恒。道尔顿也从不认为自己是什么天才，他认为他所取得的一切成就都是靠勤奋和点滴积累。一点点进步都来之不易，任何成功都不会唾手可得。如果你想成功，勤奋就是最好的资本。你们要有倾尽全力的学习态度，持之以恒的积极行动。或许，以前你因为疏懒、不认真、散漫，又或是自卑、心情烦乱等原因，学习成绩有些不如意。那么，从现在起，奋起直追，和每一位老师默契配合，认真对待每一次考试，认真做好每一科笔记，认真处理每一个问题，做好每一个细节，严格自律，分秒必争，刻苦学习，养成严谨、踏实的良好习惯。

以最少的时间赢得最高的学习效率，是许多优秀学生的诀窍。现在，所有科目都进入了第三轮复习阶段，同学们将要面对众多的模拟考试，更需要掌握科学的学习方法，提高自己的学习效率。

如何提高学习效率呢？在这里我提醒同学们注意几点：

第一点，合理安排，最大限度地利用时间。

我给大家讲个小故事：

一个胸怀理想的青年，带着崇敬的心情，去向著名教育家班杰明请教成功的秘诀，并与班杰明约好了见面的时间和地点。待那个青年如约而至时，班杰明的房门敞开着，眼前的景象却令青年人颇感意外——班杰明的房间里乱七八糟、狼藉一片。没等青年人开口，班杰明就招呼道："你看我这房间，太不整洁了，请你在门外等候一分钟，我收拾一下，你再进来吧。"一边说着，班杰明就轻轻地关上了房门。

不到一分钟的时间，班杰明就又打开了房门并热情地把青年人请进客厅。青年走进去，惊讶地发现屋内整洁光亮！青年非常惊讶地望着房间里的一切……名人看出了年轻人的心思，说："一分钟足够了，不是吗？"他顿了顿，又说，"这就是我成功的秘诀。"青年若有所思地点点头，离开了名人的办公室。后来，青年成了一位有名的企业家。

把握好每一分钟，也就把握了理想的人生。所以，我要告诉大家，只要你愿意，只要你真心投入，一分钟我们都可以取得进步！

时间是最公平的，决不多给谁一分，也绝不少给谁一分，谁赢得时间，谁就能赢得最后的胜利。希望同学们明确学习任务，形成做事前思考的习惯，课堂上力求当堂掌握，自习课及时巩固。合理安排，就会提高效率，也就是节省了时间。

第二点，要有良好的自律意识。播下一种行动，收获一种习惯；播下一种习惯，收获一种性格；播下一种性格，收获一种命运。

第三点，坚定信心，树立远大目标。不管你们遇到什么样的困难，都不要放弃前进的脚步，要时刻给自己信心，这样你们才能在高考的路上走得更高、更远。

亲爱的同学们，"机遇只垂青于那些有准备的人"，同学们，就让我们在今后的200多天内，秣马厉兵，用坚定的信心和不懈的努力迎接六月的挑战，成功一定会属于你们！

此篇范例，代表讲话提出了三点的要求，做出了明确的表态，这就让即将高考的学生们明白自己应以怎样的心态去面对高考，并且还会在心中萌生初步的想法。如此一来，自然鼓舞了学生们的斗志，激发了他们学习的热情。这样的讲话思路和方法无疑是成功的。

那么，在类似这样的学生动员场合，我们需要构建怎样的思路去组织脱稿讲话呢？

首先，明确提出主题。讲话者要在此明确指出参加大会的目的，让在场的每一位听众都重视起来。讲话者讲到此次演讲目的时要激情饱满，话语激昂顿挫，有节奏感，充满号召力。

其次，做出表态。此部分是重点内容，需要讲话代表着重进行讲述。在做出表态的时候，要列点进行说明，这样才会让整场讲话流畅顺利地进行。

最后，祝愿和期望。讲话进行到最后时，要表示衷心的祝愿和对未来的期望。

语言上要有激情

在动员大会上，讲话者要怀有激情地讲话，这样才能感染现场的每一位听众，使他们能够真切地感受到讲话者内心的热情，为此投身于讲话人呼吁倡导的活动中去，只有这样，举办的动员会才会有意义、有价值。否则，不仅不能产生动员效果，而且还会让自己产生挫败感。以某人在2012年学雷锋活动动员大会上的讲话内容为例，感受一下激情语言的魅力。

大家好！

今年是雷锋同志逝世50周年、全国开展"学雷锋纪念日"的49周年和"中国青年志愿者服务日"开展13周年。今天我们在这里隆重集会，举行信息工程学院"创先争优学雷锋、学习雷锋志愿行"共青团奉献日活动启动仪式，目的是动员全院广大同学，自觉投身到丰富多彩的学雷锋实践活动和志愿服务活动中去，努力传承和大力弘扬雷锋精神，立足岗位比奉献，创先争优做先锋，努力成为新时代雷锋精神的传播者、弘扬者和践行者，让雷锋精神放出更加璀璨夺目的时代光芒。

雷锋同志生命虽然短暂，但他把有限的生命投身到无限的为人民服务中去，在平凡的岗位上做出了不平凡的业绩。雷锋同志由衷认同并自觉接受和践行社会主义核心价值观，他的言行，是无数优秀党员、干部和群众言行的一个缩影；他的事迹，是社会主义核心价值观的生动体现；他的精神，已成为中华民族精神的重要内容，哺育和激励了一代又一代人健康成长。

雷锋是永远的榜样，雷锋精神是不朽的丰碑。雷锋精神以坚定理想信念为根本支撑，蕴含着爱党、爱国、爱社会主义的赤诚真情，始终具有激发人民团结奋进的强大力量。雷锋精神以人民至上为价值取向，把关爱他人、助人为乐当作最大幸福，始终具有感动人心、温暖社会的道德温度。雷锋精神以艰苦奋斗为人生品格，崇尚勤俭节约，彰显优良传统，始终具有引领社会文明风尚的长久魅力。雷锋精神以敬业奉献为不变信条，干一行、爱一行、钻一行，始终把普通工作岗位作为实现人生价值的舞台。新形势下弘扬雷锋精神，是推进社会主义核心价值体系建设的迫切要求，是时代和人民的热切呼唤。

青年大学生是践行雷锋精神的生力军，学校是志愿服务教育的主阵地。全院学生要在院团总支的指导和班级团支部的组织下，立足于黄山市文明城市建设活动、黄山学院文明校园建设活动、文明宿舍文明教室评选活动，扎扎实实开展志愿服务，通过志愿服务来践行雷锋精神。要认真组织学院班级、党团组织、学生社团等集体通过学雷锋主题演讲、报告座谈、读书征文、文艺演出等多种形式，集中开展学雷锋主题班日、主题团日、主题党日等活动，引导广大同学了解雷锋先进事迹，崇尚雷锋高尚品德，感悟雷锋时代精神，在实践中自觉成为雷锋精神的体现者和传承者，从而在全院范围内形成雷锋精神大传承、大弘扬的浓厚氛围。

学院将高度重视学雷锋活动，通过建立长效机制，将学雷锋活动当作一项常态的工作来抓，列入年度工作计划和安排，制定完善考评措施，将学雷锋活动纳入学生综合素质评价体系，纳入大学生思想道德教育和大学生思想政治教育工作质量评价体系。要适应时代发展和育人需求，改进和创新学雷锋活动的内容、载体和形式，确保学雷锋活动坚持不懈、常抓常新。通过深入开展学雷锋活动，提升全院学生的思想道德素质。

希望全院学生用共同的誓言和实际行动，传承弘扬雷锋精神，发扬"奉献、友爱、互助、进步"的志愿精神，在踊跃参与学雷锋志愿服务活动的火热实践中，谱写出更加壮美的青春之歌。

此篇范例，讲话者若是采用叙述的方式，用平时的语调进行讲述，动员效果不会很显著。因为很多老生常谈的话语，人们都已经熟记于心了，听众自然会感到厌倦。相反，如果讲话者用抑扬顿挫的语调来倡导学习雷锋精神，慷慨激昂地说出来，听众就被讲话者情绪所感染，自然动员会就会取得显著效果。因此，在语言上激情一些，对于动员大会是非常有益的。

除了语言上饱含激情外，在动员大会上，我们需要组织怎样的思路才能最大程度地动员所有人呢？

首先，阐述动员活动的目的。讲话者在开场时，要明确提出此次动员会的主题，是参加什么活动，还是倡导什么精神，都要向在场的听众说清楚，不要让他们云里雾里，不知所云。

其次，弘扬可贵精神。在像范例那样类似的动员会上，就需要在这部分，着重歌颂和弘扬其精神。在歌颂精神时，讲话者可以穿插一些事例，尤其是一些典型的事例，目的是为了感动现场的每一位听众，让他们知道学习其精神的重要性。需要注意的是，说话时的语气，要激情、慷慨激昂，这样听众才会更容易信服，动员会的目的也才更容易实现。

最后，表示希望。在结尾时，讲话者要提出希望，希望参加动员会的每一位人，践行实际，倡导精神，争取为动员大会的主题做出更多的贡献。

惋惜沉痛的吊唁悼念

悼念词，是我们悼念逝去的人们的一种演讲。悼念词的目的通常是为了对去世者表示敬意、缅怀及哀思。所以在悼念词中，主要是介绍死者的生平事迹；歌颂死者生前工作中取得的成绩或成就；鼓励活着的人们学习死者优良的思想作风，继承死者的遗志。

虽然悼念一般都是怀念死者，歌颂死者，但是在赞扬时一定要严肃客观，不能夸大和粉饰。

悼念词在措辞上要求简练、庄重、自然、饱含深情。必须充分肯定死者对社会的贡献，真诚表达生者对死者的悼念和敬意，以质朴无华的语言和多种多样的形式体现化悲痛为力量的积极内容。在具体的脱稿陈述中，我们可以参考下面的构思：

首先，介绍死者生平事迹，即对死者的籍贯、学历以及生平业绩进行集中介绍，应突出死者对人民、对社会的贡献。

其次，对死者的思想、精神、作风、品质等做出综合的评价，介绍其对他人和社会产生的积极影响，如鼓舞了青年人、为后人树立了榜样等。结尾部分主要说明生者对死者的敬意，如何向死者学习、继续其未完成的事业、化悲痛为力量，为国家、为社会做出更大的贡献等内容。

最后，讲话者可以用"永垂不朽""精神长存"或"安息吧"等结尾。

感谢与痛心并举

悼词是对死者表示哀悼的话。出席追悼大会发表悼词时，要怀着感谢和痛心的心情，即感谢死者生前为我们做出这么大的贡献，痛心这么杰出的人物永远地离开了我们。怀着这样的感情进行讲话，既能体现对死者的尊重，又能很好地表达悼念之情。

恩格斯，马克思主义创始人之一，国际无产阶级和劳动人民的伟大导师，马克思的最紧密的战友，他一生讲演甚多。这是恩格斯 1883 年 3 月 17 日在伦敦海格特公墓安葬马克思时的讲话：

3 月 14 日下午两点三刻，当代最伟大的思想家停止思想了。让他一个人留在房间里总共不过两分钟，我们再进去的时候，发现他在这安乐椅上安详地睡着了——永远地睡着了。

这个人的逝世，对于欧美战斗着的无产阶级，对于历史科学，都是不可估量的损失。这位巨人逝世后所形成的空白，在不久的将来就会使人感觉到。

正如达尔文发现有机自然界的发展规律一样，马克思发现了人类历史的发展规律，即历来为繁茂芜杂的意识形态所掩盖着的一个简单事实：人们首先必须吃、喝、住、穿，然后才能从事政治、科学、艺术、宗教等等活动；所以，生产直接与生活有关物质用品，会为一个民族或一个时代带来一定程度的经济发展，物质用品的生产和经济发展的程度又构成了该民族的国家制度、法制观念、艺术以至于宗教思想发展的基础。因此，我们必须从这个方向来解释上述种种观念和思想，而不是像以往所做那样，作相反的解释。

不仅如此，马克思还发现了现代资本主义生产方式和由此产生的资产阶级社会的特殊运动规律。剩余价值的发现，使此前一切资产阶级经济学家和社会主义批评家在黑暗中摸索、探求的问题上豁然开朗，得到解决。

一生中已有这样的两项发现，该是很够了。甚至只要能有一项这样的发现，也已经是幸福的了。但是马克思在他所研究的每一个领域，甚至是数学方面，都有独到的发现。他研究的领域很广，对其中任何领域他都不是肤浅地研究的。

这位科学巨匠就是这样。但是这在他身上远不是主要的。在马克思看来，科学是一种在历史上起推动作用的、革命的力量。任何一门理论科学中的每一个新发现，即使它的实际应用甚至还无法预见，都使马克思感到衷心喜悦，但是当有了立即会对工业、对一般历史发展产生革命影响的发现的时候，他的喜悦就完全不同了。例如，他曾经密切地注意电学方面各种发现的发展情况，不久以前，他还注意了马赛尔·德普勒的发现。

因为马克思首先是一个革命家。他毕生的真正使命是以各种方式参加推翻资本主义社会及其国家制度，协助现代无产阶级得到解放。这些现代无产阶级有赖他才第一次意识到自身的地位和需求，意识到自身的解放条件。斗争是他的气质。他斗争时所具的热忱、顽强精神和成就，无人能及。他做过的工作有：在早期的《莱茵报》（1842年）、巴黎《前进报》（1844年）、《德意志—布鲁塞尔报》（1847年）、《新莱茵报》（1848 ~ 1849年）、《纽约每日论坛报》（1852~1861年）等报纸上发表的文章，许多富有战斗性的小册子，其后参与巴黎、布鲁塞尔和伦敦各个组织的工作，最后创立了伟大的国际工人协会等等。作为这协会的创始人，即使别的什么也没有做，也足够以此成果为自豪了。

正因为这样，马克思成为当代最遭嫉恨和受到最多诬蔑的人。各国政府，无论是专制政府或共和政府都驱逐他；无论保守或极端民主派的资产者，都纷纷争先恐后地诽谤他，诅咒他。他对这一切毫不在意，把它们当作蛛丝一样轻轻抹去，只是在万分必要时才作答复。现在他逝世了，在整个欧洲和美洲，从西伯利亚矿井到加利福尼亚，千百万革命工人战友无不对他表示尊敬、爱戴和悼念。我敢大胆地说：他可能有许多敌人，但未必有一个私敌。

他的英名和事业将永垂不朽！

此篇范例，在开头的部分对于马克思的逝世表示非常痛心，恩格斯这样说道："当代最伟大的思想家停止思想了。"委婉地表达了马克思离开了我们，他对此感到十分悲痛。接着，他就开始阐述马克思生前的成就，感谢马克思生前为社会以及整个人类做出的贡献。在整场讲话中，我们深刻地体会到恩格斯在悼念马克思时的痛心和感谢，这样的悼念词自然会受到众人的认可。

在悼念会上，怀着感谢和痛心的心情，我们如何构建思路来准确表达呢？

首先，讲话者要说明用什么心情悼念什么人。讲话者要讲述去世者的基本情况，去世者生前的身份或担任的各种职务名称，何种原因在何年何月何日几时几分不幸去世的，终年岁数等等之类的情况。做个详细的说明即可。

其次，对去世者的称颂，可概括成几个方面，语句力求简洁，讲话者要概述去世者生前的事迹，以及取得的成就。

最后，评价去世者带来的损失，应实事求是，向去世者学习什么，可分成几点写明，用什么实际行动化悲痛为力量。

追忆往昔表怀念

假如你身边的一个朋友因为意外去世了，永远地离开了你，在为他举行的悼念会上，作为老朋友需要上前讲几句，这时候你需要说些什么呢？在悼念会上，有些人因为太过于悲痛而不能说话，有些人甚至都不知道说什么。所以，我们需要提前构建思路，这样才能在悼念会上表达好自己的哀悼之情。

在脱稿发言时，我们需要追忆往昔，讲述曾经的事情和经历，并且对此表示深刻怀念，这样的发言不仅符合悼念会的气氛，更能得到在场每一位听众的认可。范例是法国元帅福煦在 1921 年 5 月 5 日纪念拿破仑逝世一百周年时，于拿破仑墓前发表的演说，其中就是通过回忆表达了对拿破仑的怀念。

只要想一想，1796 年，拿破仑年仅 27 岁已经崭露头角，就不难知道他天赋非凡的资质。他把自己的天才不断地用于建立一生的丰功伟业。

由于禀赋这种天才，他在人类军事史上走出了一条光辉的道路。他高举战无不胜的鹫旗从阿尔卑斯山进军到埃及的金字塔，从塔古斯河之滨到莫斯科河两岸。在飞扬的军旗下，他建立的赫赫武功超越亚历山大大帝、汉尼拔大将和恺撒大帝。这样，他以惊人的天才、不甘守成和好大喜功的本性成为胜过一切其他人的最伟大的领袖人物。这种本性，有利于战争，但对维持和平的均势却很危险。

他把战争艺术提高到从未有过的高度，而这就将他推到了令人眩晕的巅峰。他把国家的伟大视为他个人的伟大，他要以武力控制各国的命运。他以为一个人能够以惨重的牺牲为代价得到一系列的胜利，换来本民族的繁荣；以为这个民族可以靠光荣而不是靠劳动获得生存；以为那些被征服而失去独立的国家不会一朝奋起，列出阵容强大、士气高昂、战无不胜的义师，推翻武力统治，重新赢得独立；以为在文明世界里，道德公理不应比完全靠武力形成的力量强大，不管这力量有多大的天赋才能。由于这样的企图，拿破仑走了下坡路。不是因为他缺乏天才，而是由于他想做那不可能的事。他想以当时财枯力竭的法国使整个欧洲屈膝，岂知当时欧洲已经总结了失败的教训，很快就全面武装起来。

当然，每个人都有自己的责任。但是，比指挥军队克敌制胜更为崇高的是，按照祖国的需要为祖国服务。正义应在一切地方受到尊重。和平应高于战争。

的确，在处理人的问题时如果只依赖个人的见识与才智，歪曲为尊重个人而制定的社会道德法律，歪曲作为我们文明基础和基督教本质的自由、平等、博爱的原则。那么，即使是最有天才的人，也肯定会犯错误。

陛下，请安息吧。你英灵未泯，你的精神仍然在为法兰西服务。在每次国家危难的时刻，我们的鹫旗依然迎风招展。如果我们的军队能在你建造的凯旋门下胜利归来，那是因为奥斯特利茨的宝剑为他们指引了方向，教导他们如何团结起来带领军队取得胜利。你高深的教诲，你坚毅的劳动，永远是我们不可磨灭的榜样。我们研究思索你的言行，战争的技艺便日益发展。只有恭谨地、认真地学习你不朽的光辉思想，我们的后代子孙才能成功地掌握作战的知识和统军的策略，以完成保卫我们祖国的神圣事业。

此篇范例，从整体来看都是在追忆拿破仑的生前事迹，歌颂拿破仑的功绩，以及呼吁自己的祖国人民学习拿破仑的精神、作战的知识和策略。思路清晰，语言流畅，可谓是悼念词的典范。

而在现实的生活中，我们在悼念会上发表的讲话的时候，构建怎样的思路才能追忆往昔表怀念呢？

首先，简要地讲述死者生前的事迹以及获得的成绩。讲话者要把死者的基本情况简要地阐述一下，在这里要着重强调的是死者取得的功绩和突出成就。

其次，举出例子来具体说明死者取得的成绩以及给社会或者是国家带来的影响。讲话者要举出一些比较典型的事例，来证明自己之前所讲的内容，需要注意的是，在这里不是要讲述者长篇大论，没完没了说个不停。

最后，号召所有人对死者表示祝福，倡导学习其伟大的精神。讲话者在这里要升华主题，歌颂死者的精神。

歌颂赞美说遗憾

如果你受邀参加伟大人物的悼念会，在悼念会上让你发表讲话，面对如此严肃庄重的场合，你应该怎样说呢？显然，照本宣科和脱稿相比，读稿会让人感觉更像是在敷衍了事，而且照稿念的表现也是呆板僵硬的。而采用脱稿讲话就显得灵活多了，也能发自内心地表达出对死者的思念和敬仰。

在具体的脱稿发言时，我们需要说更多赞美的话语，并且为他的离世而深表遗憾，怀着这样的情感，定会让你在悼念会上脱口成章。法国文学家雨果在 1878 年纪念伏尔泰逝世一百周年的讲话内容全篇充满了歌颂赞美，是个很好的讲话范例。

一百年前的今天，一颗巨星陨落了。但他是永生的。他离开人世时已年登耄耋，他著述极富。肩负着最荣耀也最艰巨的责任，那就是：培育良知，教化人类。他在咒骂与祝福声中溘然长逝：被旧时代所诅咒，又受到未来的祝福。这二者都是至高无上的光荣。在他弥留之际，一方面，他受到同时代人和后世子孙的欢呼赞美，另一方面，像其他曾经和旧时代搏斗过的人一样，那对他怀有深仇大恨的旧时代也得意扬扬地发出了叫骂声。他不仅是一个人，他是整整一个时代。他曾尽己任，完成了一项使命。他已完成的工作显然是天意选派他去完成的，这天意同样明白地体现在命运的法则和自然的法则之中。

这位伟人所生活的八十四个年头，经历了达到极点的专制时期和刚刚露出一线晨曦的革命年代。他诞生时，路易十四尚在王位，他去世时，路易十六已经戴上了王冠。他的襁褓映照着王朝盛世的余晖，他的灵柩则投射上从大深渊里透出的最初光芒。

在这轻薄无聊、凄惨忧郁的世界，伏尔泰独自一人，面对宫廷、贵族和资本的联合力量，面对那股毫无意识的强力——群盲；面对那些无恶不作的官吏，他们专门媚上欺下，俯伏于国王之前，凌驾于人民之上；面对那些教士，他们是伪善与宗教狂的邪恶混合体。让我再说一遍，伏尔泰独自一人，同社会上一切邪恶的联合力量宣战，向这茫茫的恐怖世界宣战，并与之搏斗。

他的武器是什么呢？是那轻若微风、重如霹雳的——一支笔。

他用这武器进行战斗，用这武器赢得胜利。

让我们向伏尔泰的英灵致敬吧。

伏尔泰胜利了。他发动了一场非同寻常的战争，一场以一敌众的战争，一场气壮山河的战争。这是思想向物质作战，理性向偏见作战，正义向不义作战，被压迫者向压迫者作战；这是善之战，仁爱之战。伏尔泰具有女性的温柔和英雄的震怒，他具有伟大的头脑和浩瀚无际的心胸。

他战胜了陈旧的秩序和陈旧的教条，他战胜了封建君主、中古时代的法官和罗马的教士。他把黎民百姓提高到尊严的地位。他教化、他慰抚、他播种文明。他为西尔旺和蒙贝利而战，也为卡拉斯和拉·巴尔而战。他承受了一切威胁、辱骂、迫害、毁谤。他还遭到了流放。但是他不屈不挠，坚如磐石。他以微笑战胜暴力，以讽刺战胜专横，以嘲弄战胜宗教的自命一贯正确，以坚韧战胜顽固偏执，以真理战胜愚昧无知。

我刚才说到微笑，我要在这里停一停。微笑！这就是伏尔泰。

……

我们要面向伏尔泰那伟大的生、伟大的死和伟大的精神。让我们在他神圣的墓前鞠躬致敬。他在一百年前与世长辞，但他曾造福人类因而永垂不朽，让我们向他请教吧。让我们也向其他伟大的思想家请教，向让·雅克·卢梭、狄德罗和孟德斯鸠请教吧，他们是光荣的伏尔泰的辅翼者。让我们与这些伟大的声音共鸣。让我们在人类所流的血上再加上我们自己的血吧。够了！够了！暴君们。既然野蛮不肯退让。好吧，让文明拍案而起，让18世纪来帮助19世纪吧。我们的先驱哲人都是真理的倡导者。让我们唤起那些光辉的亡灵，请他们在策划战争的君主们面前公开宣布人类有生存的权利，有争取自由的权利；请他们宣布理性支配一切；宣布劳动神圣；宣布和平应受到祝福。既然黑暗来自帝王的宝座，让坟墓中放出光明吧！

此篇范例，主体的部分主要是表达赞美歌颂之情，赞美和钦佩伏尔泰生前面对邪恶势力的不屈不挠的顽强斗争，同时也歌颂了伏尔泰培育良知、教化人类、忍受世人辱骂的伟大精神。

在如此庄严的场合，我们应该如何组织思路来表达对死者的悼念之情呢？

首先，从宏观的方面说，死者的情况。讲话者可以借鉴范例的说法，对于死者的主要贡献做个说明："一百年前的今天，一颗巨星陨落了。但他是永生的。他离开人世时已年登耄耋，他著述极富。肩负着最荣耀也最艰巨的责任，那就是：培育良知，教化人类。"

其次，用一些事件串成死者的功绩。讲话者着重地讲述死者不为外界阻挠，孤身一人顽强奋斗着，即使遭受着世人的辱骂。对于这些事件要着重地强调，赞美其坚韧不屈之类的品质，对于人们误解他，直到死去也含恨而走深表遗憾之情。

最后，倡导所有人向死者墓鞠躬致礼。

反复强调，敬意深重

在悼念会上，讲话者都是怀着悲痛的心情在说悼词，有的人为了表现对死者或者遇难同胞更多的敬意，他们采取反复强调的方式，充分地表示了对死者深深的敬意，特别是在一些重大的悼念会场合，这种方式尤为重要。

范例是某知名人士在汶川地震哀悼演讲稿，就是采用了这种方法来表达对遇难同胞的敬意：

2008年5月12日14时28分，四川汶川地区发生8级大地震，迄今已有32447名同胞遇难。苍生泣血，泪眼横陈，山河变色，草木同悲。

昨天（18日），国务院发布公告，为表达全国各族人民对四川汶川大地震遇难同胞的深切哀悼，国务院决定，2008年5月19日至21日为全国哀悼日。在此期间，全国和各驻外机构下半旗志哀，停止公共娱乐活动，外交部和我国驻外使领馆设立吊唁簿。5月19日14时28分起，全国默哀3分钟，届时汽车、火车、舰船鸣笛，防空警报鸣响。在哀悼日里，奥运圣火境内传递也将同时暂停。

这是自中华人民共和国成立以来，第一次就大规模自然灾害举行的全国性哀悼活动，也是第一次从制度上为自然灾害死难的普通百姓降半旗致哀。同时，5月19日14时28分，也是5·12汶川大地震中遇难者的"头七"。在中华民族传统的哀悼氛围中，举国降半旗致哀，我们用全民族的眼泪，悼念这次地震灾害中的罹难者、在救灾中的牺牲者，更用全民族的意志，昭示中国对每一个普通生命的极大尊重。

为此，我们举国致哀。

哀悼日是对民族情感的凝聚。在灾难发生后，各地民众自发捐款、献血，许多国人甘当志愿者，主动表示收养地震孤儿。当民众自发地用烛光哀悼死者，当民众自发地将赈灾物资运往灾区时，中华民族从来没有像现在这样，团结如一人。多难兴邦，作为一个有传统、也有担当的民族国家，我们需要一种国家行为，来重申全民族在这次灾难中的共同情感。

为此，我们举国致哀。

哀悼日也是对国家责任的重申。国家有为生民立命之任，有解民于倒悬之责。当自然灾害来袭时，一切生与死之间的选择，其实是每一个中国人的基本责任担当，更是国家作为民族集合体的承诺。国家有哀民生之不幸的义务，尤其是这场改革后死难人数最多的自然灾害，已经成了民族记忆中的一道伤口。许多公民失去了亲人，失去了家园，失去了他们所有美好的回忆。

为此，我们举国致哀。

哀悼日还是对民众呼声的响应。灾难发生后，不少民众通过各种渠道表达呼声，希望能够通过国事行为，确定国家哀悼日，下半旗志哀。这既是许多国家的通行做法，也是民族国家认同、成熟和发展的标志，更代表了公民和国家荣辱与共的信念。国家现在响应他们的要求，就是保护公民生命的基本尊严，肯定公民爱的权利。

为此，我们举国致哀。

在哀悼日中，我们更不应该忘记，瓦砾废墟下可能还会有奄奄一息的灾民。我们的眼泪是为死难者流，我们的汗水和决心，为那些生命奇迹流淌。在这个持续三天的哀悼日中，我们还要尽最大的努力，去换取哪怕只有一个生命奇迹的出现。与地震后的空间坍塌争夺生命、与地震后的时间争夺生命。这也是哀悼日的沉默里，我们真正需要齐心协力去做的最重要事情。

往者灾犹降，苍生喘未苏。在这个苍生泣血的日子里，整个民族用哀悼日的方式，树立我们拯救生命的决心，伸张我们的爱和信仰，书写我们生命的荣耀。此刻，我们已经打通了通往灾区中心的道路，生命的孤岛不复存在，而当整个中国降下半旗，鸣响警报和汽笛时，爱的孤岛也不复存在。

因此，为苍生泣血，让我们举国致哀。

此篇讲话范例，讲话者每说完一段话，总会强调一下"为此，让我们举国致哀。"这不仅流露出了对死者的哀悼痛惜，也深深地表示了内心的敬意。反复的强调，让在场的每一个人都感受到悲痛万分，希望死者能够安息。

除了上述方式之外，在类似的悼念会场合，我们还应该采取怎样的思路来组织语言呢？

首先，叙述事件的情况。在这部分要重点地讲述，是因为什么样的原因或灾难导致人员丧生。对于一些重大的灾难，要具体地说明死亡人员的大致数量、情况等等。

其次，讲述种种事迹缅怀死者。在这部分，讲话者在讲述每一个事迹的时候，可以在结尾时都奉上一句话，或者反强调一下前文中你所说的话，以此向死者致敬。

最后，号召全场所有人表示哀悼。

讲述事迹颂品质

假如在单位里，某退休老同志去世了，在老同志的悼念会上，需要你上台讲几句悼词，这时候你需要讲些什么呢？在这样的吊唁场合，需要讲话者主要讲述死者生前的事迹，体现出其高贵品质和精神，并且还要化悲痛为力量，把他的精神发扬光大等方面的内容。围绕这个主题讲述，自然能够在悼念会上表达自己诚挚的敬意。接下来，我们以一篇在悼念会上的讲话为例，看一下如何通过讲述逝者的生前事迹来歌颂其品质。

各位亲友、各位来宾：

今天，我们怀着十分沉痛的心情深切悼念离休干部×××同志。×××同志因患肺心病医治无效，于2002年10月29日晚7时30分在市人民医院与世长辞，享年72岁。×××同志1932年1月生于湘阴县城南区，1949年6月参加革命工作。解放前夕在江南地下十一师、乡农协会参加全国解放运动。解放后，参加清匪反霸、土改、镇反三大革命运动和参加整风整社等工作，后在湘阴粮食局、人委会等单位工作，1979年3月在汨罗矿石公司工作，1984年6月调汨罗市财政局房管所工作，1986年3月离休。

少年时代的×××和许许多多同龄人一样，饱经了旧社会苦难生活的煎熬和考验。他十来岁时受生存和生活所迫，弃书投工。在长沙等地工厂当童工，受尽了工厂资本家的剥削和欺凌，亲眼看见并亲身体会了旧社会的黑暗，这使他幼小的心灵开始产生鲜明的爱憎分明的阶级立场，充满了对旧世界的无比痛恨和对新生活的无限向往。在此期间，他受进步思想影响，参加了长沙工人罢工等革命活动；解放前夕，他投身全国解放运动；解放后，参加乡农协会，积极投身土地改革。

由于他表现出色，被组织上选派到粮食干校学习，安排到粮食部门工作，在党的培养教育下迅速成长起来。在以后的革命工作生涯中，他热爱共产党，热爱新中国，热爱社会主义。在错误路线干扰下，受到极不公正待遇，蒙冤二十一年仍无悔坚持革命信念，其高尚的品格勘为后人楷模。×××同志一生勤勤恳恳，任劳任怨。

他无论是在财会岗位，还是在管理岗位，他总是一心扑在工作和事业上，干一行，爱一行，精一行，敬业爱岗，默默奉献。他对财会工作认真负责，一丝不苟，所经管的财务账目日清月结，清清白白。他认真执行政策，敢于坚持原则。×××同志为人忠厚、襟怀坦白；谦虚谨慎、平易近人；生活节俭、艰苦朴素；家庭和睦、邻里团结，他对子女从严管教，严格要求，子女个个遵纪守法，好学上进。×××同志的逝世，使我们失去了一位好同志。他虽离我们而去，但他那种勤勤恳恳、忘我工作的奉献精神；那种艰苦朴素、勤俭节约的优良作风；那种为人正派、忠厚老实的高尚品德，仍值得我们学习。我们要化悲痛为力量，努力学习和工作，再创佳绩。以慰×××同志在天之灵。×××同志安息吧！

此篇范例，讲话者主要讲述了死者在生前的一些坎坷经历，在单位取得的成绩以及其身上的品质和精神，并且还分别举出具体事例进行说明，让听众能够清楚地了解。

在一般的悼念会场合，我们需要搭建怎样的思路恰当地表达自己的敬意呢？

首先，对于死者要表示深切的悼念。可以在开场的时候就直奔主题。在这部分，可以捎带提及死者的死因、年龄等等情况，简要说明即可。

其次，讲述事迹，回忆往昔。讲话者要注意的是讲述事迹是为了赞颂和弘扬其身上的可贵品质，所以就需要讲话者挑重点的说，切记不要随便乱说，破坏现场的庄重气氛。

最后，弘扬其品质和精神，化悲痛为力量，这样才能恰到好处地把人们从悲痛中拉出来，去做更多有意义的事情。

得心应手的宴会应酬

无论是生活中还是社交场合中，都避免不了参加宴会应酬。在公众应酬上，参加宴会时脱稿讲话不仅能够反映一个人独特的魅力，还能够给大家留下好印象。所以，不管是出席什么场合的宴会应酬，都要有从容不迫的讲话能力。

出席任何场合的宴会，我们需要依据具体的情况而定，但通常有基本的思路，只要是稍加变换，就可以用在任何宴会场合：

首先，表示感谢。讲话者要感谢主办单位或者是东道主给自己这次机会，此外，还要感谢到场的每一位嘉宾，以及筹备和组织宴会的工作人员。

其次，阐明主题。讲话者要清楚宴会的主题是什么，详细的讲述与主题有关的话语，这样既能迎合现场的听众，又能把话说得漂亮和精彩。

最后，表示祝愿。讲话者要对现场的每一位嘉宾以及工作人员表示衷心的祝愿。

用语言搞好聚会的气氛

在社交场合，常会出现这样的现象：很多人试图通过一些工具，或者通过一些人来活跃和调节现场的气氛，但产生的结果往往都不尽如人意，达不到预期的效果。其实，很多人之所以利用外在的条件，是因为他们没有充分地认识到语言的重要性，也不具备良好的口才能力。要知道，用恰当的方式表述出来的话语，产生的效果要比其他方法好得多。

范例是某著名人士在"2010年集善中国行"慈善晚宴上的讲话，他就是用良好的口才能力，很好地调节了现场的气氛。

尊敬的各位嘉宾，尊敬的每一位朋友：

大家晚上好！

今天把我们聚集到这里来的，就是我们刚才在屏幕上看到的孩子们。中国有 240 多万残疾学龄儿童，他们因为各种各样的原因，有的得不到学习机会，有的生活还很困难。但是大家看到了，他们每一个人都有自己的梦想，也有着追求梦想的勇气，这让我非常感动。我相信我们大家都有共同的感觉，这些孩子正是需要我们帮助的，正是我们要尽一份心力的。

今天也是我们集体育和慈善交相辉映的一次盛会。昨天我们有一场非常激烈的足球赛。非常感谢伯明翰足球俱乐部把爱心和体育慈善的精神带到了中国。我们也感谢伯明翰足球队、北京国安足球队以及辽宁宏运足球队，他们已经进行了比赛和即将比赛。我能感觉我们的观众、我们的比赛是那么激烈、那么真诚，因为我们有一种体育精神。我们追求健康；我们追求力量更强、速度更快、技巧更精湛；我们还要追求和平、幸福；我们还要追求真善美；这就是我们伟大的体育精神，同时也是我们伟大的人类精神。现在让我们用自己的一颗心把这种体育精神和人类精神献给大家，把人道主义传播到社会方方面面。我相信在这个传播过程中，我们每一个人的心灵都能得到净化，都能得到升华，我们也是这些活动的受益者。

最后，我们大家共同来祝福我们看到的那些千里之外的孩子们。我们要对他们说：你们并不孤单，全社会的人跟你们是站在一起的，所有人的爱会温暖着你们、祝福着你们，你们的一生都能得到幸福。我想这是我们大家每一个人从心里发出的祝福。

为我们的残疾朋友们、残疾孩子们，为我们集善行动的成功，为大家的健康，干杯！

谢谢大家。

以上的讲话范例中讲话者应用语言很好地调节了宴会的气氛，在开篇用比较严肃的发言表达难过之情，接着，用比赛的精神点燃了人们内心的热情，由以前难过的心境进而转向温暖的心境，用简单的话语来弘扬主题精神，进而做出爱的呼唤。这样用话语反复转换，不仅升华了主题，而且还会得到更多人的认可。

在宴会应酬这样的场合，我们需要构建怎样的思路来调节宴会的气氛呢？

首先，讲话者阐明应酬宴会的主题。在开场的时候，讲话者可以选用不同的方式引入主题，比如说你可以像范例一样通过一些现象进而引入主题，切记不要直接地引入主题，这样会显得很枯燥乏味。

其次，运用语言技巧来提升适合宴会的气氛。讲话者要根据当时的情况而定，在商务宴会上就需要用庄重的语言，在一般的宴会聚会上，可以采用一些口语调侃的语言……这些充满感情色彩的语言都能很好地调节和活跃宴会的气氛。

最后，呼吁全场，送出希望和祝福。在这个部分讲话者需要对现场的每一位听众表示祝福，希望他们在今后的事业和工作能够更加顺利之类的话语。

别出心裁的宴会致词

在应酬宴会上，很多人都很苦恼自己的脱稿发言为什么这么平淡无奇，不能吸引观众的注意力，激发他们的兴趣，往往场上的各个角落都弥漫着沉闷和压抑的声音。如此的讲话方式，不仅让讲话者感到挫败，同时也在折磨着场上的每一位听众。因此，讲话者就需要不断地思考自己的讲话方式，添加点别出心裁的讲话内容，才能激发听众的好奇心，与听众一起享受整个讲话过程。范例是美国著名作家马克·吐温在霍姆斯七十寿辰时发表的祝词，其别出心裁的祝贺方式值得我们参考借鉴。

主席先生、各位女士、先生们：

为了亲临为霍姆斯博士祝寿，再远的路程我也要前来。因为我一直对他怀有特别亲切的感情。你们所有的人都会有这样的体验，一个人一生中初次接到一位大人物的信时，总是把这当成一件大事。不管你后来接到多少名人的来信，都不会使这第一封失色，也不会使你淡忘当时那种又惊又喜又感激的心情。流逝的时光也不会湮灭它在你心底的价值。

第一次给我写信的伟大人物正是我们的贵客——奥列弗·温德尔·霍姆斯。这也是第一位被我从他那里偷得了一点东西的大文学家。（笑声）这正是我给他写信以及他给我回信的原因。我的第一本书出版不久，一位朋友对我说："你的卷首献词写得漂亮简洁。"我说："是的，我认为是这样。"

我的朋友说："我一直很欣赏这篇献词，甚至在你的《傻子国外旅行记》出版前，我就很欣赏这篇献词了。"我当然感到吃惊，便问："你这话什么意思？你以前在什么地方看到这篇献词？""唔，几年前我读霍姆斯博士《多调之歌》一书的献词时就看过了。"当然啦，我一听之下，第一个念头就是要了这小子的命（笑声），但是想了一想之后，我说可以先饶他一两分钟，给他个机会，看看他能不能拿出证据证实他的话。我们走进一间书店，他果真证实了他的话。我确确实实偷了那篇献词，几乎一字未改。我当时简直想象不出怎么会发生这种怪事；因为我知道一点，绝对毋庸置疑的一点，那就是，一个人若有一茶匙头脑，便会有一份傲气。这份傲气保护着他，使他不致有意剽窃别人的思想。那就是一茶匙头脑对一个人的作用——可有些崇拜我的人常常说我的头脑几乎有一只篮子那么大，不过他们不肯说这只篮子的尺寸罢了（笑声）。

后来我到底把这事想清楚了，揭开了这谜。在那以前的两年，我有两三个星期在桑威奇岛休养。这期间，我反复阅读了霍姆斯博士的诗集，直到这些诗句填满我的脑子，快要溢了出来。那献词浮在最上面，信手就可拈来（笑声），于是不知不觉地，我就把它偷来了。说不定我还偷了那集子的其余内容呢，因为不少人对我说，我那本书在有些方面颇有点诗意。当然啦，我给霍姆斯博士写了封信，告诉他我并非有意偷窃。他给我回了信，十分体谅地对我说，那没有关系，不碍事；他还相信我们所有的人都会不知不觉地运用读到的或听来的思想，还以为这些思想是自己的创见呢。他说出了一个真理，而且说得那么令人愉快，帮我顺顺当当地下了台阶，使我甚至庆幸自己亏得犯了这剽窃罪，因而得到了这封信。后来我拜访他，告诉他以后如果看到我有什么可供他作诗的思想原料，他尽管随意取用好了。（笑声）那样他可以看到我是一点也不小气的；于是我们从一开始就很合得来。

从那以后，我多次见过霍姆斯博士；最近，他说——噢，我离题太远了。

我本该向你们，我的同行、广大公众和教师们说出我对霍姆斯的祝词。我应该说，我非常高兴地看到霍姆斯博士的风采依然不减当年。一个人

之所以年迈，非因年岁而是由于身心的衰弱。我希望许多许多年之后，人们还不能真正地说："他已经老了。"（鼓掌）

此篇范例，没有采用俗套的方式在祝寿的宴会上说一些祝福感谢的话，而是另辟蹊径，用自己的故事慢慢地把听众的注意力引入到自己身上，并且讲述的方式也很幽默诙谐，自然会得到听众的掌声。马克·吐温在整场讲话中，设置悬念，一步一步把听众的注意力带入到自己的讲话中，可谓是绝妙的讲话技巧。

在宴会应酬场合，若是让我们上台脱稿发言讲几句，我们应该构建怎样的思路让讲话别出心裁呢？

开头，点出主题。讲话者在了解了是什么类型的宴会之后，就要在开头的时候直接说出来，这样做的目的有两点：一是为了活跃现场的气氛；二是表示对主人或者东道主的敬意。

主体，拓展主题。在这部分，讲话者要着重构思一些新颖的技巧或者从反面的角度出发等等，只要是能够表现得出奇制胜就可以。需要注意的是，这部分是让你的讲话充满新意的部分，需要讲话者着重的构思。

结尾，衷心祝愿。不管是什么样的宴会应酬，在最后结束的部分，讲话者表示衷心的祝愿，都会赢得听众的认可。

入党仪式

入党仪式，这是新党员加入党组织的必经程序，也是新党员向党表明心声和接受教育的一次极好机会。在入党仪式上，不仅需要领导讲话，还需要新党员发言，有时还需要老党员代表发言。不同的角色决定了不同的讲话方式。所以，在这样的庄严而郑重的场合，需要讲话者慎重构思和对待。

一般情况下，新党员都需要在入党仪式上发言，通常可以采用以下的思路：

首先，表示感谢。讲话者在开场的时候，要感谢组织和党给自己机会，让自己有幸能够加入共产党。

其次，阐述自己加入党的意义。讲话者在这里要着重地讲述，努力弘扬党的精神。

最后，做出表态。在结尾的时候，讲话者表明自己的态度，以及加入党之后对自己的要求和规范。

要求和希望是重点

假如你是某单位的党委书记，在新党员的入党仪式上，需要发表讲话，最好脱稿表达党组织对新党员的欢迎和期许，那么，应该从哪些方面构思呢？很多人都为此感到苦恼。其实，只要是认清自己的角色，说出符合身份的话，自然就会得到听众的认可。而作为老党员，就要着重地表达对新党员的要求和希望，做到了这一点，这次讲话也就成功了一半。接下来我们以一篇老党员代表在新党员入党宣誓仪式上的发言来说明如何对新党员提出要求和希望。

各位领导、新老党员同志们：

很荣幸能站在这里作为党员代表发言。今天，又有一批新党员光荣地加入中国共产党这个伟大的组织中，在这里，我代表全体党员对这些新入党的同志表示衷心祝贺和热烈的欢迎！

同志们，你们思想进步，积极进取，始终以马克思主义、毛泽东思想、邓小平理论和"三个代表"重要思想作为自己的思想行动指南，积极地向党组织靠拢，在各自的岗位上发挥了先锋模范带头作用，终于成为我们这个先进组织中光荣的一员，使党组织增添了新鲜血液，增加了新的战斗力，我们全体老党员为有你们这样的好同志而骄傲，为有这样的新战友而自豪。

从今天开始，你们就是党组织中的光荣一员了，我们就是一家人了。我们新老党员要在以习近平同志为总书记的党中央领导下，共同携手，扎实工作，求真务实，开拓创新，努力提高自身的政治素质和理论水平。在今后的工作、学习和生活中，以更高的标准要求自己，树立崇高的共产主义理想。

在以后的人生道路上，无论是取得成绩，还是面对挫折，都要时刻牢记自己是一名党员，时刻牢记党组织的培养和关怀，努力工作，以更加出色的工作业绩为党旗增辉；牢固树立社会主义荣辱观，按照"八荣八耻"社会主义荣辱观的要求，自重、自省、自警、自励，以优良的作风发挥党员先锋模范带头作用，以身作则，谦虚谨慎，言行一致，树立我们党员干部的良好形象，在各项工作当中，发挥排头兵的作用；努力学习马列主义、毛泽东思想、邓小平理论和"三个代表"重要思想，确立正确的无产阶级世界观、人生观、价值观，努力掌握科学文化知识，以适应日新月异的时代前进的步伐；工作中，主动承担责任和义务，把入党的政治荣誉转变为自己奋斗的使命，勇于开拓，敢于创新，积极开展批评和自我批评，主动向党组织汇报思想、学习和工作情况，虚心接受批评，积极创造条件，把入党作为工作的加油站，再接再厉，勇往直前，做一名名副其实的共产党员，去迎接更加辉煌的明天，为党和人民做出更大的贡献。

谢谢大家！

此篇范例中讲话者在着重地讲述对于新党员的要求，无论是在工作上、学习上还是生活上，都不要忘时刻践行党的精神、社会主义荣辱观等等。这样的讲述方法，为我们以后构思提供了很好地参考。

在入党仪式场合，作为老党员，我们需要构建怎样的思路和框架让脱稿讲话更精彩呢？以下的思路和框架可供参考和借鉴：

首先，要表示祝贺和欢迎。讲话者在开头的时候对于新党员要表示祝贺，祝贺他们成功地加入党，对于他们的加入表示热烈的欢迎。

其次，讲述入党的意义。讲话者在这里要详细地讲述入党的意义，以及成为一名党员身上应该肩负怎样的责任。

再次，提出要求。讲话者作为老党员，应对新党员提出要求，最好分条逐一地阐述，这样会让新党员更清楚自己应该怎么做。在这一部分也是整个讲话内容的重点。

最后，表示希望。讲话者在结尾时可以对新党员提出对未来的希望，鼓励他们为明天努力奋斗。

三个紧扣来表达

假如你是一位新党员代表，在入党仪式上，需要你代表新党员发表讲话，表一下态，这类场合应该怎么说呢？在这样的场合，很多人往往选择读稿，其表现也肯定呆板僵硬，像一个机器一样没有任何感情，这样的讲话也是毫无意义的。所以，最好还是采用脱稿的形式，最大限度表达自己最真挚的感情，同时也体现了对党的忠诚。

作为新党员，脱稿发言时一定要思路清晰，紧扣三层含义来组织语言，这样才不至于偏题、跑题。范例中新党员代表在入党仪式上发表的讲话就很好地做到了这一点。

各位领导、各位同志们：

大家好！

今天，我和各位新党员一起庄严举起我的右手，面对鲜艳的党旗宣誓的时候，我感到万分的光荣。在党组织和同志们的帮助下，我成为党这个大家庭中的一员，并能代表所有新党员站在这里发言，更感到无比的荣幸！在此，我代表新党员感谢组织多年来对我们的关怀和培养，感谢领导和同志们对我们的帮助和支持！

记得一位伟人说过："人是要有一点精神的。"人生在世，总要有一种信仰支撑我们的内心大厦，正如必须有物质铸就我们的身体一样。如果没有食物，我们会感到饥饿；而如果信仰的柱石缺失或是被腐蚀，那最后精神大厦必将轰然坍塌。

几十年前，在中华民族危机和社会危机空前深重的时刻，中国共产党成立了。从此，担负起争取民族独立和人民解放，实现振兴中华的伟大使命，走过了九十年的辉煌历程。在中国共产党的领导下，中华民族以坚强的信念、钢铁般的意志推翻了压在中国人民头上的三座大山，完成了新民主主义的任务，实现了民族独立和人民解放，实现了由新民主主义到社会主义的转变，建立了社会主义制度，用信仰捍卫了民族的尊严！

今天，我们从组织上入了党，确定了人生的坐标。我们还要继续在党组织和同志们的帮助下，通过实践和不断加强党性修养，从思想上进一步入党，为党和人民的事业去奉献自己、燃烧自己，做一个高尚的人。

我们每一位新党员为实现今天的誓言，决心在今后的生活、工作和学习中，不断加强对党的基本理论和党的知识的学习，不断加强党性修养，不断自我学习、自我提高、自我完善，提高政治思想素质，热爱党，坚定共产主义信仰，永远保持党员先进性。认真对待学习，自觉遵守公司制度，一丝不苟，为公司为自己争光。在党组织的领导下，分担党的任务，积极努力地完成党交给自己的工作任务，努力增强业务技能，提高业务水平，提高为人民服务的本领。认真履行党员义务，履行岗位职责，在各自的学习和工作岗位上勤勤恳恳、兢兢业业，自觉落实好、实践好"三个代表"要求。以优异的成绩来向党和社会回报，争做一名合格的中国共产党党员。

谢谢大家！

此篇范例，在表态的部分，紧紧围绕了三个紧扣：一是紧扣党的使命，二是紧扣当前形势，三是紧扣本职工作。采用这样的表态，条理清晰，逻辑感强。

在入党仪式上，作为新党员，我们如何构思才能紧紧扣住主题，做出恰当的表态呢？

首先，代表新党员表示感谢。讲话者在开头的时候，要对组织能够认可允许加入党表示感谢，对于一直支持和帮助自己的人应表示感谢。

其次，阐述入党意义。讲话者讲明自己加入党的意义等。在这里讲话者还可以讲述党取得的伟大成就，以及怎样学习党的精神等等。

最后，做出表态。讲话者可以参考范例中的那样，说出三个紧扣：紧扣党的使命，紧扣当前形势，紧扣本职工作。讲话者还可以根据具体的情况，根据实际做出相应的调整。

此外，在表态的时候，还要讲述一下今后应该怎么做，怎么为党和人民做贡献，以及用怎样的言行来要求自己等等。

先祝贺再表态

如果你是一名学生党员，学校最近召开了新一届的入党仪式，你受邀代表学生发言，这时应该说些什么呢？要知道，你作为老党员，最重要的是向新党员表示欢迎和祝贺，然后对新党员提出要求，提一些无论是新党员还是老党员都应该努力的方向。作为党员，其目标和努力方向基本一致，范例中的讲话内容可供大家参考：

各位老师、同学：

大家下午好！

我是08级幼教班学生曹琦。很荣幸能在这里代表学生党员发言，今天，又有一批新同学光荣地加入中国共产党这个伟大的组织中，在这里，请允许我代表全体老党员对新党员的到来表示热烈欢迎和衷心的祝贺。祝贺你们经过多年自身努力和党组织的培养，使自己的人生理想变成了现实，使自己的人生价值得以升华。

2008年，从辛苦的高中走来，步入了人文气息浓厚的大学。记得刚进大学时，我已经是一名中共预备党员，虽然还没有转正，但我通过高中对党的认识，深刻认识到，我的一言一行代表着党员的形象。因此总是严格要求自己，时刻提醒自己保持党员的先进性，做一名优秀的共产党员。

怀揣着梦想，带着党和国家对我们的希望来到师大，我发誓一定要好好学习科学文化知识，用科学文化武装自己的头脑，使自己成为一个对祖国、对人民有用的人。在此，我希望所有的同学，尤其是共产党员能一起做到以下几点：

一、努力

我们国家是世界上少有的几个社会主义国家之一，一百多年前，无数革命前辈苦苦探索，在黑暗中寻找中华民族的出路。经历了百年国殇，经过无数革命先烈的牺牲和探索，终于在中国共产党的领导下，在满目疮痍的中华大地上建立了新中国，取得了新民主主义革命的伟大胜利。新中国成立后，社会主义该怎么建设，我党进行了一系列艰难的探索，社会主义建设在摸索中艰难前行。时至今日，我国建设取得了一系列的伟大成就，但社会主义中国的建设道路是崎岖的，我们仍然在摸索前行，这个根本局势没有改变。建国60多年来，中国共产党领导下的中国已经实现了并还在继续实现中华民族的伟大复兴。"中国"已经是一个响当当的名词！

我们这一代是幸福的，因为我们有幸遇到了这个中华民族伟大复兴最好的时刻，作为我党的新鲜血液，作为我党的青年党员，我们有足够的热情投身社会主义建设中去，我们，将是社会主义建设的中坚力量！因此，我们必须努力，用行动告诉我们的党和国家，我们有能力做21世纪的接班人！

二、感恩

能在青春正盛的年龄里舒适地坐在学堂里读书，能在师大这样一个人文气息浓厚的大学里学习，能在老师的关怀下成长，这是我们所有学生的荣幸。大家也许觉得这些理所应当，但是如果你细心地翻阅一下史料就可以发现，在动荡的年代里，连吃饱饭都是一个很大的问题，哪有这么好的环境让我们学习？我们应该感谢党和国家对教育的投入，感谢党和国家对青年一代的关心。我们都是马克思主义的忠实信仰者，我们应当学会感恩，懂得珍惜，珍惜青春，珍惜机会。

三、务实

党员是什么？我想，它不仅仅是一个概念，是一个身份，而更是一种信仰，用行动实践着的信仰。党员应该做什么？不仅仅我今天站到这里发言，在这里慷慨激昂地说我们党员应该怎么做，应该做什么，更重要的是我们应该理解马克思主义最重要的理论品质——实事求是。并不是说仅仅在革命时期把马克思主义同中国革命实际相结合是实事求是，我们的生活中能从小事做起，从严要求自己，待人礼貌，珍惜粮食也是实事求是。

学生党员能做什么？我想，我们完全可以从生活中小事做起，务实谦虚，也许今天我们还不能奉献，还没有机会为社会主义事业牺牲，还没有机会和黄继光、邱少云一样壮烈的死，但我们完全可以有能力让自己和周围的人精彩的活，有意义的活！也许在座的各位《入党申请书》都有一句"勤俭节约，乐于助人"，作为有坚定政治信仰的先进代表，我们每天不妨问一下自己：我们做到了吗？"勤俭节约"很简单很熟悉的几个字，做到了吗？如果能够从这些小事时刻反省自己，务实谦虚，我想，在座的每一个普通人都将是优秀的共产党员。

从范例中，我们可以看出讲话者在开头对新党员表示了最诚挚的欢迎和祝贺。接着他通过三个方面对新老党员提出共同努力的方向，条理清晰，每一点的要求也是理由充分，无论是从宏观还是细节，都符合一名党员的思想理念。

在类似这样的入党仪式上，我们需要构思怎样的框架来把脱稿发言讲得精彩，有内容呢？

首先，开场点明，表示祝贺。讲话者可以参照范例的格式作开场白，欢迎并祝贺新党员。既符合一名老党员的身份，又把话说得恰到好处。

其次，提出要求并表态。这部分主要表达老党员以身作则的榜样示范作用，也是整场发言的重点，讲话者需要详细地讲述，也可以举例说明，选一个或几个有代表性的老党员作为榜样，以此来告诉新党员，在以后的生活和工作中，要怎样向榜样学习。

最后，提出希望，送祝福。这部分是老党员对讲话者的希望和祝福，讲述的话语不在多，而在于精。

论坛活动

当前经济形势活跃，各行各业连接紧密，国内国际各领域各种专业的论坛也纷纷设坛开讲，各种论坛活动也纷纷举办，在论坛上需要发表讲话，更需要脱稿，那么讲话者应该如何构思呢？

首先，点出论坛的主题。讲话者要在开头的时候直接点出论坛讨论活动的主题，这样既可以节省时间，又可以快速地进入正题。

其次，讲述举办论坛的意义。在这部分要着重地讲述，每一个论坛活动的主题不同，其意义也不相同。讲述者要清楚地告诉在场的每一位人召开这次论坛活动的意义，让每一个人都能做到心中有数。

最后，提出要求和希望。比如你可以这样说："希望通过这次论坛活动，让更多的人关注我们所讨论问题，并且以此为起点，让这样的活动继续发展下去……"

紧紧围绕论坛主题

论坛上的脱稿讲话，语言组织、思路表达不是一成不变的，应根据不同的主题、自己的身份和讲话的目的，有着不同思路上的差异。但是所有的论坛活动，都会有一个明确的主题，无论场合怎样的变换，讲话者只要记住紧紧围绕论坛主题，就不会出现大的偏离。我们来看一下这段来自 2009 年 11 月 19 日空间中心首届青年论坛学术报告会上的讲话，这次讲话就是紧紧围绕论坛主题展开的。

空间中心首届青年论坛学术报告会圆满结束。这是我们中心青年科技工作者交流、锻炼、展示才华的一次大会，也是对我们中心青年人创新思想和创新精神的一次检阅。我向获奖的报告人表示热烈祝贺，同时也感谢报告会的组织者和众多青年科技工作者的参与。相信青年论坛活动能越办越好，相信今后能有更多的青年学者参与进来，相信我们的青年人能不断进步，勇于开拓创新，做出更多有开创性的成果，为空间科学事业做出更大贡献。

借此机会，谈几点想法，与大家共勉。

一、认清形势，力争科技"金牌"

改革开放以来，我们国家的各项事业迅猛发展。我们的经济实力不断提高，预计今年的 GDP 总量将超过日本，跃居世界第二位。体育方面更是取得傲人的成绩，奥运会上勇夺金牌第一。相比经济和体育，我国科技事业虽然有很大发展，但仍存在着很大差距，还没有在世界上拿到过"金牌"。前不久，国务委员刘延东同志在庆祝中科院建院 60 周年的讲话中，充分肯定了中科院建院 60 年以来做出的突出贡献，谈到了 10 个方面的突出成就，第一项就是"两弹一星"和载人航天与探月工程。但作为空间科学领域的科技工作者，我们必须清醒地看到，我们在空间科学领域的贡献更多还是集中在"两弹一星"时期。

……

二、自主创新，敢于探索和突破

……

空间中心目前的科研工作多以承担工程型号任务为主，自主创新的科学研究和前瞻性课题相对较少。我们正在考虑在鼓励自主创新方面不断加大力度。回顾两年前，在中心前沿领域创新项目中，配套的项目仍占多数，今年开始不再主要支持配套项目，而是更多地支持具有原创想法的项目，目的在于鼓励更多创新想法的涌现。

三、铭记使命，为科学事业而奋斗

青年是自主创新的生力军，是我们科研的生力军，更是国家科技事业发展的未来和希望。空间中心广大青年应志存高远，不局限于完成当前各项工程型号任务，而应该勇于创新，力争取得更多开创性的研究成果。借此机会，我对大家提出几点希望：

第一，青年要解放思想，锐意进取。作为青年科技工作者，首先应该思想活跃，朝气蓬勃，在提出新思想时，要勇于突破领导和导师已有的框框，提倡敢想敢做的自由精神和创新活力。要敢于抒发己见，有创新意识，勇于提出自己的想法和问题，在探索中前进，在创新中发展。

第二，青年要不断学习，勤于思考。在日常学习和科研中，要多思考难点、窍门和方法，想别人没有想到的，甚至实现跨越。我们为什么在世界科技界拿不了"金牌"，关键是不敢想，更不用说去做。青年更应该打破传统，拓展思路，敢于探索和突破。举办青年论坛不是为了申请项目做准备，虽然今后有成为预研项目的可能，但最终目标还是为了激励青年要有新想法。

第三，青年要立足高远、思考未来。空间中心广大青年职工和研究生，是推动我国空间科学事业可持续发展的重要力量。要深刻认识到肩负的使命，针对自己承担的工作有所发明和创新。在做好本职工作的基础上，不断努力，有所发现，有所创造，形成富有特色的原创研究成果，为推动我国空间科学事业的发展而努力奋斗。

这次学术报告会，部分人的报告让我印象深刻，我们就是需要这种敢于想的勇气和敢于开拓的精神。也有部分选手准备不是很充分，缺少新想法，更像是对自己或课题组的工作的综述。这是第一次的尝试，相信今后会有更多的创新思想和成果不断涌现。中心今后会为青年人提供更开放的环境，营造更宽松的氛围，倡导创新精神，鼓励新思路，促进新成果。希望青年能积极进取、担当重任，成为空间中心乃至国家空间科学事业的栋梁之材，为科技创新做出更大的贡献！

此篇范例，从讲话的语言内容组织，可以看出是从现场发表的即席讲话。范例中讲话者逻辑清晰，以眼前所看到的为主线，站在自己的立场上，紧紧围绕论坛的主题，选出一个重要的关键点展开述说。

一般在这样的场合下，我们需要构建怎样的思路紧紧地围绕主题展开呢？我们不妨采用范例的讲话思路。

首先，由自己看到的引出主题，表示祝贺欢迎。讲话者可以把现场观察到的，选取合适的场景引入主题，这样就会让在座的每一位听众看到你的诚意，不会认为你说空话或套话。

其次，围绕主题展开。讲话者在这一点要集中地论述，重点突出，观点鲜明。但是要注意的是有些场合不宜把话题展开太宽，因为太宽容易说散。

最后，提出希望。

就某一观点，从两方面辩证表述

在论坛活动上，每一位发言者都需要表达自己的观点。在阐述观点时，可以就某一观点从两方面辩证论述，这样一来，不仅使自己的观点显得不太偏激，还可以论述得比较深刻。范例是一位法律界领导应邀出席某论坛活动时发表的讲话，其篇幅虽然不长，却把要论证的观点表达得清楚明白，值得我们参考。

诸位好：

这本应是青年的讲坛，这当然属青春的领地。然而我，一位执业已十八年的老律师却斗胆、冒昧地站到了这里。我敢于站到这里的唯一理由是——我也曾年轻！

正因为我也曾年轻，我已有的阅历要让我说——在我们为权利而斗争的时候，面对社会不平之事，我们既要有拍案而起、仗义执言、慷慨陈词的豪气和激情，但更应有审慎处事、追求实效的智慧和理性。没有这样的激情，我们的执业活动就会失去正义和良知的动力，然而，激情失去了理性为依托，就会成为于事无补、恣意宣泄的汪洋。

激情因理性而厚重，理性因激情而生辉！正因为我也曾年轻，我已有的阅历还要让我说：青年律师——中国律师的未来；青年律师——构建和谐社会的生力军！和谐社会，一个时代的话题；和谐社会，为我们律师业带来了新的发展契机。

面对时代的呼唤，老夫聊发少年狂，欲与青春比高低！何以如此多情？因为我看到，尽管征途仍漫漫，险阻还重重，但，我们的律师事业，我们的律师队伍，毕竟——花是正红，山已青！

谢谢。

此篇范例，讲话者主要谈论的主题是关于"激情"，语言组织紧紧围绕"激情因理性而厚重，理性因激情而生辉！"这一辩证的观点展开论述，重点突出，集中地阐述了自己的想法。此外，这篇讲话范例简短有力，冲击力强，没有用过多的言语来展示自己，只是让听众清楚明了地感知自己的想法。

在一般的论坛活动上，如果我们被邀请参加论坛活动，作为邀请嘉宾，需要我们简单地发表一下自己的看法和观点，在这样的情况下，我们该如何组织脱稿讲话的思路呢？

首先，提出自己的观点和看法。讲话者开始的时候可以略微捎带一下前面人的观点，注意在谈及个人观点时，不要太偏激，不要有个人色彩。你可以这样说："前面所讲已经很精彩了，就某一问题已经做出了深入的阐述，下面我来讲一下我的看法——"当然，方式多种多样，只要表达这样的意思即可。

其次，就某一观点进行阐述。在这部分，讲话者可以从两个方面论述，可以像范例一样，从辩证统一的关系方向，还可以从正反两个方面进行论述。这样一来，不仅使自己讲话的内容丰富，而且也会更加深刻。

最后，简要总结。在结尾时，讲话者只要简短有力表达自己的观点即可。不需要用重复的话语把之前的理论再阐述一遍。

就职演讲

就职演讲稿是新当选或连任的政府首脑、地方长官、部门领导以及企事业单位的领导就职时，就怎样处理国内外、地方和部门的政务而发表的演说词。随着时代的发展，撰写就职演讲已经成为一种惯例。就职演讲不仅在写作上下功夫，还需要练好口头陈述。所以，一个拥有良好的口才，对于脱稿陈述至关重要。

就职演讲的内容可以从阐述自己的施政纲领、工作规划、工作的决心来表述，也可以从对员工、下属的要求和希望方面来说。总的来说，就职演讲并不是一个形式，是要说些实在并且在将来的工作中要贯彻到底的事情，要认真对待。那么我们需要构思怎样的思路呢？可以参考以下的思路：

首先，感谢。讲话者要在开场时表示感谢，感谢一直支持和配合自己工作的同事和领导。

其次，要求。讲话者讲述在以后的工作中提出要求以及制度。

最后，表态。讲话者在就职演说的时候，要对以后工作做出表态，阐述自己今后应该怎去做，以及身上肩负怎样的责任。

工作表态，简短有力

如果你晋升的职位比较高，在履职时通常会有个就职仪式，就职场合中被提拔者通常需要进行就职演说，这类场合适宜脱稿讲话。为了能让自己脱稿讲话出色精彩，其中关键的一点是，在工作表态时，要注意简短有力，只有这样才能在就职仪式上赢得更多的掌声。范例是林肯第二次当选美国总统时发表的演说，我们来看一下。

同胞们：

在第二次宣誓就职总统的时候，我不必像第一次那样做长篇的演讲了。

第一次就职典礼上，较为详尽地叙述我们要采取的方针和道路，看来是合适与恰当的。现在，在我的四年任期结束之时，有关这场至今仍为举国瞩目的大斗争的每个方面，时时有公开的宣告，因此没有新的内容向各位奉告了。我们的一切都依靠武装力量，这方面的进展，大家知道得和我一样清楚。我相信，大家对此颇感满意和鼓舞。我们对未来抱有很大希望，在军事方面就毋庸多作预测。

四年前我初次就职之际，全国思虑都集中在即将爆发的内战之上。大家对内战都怀有恐惧，都设法避免这场内战的发生。当时我在这个讲坛上发表的就职演说，全部内容就是为了不战而拯救联邦。当时城里的叛逆分子却企图不用战争而摧毁联邦，企图通过谈判来瓦解联邦，瓜分国家所有。双方都反对战争，但其中一方却宁愿战争也不愿联邦毁灭，于是内战爆发。我国黑奴占人口八分之一，他们不是普遍分布于全国各地，而是集中在南部。这些黑奴，构成一种特殊而重要的利益。

尽人皆知，这种利益迟早会成为战争的起因。叛逆分子不惜发动战争分裂联邦，以达到增大、扩展这种利益，使之永存的目的，政府却除去要求将奴隶制限于原来区域，不使扩大之外，不要求其他任何权利，双方都不曾预料到战争会有这样大的规模，持续这样久，不曾预料到引起冲突的原因在冲突停止前会消失。双方都寻求轻而易举的胜利，不求彻底或惊人的结果。双方信奉同一宗教，敬拜同一上帝，都诉求上帝帮助战胜对方。说来奇怪，竟有人敢于要求公正的上帝帮助自己去榨取别人的血汗；但我们不要去品评他人吧，以免受到别人的评论。双方的祈求都不应得到满足，也没有任何一方得到完全的满足，因为全能的上帝自有主张。"祸哉斯世，以其陷入故也，夫陷人于罪，事所必有，但陷人祸矣。"如果我们把美国的奴隶制当成是上帝必定要降给我们的灾祸，这灾祸已经到了上帝指定期限，他现在要免去这场灾祸了。他把这场可怕的战争降给南北双方，是要惩罚那些带来灾祸的人。

笃信耶稣基督的人常把许多美德归于基督，我们难道可以说基督的这些作为，与他的美德相悖吗？我们满怀希望，我们热诚祈祷，愿这场惩罚我们的战争早日过去；但假若天意要这场战争延续下去，直至二百五十年来利用奴隶无偿劳动辛苦积聚下来的财富销毁净尽，直至奴隶在皮鞭下流淌的鲜血用刀剑下的鲜血来偿清，如同三千年前古语所说的那样，我们仍然要称颂上帝的判决是公允合理的。

我们对任何人不怀恶意，对所有人都抱有善心，对上帝使我们认识到的正义无限坚定。让我们努力完成我们正在进行的工作，愈合国家的战争伤痕，关怀战死的烈士及其遗属，尽一切力量争得并维护我国及全世界的正义的、持久的和平。

林肯的就职演说可谓是精彩绝伦，特别是在最后工作表态时，采用了简短的话语，向人们做出了保证，简单有力地向人们证明了自己的工作态度。虽然我们普通人不能像林肯总统那样，发表令人振奋的就职演说，但在以后职位晋升时可以参考。

在一般的就职仪式，除了工作表态时要简洁有力，我们还需要构建怎样的思路，使整个脱稿就职演说顺利进行呢？

首先，表示感谢。讲话者要有礼貌地感谢全体人员对他的信任和支持，对他们的行动和做法致以衷心的感谢。

其次，阐明自己肩负的责任。讲话者要敢于肩负一定的责任，并且要对自己所在的部分负责，以此来激励员工。

最后，做出表态。讲话者要保证今后怎样开始工作，愿意接受组织的监督等等，这就在人们的心中建立了充分的信任感，鼓舞人心、激励斗志。

表达全面，句句在点子上

在就职演讲的仪式上，很多人都喜欢泛泛而谈，虽然讲述的内容很全面，但是都没有抓住重点，说不到点子上，这会让听众非常反感，误认为讲话者只会虚言造势，不切合实际。所以，在就职演说上，要注意在表达全面的同时，也能句句在点子上，只有这样才能获得更多听众的认可和好评。以美国第三十五届总统约翰·肯尼迪在1961年1月20日发表的就职演说为例，学习一下如何使语言表达句句到位。

我们不把今天看作是一党胜利的日子，而看作庆祝自由的佳节。它既象征结束，也象征开始；它意味着继业，又意味着更新。因为我在你们和全能上帝面前宣读的，是将近一百七十五年前我们祖先拟就的同一庄严誓词。

让每一个关心我们或对我们怀有敌意的国家知道，我们愿付出任何代价，承受任何负担，迎接任何困难，支持任何朋友，反抗任何敌人，以争取和维护自由。

我们保证做到这些，我们还要保证做得更多。

对于和我们有共同的文化与宗教渊源的旧盟国，我们保证忠实不渝。团结一致时，我们合作的多项事业将无往不利：一旦分手，我们将一事无成。

因为在不和与分裂中，我们不敢应付任何强有力的挑战。

我们欢迎加入自由行列的新国家，对于他们，我们保证决不容许以另一种更暴虐的专政去替代殖民统治。我们不能指望这些国家总是支持我们的观点，但是我们却总希望他们有力地维护他们自己的自由，而且希望我们能记住，过去想骑在老虎背上攫取权力的蠢人最终必葬身虎腹。

对于地球上一半仍然住在乡村的草舍茅屋、正在奋斗以挣脱悲惨处境的各民族，我们保证在任何需要的时刻尽最大努力协助他们帮助自己。我们这样做，不是为了怕共产主义同我们争夺阵地，也不是为了争取他们的选票，只是因为这样做是对的。一个自由的社会如果不能帮助众多的穷人，也就不能拯救少数的富人。

对于我们边界以南的各姊妹共和国，我们做特殊的保证：我们要把说好话变为做好事，为争取进步结成新的联盟，帮助自由的人民和自由的政府挣脱贫穷的枷锁。但是这种和平革命的想望不应成为敌对大国的可乘之机。我们要让邻国知道，我们将和这些姊妹国联合起来，反对在南、北美洲任何地方发生的侵略与颠覆活动。我们要让每一个大国知道，这个半球上的人民要继续做本土上的主人。

在战争手段的发展远远超过和平手段发展的当代，我们对联合国这个主权国家的世界组织寄予最终和最大的希望，我们重申对联合国的支持：我们要努力使联合国不单成为互相攻讦的讲坛，而成为新生和弱小国家的庇护者，使联合国的决议案在更大的范围内得以实行。

最后，对于同我们敌对的国家，我们不提出保证而提出一项要求：让我们双方都开始重新寻求和平吧，不要等到由于科学昌明而发展的毁灭性邪恶力量有计划地或偶然地被触发而吞噬整个人类。

同胞们，我们事业的最终成败，主要不在我手中，而在你们手中。从我国建国伊始，每一代美国人都曾经被召唤为祖国忠诚服务。许许多多美国青年回答了祖国的召唤，他们的忠骨埋遍世界各地。

现在召唤我们的号角又吹响了——不是号召我们拿起武器，虽然我们需要武器；不是号召我们奔赴战场，虽然我们已经严阵以待；这号角声召唤我们去做黎明前漫长的斗争，年复一年"在希望中欢欣，在苦难中忍耐"；这是一场反对专制、贫穷、疾病与战争本身等人类共同敌人的战争。

……

最后，美国公民和世界公民们，请按照我们向你们所要求的力量与牺牲的高标准来要求我们。良心的平静是我们唯一可靠的报酬。历史将为我们的作为做最后的裁判。让我们引导挚爱的祖国勇往直前。我们祈求上帝的祝福与帮助，虽然我们知道上帝在世上的工作就是我们自己的事业。

此篇范例，通篇讲话不是很长，简洁却全面。范例中，肯尼迪总统讲述了自由、与邻国的发展、崇尚和平、帮助有困难的国家等等方面的问题，并且根据每一个问题都发表了自己的看法，句句都说到点子上，说出了人们的心声，这样的就职演讲自然就会得到更多听众的支持。

我们可以借鉴这篇范例的特点和思路来完善脱稿演说，使自己在就职仪式上能够畅所欲言。

开头，就职演讲的开头部分，要对领导和群众的信任表示感谢。同时简明扼要地介绍自己就任的原因想法、背景环境、心情感受等。就职演讲将会给大家留下自己在这个职位上的第一印象，因此至关重要。而开头则是关于演讲的第一印象，尤为重要。开头部分能够有特色自然是好，如果没有把握，切不可为了出新而出新，以免弄巧成拙。因此，就职演讲的开头不妨稳妥一点的好，精彩片段可以留在主体部分慢慢发挥。

主体，就职演讲的主体部分应首先简单地介绍演讲者本人的基本情况，对当前形势和环境的分析，对可能存在的问题的解剖，对发展前景的展望。接着明确地表述自己任职期间的施政纲领和思路，以及在这个职位上的长期、中期、短期目标。然后详细地说明短期目标的具体任务、工作方法、考核方式和可能存在的困难。最后讨论工作的价值和完成任务的可行性，并请听众提出意见。

结尾，就职演讲的结尾部分，在感谢领导和群众的信任后，更重要的是展望未来，表示决心，发出号召，振奋士气，给听众以鼓舞和激励，如就职者在演讲结尾时，热情洋溢地说："人心齐，泰山移。各位代表，各位领导，同志们，只要我们同心同德，群策群力，我们的目标就一定会实现，我们的事业就一定会成功，我们的明天就一定会更辉煌！"一个好的就职演讲的结尾，能够使听众有一种热血沸腾的感觉，有想马上跟演讲者一起去做些什么的激情。

另外，就职演讲的场合，一般都比较庄重严肃。但这并不意味着所在的就职演讲者都要板着面孔，更不表示应该打官腔说套话。多说一些通俗风趣的话，远比官样文章更能讨人喜欢。

建立信任，鼓舞人心

在就职仪式上，每一位讲话者都希望通过自己的讲话，获得人们的一些信任。的确，在就职仪式上，获得现场听众的信任是非常重要的，正因为他们信任你，你说出的每一句话才能更好地鼓舞他们。丘吉尔在第一次出任英国首相时的演说就很好地表明了这一点，以下是他的演说内容：

上星期五晚上，我接受了英王陛下的委托，组织新政府。这次组阁，应包括所有的政党，既有支持上届政府的政党，也有上届政府的反对党。显而易见，这是议会和国家的希望与意愿。我已完成了此项任务中最重要的部分，战时内阁业已成立。五位阁员中包括反对党的自由主义者，代表了举国一致的团结，三党领袖已经同意加入战时内阁，或者担任国家高级行政职务。三军指挥机构已加以充实。由于事态发展的严重性给予人的紧迫感，仅仅用一天时间完成此项任务，是完全必要的。其他许多重要职位已在昨天任命。我将在今天晚上向英王陛下呈递补充名单，并希望于明日一天完成对政府主要大臣的任命。其他一些大臣的任命虽然通常需要更多一点的时间，但是，我相信议会再次开会时，我的这项任务将告完成，而且本届政府在各方面都将是完整无缺的。我认为，向下院建议今天开会是符合公众利益的。议长先生同意这个建议，并根据下院决议所授予他的权力，采取了必要的步骤。今天议程结束时，下院休会到 5 月 21 日，星期二。当然，还要附加规定，如果需要的话，可以提前复会。下周会议所要考虑的议题，将尽早通知全体议员。

现在，我请求下院，根据以我的名义提出的决议案，批准已采取的各项步骤，将它记录在案，并宣布对新政府的信任。

组成一届具有这种规模和复杂性的政府，本身就是一项严肃的任务。但是大家一定要记住，我们正处在历史上一次伟大的战争的初期阶段，我们正在挪威和荷兰的许多地方进行战斗，我们必须在地中海地区做好准备，空战仍在继续，众多战备工作必须在国内完成。在这危急存亡之际，如果我今天没能向下院做长篇演说，我希望能够得到你们的宽恕。我还希望，因为这次政府改组而受到影响的任何朋友和同事，或者以前的同事，能对礼节上的不周之处予以充分谅解，这种礼节上的欠缺，到目前为止是在所难免的。正如我曾对参加现届政府的成员所说的那样，我要向下院说："我没什么可以奉献，有的只是热血、辛劳、眼泪和汗水。"

摆在我们面前的，是一场极为痛苦的严峻考验。在我们面前，是漫长的战争和苦难的岁月。你们问："我们的政策是什么？"我要说，我们的政策就是用我们全部能力，用上帝所给予我们的全部力量，在海上、陆地和空中进行战斗，同一个在人类黑暗悲惨的罪恶史上所从未有过的穷凶极恶的暴政进行战争，这就是我们的政策。你们问："我们的目标是什么？"我可以用一个词来回答：胜利——不惜一切代价，去赢得胜利。无论多么可怕，也要赢得胜利，无论道路多么遥远和艰难，也要赢得胜利。因为没有胜利，就不能生存。

大家必须认识到这一点：没有胜利，就没有英帝国的存在，就没有英帝国所代表的一切，就没有促使人类朝着自己目标奋勇前进这一世代相因的强烈欲望和动力。但是当我挑起这个担子的时候，我是心情愉快、满怀希望的。我深信，人们不会听任我们的事业遭受失败。此时此刻，我觉得我有权利要求大家的支持，我要说："来吧，让我们同心协力，一道前进。"

此篇范例，丘吉尔用真挚朴实的语言，讲述了新党派执政、新政府组成以及即将面临的各种挑战，没有任何隐瞒地展示了国家的情况，自然就会得到人们的信任和认可。丘吉尔通过一些话语鼓舞了人心，比如说："我没什么可以奉献，有的只是热血、辛劳、眼泪和汗水……不惜一切代价，去赢得胜利。无论多么可怕，也要赢得胜利，无论道路多么遥远和艰难，也要赢得胜利。因为没有胜利，就不能生存……"

在一般的就职演说上，我们通常需要构建怎样的思路来建立信任，鼓舞人心呢？

首先，阐明现状。讲话者让听众深刻地认识到目前公司或者单位处于什么样的现状，让在场的每一位听众真正地了解现实的状况。

其次，讲出一些解决问题的办法和方向。讲话者要安抚人心，建立信任，所以就需要给出具体的方向来解决问题，以及今后怎样发展的方向。

最后，号召和鼓舞斗志。在这里讲述的时候，讲话者要表现出坚定的心态，把执着、顽强、奋进等积极进取的精神传达给现场的每一个人，自然就会获得现场的听众的赞赏。

凝聚人心，获得支持

一场成功的就职演说，能够帮助新任人员建立起一座沟通群众的桥梁，拉近与群众之间距离，成为动员和维系群众同心协力搞好本部门工作的有力手段。所以，做好就职演讲就显得很重要。接下来，我们来看一下美国总统尼克松在发表就职演讲时是如何凝聚人心的，大家可以借鉴他的成功之处。

德克森参议员、最高法院首席法官先生、副总统先生、约翰逊总统、汉弗莱副总统、美国同胞们、全世界的公民们：

今天，在这个时刻，我要求你们和我分享这种崇高肃穆的感情。在有秩序的权力交接中，我们欢庆我们的团结一致，它使我们保有自由。

历史巨轮飞转，分分秒秒的时间都十分宝贵，也独具意义。但是有些瞬间却成为新的起点，定下其后数十年乃至几个世纪的行程。

现在，由于世界人民要求和平，各国领导人惧怕战争，所以在历史上第一次，时代站到了和平方面。历史能授予的最光荣称号莫过于"和平的缔造者"了。这最高荣誉现在正召唤美国。美国有机会引导世界最终从动乱的深渊中拔足，走向人类自有文明以来即梦寐以求的和平宽阔高地。如果我们能够成功，后辈子孙提到我们现在活着的人时，将会说我们驾驭了我们的时代，为人类求得了世界安全。

三分之一世纪以前，富兰克林·德拉诺·罗斯福曾经站在这里向全国演说，当时国家正受经济不景气困扰，陷于惶恐中。他看到国家当时的种种困难，却仍然能够说："感谢上帝，我国的困难毕竟只在物质方面。"

今天我们的危机正相反。我们物质丰富，却精神贫乏；我们以非凡的准确程度登上了月球，但地球上却陷入了一片混乱。我们卷入了战争，没有和平。我们四分五裂，没有团结。我们看到周围的人生活空虚，没有充实的内容；我们看到许多工作需要完成，却没有人手去做。对于精神的危机，我们需要精神的解决办法。为了找到解决办法，我们只需省视自身。

当我们估量能够做什么时，我们只应许诺能做到的事。但在制定目标时，却要有远大的理想。

如果你的邻舍没有自由，你就不会得到完全的自由。只有共同前进才能前进。

这就是说黑人和白人共有一个国家，不是分为两个。法律是按照我们的良心制定的。剩下的问题就是赋予法律条文以生命：保证既然一切人在上帝面前生来就有同等的尊严，在人的面前也应有同等的尊严。

我们在国内要学会团结所有人共同前进，让我们也努力求得全人类的共同前进吧。

短短几个星期以前，我们刚分享了人类第一次像上帝那样看到地球的光荣，我们看到了地球像一颗星一样，在黑暗中反射出光芒。

圣诞节前夕阿波罗太空飞行员飞越月球灰色的表面时，告诉我们地球是多么美丽；由太空远处月球附近传来声音是那么清晰，我们听到他们祈求上帝赐福给地球上一切善良的人。

在尖端技术欢奏凯歌的时刻，人们想到自己的家园和人类。从太空的远处看来，地球上人类的命运是分不开的；这告诉我们，不论我们能到达宇宙的任何远处，我们的命运并不在那些星星上，而在地球上，掌握在我们自己手里，决定于我们的内心。

命运给予我们的不是失望之酒，而是机会之杯。因此，让我们毫无畏惧、充满欢愉地把握住机会吧。"乘坐地球的乘客们"，让我们坚定信念，认准目标，提防危险，凭着对上帝意旨和人类诺言的信心，共同前进吧。

此篇范例，尼克松总统从以下几个方面去阐述自己的观点：和平、精神危机、黑人和白人平等的权利以及地球人类的共同命运，这些不是什么高谈阔论，而是与人们的生活息息相关，这就在很大程度上凝聚了人心，自然会获得更多群众的支持和爱戴。所以，在就职演说上，就职者不要说一些空洞宽泛的概念，让人们一头雾水，而是要表达一些切合实际与人们的日常生活相关的事情。

在一般的就职场合，讲话者需要借鉴怎样的思路才能凝聚人心，获得更多听众的支持呢？

首先，向现场的每一位听众问好。就职者要有应有的礼节，问好既表示对他人的尊重，也体现了自己良好的修养，所以此项不可省略。

其次，具体阐述与之相关的话题。就职者根据岗位性质的不同，需要说明不同的内容。比如说你是市场部的，就需要把与之相关的规划和方案说清楚；假如你是行政部的，就需要你在接下来的工作中，需要哪些方面的配合以及需要在哪些方面进行改革说清楚……这样做，有助于为日后的工作开展提供便利条件。

最后，号召本部分所有员工一起努力，开创新天地。这样一来，就职者不仅能够最大限度地凝聚人心，更能激发团队活力。所以，结尾部分，讲话者要特别重视。

工作汇报

在实际工作中，下级公务人员向上级领导汇报工作是常有的事情，而且汇报的场合、方式多种多样，因此，汇报材料也就有多种类型。通常来说，汇报人员不仅需要做好书面的报告，还需要做好口头汇报，也就是脱稿汇报。

在通常的情况下，汇报者应该怎样向上级做好汇报工作呢？

第一步：确定需要汇报的重点事项。虽然完成了多项任务，但切记不要将所有内容都滔滔不绝地讲出来。按照"三长两短"（先讲三方面的成绩，再讲两方面的缺点）的方式展开的并不是好的工作汇报。

第二步：客观、准确地将所作事项的结果阐述清楚，并对其影响程度和意义适当展开。特别要强调上级关注的那些方面。

第三步：简明扼要地给出导致该结果的原因和事实。要注意的是，既要有客观原因，也要有主观原因，给出最重要的 1 ~ 2 条原因即可。

第四步：提出将来遇到类似情况该如何做的 2 ~ 3 个方法。

条理分明，逻辑清楚

汇报工作是向上级领导反映情况，求得指导和帮助的重要方法，也是展示本单位成绩、工作能力和水平的重要机会。因此，汇报工作也是一门艺术，在脱稿汇报的时候，就要做到条理分明，逻辑清楚，只有这样，才能让领导或者上级清楚你的工作情况。范例中的讲话是某领导的移民扶贫工作汇报发言，其内容条理分明，逻辑清楚，可以作为同类发言的参考。

各位领导：

移民扶贫工作是我乡最重要的工作，今年的移民扶贫工作在县委、县政府的正确领导和县扶贫办等有关部门的关心支持下，进展顺利。今年，县下达我乡的任务数是380人，是我乡三年来移民人数最多、搬迁力度最大的一年，也是难度最大的一年。2008年是309人，2004年是120人，加上今年的移民，将有近五分之一的人口实现移民扶贫搬迁，极大改善广大群众生产生活条件和水平。现将我乡移民扶贫工作情况简要汇报如下：

一是精心组织，深入调查到户。年初，我们成立了乡移民扶贫工作领导小组，分别与各村签订了工作责任状，制定了奖惩措施，落实了责任，调动了积极性，并深入农户，掌握了第一手资料，使移民工作立足于早。

二是大力宣传，政策落实到位。充分利用我乡的广播、黑板报、标语等工具大力宣传移民扶贫政策，并召开移民搬迁动员大会，大造舆论声势，形成一股移民热潮，报名移民户94户447人，报名县翔云社区的有15户61人，使移民工作行动于快。

三是认真研究，选准安置地点。经过三次党政班子会议认真讨论研究，确定将今年移民集中安置点选择在自然条件相对较好、交通便利的圩镇、梅竹村、桥头村三处，其中圩镇点计划安置50户，梅竹计划安置10户，桥头计划安置19户，三处共征用土地25亩，山场10亩。在3月份就完成了土地征用工作。

四是妥善安排，关心移民生活。按照"搬得出、稳得住、能致富"的移民工作目标，我们将关心移民生产生活作为一项重要工作来抓紧抓实，专门落实了工作组责任，纳入年度目标考核，并落实了12户移民户作为科级领导"1+2"帮扶户，经常关心、帮助移民，使移民工作情系于民。

在取得成绩的同时，我们也面临许多困难。一是移民区配套设施建设还需改善，建设工程资金缺口大。二是我乡无一块面积较大平地，平整土地工程量很大，需搬运土石方2.8万方，浆砌挡土墙护坡1000方，总投资需要59万多元，供电、移动、电信杆线搬迁量多，给工程施工带来很大困难，特别是近期正值多雨季节，挖机、车辆无法正常作业，影响了工程进度。

　　但我们坚信，有上级党政部门的支持和帮助，虽然我们前面困难重重，我们一定会迎难而上、奋勇拼搏、开拓进取，保证按期完成移民搬迁任务，请领导放心。

　　此篇范例，条理清晰地阐述移民扶贫工作的开展过程，四点内容之间层层递进，逻辑清楚，让领导知道了现有的工作成绩。接着又逐条分析了工作过程中遇到的困难，让领导可以有针对性地安排解决措施。最后表态，展现了对工作的认真负责，想必也会得到在场领导的认可。

　　在工作汇报中，我们需要构建怎样的思路让脱稿汇报做得精彩，得到上级或者领导的认可和欣赏呢？

　　首先，讲述基本情况。工作汇报必须有情况的概述和叙述，有的比较简单，有的比较详细。这部分内容主要是对工作的主客观条件、有利和不利条件以及工作的环境和基础等进行分析。

　　其次，成绩和缺点。这是汇报的中心。脱稿汇报的目的就是要肯定成绩，找出缺点。成绩有哪些，有多大，表现在哪些方面，是怎样取得的；缺点有多少，表现在哪些方面，是什么性质的，怎样产生的，都应讲清楚。

　　再次，经验和教训。做过一件事，总会有经验和教训。为便于今后的工作，须对以往工作的经验和教训进行分析、研究、概括、集中，并上升到理论的高度来认识。

　　最后，今后的打算。根据今后的工作任务和要求，吸取前一时期工作的经验和教训，明确努力方向，提出改进措施等等。

解决问题，着重具体方法

　　汇报工作最重要的是提出解决问题的方案而不是简单地提出问题。要记住，汇报问题的实质是求得领导对你的方案的批准，而不是问你的上司如何解决这个问题。

　　我们去找领导汇报工作时要准备多套方案，并将它的利弊了然于胸，必要时向领导阐述明白，并提出自己的主张，然后争取领导批准你的主张，这是汇报的最标准版本。范例是某教学主任在教学常规工作检查汇报会上的讲话，这篇讲话就主要表达了解决问题的具体方法，对于听众来说，再实用不过。

各位领导、各位老师：

大家好！

本次教学常规检查，对于各位教师的工作做了一个评估，其中有表现优秀的也有还欠缺锻炼的，下面我将本次检查情况做一个简单的分析。

一、教学计划

本次检查中，大部分教师的计划还是用备课本上的计划表来应付，没有按中小下发的语数教学常规的要求来认真地写。另外，班主任一定要制定详细的班级工作计划，使自己本期各项工作做到"胸中有一盘棋"，避免盲目性和随意性。这里，我建议各校在开学后两周内要求教师将计划写好，上交一份学校存档，督促其认真制订计划。中小本部不仅语、数班主任计划要交，其他学科包括常识、艺体、英语的计划都要上交归档，每份计划上要注明班级、教师姓名、时间等。

二、备课

这次检查发现大部分教师都能认真备课，书写较以前规范，教学环节齐全，教学过程比较翔实，教学方法的设计及教学手段的运用能体现新的理念，撰写的教学反思比以前有所提高，能对自己不得法的教学手段、方式、方法进行解剖。但也有个别教师的备课过于简单，纯是应付检查，教学反思质量不高，书写较潦草。以后在检查中像这样的备课，至少要扣5分，决不能备好备坏一个样。

三、作业

本次检查发现每位教师做得最真实的、最认真的就是作业，大部分教师作业设置适量、适度，均能及时批改，多数学生书写认真，格式规范。但也存在一些问题，有些学生的错题没有及时订正，少数学生书写有待提高，还有教师作业批改没写日期。对于作业的设置和批改我也提几点建议：

1.每位教师最好要有作业设计本和批改记录本，记录学生作业中的错误做法及纠正措施，程营的陈玉兰老师就是这样做的。

2.批改作业不要用一个大钩，应该给每一道小题目都要打上一个勾，这样才能体现精批细改。学生作业可圈可点之处绝不要吝啬笔墨，借助问号、下划线等方式给学生勾出他的错误与不足之处，让学生明白自己的失误之处。

3.对作业的评价最好不要用分数，要写出批语式鼓励性的语言或符号，如：甲、乙、丙、a、b、c等，最好是"八仙过海，各显神通"，作为学生及家长，最希望看到的是教师对学生的评价，一句关心的话语，一句善意的批评都能拉近师生间的距离。

4.作业的设置比较单一。像数学可以设置一个口算本，每天或每周出10~30道口算题训练学生的基本功；语文可以设置一个听写本，每天上课前听写几个生字或词语等。语文作业低年级应有专门的拼音本、生字本，高年级有习作本，为提高学生写作水平，还可设周记本、积累本等。

四、单元检测

从每位教师的试卷分析可以看出，教研室的试卷大部分质量还是比较高的，检测题目难易程度适中。同样也存在一些问题，从试卷上可以看出，有些教师对所任学科的教材整体把握不够，缺乏系统性教学，知识面窄，不能最大限度地满足学生知识的需求，对教材中综合性的知识教学不太适应，因此这类题目学生失分较多。

建议：

1.教师要与学生家长多接触，多沟通，要取得家长的配合与支持。

2.要注重培养学生良好的学习习惯。

3.要改进课堂教学，要让学生来教学生，提高课堂教学效益。

4.平时要重视双基训练。

5.语文学科要加大课外阅读量，要让习作教学生活化。

五、听课

这项检查中听课节数都能达标，8节以上，但听课笔记明显看得出是不真实的，是应付检查的，有的连上课教师的年级、姓名都没填，教学过程记录简单，教学评价及建议较少。

其实，听课、评课是一个非常好的教研方式，是提升每一位教师教学水平的一个重要方法。因此，各校教导处每学期都要开展几次备课、听课活动，让教师真实地记录听课过程中的所思所想，然后评课时相互交流，从而在点滴间提高教师的教学水平。

六、辅导

从这次检查情况看，大部分教师都扣了分，这说明我们教师对课后辅导还没引起高度重视，对课后辅导的意义不甚了解。课后辅导的内容主要是解答疑难、补差、扩展提高、端正态度、指导方法等。要做好补差工作，就要分析学生差的原因，是知识，是方法，还是能力缺陷等？在课后辅导中也应该做好记录，记录在辅导过程中了解到学生的情况、解决的方法。

谢谢大家！祝大家虎年身体健康，工作顺利，万事如意！

此篇范例中，汇报人员着重分析了这次教学常规检查中出现的问题和解决方法，将整个教学工作分成六个点来分别说明，其中具体解决方法也一一对应，分条列出，针对性比较强，也让听众理解起来更容易，为以后的教学工作指明了方向。这也是所有人最想听到的内容。如果只是指出问题，某些老师可能就会对这次讲话失去兴趣，因为他们作为参与者，肯定明白自己的弱势是什么，他们最想知道的就是怎样克服。所以这次讲话中的那些建议可谓正中下怀，迎合了他们的要求。

那么，在汇报工作时，我们需要怎样去组织思路去构建脱稿讲话呢？

首先，讲出汇报的目的。汇报者事先一定要思考好：这次汇报应该达到什么目的。这是一个带有根本性、方向性的问题，也是要汇报的主题思想。可以说，这个问题解决好了，你的汇报就成功了一大半。有的同志之所以汇报得不大成功，关键就是目的性不明确，准备的材料零乱无章，让人听了半天不知道说的是什么。要把此次汇报放在一个较大的背景下进行分析，比如：为什么在这个时候领导要听汇报？要听的内容与当前中心工作的关系是什么？要听汇报的领导平时的习惯是什么？这一系列问题都要琢磨透彻。

其次，突出重点。汇报者根据汇报目的和领导的要求，选择重点内容，并找准切入点。一般来说，选择重点要从三个方面考虑：一是领导最想听、最关心的东西，或者说领导想强调的事。二是自己认为最能表现成绩的事迹，或者说最出色的工作。三是有自己特点的东西。如果说汇报的目的是"主线"，那么汇报的重点就是"主干"。

此外需要注意的是，在汇报工作的时候，汇报者不要说一些废话，要严格把握，充分利用有效时间把该汇报的内容都说出来。尽量做到每句话都有分量，繁简适度，表达得体，既不过时，也不浪费机会，让人听后有一种新鲜感和透亮感。

现有情况如实汇报

在汇报会议上，作为汇报者，不应该有欺瞒心理，即使你有侥幸地瞒过一次，但是总有一天也会被上级弄明真实情况，你因此会受到一定处罚。与其自食恶果，还不如在汇报工作时，把真实的情况表达出来，让上级充分地认识到实际情况，进而及时采取措施。也许你不但不会被挨骂，反而还会得到上级的赏识。因此，我们在脱稿汇报工作时，要如实地报告实际情况。范例中的征兵汇报就是以反映真实情况为主。

尊敬的首长、各位领导：

对今天能够到我镇检查指导工作表示热烈的欢迎和衷心的感谢！为了保质保量地完成好今冬征兵工作任务，党委政府将征兵工作作为一项重点工作来抓，根据市、县征兵会议精神，经镇征兵领导小组研究决定，结合我镇实际，严格按照上级的部署和要求，加强组织领导，采取有力措施，扎实开展工作。目前，征兵工作已全面展开。现汇报如下：

一是早动员、早宣传，深入摸底。镇党委、政府针对新形势下征兵工作出现的新情况和新问题，要求各社区、各村要把征兵宣传工作作为完成今冬征兵任务的重要工作来抓，要在"早"字上下功夫，打好"主动仗"。充分利用有线广播、黑板报、横幅标语、各种会议等多种渠道和时机有效地开展好全民国防教育，宣传《国防法》《兵役法》《民兵法》和《征兵工作条例》以及一系列优惠政策。充分调动适龄青年的参军积极性，并协调工作人员深入各社区、各村进行前期宣传和调查摸底工作，按照优中选优的原则确定文化素质高、身体条件好的适龄青年为预征对象，为确保新兵质量奠定坚实的基础。

二是健全组织，强化领导。兵役登记工作一开始镇党委、政府召开了2次专题会议。9月16日下午召开了由书记、镇长、主管副书记、武装干事参加的专题会议。会上，分析了今年征兵工作的新形式和新特点，对今冬征兵工作进行了部署。镇党委卢书记就征兵工作提出了四点要求：

1. 加大宣传力度，激发适龄青年参军入伍的热情，为征兵工作创造良好的社会环境。

2. 要加强组织领导，切实做好征兵协调保障工作，保证征兵工作顺利进行。

3.要采取有力措施，严格执行征兵政策规定，落实岗位责任制，廉洁征兵。

4.完成征兵任务的同时，加强兵源质量，确保将最优秀的青年送到部队。会上成立了征兵工作领导小组，镇长任组长，党委副书记任副组长，武装部长任征兵办公室主任，负责具体工作。9月19日利用干部晨会，对征兵工作做了具体安排。镇长在会上就征兵工作做了强调，要求相关部门、社区和村充分认清形势，增强责任感和使命感，努力做好征兵工作。并制定下发了《关于认真做好二〇一一年度冬季征兵工作的通知》，确保辖区内的适龄青年踊跃应征。

三是加强宣传，广泛发动。在充分利用广播、标语等多种形式对《征兵工作条例》《兵役法》进行广泛宣传的同时，组织人员深入开展国防教育宣传活动，营造了"一人当兵、全家光荣"的浓厚氛围。截至目前，全镇共张贴标语80余条，制作横幅标语13条，发放宣传资料200余份。

四是严把初审关，确保今年兵员质量。镇设立征兵办公室。并严把初审关，对预征对象的身高、体重、毕业证等信息进行了初审。已有30位青年初审完毕。

当前征兵工作中主要存在的问题和不足：

一是适龄青年选择就学和外出务工人员增多，可征兵员减少。随着高校持续扩招和社会多层次办学，出区脱贫致富步伐缓慢，加之市场经济利益驱动，且外出务工人员返乡参加体检的路费，未能入伍后的复工等问题不易解决，使征集难度明显增大。

二是征兵宣传内容老套，形式单一，难以有效激发适龄青年及家长的应征热情。目前，多年来形成征兵宣传停留在张贴标语、广播等传统模式和做法，形式单一，内容陈旧，没有鲜明的时代特色。针对适龄青年及家长的思想实际，有针对性做好一人一事、一家一户的宣传发动工作，略显力度不强。

三是无法落实拒服兵役政策。目前《兵役法》《征兵工作条例》中的条款在乡镇缺乏可操作性，对应服兵役青年，缺少了应有的威慑力和约束力。

以上汇报如有不妥，请领导批评指正。

　　此篇范例，讲话者如实地把现有的工作状况和出现的问题，一一向上级做了汇报。在讲述实际情况时，还逐条地进行说明，这让上级非常清楚地了解每一项工作的进展状况，做到心中有数。如实的汇报，为我们日后的脱稿汇报提供了参考方向。

　　在一般的汇报上，我们需要组织怎样的思路才能如实地把工作汇报清楚，并且得到上级的认可呢？

　　首先，直接讲述工作的基本情况。上级不允许你浪费太多的时间，汇报者在开始时，不要说一些废话，应该直接地进入状态，开始总结自己的工作情况。这样就不会浪费太多的时间，效率自然也就提高了。

　　其次，提出存在的问题，列条进行说明。上级在关注取得的成绩同时，更加地注重出现的问题，只有把这些问题解决了，才能让工作更好地进展下去。所以，讲话者一定要在汇报工作时，说清楚遇到的问题，让上级做到心中有数。

　　最后，请领导批评指正。结尾一般都会说出类似的结束语，比如"以上的就是汇报工作的基本情况，希望领导给予批评指正"等。

年终总结

　　年终总结是人们对一年来的工作学习进行回顾和分析，从中找出经验和教训，引出规律性认识，以指导今后工作和实践活动。

　　年终总结有几点要求需要注意：

　　1. 要善于抓重点。年终总结涉及本单位工作的方方面面，但不能大小事情都汇报出来，应该要有主次之分，抓住重点。有些人在做年终总结时，担心自己所做的工作不提就没有成绩似的，造成总结内容庞杂，中心不突出。那么，什么是重点？是指工作中取得的主要经验，或发现的主要问题，或探索出来的客观规律。

　　2. 要注意观点与材料统一。年终总结中的经验体会是从实际工作中，也就是从大量事实材料中提炼出来的。但在讲述的时候又必须靠材料进行说明，经验体会才能"立"起来，具有实用价值。这就是观点与材料的统一。

　　3. 语言要准确、简明。年终总结的文字要做到判断明确，就必须用词准确，用例确凿，评断不含糊。简明则是要求在阐述观点时，做到概括与具体相结合，要言不烦，切忌笼统、累赘，做到文字朴实，简洁明了。

实事求是，不要脱离实际

　　这一年来干了哪些工作，上级部门知晓，同事心里也有数，自己也应如实汇报。干得好，上级心里有杆秤，自然能称出其分量，所以，年终会上发表的脱稿讲话，一定要符合实际情况，实事求是地表达自己一年所取得的实际成绩，以此才更能勉励自己。范例是某学校学生会年终总结报告会上信息部代表的发言，其实事求是的讲话方式值得我们学习参考。

尊敬的团总支老师、主席团、各位部长、全体学生会成员：

大家晚上好！

年末岁首，辞旧迎新，今天，我们外语学院学生会全体成员齐聚一堂举行年终总结与来年展望报告会。我很高兴很激动，高兴我们新的一届学生会在风雨中又走过了辉煌的一学期，激动我们的信息部正在不断地长大，不断地成熟。

回顾过去的一学期，信息部在团总支、主席团以及其他各部的大力支持与帮助下，取得了长足进步与发展。

新一届的信息部组建于 2009 年 10 月，经过学生会招新大会，一批充满活力的成员加入了信息部，给信息部注入了一股新鲜的血液。然而新的部员、新的部长尽管意味着新的力量，但是所有的工作都要从零开始。因此在这一个学期里信息部主要从部门建设和常规工作中开展各项工作。

在部门建设方面：

1. 建立了完善的例会制度。针对工作安排需要协调每位成员的时间安排，我部在每个单周的周四晚 9 点召开例会，在例会上我们总结本周工作经验，商讨下周工作计划，通过例会加强了部员与部员、部长与部员之间的沟通与交流，使我们工作开展起来分工协作更明确。通过交流同时也使我们的部门在短时间内融合为一个团结的集体。

2. 紧抓部员的业务技能培训工作。由于信息部工作的特殊性，加之我们的部员对基本的新闻写作与摄影技术的不甚了解。针对这一客观实际我们进行了新闻写作培训、摄影基本技巧培训活动。针对新闻写作的网络化电子化要求，我部与办公室联合举办了 WORD 文档与 EXCEL 电子表格的基本操培训。通过这一系列的培训和讲座我们部的整体业务素质得到了很大的提高。

3. 不断加强部门的集体凝聚力与荣誉感。信息部集体聚餐、组织参加校招生处举办的"我眼看北林"的摄影大赛，为学生会联欢晚会选派精彩节目，通过这些活动我部的集体荣誉感与凝聚力不断地增强。

所有这些部门的建设举措为我部开展各项常规工作打下了坚实的基础。

在常规工作方面：

1. 新闻报道的准确性与时效性得到了提高。照片的拍摄效果也有了改进。我们先后报道了篮球联赛、新生运动会宿舍设计大赛、趣味运动会评优表彰大会、"绿色奥运"电池环保公益活动、日本插花、与您同行经验交流会等重要活动，其中"绿色奥运"电池环保的新闻还被绿色新闻网采用。

2. 学生会网站建设取得极大进步。学生会成员风采更新完毕，新闻报道专栏可以看到及时的新闻报道，体育部的健康小贴士不断更新，特意为外语学院宿舍设计大赛制作了图片展并上传至学生会网站。网站建设曾得到过院里老师的表扬。

3. 突破陈旧的工作模式，积极探索尝试多种方式开展工作。我们部在坚持原有机制的基础上不断地改进工作方法与工作模式；不再是单纯地指定某人照相某人写新闻，而是采取了小组分工制，小组轮流承担新闻报道的任务。这样既节省了人力又增强了我们工作的机动性与灵活性。积极促成建立信息员工作制度，通过向各部门分配信息员的模式，及时了解各部门的活动进程并对其进行新闻报道。这些新的工作模式工作机制充分地调动了我们部门的工作热情，使每一位同学都有了锻炼自己、展示自我的舞台。

4. 积极配合学生会其他各部门工作的开展，加强与其他学生组织的沟通与交流。在这一学期里我部按照主席团决议安排，积极配合各个部门开展了多种多样的学生活动，配合校会青年研究中心做了各种调查问卷。今年12月信息部作为外语学院学生机构之一加入了北京林业大学团学媒体联盟。所有的这一切无疑都给我部的工作带来极大的推动作用。

然而尽管工作中我们取得了不少成绩，但是我们还存在许多不足或者可以说是错误，新闻写的不专业、不规范，上传在网上的新闻发现错别字，因此也受到过批评。新闻照片取景角度欠佳，导致照片的主题不明确。网站建设进程缓慢，许多板块还得不到及时更新等等。但是总的来说成绩还是主要的，这些成绩的取得离不开团总支老师、主席团，以及其他各部的支持与帮助，更离不开信息部所有成员的辛勤与努力，在此我向大家表示衷心的感谢。

新年伊始，万象更新。相信在新的一年里只要我们全体成员齐心协力，我们的信息部必定会取得更加出色的成绩，我们的学生会必定会有一个更加辉煌的明天。

最后，祝愿老师们、同学们新年快乐，工作顺利，学习进步！

谢谢！

此篇范例中，信息部代表结合实际，主要从部门建设和常规工作两个方面阐述了信息部一年来的工作内容，每个方面又分条进行了说明。每一点都是实际进行的改革与取得的效果，而不是胡乱发挥想象。这次演讲实事求是，也容易引起听众的共鸣。

通常在年终会议上，我们需要构建怎样的思路来实事求是地完成脱稿讲话呢？

首先，情况回顾。讲话者对所做的工作或过程作扼要的概述、评估。这部分篇幅不宜过长，只作概括说明，不展开分析、评议。

其次，讲述成绩和经验。这是总结的目的，是正文的关键部分，这部分材料如何安排很重要，有两种思路：一是先说做法和取得的成绩之后再写经验。即表述做法、成绩之后，再从分析成功的原因、主客观条件中得出经验教益。二是在说做法、成绩的同时说经验，"寓经验于做法之中"。此外，对于专题性的总结，也可以提炼出几条经验，以起到醒目、明了的作用。运用这种方法要注意各部分之间的关系。各部分既有相对的独立性，又有密切的内在联系，使之形成合力，共同说明基本经验。

最后，做出打算。这是总结的结尾部分。它是在上一部分总结出经验教训之后，根据已经取得的成绩和新形势、新任务的要求，提出今后的想法、打算，成为新一年制订计划的依据。内容包括应如何发扬成绩，克服存在问题及明确今后的努力方向，也可以展望未来，得出新的奋斗目标。

逻辑紧密，紧扣主题

身在职场，很多人都为年终感到非常苦恼，有时候还被邀请上台脱稿讲几句话，因为害怕和担心自己的讲话得不到公司同事和下属的认可，所以讲话时就显得更加紧张，越是紧张，思维就越容易混乱；思维一混乱，就开始语无伦次，甚至在说完一句之后，不知道下一句该说什么。其实，这都是思维逻辑不紧密造成的，讲话者只要紧扣主题讲述，并且有逻辑地讲述出来，之前的出现问题就会迎刃而解，更不用苦恼和担心了。我们通过一篇逻辑紧密、主题突出的讲话范例来说明这一点。

全体工作人员：

大家好！

不知不觉已进入 2012 年。今天，我们欢聚一堂，庆祝公司圆满走过了"骑玉兔、急飞跑"的 2011，迎来了"飞云天、驾腾龙"的 2012。我谨代表公司领导们对全体员工一年以来的恪尽职守、默默耕耘表示深深的感谢："谢谢你们！在过去一年里，大家都辛苦了！"

智慧创造价值，责任成就未来。2011 年，我们同心协力克服了种种压力和困难，进一步扩大了公司规模，壮大了员工队伍，完善了产品内容，加快了拓展步伐，使公司有了卓有成效的发展。同时团队的素质、专业的精神、管理的层次都得到了较大的提升，为公司日后发展和腾飞打下了坚实的基础，所取得的每一个可喜的成绩，离不开公司全体工作人员的共同努力，你们是当受表扬的，同时也证明了领导层所带领的这支工作团队是一个有凝聚力、执行力，且勇于创新、锐意进取的优秀团队，你们是优秀的，我为公司能够有这样一支团队而感到自豪。

紧抓机遇，迎接挑战，面对 2012，我们的任务是艰巨的。在新的一年里，公司要在各方面进一步完善和拓展，从管理、产品、市场等方面多管齐下，继续保持良性、平稳、快速发展，同时进一步为员工提升发展空间，并努力为大家营造一个放心、安心、舒心的工作环境，使员工在公司感受到家一般的温暖。近期工作进程需要加快，在此期间，希望大家克服困难、继续拼搏，发扬踏实肯干、任劳任怨、自告奋勇的工作精神，同心同德，再接再厉，为完成公司目标，实现公司宏伟蓝图加倍努力！

昨日的成绩令我们欣喜，今日的埋头预示着明日的辉煌。作为公司的领导，感谢你们一年以来尽职尽责所做的卓有成效的工作，你们的付出公司是不会忘记的。希望在今后的工作中，各位员工一如既往的团结互助，相亲相爱，不断提高自身业务水平，鼓足干劲，一拼到底，携手与公司飞速成长，争取明年再聚首的时候，在座的每位成员都能成为顶梁大柱，为公司的明天托起一片骄人的辉煌和璀璨。

值此新春来临之际，祝大家新年快乐，工作更上一层楼！并通过你们，向一直支持我们工作的家人、亲人以及好友们致以诚挚的问候，祝福大家身体健康，阖家幸福，吉祥如意！希望今天大家都能玩得尽兴，笑得开怀！

此篇范例，紧密的逻辑，环环相扣，思维会随着逻辑一直走下去，不可能会出现断电的情况。此外，讲话者还紧紧地围绕着主题进行阐述，既说出了切合实际的话，同时也会赢得在现场每一位听众的赞赏。

那么，在年终总结上，我们如何采取严密的思路才能使讲话的逻辑紧密呢？

首先，表示感谢。讲话者要感谢一直坚守和奋斗在每一岗位上的工作人员，对于他们认真辛苦的工作表示衷心感谢。

其次，开始回顾总结过去的成绩。讲话者要简要总结这一年里取得的突出成绩，让过去的辉煌在听众的眼前重现，但要注意的是，不要占用太多的时间，简要总结即可。

再次，转向未来。讲话者要告诉员工要迎接机遇，面对各种挑战。像范例中那样让员工"同心同德，再接再厉，为完成公司目标、实现公司宏伟蓝图加倍努力！"

此外，在这里需要注意的是，回顾过去、展望未来之后，还要把焦点转到每个员工身上，让他们肩负起自己的使命，希望每一个人都成为公司的力量，以此来激励员工的斗志。

最后，对所有员工以及家人送出祝福。讲话者在结尾时要有礼貌地表示对员工的祝福，并且还要感谢家属的支持。

运动会

运动会，也称"综合性运动会"，指包括若干个运动项目的规模较大的运动竞赛会。在运动会上，被邀请的领导和嘉宾上台致词讲话，那么我们需要怎样的思路才能把话说得精彩呢？

首先，感谢主办方的邀请。

其次，阐述大会的意义。作为受邀的领导或者是嘉宾，要着重地讲述举办大会的意义和目的。但是不宜篇幅过长，讲清楚即可。

最后，祝愿大会圆满成功。

开场以感谢、祝贺为主

假如在学校的运动会上，你代表校领导向大会致词，但要求脱稿致词，不要读稿，面对如此的情况，你该怎么办呢？在生活中，很多校领导一旦不让他们读稿，他们就不知道该讲什么、说什么，甚至还会出现严重失语的尴尬境地，草率地讲几句，就匆匆地下台了，这样的讲话是不会得到现场听众认可的。那么，到底该如何说，说什么呢？实在没有头绪时，不如所多表达祝贺和感谢的意思，这样既不会太偏离活动主题，也降低了脱稿讲话的难度。范例中的讲话就是以感谢和祝福为主，但又不会显得敷衍空洞。

各位运动员、裁判员、老师们、同学们：

金风送爽，硕果飘香。今天，我们以无比喜悦的心情迎来了我校2011年秋季田径运动会的召开。首先，我代表学校校务会，向大会的召开表示热烈的祝贺！为了本次田径运动会的顺利召开，大会筹备人员不辞辛劳,积极准备;各班同学为了班级荣誉而踊跃报名,刻苦训练;体育教师加班加点,悉心指导。为此,我代表校务会,向为本次大会的顺利召开而精心准备的所有人员表示衷心的感谢和诚挚的敬意!

在过去的一个学年,我校各项工作均取得了可喜的成绩,高考本一上线286人,600分以上101人,刘波同学以685分的优异成绩位列全市第九名,全省第三十六名,被清华大学录取。成绩是令人鼓舞的,但我们深知:我们不仅在学业上要力争上游,而且还要在德育、体育、美育等方面实现新突破,尤其是体育工作必须得到进一步加强,"发展体育运动,增强人民体质",这不仅是广大青年学生的自觉追求,更是时代的客观要求。知识经济时代是全球竞争的时代,竞争是空前激烈的。没有健康的身体素质,根本就无从适应大时代的要求。因此,一个合格的中学生必然是一个全面发展,能自我完善的学生,是一个无论在考场上,还是在运动场上都能勇攀高峰的学生。

一年一度的秋季田径运动会,是贯彻党的教育方针,大力推进素质教育的重要体现,是对我校体育教学工作的一次检阅,是促进各项工作不断上水平、提档次的一个契机,更是展示我校师生精神面貌和综合素质的一个窗口。学生正处于长身体、长知识、长才干的黄金时期,积极参加体育锻炼,有效增强体质是我们实现理想、创造美好生活的重要基础。因此,开好这次运动会,对于提高同学们自身素质,促进学校各项工作的开展,具有十分重要的意义。

本届运动会共有来自高一、高二年级的450多名运动员参加。希望全体师生要讲公德、讲卫生,在运动场地上不留下一件废弃物,真正体现现代中学生文明有序的行为习惯;希望全体运动员以饱满的激情、昂扬的斗志、勇于拼搏的信念、团结向上的精神投入到本届运动会中去,赛出成绩,赛出水平,赛出风格;希望全体裁判员要尽职尽责,严守规程,公正裁判;希望全体工作人员忠于职守、严密组织、热情服务,确保把本次运动会开成一个"安全、文明、拼搏、奋进"的大会。

最后,预祝本届运动会圆满成功!

此篇范例,讲话者在开场热烈地祝贺这次会议的顺利召开,感谢亲临现场的每一位人员,还特别感谢为筹备这次会议的工作人员以及参加会议的运动员和教练。讲话者采取感谢、祝贺为主的开场方式，不仅迎合了主题，同时也活跃了现场的气氛，一举两得。

在运动会上，除了开场以感谢、祝贺为主，我们还需要构建哪些思路来让自己的脱稿讲话更加出色呢？

首先，感谢祝贺点题。在这部分，讲话者可以参照范例，说一些感谢祝贺的话语，既显示了本次讲话的主题，同时也活跃了现场的气氛。

其次，阐述举办运动会的重要性。讲话者要强调举办运动会的目的和意义，可以像范例那样说："我们不仅在学业上要力争上游，而且还要在德育、体育、美育等方面实现新突破，尤其是体育工作必须得到进一步加强……"目的就是让人们端正态度，认真地做好搞好比赛。

最后，简要提出要求和祝福。讲话者在这部分要简要地参加会议的人员提出要求，目的是让他们各司其职，做好本职工作，最后还要说出预祝大会圆满成功之类的话。

大力弘扬体育精神

在运动会上，在不知道说什么的时候，不妨借着已有的主题说大力地弘扬运动和体育精神。下面提供一篇以弘扬体育精神为主的讲话范例，可供大家在场合参考。

尊敬的各位领导、裁判员、运动员、老师们、同学们：

大家好！

今天，我们迎着四月煦暖的阳光，带着师大附中运动健儿的喜悦，迎来了我们自己的体育盛典——青海师大附中2011年春季校运会田径运动会。

首先，我谨代表校党政领导及本次运动会组委会，向运动会的如期举行表示热烈的祝贺！向筹备这次盛会的全体工作人员表示衷心的感谢！向参加运动会的全体运动员、教练员、裁判员表示诚挚的慰问！

青海师大附中是青海省中学的佼佼者，是一所正在建设和发展中的新型中学。学校始终把提高教育质量和学校的发展作为第一要务。近年来，学校全面贯彻党的教育方针，坚持教育创新理念，运用科学的管理方法，大力加强教育现代化建设，不断提高教育教学水平，良好的校风、学风、教风已经形成，赢得了社会广泛的认同，学校的声誉日益提高。全校师生员工立足本职，锐意进取，推进了学校跨越式发展的步伐，在这种欣欣向荣的景象下，为了丰富学校生活，大力推动群众体育活动的广泛开展，进一步强健同学们的体质和增强同学们集体凝聚力，我们筹备并举行本届运动会。

体育工作是国家教育方针的重要组成部分，也是学校精神文明建设的重要内容。发展体育运动，增强人民体质，是中华民族屹立于世界之林的重要保证。对于弘扬奥运精神，提高学校师生员工的整体素质，推动学校各项工作的开展，都有着十分重要的意义。它既是强身健体、提高广大师生员工生活质量的需要，又是培养新世纪德、智、体、美全面发展的社会主义合格人才、全面建设小康社会的需要，也是推动和促进学校改革、发展和建设的需要。

我们难以忘怀北京奥运会上中国健儿为祖国争金夺银的飒爽英姿，难以忘怀五星红旗在会场上的一次次激扬升起的壮观场景，所以我希望，今天参加运动会的每位运动员在能奥林匹克精神的感召下，恪守"公平、公正"的竞争原则，发扬"同一世界，同一梦想"——团结、友谊、进步、和谐、参与、梦想的拼搏精神，体现"绿色奥运、科技奥运、人文奥运"的核心理念与灵魂，共同分享运动会的魅力与欢乐。在未来几天紧张的比赛中，希望全体参赛人员要以饱满的热情、昂扬的斗志、勇于拼搏的精神投身到各项竞赛活动中去。裁判员要严格竞赛规则，公平、公开、公正裁决。各位运动员要遵守纪律，服从裁判，要发扬吃苦耐劳、顽强拼搏、重在参与、"友谊第一、比赛第二"的精神，做到"胜不骄，败不馁"，在运动场上比思想、比作风、比纪律、比技术，赛出风格、赛出友谊、赛出团结、赛出成绩，充分展现出我们青海师大附中学子的精神风貌。

"我健康"，是我们不懈锻炼、运动的目的和宗旨；"我运动"是我们达到健康的方法、手段和过程；同时，同学们、老师们，我们在运动、锻炼的过程中，还要去体验运动给我们带来的欢乐和成功的喜悦。我希望同学们、老师们在本届运动会中发扬奥运精神，拼搏进取，团结协作，争取一流，赛出风格，赛出水平。

"海阔凭鱼跃，天高任鸟飞"，同学们，尽情在运动场上展现你们闪亮的青春吧，弘扬奥运精神，团结拼搏，争创佳绩，争取竞赛成绩和精神文明的双丰收，在学校体育发展的扉页上写好你们辉煌的篇章。让我们共同努力，把本届运动会开成一个和谐、安全、文明、团结、奋进的大会。

最后，衷心预祝本届运动会圆满成功！

此篇范例，讲话者不仅讲述了体育精神的重要性，同时也大力地弘扬了体育精神。如此一来，不仅符合主题，同时也为运动会注入了新的活力。

通常情况下，在运动会上，我们需要构建怎样的思路才能让充满体育精神的脱稿讲话出色精彩呢？以下的思路并不是唯一的，可以用来参考。

首先，借着天气开场。讲话者可以就着当时的天气情况，进而引入主题，这样一来亲切自然，更易得到现场听众的认可。

其次，表示感谢和祝贺。在这部分要分情况，如果你是主办方，你要感谢莅临现场的每一位嘉宾，还要感谢筹备和组织会议的工作人员；如果你是受邀嘉宾，就要感谢主办方的邀请，对自己能够参加这次会议要深感荣幸。讲话者要依据自己的身份和角色定位，讲出合适的话。

再次，弘扬体育精神。在运动会上，最重要的就是发扬体育精神，讲话者在这部分要着重说出有哪些体育精神值得我们学习和提倡，比如说范例中提到的："同一个世界，同一个梦想""友谊第一、比赛第二""我健康、我运动"等等。这提到这些体育精神的时候，要对他们逐条进行阐述，这样才能让听众更加鲜明地了解体育精神。

最后，表示祝愿。讲话者在结尾的部分，要讲述预祝大会圆满成功之类的话。

简要总结，短小精悍

在运动会的闭幕式上，需要嘉宾或者是领导上台致辞，这时候需要怎么构思讲话思路呢？一般在这种情况下，简要总结大会即可，讲话的内容要更多地表示对大会的感谢和祝贺，总结一下运动会中体现出的精神风貌，弘扬运动精神，对所有参与运动会的运动员和工作人员表示感谢和鼓励。范例是某校运动会闭幕式上发言，其总结简洁凝练，又充满赞扬和鼓励，有振奋人心的作用。

各位老师、同学们：

大家好！

在全校师生的共同努力下，我校 2010 年秋季体育运动会即将胜利闭幕，在本次运动会上全体运动员积极进取，顽强拼搏，胜不骄、败不馁，在这里，我首先向取得优异成绩的班集体和同学表示最诚挚的祝贺！

本次运动会，展现了运动员良好的精神风貌：百米跑道上那闪电般的速度，拔河比赛中顽强的拼搏，接力赛中同学们的团结协作，无不令人振奋、令人激动，真正体现了"团结、拼搏、奋进、强身"的宗旨。

没有比赛项目的同学或者积极撰写广播稿为参赛选手加油助威，或者跑前跑后为伙伴提供服务。可以说他们是运动员的坚强后盾，是真正的无名英雄。

我们的裁判员和工作人员做到了坚守岗位，公正公平；我们的班主任、科任教师做到了认真组织，精心策划。

总之，这次大会充分体现了我校互助进取的精神风貌，真正体现了"更高、更快、更强"的奥林匹克精神。

老师们、同学们，运动会已经结束，但我们的工作却刚刚开始。让我们把体育运动中顽强拼搏的精神和勇于吃苦的作风用到学习上，共同为我校美好的明天而努力！

谢谢大家！

此篇范例，讲话者用简洁的语言，很好地总结了运动会的完成情况以及取得的成绩。讲话者先向取得优异成绩的运动员表示祝贺，并对所有付出辛苦劳动的工作人员表示衷心的感谢。在结尾时，讲话人还希望运动会中的拼搏精神能继续弘扬下去，并希望老师和同学们能在学习上也贯彻这种精神，提升了主题。这样清晰的思路，简要的总结，为我们以后的讲话提供了参考。

那么，在这样重要的运动会闭幕式上，我们需要构建怎样的思路才能把话说得精彩呢？

首先，表示感谢。不管是大型的运动会，还是小型的运动会，都需要讲话者在开头时对筹备各项工作的人员表示感谢，感谢他们一直以来的辛苦工作。

其次，做出祝贺，还要给出鼓励。在闭幕式上，讲话者要用简要的话语，祝贺取得优异成绩的运动员，并且还要对那些没有获得成绩的运动健儿表示鼓励。

最后，弘扬运动精神。可以这样说："虽然运动会结束了，但是我们的运动精神没有结束，我们要将运动精神继续发扬光大，不管是在生活上，还是工作上……"。

单位年会

　　年会指某些社会团体一年举行一次的集会，是企业和组织一年一度不可缺少的"家庭盛会"，主要目的是激扬士气，营造组织气氛、深化内部沟通、促进战略分享、增进目标认同并制定来年目标，为新一年度的工作奏响序曲。公司领导者需要在年会上发表讲话，大致的思路包括以下几个方面：

　　首先，回顾过去。讲话者首先回顾这一年来取得的成就，逐条讲出取得的成绩，从而给予肯定。

　　其次，展望未来。讲话者需要把新的一年里的工作思路和打算对大家讲清楚。

　　最后，祝福大家。讲话者要祝福大家在新的一年里事事顺心，万事如意等。

现有成绩详细说

　　年末岁尾，各个单位需要开会，会上免不了主要领导要讲几句，如果你能一改过去写讲稿、念讲稿的老方式，在会上脱稿讲话，不仅拉近与下属之间的距离，而且还能增添自己的人格魅力。在年会上，把现有的成绩详细说出来，这样每一位员工都心中有数，自然会更加奋进和努力。以李彦宏在2011年百度年会上发表的讲话为例，来看一下如何详细阐述现有成绩。

各位亲爱的百度同学：

　　大家好！

　　非常开心又和大家相聚在一年一度的百度年会。每年站在这里，我都会发自内心地感觉到温暖，都会觉得有很多话想和大家交流。因为这个时候大家聚在一起，意味着我们又共同走过了整整一年，又要在下一轮寒暑交替中迎来新的工作、生活和期待。

"年年岁岁花相似，岁岁年年人不同。"记得 2009 年年会时我曾经感慨，总算把分散在不同地点的同学们聚集在一起，在百度大厦办公，我们又能像一家人一样在一起快乐地工作。从 2009 年到现在，也不过两年时间，我们的员工就从 7000 多人增加到将近 15000 人，总部办公地点就又变成了大厦、首创和奎科遥遥相望的格局。但是无论我们是不是在一栋楼里办公，我们的事业都在一起，我们的努力和成绩都在一起，我们的心都在一起！

过去的一年，是硕果累累的一年，是我们朝着新十年目标大步迈进的一年。我们圆满完成了年初制定的各项任务，公司业务快速增长，十周年时我们所制定的业绩增长 40 倍的目标，以今天的业绩为基数，已经只剩下 11 倍了。除了发展我们的核心搜索业务外，我们还推出了易平台，为移动互联网领域的发展打下基础；在国际化方面，我们进一步打通了总部技术平台资源，除了日本，我们也已经开始在东南亚、非洲等其他国家和地区提供服务。所有这些，都对公司未来的发展意义深远。

在这里，我要由衷地感谢每一位百度同学。是你们的辛勤工作，聚合成百度 2011 年最闪耀的风采。谢谢你们！

回首共同走过的 2011 年，有很多感慨。今天也想借这个机会和大家分享一下。

首先，是我们沿着使命前行的成就感。

成就感往往来源于一些小事。今年 6 月，市场部基于一个真实的案例，做了一条片子，讲一个清洁工为了女儿，通过百度视频学完了迈克·杰克逊的舞蹈动作，然后参加比赛获了奖，片子最后定格为"平等地成就每一个人"。这个片子不仅感动了我，很多客户和合作伙伴看了之后也很感动，觉得这些年跟百度在一起，在做一件很有价值和意义的事情。是的，我们的产品除了给大家带来影音的欢愉，资讯的丰富，我们也在平等成就每一个老师，不管他们在哪里，都能分享网上最好的教案和课件；我们也在帮助每一个心急如焚的妈妈，在她们的孩子发烧时，能够迅速获取知识、采取正确的退热措施……无论教授还是牧民，无论老人或是孩子，他们渴求的信息会因为百度这个平台而触手可及。当那么多的用户在用百度的产品，成就自己每一个小小的愿望时，我感受到我们工作的伟大意义。

2011年百度推出了新首页。从"即搜即得"到"即搜即用"，再到"不搜即得""不搜即用"，我们实现了让用户获取信息从"一步到零步"的跨越。这是百度首页自诞生以来变化最大的系统工程。大家都看到了百度世界大会上新首页的闪耀登场，但很多人可能并不知道，新首页的背后我们的技术工程师和项目团队夜以继日的奋斗故事。负责新首页导航数据挖掘的团队，他们只有7个人。完成这项任务，公司只给了他们58天。在这短短58天时间里，他们汇总、整理和分析了2000多万用户的历史数据，为将近600万登录新首页的用户提供了高度准确的自动导航服务。到了项目后期，时间已经非常紧张，他们抓紧每一分钟对产品进行第二次、第三次的迭代。我和PM在这期间对产品提出了很多问题和意见，无论是上班时间，还是下班之后，甚至是午夜或者凌晨，总是能看到他们很快地做出反应和调整。后来大家谈起这件事情，想知道激励他们这样日夜为之奋斗的动力是什么，他们的解释却很简单。他们就觉得这是一个非常有意义的方向，通过首页导航能够帮助更多人更好地使用互联网，每个人都是发自内心地喜欢做这件事，不仅没觉得这是什么奉献或牺牲，反倒有一种无可替代、舍我其谁的责任感和成就感。

百度一直是一个有理想、有使命感的企业，这种力量激励着我们在座的每一个人，哪怕离开了这里，这样的理想和信念仍然流淌在他们的血液中。

······

今天我们已经走进2012年，对于2012的传说有很多，2012也因此具有很多的神秘色彩。我个人是不相信世界末日和灾难预言的。但我们愿意相信，我们所做的事业，是为中国更多的普通百姓，打造知识海洋的诺亚方舟，帮助他们最平等便捷地获取信息，摆脱贫穷、消除歧视，成就每一个人的梦想！

2012年，我们将继续在使命和责任的道路上前行，我们也将收获更多的感动、更多的成长和更多的幸福时刻！

此篇范例，思路和逻辑非常清晰，李彦宏在年会上根据百度公司的实际情况，把他们目前取得的成绩一一讲述出来，在肯定取得成绩的同时，也鼓舞了员工的斗志，凝聚了员工的向心力，振奋了人心。

在年会上，为了能够在下属面前树立威信，建立全新的形象，我们应该构建怎样的思路来使自己的讲话更加出色呢？不妨参考以下的思路：

首先，向在场的每一位听众问好，进而直奔主题。讲话者要在开场的时候，有礼貌地问候现场的每一位听众，先作这样的铺垫以此来调节活跃气氛。讲话者这样做也能很好地抓住现场听众的注意力。

其次，阐述过去一年内取得的成绩。讲话者在讲述这部分时，要详细地把每个部门所取得的成绩说出来，并且要予以肯定和赞扬。这也是讲话的重点部分，做好总结，确保让每一个员工都了解到公司的状况。

再次，规划新工作。在新的一年里，肯定会有新的计划和目标，这就需要讲话者把新的一年的工作计划和目标向全体的人员简要地讲述一下，让他们对新的一年的情况有个大致了解。

最后，做出祝福。讲话者在最后的时候要说祝福大家的话。

感谢为主，希望为辅

假如你的公司在一年里经历了很多坎坷，遇到了很多困难，受尽舆论的抨击，但仍取得了一定的成绩，在年末举行年会的时候，作为公司的领导者，你应该说些什么呢？很多人都为此苦恼不已，害怕说出了一些话让员工失去对公司的信任，破坏公司的形象。其实，在年会上，领导者面对这样的情况，就更应该加强团队的凝聚力，多说一些感谢的话，根据实际情况去展望未来。

在 2011 年 2 月 25 日淘宝年会上，马云的演讲，便是如此。他在淘宝年会上感谢大家，并试图让所有的阿里人再一次认识集团的使命、价值、原则和梦想：

谢谢大家。

坐在下面，我一直在感动，第一想说的是感谢三亿多淘宝用户，是你们的信任让我们最初的梦想越来越走向现实，我知道淘宝带来的快乐挺多，麻烦也挺多，有很多不满意，很多不完善，谢谢大家的容忍。

我坚信，其他人做不了的事情，解决不了的问题，我们这儿的小二们以及未来的小二们，一定会做得更好，谢谢大家！

　　我也想感谢所有合作伙伴，他们对淘宝的成长做出了巨大贡献，包括我们的货运公司。春节期间很多货运公司堵塞了、不行了，但让我感动的是，也是用我的小号上微博时看到的一个故事——有人说他定了一个货，晚上11点多突然一人打电话说："我是货运公司的，能否一会儿把货送到你们家？"那人以为开玩笑呢，就说"那你送来吧"。凌晨一点敲门声响起，货运公司的人把货送到他家里。

　　不管外面对货运公司有多么抱怨、多么不满，我对所有货运公司合作伙伴说声谢谢，我敬佩大家！其实抱怨一点用也没有，我们应该去帮助他们，去为他们解决问题，因为他们也在帮助我们。这个行业的成长是靠客户、合作伙伴，大家一起努力。

　　我另外也想谢谢这儿所有的小二们，真诚感谢大家！老陆刚才讲的，2010是很"乱"的一年，这个字用得不错，我知道大家真是"手忙脚乱"，付出的代价相当了不起。中国也好、世界也好，因为你们这些年轻人在发生巨大变化，我向大家致敬，感谢大家！

　　也感谢所有的家属，11年来如果没有家属的支持、没有朋友的理解，我们阿里巴巴不会走到现在。以前我们只有200多名员工时，我说过，希望有一天阿里能成为杭州的骄傲、浙江的骄傲、中国的骄傲。很多人把自己的孩子送到这家公司来，很多人把亲戚送到这家公司来，这是一个舞台，为每一个人创造的舞台。我相信这家公司每个员工回家，不管多么辛苦，我们是微笑的，第二天早上还会微笑地来到公司。我们知道工商局不会来敲门，派出所不会把我们关了，我们做的一切事情是为了别人，同样也是为了我们自己。

　　今天，我希望我们不仅仅成为中国的骄傲，还应该成为"80后""90后"全球这代人的骄傲。淘宝不是杭州的公司、不是浙江的公司、不是中国的公司，是全球这一代人的公司。假如美国的国家队是Google、Facebook、Amazon、eBay，我想今天中国的国家队肯定有淘宝、阿里巴巴、百度、腾讯。有人说中国的经济是靠国有企业支撑起来的，那我觉得淘宝是真正的国有企业，我们属于社会主义中国，属于所有老百姓，今天很多国有企业其实是政府企业。

　　我希望阿里人、淘宝人让全世界人看到什么是真正的国有企业，是为这个国家而诞生，为了这个世界的和平、利益而努力的一家公司，这是我们心目中真正的国有企业。去做人家不愿意做、不肯做、不能做又不得不做的事情，这是一个国有企业应该做的，淘宝人挑起这个重担。

……

我希望在座各位记住，你们要做一家影响社会、完善社会，为"80后""90后"年轻人争光的一家公司，别找借口。昨天我在北京，还有人说互联网好的公司都被你们这代人弄光了，我们没机会了——那是借口，世界永远不缺机会，缺的是大家的团结，缺的是诚信、价值观、使命，缺的是我们这些员工以及家属每天的付出。

……

我期待着大家创造这个时代的奇迹，期待着大家每天辛苦回家时带着笑脸，第二天再来。这个公司我们会做到今生无悔，至少到现在为止，我深深为阿里集团所有员工感到骄傲，你们正在影响这个时代。我很荣幸能够与大家一起参与，很荣幸大家相信别人不相信的话，你们信了，我们一起努力，谢谢大家！

这篇范例从整体来看，是以感谢为主，展望为辅，用真挚的语言表达了一名领导者的心声。马云在淘宝的年会上，他感谢了很多人，有合作伙伴、运货公司、员工以及家属等等，他说如果没有他们的支持和帮助，是不可能取得今天骄人的成绩。马云在最后还提出希望，不仅希望阿里人、淘宝人能担负起肩上的重担，也希望现场的每一个人都有这样的使命感。如此精彩的演讲，真是让人赞不绝口。

那么，像范例中类似的单位年会，讲话者需要构建怎样的思路来表达感谢和希望呢？

首先，表示感谢。讲话者在这里表达感谢的时候，要根据实际的情况，分对象进行感谢，因为在公司面临困难的境地，不同人所作的贡献是不一样的。所以，要分别进行论感谢，这样才能显示诚恳的心意。

其次，阐述公司突破困境以及取得的骄人成绩。在这里，讲话者要着重强调公司的成绩，以此来鼓舞和振奋人心。

再次，提出新计划和希望。讲话者要提出新的计划，让员工看到日后的期望，以此才能努力奋进。

最后，表示祝福。讲话者要对公司和员工表示真挚的祝福。

主题讲述，含义深刻

在单位年会上，有的管理者会打破俗套的方式，不会像其他人一样总结过去的成绩等，而是推陈出新，围绕面临的问题进行阐述，发表自己的看法，讲得深刻有力，引发人们一些思考，这样的讲话必定是吸引听众的。范例中的讲话是马化腾在企业家年会上发表《垄断是假想罪名》的部分讲话内容，我们一起来感受一下。

大家下午好！

感谢今天有这个机会和大家能够沟通。今天我演讲的问题是互联网问题八条论纲，大家会以为是马斯洛95条思路。之所以用这样的名头，其实是想提醒各位，应该说中国互联网实际上处于一个变革前夜，我们非常荣幸见证这么一个历程。由于时间不允许，只有15分钟。所以，我就做了一个也不是很艰难的决定，决定把它缩短为8条。

第一条就是讲互联网即将走出其历史的一个"三峡时代"，激情会更多，力量会更大。

我们看互联网发展时间其实很短，是一个新鲜的事物。任何一个新鲜工具出现的时候总会引起社会的惊讶，以及很多关注，并且风靡一时。这个过程就好像长江三峡一样一路险滩，在未来这个阶段过去之后，我们的新鲜感逐渐丧失了。但是，这推动了社会结构的重塑，以及创新的力量将会排山倒海般到来。这个转折点一个标志就是每一个公民都能够熟练使用互联网这个工具。

第二点，我想讲客户端不再重要，产业上游价值将重新崛起。回顾过去很多人认为腾讯很多成功就是因为有了一个QQ客户端软件。我们能够非常便捷接触到用户，手中有很多用户，推什么产品都可以成功。这实际上是一个渠道，我们能够轻易通过这个渠道去接触到用户。但是在未来我们感觉到这个趋势，或者说这种故事将不再存在。

……

第三个是"垄断"，是一个令人烦恼的罪名。在很多情况下这是一个假想敌，是一个不存在的东西。我们看到过去20世纪90年代，大家看我们IT产业，微软是给人诟病最多的被指责垄断的公司。在互联网时代到来的时候，微软面临什么问题呢？我们看到很多新公司照样崛起。马云在前两天杭州一个演讲也提到这一点，非常赞同。几乎不可能所有创新者、创业者都认为毫无希望，微软可能进入很多领域，都把很多产业占到第一位的时候，那还有什么机会呢？我们看到未来发展其实大家都有目共睹的，不仅产生了eBay，而且还产生了像Google这么强大的公司，像Google已经无所不能，所有互联网产品线都有它的投入。我们看到仍然有FaceBook的崛起，FaceBook之后觉得社交网站，在人际关系已经没有办法能够挑战它地位的时候，我们又看到一种新的形态，微博的形态崛起。

......

第四点，截杀渠道仅仅是一个"刺客"，占据源头者才是"革命者"，互联网可以减少所有渠道的中间损耗，大大降低从产品到用户消费者的途径。但是我们看到很多产业，你只是把渠道劫截杀掉，把传统的渠道抢过来。好像你获得一个暂时的利益，并没有根本性地改变整个格局。那么，在过去来说，互联网大幅度拉低交易成本，冲击传统产业链的渠道看起来很厉害，但实际上你回头一看，很多被传统替代，很多代替传统产业的公司非常尴尬。比如我们看当当取代了很多的大量实体书店，但并没有大量的盈利。还有看看我们曾经在传统行业里面，非常大的一个产业，就是分类广告，现在走到互联网上之后并没有把它原来那块产值挪到互联网公司上面去，它没有，是给扁平化掉的，消化掉了。

......

第五点，我想谈一下广告模式是"产品经济"的产物，而知识产权模式是"体验经济"的宠儿。我们再看看过去的产品经济时代，产品和注意力是分离的，也就是说销售产品为了获得知名度和名誉度不得不到媒体那边购买注意力，这个就是广告的本质。

......

我们再看下一点，不要被"免费"吓倒，拥有"稀缺性"就拥有了破解免费魔咒的武器。过去有一本书叫《免费》，未来以软件形式存在的内容都会免费的。这会让我们很多立志于制造内容和软件的公司都非常绝望。并不是所有有价值的东西都就可以在市场中找到价格，比如空气对所有人都有非常重要的价值，但是没有人去买卖这个空气，为什么呢？太多了，这里面提到一个价值重要前提，就是稀缺性。

……

第七点，产品经济束缚人，互联网经济将解放人。我们现在谈到是务本经济，有时候人性会被扭曲、束缚。我们认为互联网使命之一就是要改造传统的务本经济，把人从组织中束缚解救出来。也就是说，在互联网未来世界里拥有独特魅力和独立的人会成为最终源头，会成为最终的赢家。你咨询会免费，但是你招揽一些作家会赚钱。

……

最后一点，我想谈一下"云组织"。在云组织时代伟大公司不见得是一个大公司，"云"这个词在没有充分了解的时候，已经给市场上都用烂了。但是，我又没有找到更好贴切的词汇来形容我们即将面临的时代，我们今天讲的云不是"云"计算的"云"，云计算更多是一种技术形态，我们讲的"云"是未来社会的形态。

……

讲了这8条还远远不能描述我们对未来的理解和憧憬。我们看到在这个时代转折的一个门槛上面，我们能够做的事情仅仅是用一种理性、热情这样抽象的一种方式来描述，虽然我们好像是一种瞎子摸象似的描述了。大家可以想象一下，腾讯在过去一个多月，刚刚经历一次激烈的风波，或者说是纷争。事后回想其实有很多的反思在这里面，但是我不想沉浸在所有的纷争之中，我更多希望往前走、向前看。

……

此篇范例，讲话者围绕主题"垄断是假象的罪名"做出了8条阐述，虽然本文篇幅有限，没有列出全文，但从以上的文字足以看出讲话者在阐述每条观点时，都进行了细致深刻的分析，进而引发听众的思考。

在一般的单位年会上，我们怎样围绕主题，组建思路呢？

首先，阐明自己要讲述的主题。讲话者在开场时，就要告诉听众，自己要讲述什么事情让听众有最初的了解。

其次，分项逐条进行说明。讲话者可以参考范例的模式，清晰地表达出自己的观点，并且将每一小点细致深刻地阐述，自然就会吸引听众的注意，使他们对问题进行思考。需要注意的是，讲话者在此部分要声音洪亮，尽量让每一个人都能听清你的想法，否则极容易造成场面失控，或者脱离听众。

最后，激励员工，展望未来。讲话者在最后还需要说出坚定员工信心的话，大家一起展望未来。

讨论座谈

座谈会是有关单位调查研究、了解情况时经常使用的一种方法。座谈会能否取得预期的效果，关键取决于座谈者是否密切配合。可以毫不夸张地说，座谈会不仅是对座谈者口才能力的检验，也是衡量座谈者学识水平、逻辑思维和临场发挥等多种能力的综合测量。

在生活和工作中，参加讨论座谈的机会是很多的。在讨论座谈会上，对于听众来说，最不愿意听的就是套话、空话以及啰哩啰嗦的话，愿意听的是言之有物，观点鲜明，简洁明了的话。作为讲话者本身，也想说这样的话。那么需要我们怎样构思呢？一般的思路和框架大致如下：

首先，提出观点。在座谈会上，讲话者就座谈会讨论的主题要发表自己的观点，阐述自己的看法。这部分要注意准确地提出自己的观点，不要铺垫太多。

其次，重点论述。讲话者要就自己的某一个观点进行着重论述，利用一些事实和论据证明自己的观点和看法。

最后，总结自己的观点。讲话者在做出总结的时候，一定要简要陈述，清楚明了。

重点突出，讲话不散

在座谈会上，我们常会发现，一些人常会东扯西拉，杂乱无章，人云亦云，完全没有自己的想法和主张，甚至有些人还常说一些空话、套话，说出的话没有任何价值，这就在很大程度上影响了座谈会的效果。我们要避免上述情况的发生就需要在讲话的时候，突出重点，集中论述，这样才能取得预期的效果。我们通过一篇讲话范例来说明如何做到重点突出，讲话不散。

同志们：

经市局党组研究，今天召开全市地税系统思想政治工作座谈会。会议的主要任务是，传达全省地税系统思想政治工作座谈会精神，总结交流近年来全市地税系统思想政治工作经验，研究部署今后一个时期的思想政治工作任务，不断推动地税事业又好又快发展。下面，我讲几点意见。

一是全面加强干部思想建设，以理论教育激人心。从改造干部职工思想入手，在理论教育方面下功夫，求实效。认真开展保持共产党员先进性教育活动，培养党员干部坚定的理想信念、高尚的思想品德、务实的工作作风、清廉的个人操守。深入开展学习实践科学发展观活动，充分激发了干部群众解放思想、加快发展的原动力。

……

二是切实加强领导班子建设，以率先垂范赢人心。我们按照改革创新、清正廉洁、富有活力、团结和谐的要求，建设高素质的领导班子。建设各级学习型领导班子，紧扣全市经济社会发展思路，大力开展调查研究和工作创新，孵化培育工作亮点，定期组织巡回看变化，提升了各级领导干部勇于破解难题、善于抓好落实的能力。认真贯彻民主集中制原则，推进决策的科学化和民主化，不断增强班子合力，充分发挥班子核心作用。

……

三是不断加强制度体系建设，以人为本管理聚人心。教育是先导，制度是保证。我们先后制定了《思想政治工作实施办法》等一系列制度办法，建立了推进思想政治工作的长效机制。落实领导包片挂点制度。广泛开展"领导帮干部、先进帮落后、党员帮群众"思想结对帮扶互助活动，落实帮教对象，明确帮教责任，形成帮教网络，把干部的思想问题解决在基层，矛盾化解在基层。

……

四是大力加强地税文化建设，以文化熏陶润人心。加强地税文化建设是推进思想政治工作的有效途径。我们以构建"和谐地税"为目标，以地税文化建设和文明创建为载体，着力构建和谐的领导班子、和谐的干群关系以及和谐的创业环境。全面实施了"楼、洲、带、园"地税文化建设工程，打造了市局规范"三个系统"、县局搭建"十个平台"、分局培育"六小文化"的地税文化立体景观，着力营造关心人、尊重人、发展人的文化氛围。

此篇范例，讲话者切入很具体，通过座谈会的主要精神进入主题，进而阐述怎样推动地税事业又好又快的发展，接着提出了自己的几点意见，并且做到重点突出，而且还不让自己的讲话很散，所以这样的方式值得我们学习参考。

在座谈会上，我们通常需要构建怎样的思路来做好脱稿讲话呢？以下的思路和框架仅供参考：

首先，简要总结前人发言，提出自己的观点。讲话者这部分要注意，对于别人的观点不要片面地讲述，而是要客观地陈述。讲话者要着重地强调自己的观点和新发现。

其次，重点论述。对于自己的讲话部分，肯定有重点，这时候就需要把重点突出出来，列出一、二、三等逐条讲述。

最后，提出希望，展望未来。讲话进行到最后，要就自己的观点提出希望，并且对未来做出展望。采取这样的结尾是为了让其他座谈者更加清楚自己看法的可行性。

分层论述，以事实为根据

在座谈会上，假如你是某方面的资深人士，就要比一般人谈得更加地深入一些，而要做到这一点，又让听众能听懂你的观点，以事实为依据就是最好的论证方法，在论述时可以分层论述，让听众有个接收的过程。下面以某女职工代表在座谈会上的发言为例，看一下分层论述的讲话形式。

尊敬的各位领导、姐妹们：

……

今天这个座谈会，我觉得形式非常好，既给大家提供了一个相互交流的平台，也给了大家和局领导面对面沟通的机会。我作为一名从基层单位刚到局机关工作的一名女干部，无论是资历、阅历、能力还是业绩，都没有什么可圈可点之处，还需要不断向大家学习。在此，我只想借这个难得的机会，说说自己的成长经历和体会乃至困惑，与大家交流共勉。

一、经历是最宝贵的人生财富。我觉得一个人的经历应该是这个人成长的最大财富。我工作经历虽然不算丰富，但它们让我饱尝了酸甜苦辣，更给了我无数的磨炼和启迪，这些都是我一生都用之不尽的宝贵财富。应该说一分耕耘一分收获，有付出才会有回报。在每个工作岗位上都要踏踏实实、勤奋努力，才能走向成功。

二、挫折是最难得的人生际遇。但正是这段时期，不仅迫使我静下心来，解剖反省自己，发现和改进了许多不足；更重要的是使我拥有了一颗平常心，能坦然地面对个人的进退得失，排除干扰，集中精力干好工作，做到不留遗憾，无愧于心。

三、心态是最重要的人生功课。态度决定一切。人生不可能一成不变、一帆风顺。因此，适时调整心态就是至关重要的功课。如果说这些年来我真有什么经验可交流的话，就是始终保持良好的心态，保持积极向上的动力。走上领导岗位后，我始终坚持高调做事，低调做人的原则，对待同级虚心学习，吸收他人之长；对待下级关心爱护，既严格要求也真诚体谅，用自己对事业的激情去感染他们，激励他们向着共同的目标努力。

在自己的努力和大家的帮助下，我也取得了不少成绩，荣获了一些荣誉。我的内心充满了感激，感谢局领导多年来对我的培养和鼓励；感谢五队班子成员对我的关心和爱护；感谢广大职工对我的支持和帮助。今后的人生我还会经历更多的考验，更多的磨难，但我会始终直面困难，笑对人生。

当前，面对机遇和挑战，如何抢抓机遇，应对挑战，为我局可持续发展发挥好我们女职工的作用，我谈几点个人意见：

第一，我们要加倍自信。自知者明，自信者强。自信是女性走向成功的精神力量。希望广大女同胞要进一步增强主人翁意识，积极投身到我局各项工作中去，切实发挥"半边天"的作用。

第二，我们要加倍聪慧好学。时代的发展呼唤富有知识和智慧的女性。21世纪是以创新为主导的世纪，我们女同胞们更要弘扬善于学习、崇尚知识的优良传统，树立终身学习的新理念，不断提升个人知识素养，增强创新意识，培养创新精神，提高创新能力，不断提高学习和掌握运用现代科学技术的能力，练就过硬的本领，努力成长为一专多能的知识型员工，做一个自尊、自信、自立、自强的新型女性。

第三，我们要加倍热爱生活。女性是生命的直接创造者和养育者，妇女是家庭生活的重要组织者。热爱家庭、热爱生活是女性的优良美德。女性在建立科学文明的生活方式，营造民主、和谐、温馨的家庭人际关系，教育子女健康成长，优化家庭教育环境等方面发挥着不可替代的特殊作用。希望我们女同胞能从自身做起，从点滴事情做起，大力弘扬社会新风，成为社会公德、职业道德、家庭美德的宣传者、实践者。也希望男同胞们在家里要关爱、呵护自己的母亲、妻子、女儿，在单位要关心、尊重、帮助女干部。

最后，我希望所有的女人都能成为"三丽女人"，即：有美丽，有能力，有魅力！也希望大家在以后的岁月里，更加努力工作，用我们的双手和智慧再创佳绩、再立新功！

谢谢大家！

此篇范例，讲话者分层论述了自己取得的成绩以及在今后的日子中需要在哪些方面做些努力，在论述的过程中是以事实为根据，清楚明了地阐述了自己的想法和观点。

那么，在一般的座谈会上，我们需要构建怎样的思路才能让脱稿讲话讲得精彩呢？

首先，根据"会旨"选好发言主题。一般说来，座谈开始时，主持人总要交代座谈的意图，明确座谈的内容和要求。讲话者需要确定好发言主题，在头脑中构思自己将要讲话的内容。

其次，提出新颖出奇的观点。讲话者可以选择一种独特的视角，另辟蹊径，发表自己独特的见解，或者是通过别人的观点进行补充以显示新意。比如说：当对别人的发言感觉到意犹未尽时，讲话者就可以根据自己掌握的新情况，适当地进行补充。此外，讲话者还可以将其他人的发言引申，以此来揭示新意。总之，讲话者要时刻地注意现场谈话的内容，及时捕捉新意和亮点。

最后，简要结尾，干脆有力。根据座谈会的性质和特点，要求讲话者简要总结，并且有力地把话说到位。切记不要拖泥带水。我们常会发现，有些人在座谈会上发言，总是忘不了说上几句诸如："对于这个问题还没有好好考虑，把自己的想法和情况说出来，权作抛砖引玉，不当之处请领导和同事批评指正"之类的客套话，其实，这远不如"我对这个问题是这样看的""我想对 ×× 同志观点进行几点补充"等等表述来的干脆，洒脱。

整体构思要完整清晰

作为对某一话题或者是专题的讨论，讲话者要构建完整清晰的思路，头、肚、尾要完善而丰富，把每一个环节做到周到而全面，只有这样，才能让听众了解你的想法。范例是 2007 年 3 月 17 日马化腾在网络与知识产权刑法保护研讨会上的讲话，我们一起来体会一下那次讲话的整体构思。

尊敬的各位领导、嘉宾、朋友们：

大家好！

很荣幸可以参加这个研讨会，与各位来宾一起讨论网络与知识产权的刑事法律保护问题。腾讯作为中国领先的互联网企业，近年来，深刻地感受到了互联网产业在我国的蓬勃发展。根据中国互联网络信息中心最新发布的"第十九次中国互联网络发展状况统计报告"，截至去年年底，我国网民总人数为 1.37 亿人，其中宽带上网人数达到 6430 万人；网民总人数和宽带上网人数均位居世界第二。这表明中国正在进入一个"高速"的网络应用时代，并在全球互联网产业中占有越来越重要的地位。

但与此同时，计算机及网络领域的新型犯罪也接踵而来。在我们所接触到的网络犯罪行为，多以窃取用户"互联网服务使用账号"等手段来达到侵权目的，这些行为扰乱正常的网络秩序，给广大人民群众的现实生活带来诸多负面影响。然而，我们却明显地感受到这类违法犯罪频繁发生却难以控制，除了该类行为具有隐蔽性强等特征之外，还有社会环境、法律体系、技术、管理、教育等多方面的原因。例如，当前的法律对许多网络不法行为还难以定罪或者量刑过轻，起不到应有的惩戒与震慑作用。同时，网络道德标准没有确立，缺乏正确的教育引导，一些实施网络侵权行为的不法分子，如黑客、病毒制作者等反而被当成"技术天才"，使我们的社会评价体系发生了不应有的倾斜。

网络的违法犯罪行为给和谐社会、和谐网络的建设带来了严峻挑战。充分运用法律手段，加强网络管理，有效维护网络秩序已是刻不容缓。2007 年 1 月 8 日，为了遏制网络盗窃行为的危害，腾讯就联合网易、金山、盛大、九城等五家知名的网络服务商联合提出了成立"反网络盗窃联盟"的呼吁，希望打击网络盗窃的行为，维护用户网络财产的安全。未来，腾讯也希望与各方一起以积极的态度、创新的精神，同网络盗窃行为做坚决的斗争，把互联网建设好、利用好、管理好。

今天，我非常高兴与大家会聚在此，共同探讨网络与知识产权刑事法律保护这么一个有着重要实践意义的话题。我预祝研讨会取得圆满成功，冀望我国网络与知识产权刑事保护的研究和实践取得更大进步。

谢谢！

此篇范例思路清晰，条理顺畅，把讨论的主题清楚明了地阐述出来，让人们深刻地认识到网络的知识产权已被严重侵犯，呼吁在场人士一起同网络盗窃的行为作斗争，建立新型的互联网运营环境。

在讨论座谈会上，我们如何构思以使脱稿讲话思路更加的清晰、顺畅呢？

首先，指出与讨论主题相关的问题。换句话说，就是让讲话者列举一些现象，指出目前存在的问题。讲话者可以在这部分多举一些事例来说明这些现象，以此来证明问题存在的正确性。

其次，阐述问题的危害。在这部分，讲话者不要夸大其词，也不要过分缩小危害，要中肯地客观地评价，如给人们的生活造成了哪些不良影响，如果不遏制的话，就会遭受哪些更严重的影响等等。讲述这部分的目的是为了让听众重视问题。

最后，呼吁全场人员一起行动。讲话结尾时，如果没有想出具体的解决办法或者是暂时找不到问题的突破口，就需要呼吁所有人一起为解决问题而行动。此外，还可以表示希望，希望越来越多的人重视这个问题。

离职演讲

离职演讲通常是领导干部在任职期满、工作调动或离退休时，对原单位全体同志欢送会上发表的离职告别讲话。在离职演讲中，演讲者主要回顾自己的工作经历、任职期间所取得的成就、与领导和同事之间的感情、对工作的一些心理感受和看法，并对听众提出自己的希望。好的演讲稿不但能激励后来者承前启后、继往开来、努力工作，而且还能使听众加深对自己的怀念之情。

一般来说，我们需要在演讲时构建怎样的思路来做好脱稿讲话呢？

首先，阐明自己离职的原因、离职的心情，并且感谢大家对自己任职期间的支持与信任。

其次，总结自己在任职期间的成绩、经验和教训，并对今后的发展提出建议。对于工作中和同事之间可能存在的误会和芥蒂也可乘此机会化解。

再次，简单介绍自己日后的发展方向和打算，并再次对领导和同事表示感谢。

主题和中心是离职

在欢送会上，往往都需要离职者上台讲几句话，需要注意的是，离职者说话要符合自己的身份，要把主题和中心都放到离职上。一般讲述的大部分内容是表示对公司、同事的感谢和留恋。在离职演讲中可以穿插一些自己的成绩，但要注意，不要花大篇幅来说，这样会使得听众产生排斥的心理。

费尔普斯，美国律师，1885-1890 年间出任美国驻英大使。范例为他卸任离开英国前在饯别宴会上的讲话节选：

市长先生、各位爵士、各位先生：

对于诸位先生对我的亲切表示以及我的朋友市长先生和我的尊敬同行大法官阁下刚才对我的过誉之词，要是说我拙于辞令，无法用语言表达我的感谢，想必你们不会觉得奇怪。但是尽管我无法用言语表达，你们一定会相信，我的感情完全是真挚的、由衷的。我感谢你们，各位先生，不仅因为今天晚上你们在此为我举行的宴会极其隆重，有异于寻常的宴会，尤其因为你们使我有机会在这友好的气氛中会晤众多的良友。对于他们，我怀着深深的惜别之情。

在我任职的四年内，我出入你们之间，对你们有了很好的了解。我曾参加许多令人满意的公众活动，到过许多家庭做客。女王陛下受到全国人民爱戴和美国人民尊敬，在为她举行的那次令人难忘的大典里，我的心和你们一同欢欣庆祝。我也曾和你们一同站在你们的不朽名人墓前默哀；我也曾分享你们的快乐。我一直尽我的微薄力量以增强我们两国人民之间的了解，促进彼此更全面、更准确的认识，加深他们之间真诚的感情。

此篇节选的范例，离职者在开场的时候，感谢为自己筹备会议的工作人员，接着他又提到自己的同事，感谢他们在任职的四年中对自己工作的帮助和支持，对他们表示衷心感谢。接着开始就开始阐述自己如何不舍地离开这个岗位等等，这些都充分地表达了自己的离职心情。让在场的每一位听众都感到非常惋惜。采取这样的讲话方式，不仅迎合了离职主题，同时也能得到更多听众的赞赏。

那么，在离职会上，作为普通大众的我们，又该如何构建思路来表达自己的离职之情呢？

首先，要感谢为自己筹备会议的人员以及亲临现场的每一位人员。讲话者要充分地考虑到现场的每一个人，对于他们的到来表示衷心的感谢。

其次，阐明自己离职的原因。如果在场每一位人员都知道的话，这一部分可以省略，但为了照顾全体，也许还会有人不清楚是什么样的状况，所以，需要讲话者阐明自己的原因。

再次，表达自己离别和不舍之情。作为离职者，主要要表达自己的遗憾，以及不能和同事共事的痛心之情。

最后，表明自己今后的打算，或者是对在座的同事表示祝福。讲话者要希望他们在今后的日子里能够再接再厉，把自己的工作做得更加出色。

离职不忘寄予厚望

如果你因为某些原因不得不被免职，在离职大会上让你上台脱稿讲几句，面对这种场景，你打算说些什么呢？很多人常为此焦虑不已，甚至不知道应该说什么。其实，面对这样的境遇，讲话内容最好表达对下属或同事的厚望为主，希望他们在日后的工作中更加奋进、更加出色。

麦克阿瑟，美国将军，历任西点军校校长，陆军参谋长，驻菲律宾美军司令。朝鲜战争中曾任"联合国军总司令"，因战败被免职。范例中的讲话是他于1962年5月2日在西点军校做的离职演说：

今天早晨，我走出旅馆的时候，看门人问道："将军，您上哪儿去？"

一听说我到西点时，他说："那是个好地方，您从前去过吗？"

这样的荣誉是没有人不深受感动的，长期以来，我从事这个职业；我又如此热爱这个民族，这样的荣誉简直使我无法表达我的感情。然而，这种奖赏主要的并不意味着尊崇个人，而是象征一个伟大的道德准则——捍卫这块可爱土地上的文化与古老传统的那些人的行为与品质的准则。这就是这个大奖章的意义。从现在以及后代看来，这是美国军人的道德标准的一种表现。

我一定要遵循这种方式，结合崇高的理想，唤起自豪感：也要始终保持谦虚。

责任——荣誉——国家。这三个神圣的名词要求您应该成为怎样的人，可能成为怎样的人，一定要成为怎样的人。它们是您振奋精神的转折点；当您似乎丧失勇气时鼓起勇气；似乎没有理由相信时重建信念；几乎绝望时产生希望。遗憾得很，我既没有雄辩的词令、诗意的想象，也没有华丽的隐喻向你们说明它们的意义。怀疑者一定要说它们只不过是几个名词，一句口号，一个浮夸的短词。每一个迂腐的学究，每一个蛊惑人心的政客，每一个玩世不恭的人，每一个伪君子，每一个惹是生非者，很遗憾，还有其他个性完全不同的人，一定企图贬低它们，甚至达到愚弄、嘲笑它们的程度。

……

您所率领的是哪一类的士兵？他们可靠吗？勇敢吗？他们有能力赢得胜利吗？他们的故事您全都熟悉，那是美国士兵的故事。我对他的估价是多年前在战场上形成的，至今并没有改变。那时，我把他看作是世界上最高尚的人物；现在，仍然这样看待他，不仅是一个具有最优秀的军事品德的人，而且也是最纯洁的人。他的名字与威望是每一个美国公民的骄傲。在青壮年时期，他献出了一切人类所能给予的爱情与忠贞。他不需要我与其他人的颂扬，他自己用鲜血在敌人的胸前谱写自传。可是，当我想到他在灾难中的坚韧，在战火里的勇气，胜利时的谦虚，我满怀的赞美之情是无法言状的。他在历史上成为一位成功的爱国者的伟大典范；他是后代的，作为对子孙进行解放与自由主义的教导者；现在，他把美德与成就献给我们。在20次战役中，在上百个战场上，围绕着成千堆的营火，我亲眼看见不朽的坚忍不拔的精神，爱国的自我克制以及不可战胜的决心，这些已经把他的形象铭刻在他的人民的心坎上。从世界的这一端到那一端，他已经深深地喝干勇敢的美酒。

……

二十年以后，在世界的另一边，又是黑黝黝的散兵坑的污物，幽灵似的壕沟的恶臭，湿淋淋的地下洞的污泥；那酷热的火辣辣的阳光，那些破坏性风暴的倾盆大雨，荒无人烟的丛林小道，与亲人长期分离的痛苦，热带疾病的猖獗蔓延，兵燹地区的恐怖情景；他们坚定果敢的防御，他们迅速准确的攻击，他们不屈不挠的目的，他们全面的决定性胜利——永远的胜利——永远通过他们最后在血泊中的攻击，那苍白憔悴的人儿的眼光庄严地跟随着您的责任——荣誉——国家的口号。

……

无论战争如何恐怖，招之即来的战士准备为国捐躯是人类最崇高的进化。

现在，你们面临着一个新世界——一个变革中的世界。人造卫星进入星际空间，星球与导弹标志着人类漫长的历史开始了另一个时代——太空时代的篇章。自然科学家告诉我们，在50亿年或更长的时期中，地球形成了；在 30 亿年或更长的时期中，人类发展了；从来没有一个更伟大的、更令人惊讶的进化。我们现在不单是从这个世界，而且要涉及不可估量的距离，还要从神秘莫测的宇宙来论述事物。我们正在伸向一个崭新的无边无际的界限。我们谈论着不可思议的话：控制宇宙的能源；让风与潮汐为我们工作；创造空前的合成物质，补充甚至代替古老的基本物质；净化海水供我们饮用；开发海底作为财富与粮食的新基地；预防疾病，延长寿命几百岁；调节空气，使冷热、晴雨分布均衡，使生命成为有史以来最扣人心弦的那些梦境与幻想。

……

你们是联系我国防御系统全部机构的发酵剂。从你们的队伍中涌现出战争警钟敲响时刻手操国家命运的伟大军官。从来也没有人打败过我们。假如您这样做，100 万身穿橄榄色、棕卡色、蓝色和灰色制服的灵魂将从他们的白色十字架下站起来，以雷霆般的声音响起神奇的词儿：责任——荣誉——国家。

这并不意味着你们是战争贩子。相反，高于众人之上的战士祈求和平，因为他必须忍受战争最深刻的伤痛与疮疤。可是，在我们的耳边经常响起大智的哲学之父柏拉图的不祥之话："只有死者看到战争的终结。"

我的年事渐高，已近黄昏。我的过去已经消失了音调与色彩。它们已经随着往事的梦境模模糊糊地溜走了。这些回忆是非常美好的，是以泪水洗涤，以昨天的微笑抚慰的。我以渴望的耳朵徒然聆听着微弱的起床号声的迷人旋律、远处咚咚作响的鼓声。在我的梦境里，又听到啪啪的枪炮声。咯咯的步枪射击声，战场上古怪而悲伤的低语声。可是，在我记忆的黄昏，我总是来到西点。那里始终在我的耳边回响着：责任——荣誉——国家。

今天标志着我对你们的最后一次点名。但是，我希望你们知道，当我死去时，我最后自觉的思想一定是这个部队的——这个部队的——这个部队的。

我向你们告别了。

此篇范例，讲话者采用大篇幅来表达对战士的厚望，希望他们在今后的战斗中，即使不在他的带领下，也要忠于祖国、忠于人民，勇于肩负起自己肩上的责任，为保卫自己的国家而顽强奋斗。这样的讲话方式，不仅与现场的战士形成共鸣，同时也彰显出了自己的高贵品质。

那么，在离职脱稿讲话上，我们需要怎样的思路来进行脱稿讲话呢？

首先，表达自己的离别之情。在离职演讲上，讲话者可以直奔主题，表明自己即将离开岗位，用丰富的语气表达自己的离别之情。让现场的听众产生共鸣。

其次，表示希望，寄予厚望。讲话者要在这部分，着重地讲述自己对他们是如何的期待，他们的身上肩负着怎样的使命，以此来鼓舞人心，激励斗志。

最后，阐述自己的态度和立场。在被迫免职的场合上，结尾时，讲话者可以表示自己终身都会爱此番事业，只是因为暂时的原因被迫停止。

卸任以回顾成绩，审视未来为主

离职的原因有很多种，有些人是因为任职到期，所以必须卸任，那么在卸任的离职会上，我们又该怎么构思呢？要知道，与其想用一些方法推陈出新，不如用朴实的话语多阐述自己在任职期间的功绩，为大家留下一个好印象。范例是即将离任的美国总统克林顿发表了电视讲话，主要内容就是对他8年任期中美国社会、经济各方面的发展所作的总结。

同胞们：

今晚是我最后一次作为你们的总统，在白宫椭圆形办公室向你们做最后一次演讲。

我从心底深处感谢你们给了我两次机会和荣誉，为你们服务，为你们工作，和你们一起为我们的国家进入21世纪做准备。这里，我要感谢戈尔副总统，我的内阁部长们以及所有伴我度过过去8年的同事们。现在是一个极具变革的年代，你们为迎接新的挑战已经做好了准备，是你们使我们的社会更加强大，我们的家庭更加健康和安全，我们的人民更加富裕。

同胞们，我们已经进入了全球信息化时代，这是美国复兴的伟大时代。作为总统，我所做的一切——每一个决定，每一个行政命令，提议和签署的每一项法令，都是在努力为美国人民提供工具和创造条件，来实现美国的梦想，建设美国的未来——一个美好的社会，繁荣的经济，清洁的环境，进而实现一个更自由、更安全、更繁荣的世界。

借助我们永恒的价值，我驾驭了我的航程。机会属于每一个美国公民；(我的)责任来自全体美国人民；所有美国人民组成了一个大家庭。我一直在努力为美国创造一个新型的政府：更小、更现代化、更有效率、面对新时代的挑战充满创意和思想、永远把人民的利益放在第一位、永远面向未来。

我们在一起使美国变得更加美好。我们的经济正在突破着一个又一个纪录，向前发展。我们已创造了2200万个新的工作岗位，我们的失业率是30年来最低的，老百姓的购房率达到一个空前的高度，我们经济繁荣的持续时间是历史上最长的。

我们的家庭、我们的社会变得更加强大。3500万美国人曾经享受联邦休假，800万人重新获得社会保障，犯罪率是25年来最低的，1000多万美国人享受更多的入学贷款，更多的人接受大学教育。我们的学校也在改善。更高的办学水平、更大的责任感和更多的投资使得我们的学生取得更高的考试分数和毕业成绩。

目前，已有300多万美国儿童在享受着医疗保险，700多万美国人已经脱离了贫困线。全国人民的收入在大幅度提高。我们的空气和水资源更加洁净，食品和饮用水更加安全。我们珍贵的土地资源也得到了近百年来前所未有的保护。

美国已经成为地球上每个角落促进和平和繁荣的积极力量。我非常高兴能于此时将领导权交给新任总统，强大的美国正面临未来的挑战。今晚，我希望大家能从以下3点审视我们的未来：

第一，美国必须保持它的良好财政状况。通过过去4个财政年度的努力，我们已经把破纪录的财政赤字变为破纪录的盈余。并且，我们已经偿还了6000亿美元的国债，我们正向10年内彻底偿还国家债务的目标迈进，这将是1835年以来的第一次。

只要这样做，就会带来更低的利率、更大的经济繁荣，从而能够迎接将来更大的挑战。如果我们做出明智的选择，我们就能偿还债务，解决("二战"后出生的)一大批人们的退休问题，对未来进行更多的投资，并减轻税收。

……

第二，世界各国的联系日益紧密。为了美国的安全与繁荣，我们应继续融入世界。在这个特别的历史时刻，更多的美国人民享有前所未有的自由。我们的盟国更加强大。全世界人民期望美国成为和平与繁荣、自由与安全的力量。全球经济给予美国民众以及全世界人民更多的机会去工作、生活，更体面地养活家庭。

……

我的总统任期就要结束了，但是我希望我为美国人民服务的日子永远不会结束。在我未来的岁月里，我再也不会担任一个能比美利坚合众国总统更高的职位、签订一个比美利坚合众国总统所能签署的更为神圣的契约了。当然，没有任何一个头衔能让我比作为一个美国公民更为自豪的了。

谢谢你们！愿上帝保佑你们！愿上帝保佑美国！

此篇范例，克林顿总统细致地讲述了在自己任职期间内的成绩，从经济、社会、医疗保健和饮食等方面，克林顿总统列举了取得的一项项成果，把它们一一展现在听众的眼前。最后还对未来提出了审视，在范例里清晰地列出了三点，让人们更加憧憬美好的未来生活。

辞职要以感谢为主

假如你因为某些原因而向公司提出辞职，鉴于以往在公司取得的成绩，公司决定给你举办离职欢送会，在面对这样的场合，需要你上台讲几句，此时你需要说些什么呢？其实这样的离职场合，我们只要多说一些感谢的话，一般都不会偏离主题。范例中的讲话就是以感谢为主要内容展开的，我们来感受一下。

各位同仁和朋友：

由于个人未来发展的原因，今天是我在××公司工作的最后一天，非常感谢各位同仁和朋友一直以来对我工作的支持和协助，在此衷心地说一声"谢谢"！

首先感谢××公司给我工作的机会，非常感谢董事长黄健堂先生在百忙中对我亲自面试和加薪，非常感谢工程部林先生在十分繁忙的间隙给我面试机会！使我能获得 3 年半的稳定工作！非常感谢工程部陈先生对我在工作中的悉心点拨，没有你们的协助，我不可能在××公司顺利的工作，再次衷心谢谢你们！同时感谢工程部的各位兄弟姐妹，是你们真诚陪伴我度过在××公司的每一天，使我充实坚强而且更加成熟！感谢其他协助部门兄弟姐妹的真诚协作，使我们的工作能顺利完成！没有××公司提供的这份 3 年半稳定的工作，我不可能在上海这片热土打拼，我不可能每年有时间邀不识字的双亲来上海小住 2 月，以解每年只能回家 2 次的难舍亲情！没有这份稳定的工作，我不可能认识如此多优秀的员工和主管！我不可能成熟和长大，不可能认识到自己今后要走的路！

人生最重要的不是努力，也不是奋斗，而是抉择！不知不觉来××公司已经 3 年半了，从 25 岁一晃就 28 岁了，人生最宝贵的青春在××公司停留；此时的心情是非常复杂的。我知道，离开××公司我一定会依依不舍，也许还会流泪！但我相信，流泪和不舍后会更坚强和自信！因为人生的路还很漫长，而我必须认真面对和正确把握！

我离开××公司后，工作将交接给王悦，希望在今后的工作中给予其更多的支持和协助！

再次感恩的心衷心地说声"谢谢"！祝愿我认识的人和认识我的人工作顺利，前程似锦！

从以上的范例中可知，讲话者着重地讲述了感谢的话语，现场的每一个人都感受其情感，自然会得到现场每一位听众理解和认可。在感谢的时候，他分层地表述了感谢，首先是感谢老总对自己的栽培，感谢工程部林先生给自己面试的机会，感谢工程部所在部门对自己的帮助和支持……这样分层地表达让人感受到真情实感，值得我们学习和参考。

在通常情况下，我们需要怎样构建脱稿讲话的思路，使思绪流畅顺利呢？

首先，阐明自己离职原因。讲话者最好在开场的时候，讲清楚自己为什么要辞职，这样也许会得到更多人的谅解。

其次，表示感谢。讲话者要向范例中那样，分层表示感谢，从大到小，或者从小到大，这样更加全面，不会因为落下某人，让人心生失落。

最后，衷心祝愿。讲话的结尾部分，还要对同事表示衷心的祝愿，祝愿他们在今后的生活中要更加顺利，事业要蒸蒸日上。

第五章

如何讲得更自信

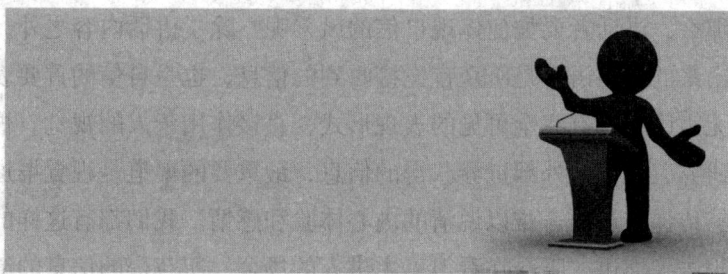

不可忽视的无声语言

自信的表达首先来自于无声语言

在进行脱稿讲话时，讲话者越是自信，听众对其讲话内容也会越相信。那么，讲话者要如何体现自信的风采呢？除了讲话内容之外，讲话者所表现出来的无声语言是听众首先接收到的信息，也是自信的首要表达方式。因为无声语言具有完全可见的表现形式，直接作用于人的视觉。根据视觉心理学研究，人们从外部世界获得的信息，最重要的渠道是视觉渠道。所以视觉能够传递有声语言难以说清的内心体验和感情。我们都有这样的体会，听人作报告、演讲，听众在看得见主讲人的场合，所获得的信息的清晰度和精确度比看不见主讲人时要高得多。因此，在进行脱稿讲话的过程中，自信的表达首先来自于无声语言。

那么，什么是讲话者的无声语言呢？它就是人们的态势语言。社会心理学把态势语言分为两种，一种是有明确意义的，可以代替语言沟通，称为标记物，如点头表示赞成，摇头表示反对或不知道等。另一种是没有确定含义，只是伴随语言的，称为说明物，如衣着打扮、站姿、坐姿、一些手势的运用等。

无声语言有助于形成第一印象。社会心理学中有一个理论叫"晕轮效应"。这一理论认为，人们给予他人的"第一印象"，往往成为对其做出判断的心理依据。态势语言艺术对于讲话者也是如此。心理学家雪莱·蔡根曾做过一个实验："他在莫萨立特大学挑选了 68 个自愿实验者。这些应试者，在口才、外貌和对事物的理解力、判断力上，无甚差别，但在风度仪表方面则差距明显。

据事先安排，这些应试者分别征求 4 位素不相识的过路人的意见，希望得到他们的支持。结果，风度翩翩者稳操胜券。"这就说明，态势语言技巧高超，给人的"第一印象"好，更有利于为自己树立良好的形象和威信。所以，想要给听众传递出你很自信的信息，首先就要在无声语言上下功夫。

在作为标记物的无声语言中，可以用来表示自信的非微笑莫属，而在所有的交际语言中，微笑是最有感染力的，而且是放之四海而皆准的"人际交往的高招"，往往一个微笑能很快缩短你与他人之间的距离，表达出你的善意，以及给人春风般的温暖，当然还能让别人看到你的自信。如果在日常交谈中，你微笑着出现在别人面前，会给人一种从容自信的感觉。

想用微笑达到体现自信的效果，需要有一定的训练技巧，首先要注意适意微笑的特点：嘴巴开到的程度为不露或刚露齿缝的程度；嘴唇呈扁形，嘴角微微上翘。我国著名的电影艺术家孙道临有一个发明，就是嘴上说"茄子"就可以了。

在进行微笑训练时，要注意以下两点：一是不要笑过头了，过头嘴会咧得太大，给人一种傻乎乎的感觉，而不是自信。二是不要出现皮笑肉不笑的现象，这样除了让人感觉不舒服之外，也有可能使人以为你是太过紧张，就与想要表现自信的目的背道而驰了。

作为说明物的无声语言，我们从以下几个方面来说说如何表达自信：

首先是衣着打扮。讲话有正式和非正式之分，进行正式讲话时讲话者一定要穿得正规，男士着西装领带，女士则穿职业套装。非正式演讲对服装的要求不高，但一定要整洁得体，当然有的时候也要与现场氛围协调一致。比如面对煤矿工人发表演讲时，显然穿与矿工一样的工作服或便装要比穿西装的效果更好。另外衣着也要适当，不宜过薄或过厚，否则容易给自己制造紧张情绪，女性化妆要自然不要浓妆艳抹，一方面是要体现对听众的尊敬，另一方面又要让听众感到愉悦。

总之，衣着打扮讲究轻装上阵，女士戴首饰要简单，建议摘下手镯之类的饰物，因为它们会阻挡听众的视线。男士的手表一般戴得宽松合适，演讲中由于手势的运用可能会上下移动，假如不幸手表在你激动发挥时突然松了，那么你自己会很尴尬，会影响讲话的效果。

其次是步姿或者说是走姿。就是通过行走的步态传递出信息的语言，与坐姿语和立姿语不同，步姿语是动态的。下面我们着重介绍步姿的类型：

第一种是稳健自得型，行走的时候步履稳健，昂首挺胸，仰视阔步，步伐较缓步幅较大，这种步姿的含义就是"愉悦、自得、有骄傲感"。

第二种是自如轻松型，行走时心情轻松，步子的幅度适中，步速不紧不慢，上身直立两眼平视，两手摆动自然，这种步姿的含义就是"自如轻松，比较平静"。

第三种是庄重礼仪型，行走的时候上身挺直，步伐矫健，步姿幅度和速度都适中，步伐和手的摆动有强烈的节奏感，眼睛正视前方，这种步姿的含义就是"庄重、热情、有礼"。

然后还有站姿。站姿语就是通过站立的姿态传递信息的语言，从一个人的站姿可以看出一个人的状态。有很多人站立时喜欢用一只脚做支撑，有的人喜欢倚靠在什么东西上，这些都不能出现在正式场合，是不礼貌的表现，我们一定要注意挺身直立、脊背挺直、目光平视，表现出愉悦、自信的感觉。

一个演说者的身体姿势是他的内在与外在形象的双重反映。一般来说，演说为了取得效果，大都站着进行。因此演说者的站姿要恰当。演说一般都是站在前面的中间进行的。这个位置可以使演说者能够关注全场，最大限度地注意到周围听众的情绪，使处在不同位置的听众都能从各自的角度看到演说者在演说。演说者选择位置还一定要注意到光线，要让光线照着自己。因为听众需要通过对演说者动作的观察来领会演说的内容。另外，演说者应注意站姿，主要是做到使站姿有利于演说，有利于走动和活动，有利于发音。亚里士多德认为：一个人身体姿势上，一切过多的无意义的举动，皆足以表示一个人的浅薄、轻浮、胆怯或者狂妄。

从站立的姿势看，一般提倡丁字步：两腿略微分开，前后略有交叉，身体的重心放在一只腿上，另一只则起平衡作用。这样不显得呆板，既便于站稳，也便于移动。不少演说家讲究站姿。站立的姿势适当，演说者会觉得全身轻松、呼吸自然、发音畅快，特别有助于提高音量，作慷慨激昂的演说。也只有站姿才能使身姿、手势自由，把自己的形象充分地显露出来。

当演说者走上台去，首先要在地板上站稳，双臂要沿着身体两侧下垂，然后双手轻搭在体前，双眼要直视前方，脊背挺直。这是讲话时的基本姿势。这样才能使听众感到这个人各方面都是很稳重的，从而获得良好的第一印象。

坐姿也需要注意。坐姿包括就座和坐定的姿势，入座时要轻而缓地走到座位前，转身轻轻坐下，不应发出嘈杂的声音，坐下后上身保持挺直，头部端正，目光平视前方或交谈对象，后背稍靠椅背。在正式场合或有尊者在座时，不能坐满座位。非正式场合允许坐定后双腿叠放或斜放交叉。

　　无论哪一种坐姿都要自然放松，面带微笑，双手不应有多余的动作，双腿不宜分开过大，也不要把小腿搁在大腿上，更不要把两腿直伸或反复不断抖动，这些都是缺乏教养和傲慢的表现。

　　孙中山先生曾这样告诫人们，"处处出于自然""不可故作惊人模样"，这样才能博得人们的信任。

和听众目光交流并调控听众目光

　　在脱稿讲话技巧的培训中我们常遇到这样的问题："该怎样保持与听众的交流？"中国有一句成语：眉目传神。一语道破答案！眼神的交流就是人际间最能传神的非语言交流。眼睛是心灵的窗口，目光的交流就是心灵的交流。脱稿讲话中好的目光交流，可以吸引听众注意、体现讲者自信、优化讲者形象；而差的目光交流，则让人感觉缺乏自信、姿势僵硬。一句话，脱稿讲话中目光交流很重要。

　　很多人从上台后就一直低着头讲，要不就一直背对着观众讲，只看投影不看听众。这些都没有正确运用目光去与听众进行交流和接触。在开口前，应该先与听众作目光交流，环视全场，让自己情绪稳定下来。而讲话过程中也要与听众有目光交流，特别是坐在后面和坐在前排两侧的听众。运用目光交流可以获得并掌握听众的注意力，建立相互的信任；另一方面又可以透过目光接触来回应听众，阅读听众的表情。

　　与听众的目光交流也有个速度的问题，比如有的人在演讲时为了达到和全场听众的目光接触，目光便一直左右逡巡，飘忽不定。这样做会让听众觉得很不舒服。目光接触的速度要适中，要慢慢环视，而非扫视。目光接触时强调进行全场接触，但我们不要忽略重要听众，对他们要多花点时间进行目光交流。因此事先花点时间研究听众是很必要的。但对重要听众也不要紧抓不放，让人感觉如坐针毡。对一个人的目光关注不要超过两分钟。

　　无论是公开演讲，还是其他艺术表演形式如话剧、歌唱，演讲者和演员都会在大部分时间保持面对观众，目的就在于保持与观众的目光交流。这样可以与每一位听众都有一对一的交流，及时了解听众的情况，积极地促进听与讲互动。很多人忽视运用目光与听众交流，所以在台上会不自觉地把身体转向演示屏幕，背对听众，这是公开讲话的大忌。这样既不尊重听众，也是对所讲内容不熟悉的表现。如何有效运用目光创造效果呢？目光是人用来交流的最重要的法宝。日常生活中人们在目光交流时会自然运用各种技巧，如环视、注视、虚视、盯视、凝视等，人通过调节眼球的位置、转动的速度、角度来变换目光。目光配合表情，人们可以确认沟通是否成功。

在脱稿讲话中如果有观众没有专心听、叽叽喳喳，你可以暂时停下来，给予一点制止性的眼神，说话者自会领悟并知趣地停止；对于想发问但欲言又止者，应投以鼓励赞许的目光，给他们勇气，让他们壮起胆子提问题，使气氛活跃起来。更重要的是，脱稿讲话者注视着听众，还可以察言观色，观察听众的反应，捕捉细微的动向，在必要时插一些话，既能稳定场内情况，又能体现演讲者的机敏和应变能力，有时能收到意想不到的效果。

脱稿讲话时，一方面要注意与听众的目光交流，另一方面还要注意调控听众的目光，以帮助听众尽可能多地接受你所传递的信息。

据有关研究显示，传递到人脑的资料中，87% 来自眼睛，9% 来自耳朵，4%来自其他器官。这就给我们一个提示，在讲课或演讲中，要尽可能使用画面性的语言，虽说听众是在听你讲，但能让听众通过你的语言看得见、摸得着你所表达的内容，这样会大大地增强你的演讲效果。

在演讲或教学中，现在普遍采用多媒体作为辅助，要注意的是，如果你说的内容不是直接与画面有关，听众只能接受你 9% 的信息，若是你说的内容与画面有关，听众看着画面也仅能吸收 20%。如果你要想收到较好的视听效果，请用激光教鞭指着画面内容。这样做的直接效果是控制了听众的目光，等于也把听众的注意力集中在了你所表达的内容上，他们既在看，又在听你说，这样你传递的讯息就会使听众有最大量的吸收。

从这一点上讲，反过来也在提醒我们，在脱稿讲话时，手势或小动作不要太多，多了会分散听众的注意力，影响听众对你所说内容的理解和吸收。总之，在进行脱稿讲话时，注重与听众的目光交流并能很好地调控听众的目光，可以更容易实现讲话的目的，也是体现讲话者控场能力的因素之一。

手势有助于理清思路

在演讲场合，也许你见到过这种情景：有的演讲者从一上台到结束，两手始终下垂于裤线，一直保持着立正的姿势；有的演讲者像害羞的小姑娘，总是捏着自己的小手指；还有的演讲者，好不容易伸出手来，可是很不合时宜地胡乱比画了一下……生硬？沉闷？别扭？其实，这是因为他们忽略了手势在演讲中的独特作用。有的学者说："为了强调某个重要的观点，手势能缩短你和听众之间的距离。"而演说者与听众的距离缩短时，亲密感就会随之产生。

在演讲的态势语言中，手势的使用频率最高，视觉感受最强，有人就这么说过，手势是演讲者的第二张脸，它能够传递奇妙的无声语言。因此，掌握和运用好手势，不仅可以吸引听众的注意力，而且也能使听众通过视觉的帮助而获得对演讲的深刻印象。

演讲时还可以使用手势来表达复杂的、抽象的概念，让听众在联想中获得具体的形象和强烈的感受。例如："祖国，请相信我吧，永远忠于您的，是一颗火热跳动的心！"你把右臂抬起，手抚胸口，就象征了一种忠诚的意念。

演讲的手势是灵活多变的，但无论运用什么样的手势，都必须有助于演讲者表情达意，有助于听众对演讲内容的理解。这才是运用手势的根本目的。

演讲中，自然而安稳的手势可以帮助演讲者平静地说明问题；急剧而有力的手势，可以帮助演讲者升华感情；稳妥而含蓄的手势，可以帮助演讲者表明心迹。演讲的手势分为四类：

一是指示手势。这种手势是用来指示具体真实形象，又可分为实指和虚指两大类。实指是指演讲者手势确指在场的人或事或方向，且均在听众的视线内。如"我"或"你们""这边"或"上面""这些"或"这一个"等。虚指是指演讲者和听众不能看到的。比如"在很久很久以前""在遥远的地方"。常用虚指可伴"他的""那时""后面"等词。指示手势比较明了，不带感情色彩，比较容易做。

二是模拟手势。用手势描述形状物，其特点是"求神似，不求形似"。比如用双手合抱，把梨子虚拟成一个大球形，表达出人们的真情实意。模拟手势信息含量大，升华了感情，有一定的夸张色彩。

三是抒情手势。此手势在演讲中运用频率最多。比如：兴奋时拍手称快；恼怒时挥舞拳头；急躁时双手相搓；果断时猛力砍下。抒情手势是一种抽象感很强的手势。

四是习惯手势。任何一位演讲者都有一些只有他自己才有而别人没有的习惯性手势，且手势的含义不明确不固定，随着演讲内容的不同而体现不同的含义。

此外，演讲的手势贵在自然。因为自然才是情感的真实流露和体现，才能给听众以赏心悦目的美感，而任何矫揉造作的手势都只会引起听众的强烈反感。所以，演讲者的手势要做得舒展大方，又自然流畅，既不可过于张狂，也不能过于拘谨。总之，每一个手势都要随着演讲者的情感活动自然形成和外现。即使是预先设计的手势，也要让听众感觉是情感所致，非做不可。只有这样自然的手势，才能拨动听众的心弦。

演讲的手势是不可能单独运用的。它的一举一动，总是和演讲者的声音、姿态和表情配合在一起的。这种配合必须是适当的、协调的。比如手势的起落应当和话音同时，手势动作需要同姿态结合，手势必须与表情一致。和谐产生美，只有和谐的手势，才能给听众以独特的美感。

演讲的手势是从生活中提炼出来的，它追求的是简单明了、精炼生动的表达效果。因为复杂模糊的手势会让听众迷惑难解，而烦琐拖沓的手势又会使听众烦扰生厌。所以，演讲者的手势须简洁明快、干净利落，切不可哗众取宠、拖泥带水。

演说家的经验表明，手势的运用要注意适当、有节。说话连着动手是许多人的习惯，但多了就不好。一般来说，我们日常生活中说话多数是无须用手势的。脱稿讲话时可根据需要而多一些，但也不要滥用。有的演说者认为有手势比无手势好，手势多比手势少好。这实际上是误解。令人眼花缭乱的手势只能显露出自己的慌乱，无其他任何意义。不要以为呆板不动是可笑的，世界上最可笑的是说话时无节制地挥动手臂。另外也有人认为，有说服力的手势是根据讲话时带有情感的声音而定的，如果讲话者一开始就频繁地运用手势，那就会使人厌烦，手势也就丧失了效果。

魅力表情的传达

进行脱稿讲话时，讲话者还应该注意自己的外部形象。一个人如果"形象"很糟，往往会让别人"以貌取人"，导致失败。人们面部表情、身体姿态集中表现人的形象。人的这种种表现有时是无意的，有时是有意的。

讲话时，讲话者的面部表情也是很重要的。因为，从某种意义上讲，脱稿讲话是一种信息表达。一位心理学家用这样的公式来反映信息表达：一个信息表达＝7％语言＋38％声音＋55％面部表情。面部表情，是指人们在社会交际中，由于外部环境和内心机制的双重作用，而引起面部的颜色、光泽、肌肉的收缩与舒展，以及纹路的变化，从而实现表情达意，感染他人的一种信息传递手段。

我国演讲理论家邵守义说过："脸部是心灵的镜子。这面镜子，是由脸的颜色、光泽、肌肉的收缩，以及脸面的纹路所组成的。它以最灵敏的特点，把具有各种复杂变化的内心世界，如高兴、悲哀、痛苦、畏惧、愤怒、失望、忧虑、烦恼、报复、疑惑等最迅速、最敏捷、最充分地反映出来。"根据生理学家的研究，人的面部肌肉组织是由 24 双肌筋交错构成。这些面部肌肉组织所产生的感情表现，不受国界、地区、人种的限制，是对于任何社会的人都通行的交际手段。面部表情语言艺术，主要靠脸、眉、口、鼻四部分来表现，从而形成一个整体形象。

在讲话时，表情的产生首先来自于所讲的内容。同时，表情还取决于当时的具体情况，取决于听众和讲话者本人的情绪。面部语言是人情绪变化的寒暑表。许多心理学家的反复试验，已经无可置辩地证明，人们的情绪变化，往往在面部上都要有所表现，人们能够清晰地感受到讲话的内容，并在大脑皮层的有关区域产生优势兴奋中心，从而在讲话者与听众之间产生心理共鸣，起到有声语言有时起不到的效果。当人们在对某一事物表示不以为然和轻蔑时，往往脑袋稍偏，嘴角斜翘，鼻子上挑；当人们感到诧异和惊讶时，往往口张大，眼瞪开，眉挑高；当人们心情愉快时，往往表现出活泼好动、喜形于色，甚至于手舞足蹈，脸部的肌肉动作往上。

讲话者面部是直接对着观众的，所以在脱稿讲话中讲话者的面部表情就会显得很重要，人的眼睛、嘴形和眉毛的形状和变化构成了完全的面部表情。这三者的不同组合就形成了人们的喜、怒、哀、乐、爱、恶、欲等不同情绪。

讲话完毕后，要表现得镇静从容，无论有没有听众表示欢迎的掌声，你都应该面带微笑，表示愉快。有专家认为：人的形象分内在形象与外在形象两种。人的身体姿态是外在形象，人的面部表情反映着人的内在形象。对于讲话者来说面部表情十分重要，应该以微笑为基础。在讲话时，讲话者的眼神要尽量正视听众，不要超越听众的头顶，或者凝视远方，或者低头盯着地面。尤其重要的是，不应把自己的眼睛死死盯在讲稿上或讲台上。讲话者正视听众的眼神，是与听众交流思想所必需的；讲话者可以从听众对自己的演说流露出来的情感中了解到听众对自己的外部形象和内在形象的满意度。

总之，人的面部语言是人的心理活动的反映，人们往往有什么样的心理活动，就会产生什么样的面部表情。因此，脱稿讲话时讲话者必须注意自己的面部表情，以轻松友好的面孔与听众进行感情交流。时而含笑，时而微笑，时而现出深沉。喜怒哀乐要同内容一致起来，同观众或听众的情绪融洽起来，从而为成功的脱稿讲话奠定良好的感情基础。

不应忘记的表达技巧

语调明快，音量适中

在脱稿讲话中，除了那些无声语言的作用，最重要的当然是讲话本身，而在听众接受讲话内容之前，首先听到的是讲话者的语调和声音大小，所以拥有让人感觉清晰舒服的好嗓音具有很大优势。讲话人要注意控制自己的声音，务必使自己的语调听起来明快舒适，音量大小适中，不能过低犹如自言自语，也不能过高犹如大喊大叫。

一个完整的讲话内容应该是 7% 的文字内容加上 38% 的语调语速加上 55% 的形体语言。由此可见语调在讲话中起着至关重要的作用。如果一个人讲话的语调从头到尾都是平的，听话的人就会感觉你讲的话枯燥无味而失去兴趣。我们都知道，在做心电图时，如果人的心脏正常，就会有一条曲线上下波动；如果心脏不跳动，显示的是一条直线，说明人的生命到了尽头。我们听歌也一样，一首歌曲旋律优美，抑扬顿挫才会让人感觉美妙无比。如果从头到尾都是一个调子，可能人们很快就会失去兴趣。其实，我们唱歌有歌谱，讲话也应该有话谱才对。而话谱时刻影响着你的脱稿讲话。例如：你可以尝试很快说出"30 万"，口气显得平和一些，听起来就好像是一笔小数目的钱。然后再说一遍"3 万"，这一次你试着把速度放慢一些，要充满浓厚的感觉，仿佛你对这笔庞大的金额印象极为深刻。这样听起来3 万好像比30 万还要多。

而在掌握语调、音量方面，乔布斯就做得很好，他的演讲有张有弛，语速拿捏快慢适中，起承转合驾轻就熟。因为语速和讲话的节奏密切相关，进行示范演示时，他往往会使用正常的语速，阐述标题或主要信息时语速则大大减慢，以使听众能正确接收他所要表达的意思。但经常有人在进行脱稿讲话时，一上场什么都忘了，只顾着把内容讲完，从头到尾都一样的速度，像和尚念经一样。如果这样，听众很可能都会睡着。所以，语调的快慢对于讲话能否吸引听众非常重要。

一般想要表达兴奋、急切、激昂、愤怒等情感时，讲话语调较快，连珠炮般快速讲话，能使听者产生亢奋的心理和紧迫感。但如果速度太快，容易让人听不清楚，对主要观点难以形成深刻印象，上句还没反应过来，下一句就到了，来不及思索和消化，很可能最后也无法理解你要表达的意思。缓慢的语调用来表达悲伤、沉郁、思索等情感，慢节奏可以留给听众足够多的思考品味时间。同样也不能太慢，太慢不仅会浪费时间，也会显得拖沓，容易令听众失去耐心，还没有听完你的话，就已失去了兴趣，也给人以缺乏力度和激情、对演讲内容不熟悉等错觉，过于平板的语调也容易使人陷入单调的境地，所以，快与慢应该交替使用，讲话时做到快慢结合、快而不乱、慢而不拖、抑扬顿挫、张弛有度。

讲话时，除了要注意控制语调之外，音量的大小也是一个表达技巧。演讲开始时说第一句话时要有亲切感，起调不要太高，音量要适中，包括整个演讲过程中都要有意识地调整好自己的音量，要有高有低，有起有伏，不可一成不变，面无表情，特别是眼神的调整也非常重要。

音量应适应演讲的内容。声音纯正悦耳，对方就会乐意倾听；声音尖细而嘶哑，只会让人感到做作，难以忍受。呼吁、号召时自然加大音量，加重语气，如果一直用大音量或重语气则无法突出重点，反而给人以嘈杂、夸张的感觉。表达激动的情绪时自然用高亢的语调，如赞美、愤怒、质问等，但一直高亢而缺乏起伏易给人矫情做作的感觉。一般情况下以从容、有力作为主基调，适当加入高潮式的高音量和语调为佳。

总而言之，"嗓音是身体的音乐，语调是灵魂的音乐"。一次成功的讲话，除了讲稿内容的精彩之外，讲话人的语调、音量也是关键因素，只有语调明快适中，音量大小合适，才能让听众听到最完美的内容，也才能为这次讲话增添光彩。

停顿，奇妙的"休止符"

停顿也是一种说话的艺术，恰到好处的"停顿"对于一次成功的脱稿讲话具有重要意义。它能促使人们对主题进行深入的关注和思考，使讲话者的信息更加有效而巧妙地得到传达。大部分脱稿讲话者语速很快，好像赶着读完事先备好的阅读材料。多数情况下，是因为他们的阅读资料准备得过多，导致宝贵的讲话时间不够用所致。而一个经验丰富的讲话者一定懂得利用停顿的作用使整个讲话内容更加完整精彩。

语言表达中需要停顿，在书面语为形式的写作活动中，标点符号即是起到停顿作用的。在演讲谈话中，停顿可以起舒缓语气、增加语言的节奏感的作用。停顿有两类，一是自然停顿，即说话时因为换气的缘故而作的停顿；二是为了追求特殊的表达效果而刻意在本来可以不停顿的地方进行停顿，这属于语言艺术的范围，有时候甚至可以在讲话中作适当时间的沉默以发挥语言艺术的特殊魅力。

据记载，英国政治家赖白斯在伦敦参事会进行劳工情况的讲话时，中间突然停顿，取出金表，站在那里一声不响地望着听众，时间达一分十二秒之久。怎么回事？是他忘词吗？或是其他原因？参事员们快坐不住了，想不到这时赖白斯却说道："诸位适才所感觉的局促不安的七十二秒的长时间，就是每个普通工人垒一块砖所用的时间。"这一下不得了，几乎全球的新闻电稿都传递了这段新闻，连赖白斯本人也没料到，在讲话时短暂的停顿或沉默竟会形成如此轰动的效果，可见停顿或沉默的力量。

领导者在工作中，例如主持会议、作报告、进行演说时，经常会遇到这种情况：会场秩序混乱，听众交头接耳，开小会，心不在焉，左顾右盼，怎么办？你当然可以把音量放大，将嗓门再抬高八度，去引起听众的注意；有的人还会敲桌子，发脾气，通过高声训斥以平息听众的吵闹喧哗，但这样做未免消极，容易滋生听众的抵触情绪，即使会场暂时安静了，也会在心理上增加人们的反感。再说，声音小一点与大一点反差也不大，不太会引起人们的注意。较好的办法是暂时的停顿或沉默。

据说日本大正时代著名的雄辩家永井柳太郎成功的秘诀就在这里。当他发现听众中有所骚乱、不安宁或者混乱时，他不是扯开嗓门，而是降低声音，甚至完全沉默下来，只有嘴形仍在翕动，像是喃喃自语，神色也特别的神秘庄重。听众听着听着，突然台上没了声音，便立刻引起警觉，以为一定有了什么特别的内容，刹那间，沉默创造了肃静。这种做法，实乃上策，正如十九世纪英国作家和思想家卡莱尔所说："沉默与语言相互配合，能创造产生双重的意境。"

在语言交流中，停顿所表达的意义是丰富多彩的。既可以是欣然的赞许，也可以是无声的抗议；既可以是威严的震慑，也可以是心虚的流露；既可以是爽快的默认，也可以是无言的拒绝。"没有一点声音，没有任何喝彩，只有那震耳欲聋的深沉的静寂。"这就是默语的最佳传播效能。

在一定的语境中，停顿能迅速消除言语传递中的种种障碍。就像乐队的指挥举起指挥棒，喧闹的会场会立即安静。乐队和演奏员将进入演奏状态一样，使整个现场都将在"沉默中得到控制"。

林肯经常在谈话途中停顿。当他说到一项要点，而且希望他的听众在脑中留下极为深刻的印象时，他会倾身向前，直接望着对方的眼睛，足足有一分钟之久，但却一句话也不说。

这种突然而来的沉默和突然而来的嘈杂声有相同的效果：能够吸引人们的注意力。这样做可以使每个人提高注意力，警觉起来，注意倾听对方下一句将说些什么。

例如，1858 年林肯与道格拉斯竞选参议员时，两人对于是否要废除奴隶制的问题争论不休。在林肯最后一次辩说词中，他突然停顿下来，默默站了一分钟，望着他面前的听众，他的眼睛似乎满含着未曾流下来的眼泪，他的双手紧紧握在一起，然后，他说道："朋友们，不管是道格拉斯法官或我自己被选入美国参议院，都是无关紧要的，一点关系也没有；但是我们今天向你提出的这个重大问题才是最重要的，远胜过任何个人的利益和任何人的政治前途。朋友们，"说到这，他又停了下来，听众们屏息等待，唯恐漏掉了一个字，"即使在道格拉斯法官和我自己的那根可怜、脆弱、无用的舌头已经安息在坟墓中时，这个问题仍将继续存在、呼吸及燃烧。"替他写传记的一位作者指出："这些简单的话，以及他当时的演说态度，深深打动了每个人的内心。"

林肯这段话中，两次使用默语来紧扣听众的心弦，为他的演讲语言增添感人的气氛，从而增强了通篇演说的力量，达到了出乎意料的效果。

美国前总统里根政治生涯的高峰之一是他在 1980 年共和党全国代表大会上发表接受总统候选人提名的演说，这次演说的高潮是在最后结束之时，里根突然停顿了一下，他环顾了一下台下的听众，接着又把目光投向电视摄像机镜头，大声地说：“我想起了一件事，这本不是我演说的一部分，我不知道该不该说。”说到这里，又停顿了一下，然后赞美地把美国说成是“渴望呼吸自由空气”的人的避难所。接着他又说：“我承认，我有些不敢提出我的建议，但是我更不敢不提出这一建议。”他的建议就是请所有在场的人同他一起为他将要进行的“征战”默默地祈祷几分钟。于是全场没有一点声音，只有那深沉的寂静。这次演说一举巩固了里根竞选总统的共和党党内基础，众志成城，为他登上美国总统宝座增加了砝码。

里根的第一次停顿，是转换话题，也是演说中的即兴发挥；第二次停顿，则是欲说又止，“犹抱琵琶半遮面”，一是体现自己的真诚和勇气，二是激发听众心理的求知欲；第三次沉默，则是虔诚地引导听众一起去“征战”竞选。长达几分钟的沉默，在演说中是很少见到的。一般情况下，当我们转换语言，承上启下，或提出重点，总结中心思想，概括主要内容时就需要适时的停顿，而静默的时间一般不超出十秒。特别需要停顿的地方，也以不超出一分钟为宜。

根据演讲的实际需要，停顿可分为以下 4 种：

1. 逻辑停顿

文字语言中写有标点的地方一般需要停顿，但在一个句子中间，为了准确地表达语意，揭示语言的内在联系，可根据文义合理地划分词组，做一些适当的停顿。词组之间的停顿千变万化，是停是连还须以表意准确清晰为出发点，作出适当的选择。

2. 语法停顿

标点符号是语句停顿的主要依据。不同的标点符号包含着不同的内容，因此其停顿的时间、方式也不一样。一般情况下，段落之间的停顿时间最长，句号、问号、感叹号停顿的时间次之，逗号、分号、冒号再次之，顿号的停顿时间最短。

3. 感情停顿

亦称“心理停顿”，是为了表达语言蕴含的某种感情或心理状态所采取的停顿。恰当地运用感情停顿可使悲痛、激动、紧张、疑虑、沉吟、回忆、思索、想象等各种感情和心理状态的表达更加准确。感情停顿是一种极其重要的语言表达技巧，它能充分展现“潜台词”的魅力，使听众从“停顿”中体会语言的丰富内涵和难以言表的感情，从而使语言更加生动。

4. 生理停顿

即停下来换口气，一般来讲，生理停顿是与以上三种停顿结合在一起进行的。这种停顿必须服从语法、逻辑和事态的需要，一般不单独进行。

停顿的气息处理，必须根据语言的内容合理控制，有时急停，有时徐停，有时强停，有时弱停。这种气息强弱急缓的变化，是停顿表情达意的必要手段。

停顿既是生理上的需要，也是有效交际的需要。从生理上来说，说话者为了换气和让声带作一短暂休息需要停顿；而从交际的角度来看，为了让对方或听话者听懂一层意思，认识一个事物，也必须有一个从"入乎耳"到"着乎心"的过程，总要让对方有一点点在脑子里"转一转"的时间。通常，一句话之间是否有停顿，在什么地方使用停顿，所表达的意义大不一样，有时甚至意思完全相反。

节奏适中，起承转合驾轻就熟

听语言出色的人说话是一种艺术的享受。这是因为他们在讲话时对语言的把握就像一个优秀的指挥家在指挥演奏一首优美的交响乐，似在不经意中便演奏出扣人心弦的乐曲。

如果想要成为有优秀的脱稿讲话者，就要了解语言的节奏有哪几种，同时按照这些节奏来不断地进行练习。

第一，高亢的节奏。它能营造出威武雄壮的效果，这种节奏下，讲话者发出偏高的声音，同时语气的起伏较大，高亢的节奏能产生强烈的感染力和鼓动性，能够使听众热血沸腾，这样的节奏适合于叙述一件重大的事件，宣传重要决定及使人激动的事。

第二，低沉的节奏。这种节奏和高亢的节奏正好相反，讲话者为了营造一种低沉、庄严的气氛，通常使用较低的声音，低缓、沉闷，语流偏慢，语气压抑。低沉的节奏大都在一些郑重的环境中应用，用于悲剧色彩的事件叙述，或慰问、怀念、吊唁等。

第三，凝重的节奏。它介于高亢和低沉之间，声音适中，语速适当，重点词语清晰沉稳，比较中庸。这种节奏每个字都要重音来读，体现出一种一字千钧的感觉。凝重的节奏在对一些问题发表议论时比较常用。

第四，轻快的节奏。这种节奏是讲话时常用到的，这样的节奏比较适合大众，容易使人们产生融入感。日常性的对话、一般性的辩论，都可以使用这类型的节奏。

第五，紧张的节奏。紧张的节奏通常运用比较快的语速来表达，往往带有一种迫切、紧急的情绪。每句话之间没有长时间的停顿。其目的是为了引起听众的紧张感和注意力，用于重要情况的汇报，或者是必须立即加以澄清的事实申辩等。

第五，舒缓的节奏。和之前的紧张的节奏正好相反，是一种稳重、缓慢、舒展的表达方式。声音不高也不低，语速从容，给人一种安心悠闲的感觉。一般说明性、解释性的叙述、学术探讨等类型的演讲都可以运用这种节奏。

作为一名脱稿讲话者，根据自身讲话的内容和性质选择合适的节奏，才能达到讲话的效果和目的。

为更好地掌握说话的节奏，我们可以从科学运气入手。

气息是声音的原动力，科学地运用运气发音方法可使声音更加甜美、清亮、持久、有力。要达到这个层次，平时要加强训练，掌握腹胸联合呼吸法。其要领是：双目平视，全身放松，喉松鼻通，无论是站姿还是坐式，胸部稍向前倾，小腹自然内收。

吸气方法是：扩展两肋，向上向外提起，感到腰带渐紧，后腰有撑开感。横膈膜下压腹部扩大胸腔体积，小腹内收，气贯丹田。用鼻吸气，做到快、静、深。

呼气方法是：控制两肋，使腹部有一种压力，将气均匀地往外吐，呼气时用嘴，做到匀、缓、稳。

这样的呼吸方法可以进气快，到位深，运气长，好控制。可用下列方法练习：

1. 闻花香。好像眼前有一朵花，深深吸进香味，两肋断开，控制一会儿，缓缓送出。

2. 模拟吹掉桌面上的灰尘。

3. 咬紧牙关，从余缝中发出"咝"声，平稳均匀。

4. 数数："1、2、3、4、5、6、7、8、9、10"，循环往复，一口气能数多少就数多少，吐字要清。

5. 数"一个葫芦，两个葫芦"或"一张球拍，两张球拍"，看一口气能坚持多久。

6. 喊人"王刚""小胡"。

7. 一口气反复念：吃葡萄不吐葡萄皮儿，不吃葡萄倒吐葡萄皮儿。

8. 一口气诵读一首五言绝句或七言绝句，力求清晰、响亮，有感情。

发音是良好沟通的第一步

我们所说的话都是由一个字一个字组成的，给每一个字加上适当的重音和语调，然后将所有内容进行正确而恰当地发音，就形成了我们的讲话。

1. 练习发音的第一步：练气

咽喉炎似乎是所有教师的通病，这种现象一方面是因为教师每天的说话量过大，另一方面是因为没有掌握正确的发声方法。我们都知道播音员和歌唱家每天的一个必备的功课就是练习用气发声。也就是人们常说的练声先练气。气息是人体发声的动力，是发声的基础。如果能正确掌握用气发声的方法，那么就不会有大量的教师患上咽喉炎了。

讲话的效果与发声有着直接的关系，有活力的声音可以使听众兴奋，反之就会给人一种说话绵软无力的感觉。而影响发声的最直接原因就是气息，气息充足，声音就会响亮而有朝气；气息不足，声音就会恹恹无力；用力过猛就是我们常说的大嗓门，给人一种不礼貌的感觉。

我们在练声时，最重要的就是吸气与呼气训练。我们可以参考瑜伽当中腹式呼吸法来练习吸气和呼气。

腹式呼吸法是指吸气时让腹部凸起，吐气时压缩腹部使之凹陷的呼吸法。正确的腹式呼吸法为：开始吸气时全身用力，此时肺部及腹部会充满空气而鼓起，但还不能停止，仍然要使尽力气来持续吸气，不管有没有吸进空气，只管吸气再吸气。然后屏住气息 4 秒，此时身体会感到紧张，接着利用 8 秒的时间缓缓地将气吐出。吐气时宜慢且长，不要中断。做完几次后，不但不会觉得难受，反而会有一种舒畅的快感。

2. 练习发音的第二步：练声

第一，练习音高和音低。

可以通过朗读古代诗词、散文等来练习。先从低音说起，再一句句地升高，说到最后再一句句地降下来；然后再一句高，一句低，高低交替地朗读，也可以每个字的音调由低向高，再由高向低。

第二，练习音强与音弱。

可以采用和之前同样的材料，按音量从小到大来联系，从小音量练习开始，要注意音量虽小，但吐字一定要清晰。之后把音量加大到正常来练习，同样要求吐字清晰，抑扬顿挫。之后再加大音量，用大音量练习，这时要求气息强大，音色高亢洪亮。当我们能熟练清晰地用三种音量发音时，就可以进行三种音量的混合练习，这样的练习还可以加强我们的语感和对语气的把握。

第三，练习实音与虚音。

所谓的实音，就是音色响亮、扎实、清晰度高的声音，这就要求我们在发音时，要清晰明白，咬字要准确。所谓虚音多用在表达感叹、回味、夸张等情感的语句中，说话的气息强而逸出较多，音量则有所控制，但是同样注意字音的清晰。

最后要注意的是，早晨刚睡醒时不要直接到室外去练习，特别是室外与室内温差较大时，冷空气的刺激会损害我们的声带。

应当重视的应急技巧

应景语巧应付突发状况

脱稿讲话时遭遇到意料之外的问题，对大多数人来说可能并不陌生。无论计划多么周密，总会有一些无法掌控的突发状况发生。那么，面对或善意或恶意的尴尬局面，应该怎样解决才能不影响整场讲话的质量呢？在此，为大家提供几个应对尴尬场面的说话技巧：

一、顺势牵连

在某个学校的一次期中总结会上，一个数学教师上台发言，刚走上讲台，同学们忽然大笑起来，使他感到莫名其妙。坐在前排的一位女生小声对他说："老师，你的扣子扣错了。"老师一看，果真第四颗扣子扣在了第五个扣眼里。局面有些尴尬，迅即这位教师煞有介事地对学生们说："老师想心事了，急急忙忙赶着与你们——来——相——会。不过，这也没什么好笑的。在这次期中考试里，就有同学运用数学公式张冠李戴，比如……"这位老师先用幽默的语言为自己解了围，紧接着又顺势把这意外事件和学生的学习情况连了起来，借此作比，指出了学生学习中的类似错误，既显得自然，语言又形象，很快解除了尴尬的局面。

顺势牵连的应急艺术能有效地使人从困境中摆脱出来，但必须注意"牵"得要自然，"连"得要巧妙，不能牵强附会，否则会弄巧成拙。

二、借题发挥

美国 30 年代的政界要人凯升，首次在众议院发表演说时，打扮得土头土脑。一个议员在他演讲时插嘴说："这位伊利诺伊州来的人，口袋里一定装满了麦子呢！"这位议员的讽刺挖苦和台下的哄堂大笑并没有使凯升面红耳赤，凯升也没有针锋相对回敬，而是顺着对方的话题，很坦率地说："真的，我不仅仅口袋里装满了麦子，而且头发上还藏着许多菜籽呢。我们住在西部的人，多数是土头土脑的。"他的坦率和真诚赢得了听众的好感。由被动变为主动。于是，他话锋一转，乘势进行借题发挥。他说："不过我们藏的虽是麦子和菜籽，却能长出很好的苗子来！"语言虽然含蓄，但针对性很强，明确地阐明了自己的观点和长处，演讲获得了很大的成功。

"借题发挥"的语言艺术运用得好，不仅能把被动变为主动，使窘迫变得自如，还能化消极因素为积极因素，所以能获得很大的成功。

三、有意岔题

一次服装展销会上，一位营业员正在向众多的顾客介绍服装的式样，突然听到有个顾客在说："式样不错，老点。"这位营业员一听，马上机灵地接着说："这位同志说得对，我们设计的服装式样好，又是老店，质量保证，价格公道……"，其实，那位顾客说的是"式样老了一些"的意思，这位营业员怕其他顾客受他这句话的影响，因而灵机一动，利用词的同音关系把"老点"改换成"老店"，岔开了对自己不利的话题，模糊了对方的话题指向，有效地把大家的注意力引导到对自己有利的方面来。

岔题是应付突发事件的有效方法。但要使岔题成功，必须注意两个问题：一是要自然。所谓自然，就是指岔开的话题与原来的话题连得上、说得通。也就是说，岔开的话题与原来的话题要有某种联系，如两词语读音相同或相近、两词语意义相连、两话题概念相近、两景物同处一种语境等等。二是岔题要及时。所谓及时，就是指岔题要抓紧时机，找准岔口，在对方话题尚未充分展开之前就以新的话题取而代之，使对方在不知不觉之中离开原来的话题，将注意力逐渐转移到新的话题上去。

重点突出，讲话不散

在平常的语言场合中，失言是不可避免的。失言的原因是多方面的，但其中最根本的原因，往往是因为缺乏清晰的目的。语言交流的目的，不只是一种社交上的需要，也不只是互相认识和了解一下。

例如，你找一位朋友，请他参加一个团体，或者请一位医生解决一个医疗问题，或是买卖双方谈论生意上的事情，这一类谈话究竟和一般社交性质的谈话有什么不同呢？在有些方面，两者是一样的。例如，你要具有一般的谈话能力，你要能够适应对方，尽可能了解对方的特点；你要有兴趣，态度要友好而真诚等等。但有些地方却是不同的，这类谈话每次都有一个特殊的目的。

"明确"是言语表达最基本的要求。所谓明确，就是语言明晰，意思确定。讲话者在大多数情况下说的话都应当是明确的，绝不能含糊其辞，模棱两可。

讲话要明确，体现了言事的简明性和效率性。讲话者不仅要有深刻而系统的思想体系、明晰的观点，而且还必须学会运用简明扼要、准确精当的言语，恰如其分地表达自己的思想，做到言简意赅、新颖精辟。

坚持话由旨遣的原则，首先要明确当众讲话的目的。目的明确，你的谈话、你的社交往往能够取得良好的效果，只有目的明确了，才知道应该准备什么话题和资料，采取何种说话语体风格，运用哪些技巧，从而做到有的放矢、临场应变。目的不明，无的放矢，不分场合，就难免东拉西扯，叫人不知所云，无所适从。

另外脱稿讲话的内容要有详有略，这样才能使整个讲话显得有重点，或是要让听众了解重要的信息，或是希望取得听众赞同的看法、认识，或是期望听众心领神会并在行动中加以贯彻执行和大力推广的意志、意图，随讲话内容的不同而各有所异。

如果讲话开始提出了重点，那么在主体部分还要进一步加以详细阐述。最理想的效果就是讲话者着重讲话的部分也正是听众印象最深、感触最多的部分。重点表现在一两个问句上的情况很少，绝大部分是集中在由几个段落结合而成的一个层次、一个部分，或集中在一个层次、一个部分的某几个段落上。重点集中是一种方法，当然也可以采用将重点分散在全篇各部分、各层次之中的方法，但要注意必须围绕着主体组织展开，做到"形散而神不散"

一般来说，脱稿讲话的目的，有以下三种：

第一，传递信息和知识。如课堂教学、学术报告、现场报道、产品介绍、展览解说等一类的谈话。目的是向听者传递一种观点或一些知识，让听者接受采纳。

第二，激励或鼓动。如赞美、广告宣传、洽谈、请求、就职演说、鼓动性演讲以及聚会、毕业典礼和各种纪念活动、庆祝活动中的讲话等，旨在加强人们现有的观念，坚定信心，振奋精神，有时也要求得到行动上的反应。

第三，说服或劝告。诸如商业谈判、法庭辩护、竞选演讲、改革性建议等。此类说话，大多力图改变对方的某种观念或信念，阻止对方采取某种行动。

因此，每次讲话之前，都要知道自己讲话的目的，清楚自己"我为什么要讲？""人家为什么听？"预先想一想可能产生的效果，把预期的效果当作目标并为之努力。

那么我们怎样才能做到讲话目的明确，重点突出不散乱呢？

首先，以听明白为前提。语言是信息传递、思想交流的工具。无论是我们陈述一件事情，说明一个道理，还是提出一个问题，都要让听者明白我们说话的目的，这样才能最终达到这个目的。比如一个推销员向顾客推销自己的产品，那么他必须将自己推销的产品的性能、价格和其他的一些情况用语言向顾客讲述明白，只有这样顾客才了解你的产品，而只有顾客了解了你的产品，他才会决定是否购买你的产品。

从语言效果上来说，一切语言都是围绕听者而展开的，从这个角度来说，语言表达要以听者为主体。以听者为主体就是要考虑听者的接受能力、处境、心情、实际需要和思想性格。

其次，以说服对方为目的。在说服对方时，既要显得真诚，又要为对方着想。这样，无论是交易上还是感情上都和对方进行了沟通，从而促使我们的目的更好达到。

最后，以关心他人为准则。关心别人不仅可以结交不同的朋友，还可以获得更多的主动权。这并不是什么崭新的道理，早在基督降生前一百年，有一个罗马诗人就说过："当别人关心我们时，我们也关心他们。"

提炼关键词提升层次

任何艺术作品都必须有主题，脱稿讲话也不例外。所谓脱稿讲话的主题是指讲话者通过脱稿讲话的全部内容表达出来的中心思想。它是脱稿讲话的"灵魂"和"统帅"，它贯穿脱稿讲话的全过程，材料的取舍、结构的安排、有声语言的使用、情感的处理、态势的设计等，都统统由它调遣决定，听它指挥，为它服务。这样才能形成一个活生生的、统一而完整的脱稿讲话整体。脱稿讲话应该有一个明确而具有积极意义的主题。然而，当这样的主题确定后，如何把它提炼成格调高、内涵深、角度新，并具有一定美学价值的主题，则是讲话者在构思讲话时就必须首先考虑的问题。它直接关系到脱稿讲话的成败。下面就介绍几种提炼脱稿讲话主题的方法：

一、抓动机

什么是"动机"呢？当音乐家谈到一个动机时，它的意思是指一系列有联系有特点的声音，音乐家对它们进行艺术加工，提炼为乐曲的主旋律。我们把它移植到脱稿讲话里来，意思是讲话者接触生活、素材、题材时，接收到它们许许多多信息（即意蕴），通过讲话者形象的、逻辑的、灵感的三大思维组成的网络，敏锐地发现和捕捉到一个或几个有特点的"意蕴"，它（们）不是一般的"意蕴"，而是与主题有联系，或是可以发展、提炼和形成主题的"主题意蕴"，这就是"动机"。这动机也许只是生活材料中的一草一木、一雀一鼠、一眼一眉，或一句话、一本书、一出戏、一则新闻、一段资料……在一般人看来，这是平凡事物，但讲话者却能独具慧眼，抓住它，作为提炼脱稿讲话主题的动机。例如，齐齐哈尔市曹晓燕同学的演讲《做一个神通广大的孙悟空》，谈到她进师范学院前夕，当教师的妈妈送给她一个装满学生来信的匣子，这代表妈妈一生精神财富的匣子就触发了讲话者提炼主题的动机。讲者由"信匣"展开联想，把教师比作会使分身法的孙悟空，能把一个人的智慧、美德和贡献变为几十、几百、几千人的智慧、美德和贡献，把一个齐天大圣变为无数个齐天大圣。从一个新颖的角度歌颂了教师的伟大，表达了自己的职业理想，使演讲具有很强的艺术感染力。可见，动机就像燃料启动的火箭一样，启动着主题冉冉飞腾。

二、炼意境

我国传统艺术创作非常重视对意境的创造。清代文学评论家王国维说："有境界自成高格"。不光诗人作诗，画家作画要讲求意境，在进行脱稿讲话时，也要讲求意境。有了深邃优美的意境，就会使脱稿讲话的主题诗意化，产生巨大的艺术魅力。脱稿讲话的意境是指讲话者主观的"意"，即思想感情与现实生活的"境"，即生活现象的辩证统一。讲求意境的讲话，如同把粮食酿制成馥郁醇美的酒，这"酿制"的功夫是重要的。讲话者应善于在现实生活中"捕捉"那些具有诗情画意的情节、细节、场景，通过讲话者本人的感受和理解，达到客观与主观的统一，熔铸成深而美的意境。只有做到以"意"为主导，以"境"为基础，"即境以孕情"，又"缘情以造境"，才能做到"境"随"意"高，使整个讲话的主题升华，例如，演讲《叶的事业》，讲话者从印度诗人泰戈尔的诗句"花的事业是甜蜜的，果的事业是珍贵的，但让我干叶的事业吧，因为叶总是谦逊地垂着它的绿荫"，提炼出了富有诗一样意境的主题：幼教事业是"叶的事业"。每个幼儿教师都像是一片绿叶，在党的阳光下进行光合作用，孕育着果，孕育着神州大地的万千桃李。使演讲具有一种隽永感人的力量。

三、找哲理

演讲主题要具有一种深刻的内涵，必须揭示生活的哲理。讲话者要善于根据主题的需要对客观事物进行辩证唯物主义分析，综合发现事物运动、发展、变化的规律，揭示其本质并把它凝炼为一种哲理，使之贯穿于整个讲话之中，那么，就会使讲话的主题闪烁着理性的光芒，而给人以深刻的启迪。例如讲话稿《沉重的翅膀》，先揭示了这样一种自然现象，"一只羽翼丰满，善于飞翔的鸟，当它的羽毛被雨水打湿而黏黏地贴在身上的时候，就不能展翅飞翔，因为它有一双沉重的翅膀。"然后再从自然的哲理推演到社会的哲理："我们中华民族就像一只扶摇而上的大鹏，我们人口的增长，就像急风狂涛，使鲲鹏的翅膀变得沉重了，它怎么能腾空飞翔呢？让人口剧增的骤雨停止吧，中华之鲲鹏定会展翅腾飞！"这样富有哲理的主题给人的启示无疑是深刻的。

四、出新意

艺术作品贵在创新，我们提炼脱稿讲话的主题要独辟蹊径，别具匠心。要用自己的眼睛去看别人看不到的东西，用自己的头脑去想别人没想出的道理，用自己的嘴去讲别人没有讲透的话。对生活的独特感受、独立思考、独到评价贯穿在整个演讲中，给人以耳目一新之感。要使主题有新意，必须做到以下三点：其一，要具有怀疑动机，即敢于对人们司空见惯或认为完美无缺的事物或观点提出怀疑。其二，要具有抗压性动机，即力破陈规陋习，锐意进取，勇于革新。其三，要具备自变性动机，即能否定自己，打破自我框框。只有这样，才有可能提炼出新颖的主题。例如演讲《小草精神值得提倡吗？》，对广为流传的《小草歌》的主题提出了质疑，"如果英雄也算作小草的话，天下就不会有大树！年轻的朋友，当你高喊一声'我是一棵小草'的时候，你内心是何种感觉？是觉得自己高大了，还是渺小了？是觉得自豪，还是失落？是觉得有了进取心，还是觉得只是找到了混日子的借口？你问过自己吗？为什么我应当是一棵微不足道的小草？为什么我不去争做一棵参天大树呢？难道我们不应该坚决地摒弃这种可悲可怜的小草精神、小草理想，立志做一棵敢挡东西南北风、能为社会做出较大贡献的参天大树吗？"请看这种反弹琵琶的演讲主题是多么新颖和深刻，它闪烁着讲话者独立思维的火花。

五、画龙点睛

画龙点睛既是一种艺术表现手法，更是一种提炼讲话主题的方法，画龙点睛就是在讲话的关键地方采用片言只语，揭示和突出讲话主题的方法。陆机在《文赋》里讲道："立片言而居要，乃一篇之警策。"也就是这个意思。我们在构思演讲时，要用简练的、有力的警句来体现和突出讲话的主题，使讲话具有一种警策之美，而更加耐人寻味，发人深省。这样的警句就对讲话的主题起了一种画龙点睛的作用。例如，1775年3月23日美国帕特里克·亨利发表了《在弗吉尼亚州议会上的演说》，亨利把演讲的主题提炼为"不自由，毋宁死！"的警句。它高度浓缩和概括了反对殖民统治、争取自由独立的重大主题，激励了美国人民的爱国热情，振奋了美国人民的斗志，鼓舞了千百万美国人民拿起武器投入争取自由独立的战争中。

以上给大家介绍了五种提炼脱稿讲话主题的方法，当然在脱稿讲话艺术实践中，远不止这几种方法，我们要勇于探索，掌握更多更好地提炼脱稿讲话主题的方法。

总之，一个好的讲话主题是讲话者形象思维、逻辑思维、灵感思维的"结晶硅"。它像百花园中鸣叫的黄莺，像花岗石中闪烁的云母，使演讲成为一个完美和谐的整体。我们要运用多种多样的艺术手法，提炼出"高、深、新、美"的演讲主题。

意外被邀请时就地取材吧

回想一下过去，你是否遇到过这种情况：在公共场合，尤其是一些宴会或联谊活动上，突然被邀请上台发言？这时候被邀请的人是没有准备的，所以一些人就容易紧张，手足无措，不知道应该说什么。其实，要应对这种场合，就地取材是一个很好的解决方法。

就地取材，就是要挖掘当时当地切题的素材，为自己的语言服务。人们在演讲、演出、应聘、交际的过程中，如能就地取材，即兴发挥，往往能收到出人意料的效果。

1999年青年节，有个著名的"演讲与口才杯"演讲比赛，主题是"做文与做人"。中央台的白岩松参加了这场高水平的比赛。白岩松之前的参赛者是西藏日报的记者白娟。她极富感染力地向大家讲述了自己作为一个驻藏记者的自豪、作为母亲的心酸。她常年战斗在雪域高原，与儿子在一起的时间每年只有三个月，每次都是和儿子刚混熟又不得不分手。情真意切，令人动容。白岩松紧接着她上场："我是一个两岁孩子的父亲，我知道，在一个孩子一岁半到两岁之间，没有母亲在身边，对于母亲来说是怎样的一种疼痛，我愿意把我心中所有的掌声，都献给前面的选手。"话音刚落，全场报以热烈的掌声。

白岩松就地取前位选手之材，表达真诚美好的敬意，顺应了现场观众的心理需求，激起感情的又一高潮，不露痕迹地表现了自己的机巧——把掌声献给别人的同时，也为自己赢得了掌声。

即兴讲话没有现成的稿子，来不及认真准备，全靠现场思索和临场发挥，且"一言既出，驷马难追"，不容修改和掩饰，所以它在思维的敏捷性、语言的逻辑性和口头表达的雄辩性方面都有更高的要求，让不少人畏之如虎。而"就地取材"就是个比较有效、便捷的方法，它以眼前的人、事、景等作为即兴讲话生发的"触点"，不但便于快速构思，而且可以巧妙过渡，把听众自然地带入到你的讲话中，使讲话更有现场感、更具活力；增添几分睿智和情趣。

那么，就地取材具体应该从哪里取，怎样取呢？一般可以有以下三个方面可供我们寻找话题：

一、就"讲话情境"取材

讲话总是在一定的情境中进行的。尽管情境具有相对静止性，但如果讲话者能巧借情境即兴发挥，化静为动，让情境为我所用，就能使讲话应情应景，溢彩生辉。

2008年11月3日晚，台湾海基会董事长江丙坤在世界第一高楼台北101设接风宴，为首次来台的大陆海协会会长陈云林接风。陈云林在致答谢词时，即兴讲了这么一段话："置身于这座华丽的101大厦，我俯瞰夜幕下的台北，万家灯火、车水马龙。在这片可爱的土地上，台湾同胞是热情、友好、勤劳、文明的人民。在这块热土上，他们以自己的打拼精神和聪明才智，创造了名列亚洲"四小龙"的奇迹，为中华民族赢得了光荣。为了两岸同胞的福祉，两会已展开制度化协商。我衷心希望两岸和平发展，台湾经济不断增长，台湾同胞幸福安康，衷心祝愿两岸关系就像101大楼一样超过满分，更上一层楼。"

置身于101大厦，陈云林会长触景生情，感慨万千。从目光所及的"夜幕下的台北"，他想到了台湾"这片可爱的热土"，一番对"热情、友好、勤劳、文明"的台湾同胞的由衷赞美，表达了两岸同胞"同宗同源、荣誉与共"的肺腑心声。接着，他就地取材，借助101层的高楼，以一句"衷心祝愿两岸关系就像101大楼一样超过满分，更上一层楼"，充分表达了和平发展两岸关系的最大善意和诚意，既契合他此行会谈的主题，又显得生动形象，贴切自然，实在是精妙之极。

二、就"他人讲话"取材

有时候，现场需要讲话、发言的不止一个人，这时，领导者如果善于从他人的讲话内容取材，既能体现出对对方的尊重，又能使自己的即兴讲话显得自然、鲜活。

某市文化局刘局长应邀参加一个"领导干部与市场经济"的研讨会，在听取了前面同志的发言之后，他这样开始他的讲话："以上很多同志做了发言，有的从宏观的角度谈了领导干部怎样去适应市场经济，有的结合工作实际，从微观的角度论证了领导干部在市场经济中如何去搞好服务。前者具有较强的理论性，后者具有较强的针对性和操作性。我认为讲得很好，至少可以说明，在'领导干部与市场经济'这个新的课题中，确实有很多新问题值得我们去思考去探讨。今天我要讲的是……"

上例中，刘局长的一番即兴讲话值得称道。轮到他发言时，他没有像其他领导那样直接讲自己的观点，而是机智地从他们的讲话中取材，首先对其他领导的观点给予肯定，然后再顺势转入自己的发言，既谦虚有涵养，又自然切题，符合研讨会的氛围。

三、就"讲者自身"取材

讲话者自身就"潜藏"即兴讲话的素材。如果领导者能巧妙地以自己的姓名、相貌、爱好等方面为话题即兴发挥，就能使你的讲话别具一格，受听众欢迎。

有位企业家被调到一家濒临倒闭的工厂任厂长。由于他身材比较矮，不少人对他指指点点。于是，在第一次召开职工代表大会时，他这样讲道："看到我，你们也许心里会发笑。但你们恐怕不知道，我比鲁迅还高两厘米哩！鲁迅先生用犀利的笔杆干出了惊天动地的事业，我也想在自己的事业上大干一番。在今后的任期内，我将和大家'长期共存，互相监督，肝胆相照，荣辱与共'，希望大家支持我。"一席话，引来了现场职工雷鸣般的掌声。

面对职工对自己身材的指指点点，这位厂长没有回避掩饰，而是索性来了个"自我解嘲"，勇敢巧妙地就自己的身材取材，并以鲁迅先生为榜样自喻，表达了他"在自己的事业上大干一番"的信心和决心，使职工代表从他的讲话中感受到他的气魄，从而深受鼓舞，可谓"化腐朽为神奇"的精彩之作。

即兴讲话是讲话者学识和胆略的"亮相"，是对其心理素质、应变能力、讲话水平、文化修养等综合能力的考验。如果能灵活运用"就地取材"技巧，就能使你的讲话形象生动、妙趣横生，从而为你的形象增光添彩。

消除听众隔膜感的技巧

当讲话者是"陌生人"的时候，听众一开始不免会有些隔膜感，这时直奔主题往往让人难以接受，不妨先"推销"一下自己。因为潜在的感情因素往往会左右人们的心理倾向与理性思维，从而对话语的可信度和可接受性产生微妙的影响。

孟玲的讲话《让女生部早日"消亡"》是这样开场的：

亲爱的女同胞们，还有敬爱的先生们：

晚上好！

首先感谢大家的热情，谢谢！

我很想认识大家，也想让大家认识我。先来自我介绍一下，8911(2)班的一员，姓我们儒家孟子的"孟"，单字玲珑的"玲"，孟玲，就是我。大家可能听出来了，我这个人爱说好话，连自己的名字也要美化一番。不过，我要声明，这个小毛病丝毫不妨碍我对"女生部长"之职的热情。

可是，即使有天大的热情也不能改变这个趋势。女生部的发展完善过程，也就是它走向消亡的过程。

我的任务就是促成这个过程尽早结束。

真是言语出性格，寥寥数语巧妙而自然地塑造出讲话人热情开朗、活泼可爱的性格，一下子拉近了她与听众的距离，让人产生了亲近感，有兴趣倾听她的讲话。

不过有时候听众对你不仅仅是"陌生人"那么简单的隔膜感，而是打从开始就以你为敌。那你就要多费些心思了，这一点我们可以从一些历史上伟大的演说家那里取点"经"，学习他们是怎么巧言化解的。

在奴隶制还未被废除之前，伊利诺伊州南部的人民野蛮异常，在公共场所也要携带利刃和手枪。他们对于反对奴隶制度的人们非常愤恨，因此他们和那些从肯特基和密苏里两地渡河而来的畜养黑奴的恶霸们一同预备到林肯的演说现场进行捣乱。他们立下誓言，说林肯如在当地演讲，他们立刻把这个主张解放黑奴的人驱逐出场，并把他置于死地。

林肯早已听到了这一个恫吓，同时他也知道这种紧张的情势对他是十分危险的，但是他却说："只要他们肯给我一个略说几句话的机会，我就可以把他们说服了。"因此，他在开始演讲之前，亲自去和敌对的首领相见，并且和他热情握手。他说：

"南伊利诺伊州的同乡们，肯特基州的同乡们，密苏里的同乡们，听说在场的人群中有些人要和我为难，我实在不明白为什么要这样做？我也是一个和你们一样爽直的平民，那我为什么不能和你们一样有着发表意见的权利呢？好朋友，我并不是来干涉你们的人，我也是你们中间的一人。我生于肯特基州，长于伊利诺伊州，和你们一样是从艰苦的环境中挣扎出来的。我认识南伊利诺伊州的人和肯特基州的人，也想认识密苏里的人，因为我是他们中的一个，而他们也应该更清楚地认识我。他们如果真的认识了我，他们就会知道我并不是在做一些对他们不利的事情。同时他们也绝不再想对我做不利的事了。同乡们，请不要做这样愚蠢的事，让我们大家以朋友的态度来交往。我立志做一个世界上最谦和的人，绝不会去损害任何人，也绝不会干涉任何人。我现在诚恳对你们要求的，只是求你们允许我说几句话，并请你们静心细听。你们是勇敢而豪爽的，这个要求我想一定不至于遭到拒绝。现在让我们诚恳讨论这个严重的问题……"

当他说话的时候，面部的表情十分和善，声音也充满同情和恳切，所以这婉转而妥善的演说的开头，竟把将起的狂涛止息了；敌对的仇恨平息了。

大部分的人都变成了他的朋友，大部分的人都对他的演说大声喝彩。

当你不是那么受欢迎时，可以采取的消除反感的方法不止一两种，除了前面的事例之外，以下几种方法也有不错的效果：

1. 真诚的褒扬

听众是一个思维活跃的群体，他们会根据自己的立场对演说进行评价。如果你不尊重他们，他们也会不留余地地拒绝你。所以，如果听众有值得称道的表现，就应抓住时机予以肯定。做到这点就等于拿到了自由出入听众心理王国的通行证。当然，应有赞扬的技巧，否则只会适得其反。

2. 寻找共同点

讲话是人际交往与沟通的必要手段。如果你是应邀进行讲话，那么与听众建立起融洽的关系是很重要的。英国前首相麦克米伦，在德堡大学毕业典礼上，他的开场白就不失时机地抓住了听众的心："感谢各位对我的欢迎，虽然作为英国首相在这里发表演说的机会并不多，但我并不认为我是英国首相才被邀请。"然后，他又回顾了自己的家世，并告诉听众，他的母亲是出生在本州的美国人，而他的外祖父就是印第安纳州德堡大学的首届毕业生。

麦克米伦以其直系亲属的血缘情分，和属于开拓者时代的美国学校生活方式为话题所发表的讲话，其反响之热烈，自不待言，获得这一成功的重要因素无疑是巧妙地抓住了听众与讲话者双方的共同点。

3. 使听众感到平等

讲话者以怎样的态度与听众沟通，是十分敏感的问题。假如以一种有良好教养、拥有较高的社会地位或社会权力的态度和腔调对听众演讲，大都会受到排斥和反感，因为谁都不愿低人一等、听人训话。因此讲话者首先应采取低姿态使听众感到平等，才能与听众建立良好的沟通关系。诺漫·V. 比尔曾忠告一位演说缺少吸引力的传教士："诚恳是首要的条件。"

4. 让听众充当讲话中的角色

曾有一位演说者，想要向听众说明从踩刹车到车子完全停止之间的行车距离。这位演说者请了一位坐在最前排的听众站起来，协助他说明车距与车速的关系。被指定的听众，拿着卷尺站在台上，按照演说者的解释前进或后退。这种情况不但具体表现了演说者的观点，同时，也具有与听众沟通的桥梁作用。

这位演说者有效地运用了舞台表演的技巧，将听众吸引到演说的情景中去，让他们扮演其中某个角色，这对提高听众的兴趣是一种上乘之法。

　　有时为了达到让听众扮演一个角色的效果，可以向听众提问，或者让听众重复一遍演讲者的话，然后举手回答。《富有幽默感的作家与说话》的作者巴西·H.怀汀一再强调："要让听众直接参与表决，或让听众帮忙解决问题。"并且认为"要有正确的思维方向"。如果用演讲稿的方式去演说，那么听众的反应肯定不会很强烈，应把听众当作是你共同事业的合作伙伴。演说者如果做到听众参与，就能使他要表达的论点更加深入人心。

　　总的来说，消除与听众之间的隔阂，最根本的还是取决于你的态度。在演讲台上，最好采取低姿态发言，因为保证激起听众敌意的方法，是指出你自认在他们之上。当你讲话时，就如同你将自己展示在橱窗里，你个性中的每一面都一览无余，稍有自夸的表示便会功败垂成，而谦虚可以激发信心与善意，只要显出自己是真心诚意的，听众会喜欢你、尊敬你的。

第六章

如何说得更生动

在开场白上下功夫

开场白至关重要

好的开头是成功的一半。对于脱稿讲话来说，这句话也同样适用。关于开场白的重要性，许多名人做出过很好的忠告。俄国大文学家高尔基说："最难的是开场白，就是第一句话，如同在音乐上一样，全曲的音调，都是它给予的。平常得花好长时间去寻找。"高尔基的这段话包含两层意思：第一，开场白至关重要，它的作用如同音乐的"定调"，规定着全曲的基本面貌和基本风格。第二，适当的开场白不是那么容易找到的，它是长期积累和苦心斟酌钻研的结果。

奥地利的乐团指挥韦勒说："如同有'招眼'的东西一般，也有'招耳'的东西。首先，对于讲话者而言，有决定意义的是要获得听众的好感，引起他们的注意，开场白就是沟通讲话者和听众之间的第一座桥梁。"这位音乐家指出，讲话者的开场白必须"招耳"，即引起听众的注意，获得他们的好感。

获得听众好感的方式有多种。有的是在开头采用幽默语、形象语、发问语、警句、格言、典故、谚语等以引起听众的兴趣；有的语言朴实无华，但提出的是党和国家的重大问题；有的则充满激情，具有振奋人心的作用。作为讲话者，不管你准备了多少内容，最初的 30 秒都是最重要的。不要小看这短短的开场白，它将决定此后你所说的每一句话的命运。听众将根据你给他们留下的第一印象来决定是否耐心聆听你的讲话。因此只有独具匠心的开场白，以其新颖、奇趣、敏慧之美，才能给听众留下深刻印象，才能立即控制住场上气氛，在瞬间集中听众注意力，从而为接下来顺利讲话搭梯架桥。

1990 年，中央电视台邀请台湾影视艺术家凌峰先生参加春节联欢晚会。当时，很多人对他并不熟悉，而当他说完那妙不可言的开场白后，就一下子被观众认同了，并受到了热烈欢迎。他是这样说的："在下凌峰，我与文章不同，虽然我们都获得过'金钟奖'和'最佳男歌星'称号，但我却是因长得难看而出名。一般来讲，女观众对我的印象都不太好，她们认为我是'人比黄花瘦，脸比煤炭黑'。"此言一出，观众们便捧腹大笑。凌峰的这段开场白给观众们留下了其为人坦诚率真、风趣幽默的良好印象。后来，在"金话筒之夜"文艺晚会上，只见他满脸含笑地对观众说："很高兴又见到了你们，很不幸你们又见到了我。"话音一落，全场便发出热烈的掌声。就这样，凌峰的名字被很多人记住了。

这个例子充分说明了开场白的重要性，像凌峰这样用幽默风趣的开场白吸引观众的注意力无疑是一种很有效的开场方式，也正因为他的开场白说得好，一开始就抓住了观众的心，才能在接下来的发言中让观众认真倾听。瑞士作家温克勒说："开场白有两项任务，一是建立说者与听者之间的感情；二是如字意所示，打开场面，引入正题。"温克勒也强调开场白应建立说者和听者之间的认同情感，并为下面的讲话做好准备，而凌峰的开场白很成功地做到了第一点。

开场白没有固定的格式，可以千变万化，但无论是采用哪种方式作为开场，都应该注意不要一开始就说很多客套话，也不要故弄玄虚，而要提纲挈领地说明讲话的主旨。

鲁迅先生的演讲《少读中国书》的开头："今天我的讲题是，《少读中国书，做好事之徒》。我来学校是搞国学研究工作的，是担任中国文学史课的，论理应当劝大家埋首古籍，多读中国书。但我在北京，就看到有人主张读经，提倡复古。来这里后，又看到有些人抱着《古文观止》不放，这使我想到，与其多读中国书，不如少读中国书好。"这样的开头不仅交代了演讲的题目，而且点明了演讲的主题，起到了提纲挈领的作用。

曾有人指出：如果没有一个好的开头，想在整个讲话过程中始终做到轻松、巧妙地与听众交流思想是颇为困难的。通常那些有丰富的演讲经验和演讲学识的演讲家，都十分重视开场白。之所以这样说是因为：开场白是讲话者传递给听众的第一个同时也是最重要的信号，能否抓住听众的注意力，引发他们听的积极性和兴趣就取决于这最初发出的信息。所以，一个精彩的开场白不仅能为整场讲话添彩，也更容易让听众关注并认可接下来的讲话内容。但不管是哪种开场白的方法，使用时都应注意，要因人而异，因事而异，灵活掌握。

10 种精彩的开场白方式

大凡成功的讲话，都要在讲话稿开头下一番功夫，精心设计和安排好开头，力求开头像凤凰之冠那样俊美、漂亮。讲话稿开头的艺术性，概括地说，就是要求"镇场"。所谓"镇场"，是戏剧舞台艺术的专门术语。演戏要求镇场，而演戏的镇场，大多用演员上场的亮相来"镇"。讲话也要求镇场，即一开始就要求将全场听众的注意力吸引集中过来。讲话镇场虽然与讲话者上台的风度、情感、气质有一定的关系，但是主要的还是靠讲话稿开头本身的语言魅力。下面就为大家提供 10 种比较有特色的开场白方式：

一、设问式

设问式开头可以制造悬念，促使听众集中注意力，积极思考。如李大钊的《庶民的胜利》，一开始就提出几个问题："我们这几天庆祝战胜，实在是热闹得很。可是战胜的，究竟是哪一个？我们庆祝，究竟是为哪个庆祝？我老老实实讲一句话，这回战胜的，不是联合国的武力，是世界人类的新精神。"

对于设问式开头应注意：不能泛泛地为提问而提问，提问的信息要与对象、场合相适应，同时讲究内容的合理性和确定性，要使听众感到新鲜，出乎意料，能激发听众积极思考，而且与后面阐述的问题联系紧密，能巧妙自然地引出讲话的主体内容。

二、故事式

讲话者一开始就讲述新近发生的奇闻怪事、令人震惊的重大事件或生动感人的故事，这种开头，由于故事具有情节生动、内容新奇等特征，容易赢得听众的关注，并能造成悬念，激起听众的兴趣。如《救救孩子》是这样开头的：

去年 5 月 24 日的《新民晚报》，披露这样一个事实：一个四年级的小学生，每天要带父母亲手剥光了壳的鸡蛋到学校吃。有一次，父母忘了给鸡蛋剥壳，差点憋坏了孩子，他对着鸡蛋左瞅瞅，右看看，不知如何下口。结果只好原蛋带回。母亲问他怎么不吃鸡蛋，回答很简单：没有缝，叫我怎么吃！

通过这个小故事的开头，引起了听众的思考。然后，讲话者提出：我们是否也应该考虑一下孩子的社会生活能力究竟怎样？今后他们能自立于社会，贡献于社会吗？

一位选手在作《爱的真谛》演讲时的开头：

最近我从报上看到这样一则新闻：一个男青年和一个女青年正在热恋中，女青年突然患病瘫痪，然而男青年没有离开她，而是全力地帮她治病，下班后守在她身边为她喂饭吃药。他顶着社会和家人的压力，一守就是5年！就在女青年要做大手术的前一天，男青年找来了一个平板车，拉着女青年到民政局领取了结婚证，叮嘱她："放心做手术吧！不管结果如何，我都是你的丈夫……"

用故事触发兴趣的开头，要做到叙事简明扼要，短小精悍，不可啰嗦拖沓；事情本身要有针对性，耐人寻味，能触发听众兴趣；所叙事情要与中心论题密切相关。

三、提问式开场白

提问式开场白，也叫作"问题引路"。讲话者一上台便向听众提出一个问题，请听众和自己一起思考，这样可以立即引起听众的注意，使他们一边迅速思考，一边留神听。这样，不仅有利于集中听众的思想，而且有利于控制场面。同时，听众带着问题听讲，将大大增加他们对讲话内容认识的深度和广度。例如，在为财贸系统职工讲话时，有位讲话者是这样开场的：

我们财贸系统的同志，被人们戏称为"财神爷"。在座的各位，都是理财行家，做生意的能手。现在，请允许我向大家请教一个问题：（略停顿）美国十大金融财团的首富摩根，当年从欧洲到美洲时，穷得发慌，只得卖鸡蛋为生。他弄了三篓鸡蛋，可卖了三天，一个也没卖出去。第四天，他让妻子去卖。结果，不到半天全卖完了。请问，这是什么原因呢？

这样以生意之"磁"吸"财神爷"们的兴趣之"铁"，吸引力自然是很大的，一下抓住了听众的心。

四、悬念式开场白

悬念式开场白即开头讲一个内容生动精彩、情节扣人心弦的小故事，或举一个触目惊心的事实来制造悬念，使听众对故事发展和人物命运深表关切，从而仔细听下去。例如，李燕杰的演讲《爱情与美》是这样开头的：

前年四月，北京一家公司的团委书记要请我去做报告，我因教学任务紧张推脱不去。这个团委书记恳切地说："李老师，你一定要去，我们这次是请你去救命的。"我很纳闷……

听演讲者这么一说，听众也纳闷了：到底发生了什么事，非请他去不可？这样开场，吸引力极强。

五、"套近乎"式开场白

讲话者根据听众的社会阅历、兴趣爱好、思想感情等方面的特点，描述自己的一段生活经历或学习、工作中遇到的问题，甚至讲自己的烦恼、自己的喜乐，这样容易给听众一种亲切感，他们会自然而然地把你当成"自家人"而乐于听你讲。例如，北京航空学院的项金红同志一次应邀到某体育学校演讲。一开始，他就介绍自己学生时代曾是学院田径代表队的队员，使听众觉得他是同行，有共同语言，双方的感情距离一下子缩短了。

六、赞扬式开场白

人们一般都有爱听赞扬性语言的心理。说几句让听众感到舒服的话能收到奇功异效。讲话者在开场时说几句赞扬性的话，可尽快缩短与听众的感情距离。有位演讲者到宜城做演讲，开场白充满赞美之情：

有人问我，最喜欢哪一首民歌，我脱口而出：《回娘家》！是的，宜城是我的娘家，是我母亲的土地。我热爱宜城，赞美宜城，也许首先是因为我们宜城人外表美。古代宜城有个大文学家叫作宋玉的写道："天下之美在楚国，楚国之美者在臣里，臣里之美者为臣东邻之女，臣东邻之女，增之一分则太长，减之一分则太短，施朱则太赤，着粉则太白。"宋玉说，天下最美的人是我家东边隔壁的那位姑娘，那位姑娘增一分就太高了，减一分又太矮了；抹点胭脂太红了，擦点粉又太白了。各位老乡，你们说我们宜城人美不美呀？

听众热烈鼓掌。讲话者的巧妙引用，深情赞美，一下子抓住了听众的心。接着他讲宜城人心灵如何美，家乡如何可爱，一步步切入"爱家乡才能爱祖国，爱祖国就要投身改革大潮，创造有价值人生"的主题，收到了良好的效果。

七、新闻式开场白

新闻式开场白，即一开始就发布一条引人注目的新闻，以引起全场听众的高度注意。运用这种方式开场要注意两点：一是新闻必须真实可靠，切不可故弄玄虚，否则愚弄听众只能引起反感；二是事件要新，不能用早已过时的"旧闻"充当新闻。

八、道具式开场白

道具式开场白，也叫"实物式开场白"，即开讲之前先展示某件实物，给听众以新鲜、形象的感觉，引起他们的注意，从而一下子抓住听众的注意力，收到意想不到的效果。

有位演讲者向数百名教师作一场题为《做教育改革弄潮儿》的演讲。一上台就展示出齐白石的名画《雏鸡》，当听众的目光全被吸引过来之后，他才开口：

请看，在这幅一米多长、一尺来宽的画面上，齐白石先生只画了三只毛茸茸、憨乎乎的小鸡，其余处皆为空白，这些空白，给我们留下了无限广阔的想象和再创造的天地。看了这幅画，你是否会想到雏鸡会长成"一唱天下白"的雄鸡呢？你是否感到了春天的无限生命力呢？每个人可以根据自己的体验想象到很多很多——这就是"空白"的魅力。我们做教师的，能否都打破45分钟的"满堂灌"，也给学生留下一点回味和进行创造性思维的"空白"呢？

九、渲染式开场白

渲染式开场白，即运用形象的，充满情感的语言开头，创造适宜的环境气氛，引发听众相应的感情，进而吸引听众。如恩格斯在《马克思墓前的讲话》的开头：

3月14日下午两点二刻，当代最伟大的思想家停止思想了。让他一个人留在房里还不到两分钟，等我们再进去的时候，便发现他在安乐椅上安静地睡着了——但已经是永远地睡着了。

这个开场白，只用了短短的两句话，便把听众引进了一个庄严、肃穆、沉痛的气氛之中，激发了人们对革命导师的景仰、悼念之情，有利于听众接受讲话者接下来要展开的论述。

十、模仿式开场白

模仿某个人的语调或动作姿态，使听众产生丰富的回忆和想象，有助于推动讲话的深入。

大家还记得吗？ 1980 年 12 月，在香港伊丽莎白体育场举行的世界杯亚太区足球预选赛中，中国队 32 岁的足坛老将 18 号容志行，(模仿宋世雄的音调) 以其熟练、细腻、漂亮的盘带动作，晃过了对方三个后卫队员的拦截，在离对方禁区 15 米远处起脚射门！射出一个什么呢？ 射出了一个"足球热"。

由于演讲者模仿得惟妙惟肖，几乎能以假乱真，因此一下子就使全场的气氛活跃起来。但运用模仿式开场白，要注意内容、场所、听众心理、民族风格等因素的制约，要以讲为主，以演为辅，且适可而止，否则会使人觉得华而不实，产生逆反心理。

赋予名字一个说法

在讲话时，开场白往往是点睛之笔，对整场讲话起着至关重要的作用，有时甚至决定讲话成败。如果在讲话开始听众对你的话就不感兴趣，注意力一旦被分散，那后面再精彩的言论也将黯然失色。而很多人喜欢在开场的时候先作自我介绍，第一句一般都是先说自己的名字，但这个过程一点也不出彩，很难引起听众的兴趣，你的名字也会很快被忘记。所以，要想开场的自我介绍能吸引人，就要在说法上下功夫，不妨试着给自己的名字编上特殊的意义，让听众一听就能记住讲话者，而由这个特殊的名字对接下来的讲话内容也产生兴趣。

请看下面这个自我介绍：

大家好，我叫马三立。三立，立起来，被人打到；立起来，又被人打到；最后，又立了起来。但愿不要再被打到。我这个名字叫得不对，祸也因它，福也因它。

这是已故著名相声表演艺术家马三立先生做的自我介绍，他将自己的名字和亲身经历结合起来，既形象又容易记忆，加上淡淡的调侃语气，使听众们能够第一时间记住这个人，同时也成功地勾起了人们的好奇心，对他下面的讲话充满了期待。这就是在作自我介绍时，赋予名字一个说法的两点好处——宣传自己并吸引听众。

在公众前作自我介绍和在生活社交中的自我介绍就不一样了，不能像生活中的自我介绍那么简单，毕竟你站在一个舞台上，既然站上去了，就让大家对你多了解点，你也能把握机会宣传下。自我宣传其实是一件非常重要的事，就像马云走到哪都会讲他的阿里巴巴，牛根生走到哪都会讲他的蒙牛，俞敏洪走到哪都会讲他的新东方一样，我们要学会不断去宣传自己，让更多人知道你，并对你留下深刻印象。那么，对于一些不像那些成功人士一样有"成就"可随时宣讲的人来说，用什么话题开场能适用于任何场合呢？不妨在自己的名字上做文章，因为名字人人都有，赋予它一个特别的说法，不仅能让听众快速记住你，而且这个开场可以说处处皆可用。

下面三个范例也可以作为参考，希望对大家以后讲话时的开场白有帮助：

亲爱的朋友们，大家下午好！我叫张文魁，弓长张，文武双全的文，一举夺魁的魁，来自思贤教育，今天很高兴能在这里认识这么多优秀的朋友，那么祝福在座的每一位朋友，自从认识文魁这一刻起，家庭更幸福，事业更成功，文武双全，一举夺魁！谢谢！

我姓宋，名德让。有一次，一位朋友对我说，他最愿意和我做生意，我说为什么，他说，和你做生意不吃亏，因为你送（宋）了还得（德）让。

我姓巩，巩俐的巩，虽然和这位大明星是一个姓，我的艺术细胞却少得可怜。但我的名字却有骨气，红梅，它欺霜赛雪，傲寒迎春，自古以来就被文人雅士所喜爱，希望大家记住巩红梅。

受以上范例启示，相信你也能给自己的名字赋予一个有趣的说法，让听众印象深刻，很容易就记住你。

开场白的注意事项

开场白在整个讲话中具有极其重要的作用。尽管接下来的讲话过程可能听起来更令人紧张，但毋庸置疑，"良好的开端是成功的一半"。一个用心准备的开场白完全可以起到统领全篇的作用，集中注意力是开场白的关键任务，但它并不是开场白的唯一任务。下面是一个成功开场白的几项标准：

1. 开场白不能长。
2. 如果是稍长的讲话，应对讲话的主要内容作预告。

3. 许多人用过的套话不要再用。如"我没什么要讲的，只因为……""我很不会讲话，可是……"其他陈词滥调也不要用。假如实在想不到更精彩的开场白，就以单刀直入开场，如："我与大家谈谈……问题……""我赞成这样的说法，理由如下……""我不同意那样的观点，我有如下根据……"

4. 集中听众的注意力。至于使用什么样的方式由你自己决定。

5. 让听众了解你的讲话目的和内容。

6. 使听众对下文产生期待。以一个轻松的玩笑开头，然后进入陈述事实和理论论证部分，你的听众将在这一过程中逐渐放松并开始认真倾听你的讲话。

7. 与听众建立互动联系。激起听众的兴趣，尽量使他们放松，完全投入到你的讲话中。讲话不是催眠，你要主动与听众沟通。

8. 告诉听众你的讲话与他们之间的关系，使他们坚信会从你的讲话中受益。

9. 使听众意识到你是讲话的操控者，给予他们必要的指导。例如他们应该何时、怎样处理这些问题。对每个新问题进行必要的解释。

10. 与听众一道深入探讨可能存在的相关问题，赢得听众的支持。

开场白的方式多种多样，讲话者不应拘泥于某一种形式，而应充分利用自己的优势进行自我宣传。你还可以利用各种视觉和声觉辅助工具。你的话题不必受时间和空间的限制，你可以自由地在过去、现在和将来的时空中穿梭，当然这些应尽量控制在简短的篇幅中。你可以从任何相关的背景中提取资源。总之，针对不同的听众你可以相应调整、修剪自己的信息。

正如有各种各样吸引听众注意的开场方式，同样存在许多即使是那些有经验的讲话者也很容易陷入的误区，一旦陷入其中，你精心准备的讲话就会前功尽弃。以下就是几种不宜使用的开场方式：

1. 不要一开场就反复述说讲话题目和内容。这段时间是你激发听众兴趣、制造悬念的阶段；反复重复听众已知的内容显然不是明智之举。不要一开场就说，"今天我要跟大家探讨的问题是……"。

2. 不要一开场就拿腔作调，假装抱歉。你可能以为这可以使你表现得更加友善和谦逊，但事实往往事与愿违，听众会误以为你缺乏自信。

3. 不要对听众中的"重要"人物区别对待。没有必要说"谢谢主席先生、琼斯市长、史密斯议员……"诸如此类的话，只有在政党候选人面对非常尊贵的听众发表相当正式的讲话时才会使用这种过分客套的言辞。如果你想让听众注意他们中的某位人物，只需在讲话中直呼其名。

4. 不要解释你为何讲话。不要向听众解释你认为主席邀请你发表这番讲话的原因。记住，你站在台前便是最好的理由；你知道，听众也当然知道。即使非说不可，也应高度概括你的解释。记住"你的朋友不需解释，你的敌人不信解释"。

主题部分内容与形式俱佳

话题选择要亲民

主题选定了，还要收集相应的材料对之进行论证。材料的选择要通俗，要选择大多数人都知道的、听得懂的，而不能选择太生僻的、很少有人知道的。因为听众没有时间去验证或查找这些材料的内容或出处。因此，在准备讲稿之前首先要了解听众的情况：他们是什么人，他们的思想状况、文化程度、职业状况如何，他们所关心的问题是什么等等。掌握了听众的特征和心理，在此基础上恰当地选择材料、组织材料，是讲话成功的必要条件。

一般来说，听众怀有浓厚兴趣的话题大多为以下几种类型：

1. 满足求知欲的话题。人们对于陌生的知识领域或神秘不可及的事物总是充满了探索的欲望，于是便希望掌握各类知识，以解除内心的迷惘和困惑，充实和发展自己。这是人类生存的本能需要。

2. 刺激好奇心的话题。因为每个人都有好奇心。我们可以通过各类趣闻、名人轶事、突发事件、科学幻想、传奇经历等内容来激发听众的好奇心。

3. 与听众利益息息相关的话题。听众最关心的无非就是涉及自己切身利益的事情。因此，凡是关系到吃、穿、住、行等利益的讲话必定会受到欢迎。

不过，高明的讲话者更应该具备把间接涉及听众利益的话题转化为与听众直接相关的话题的能力。

4. 有关信仰和理想的话题。没有探索、没有理想、没有事业的生活将是一片空白。无论古今中外，人们都在为信仰和理想孜孜不倦地探索和追求着。

因此，有关这方面的话题定能投大众所好，尤其是青年听众。但讲话的内容必须要有针对性、现实性和生动性，否则将不能引起听众的共鸣，也达不到讲话的目的。

5. 娱乐性话题。平淡无奇或过于严肃沉闷的内容不可能取得讲话的成功。然而若能在讲话中穿插些幽默、笑话或娱乐性故事类的话题，就能在短时间内提起听众的兴趣，这种话题大多用于礼仪场合和出于交际的目的。

6. 满足群众优越感的话题。世界上几乎没有人不喜欢"奉承"。所以讲话者应尽量掌握听众的基本情况，以便在讲话过程中穿插一些能满足听众优越感的话题，以期收到良好的效果。

另外，演讲理论家邵守义先生也在《实用演讲学》一书中说道："演讲者只有了解听众，并从听众的实际出发，有针对性地选用材料，才能唤起听众的听讲热情和兴趣。"也就是说，选用有针对性的材料，讲话才能吸引听众。有针对性地选用材料，可以从以下几方面入手：

一、选用切合讲话场合的材料

2007 年 10 月 28 日晚，第四届鲁迅文学奖颁奖典礼，在鲁迅先生的故乡——浙江绍兴举行。中国作家协会主席铁凝有感而发，热情致辞。她在讲话中这样讲道：

一踏入鲁迅先生的故里，我就真切地感到文学的气场、气韵生动起来，鲜活起来。鲁迅先生的风骨，穿越了七十年的时光，在这个庄重而清明的夜晚，与我们每个人的内心相对。云山苍苍，江水泱泱；先生之风，山高水长……鲁迅文学奖给作家带来的，不仅是荣誉，更重要的是责任。我们相聚在这里，就是要继承鲁迅精神，积极履行人类灵魂工程师的职责。继承鲁迅精神，就是要像鲁迅先生那样心怀广大，致力于文学对社会现实的关怀与担当；就是要像鲁迅先生那样，用极富创造性的艺术形式表现一个时代、一个民族的精神品貌。因此，对我们来说，今天在这里，不是终点，而是一个新的起点。

铁凝首先真切地抒发了自己"一踏入鲁迅先生故里"的内心感受，接着诚挚地表达了对中国文学工作者的"满怀敬意"，继而深刻地阐述了文学的价值和鲁迅文学奖的意义，最后明确地指出了鲁迅文学奖给作家带来的"责任"，并号召大家"继承鲁迅精神"，从"新的起点"向前迈进。这些针对性很强的情理和事理材料，不仅切合了颁奖典礼的特定场合，而且突出了鲁迅文学奖的活动主题，给现场听众以思想的启发和精神的激励。

二、选用适合听众文化程度的材料

近年来，著名健康问题专家洪昭光教授通过举办健康讲座，面向全社会传播科学的健康知识，受到大众的欢迎和媒体的好评。在一次题为《生活方式与身心健康》的讲话中，他这样分析和讲解遗传的影响：

遗传的影响，我们简单用一个例子来说明一下。小白兔应该吃什么呢？本应该吃萝卜，但假如从今天开始，让小白兔改吃鸡蛋拌猪油，蛋黄胆固醇高，猪油是动物脂肪，四个礼拜胆固醇增高，八个礼拜动脉硬化，十二个礼拜小白兔个个得冠心病。下面，我们换用北京鸭子做实验，让它吃蛋黄拌猪油。结果很奇怪，鸭子怎么吃，天天吃，胆固醇不高，动脉也不硬化，更没有冠心病。唉！这就奇怪了，怎么兔子一喂就动脉硬化，鸭子就没有动脉硬化呢？道理很简单，兔子是兔子，鸭子是鸭子，遗传不同啊。人也是一样：为什么张三一吃肥肉，胆固醇高，动脉就硬化，冠心病也来了，而李四天天吃肥肉，他什么事也没有？因为张三是兔子型的，李四是鸭子型的，鸭子型就没事，你兔子型就倒霉，先天性倒霉。为什么有人你看他吃得并不多，可就减肥不下来，那个吃得很多的人却胖不了？就因为人类型不同，有些东西遗传100%，有些遗传是个倾向。高血压、冠心病是一个倾向。

洪教授明白，听他演讲的人，大多是关注健康的普通群众，如果他一味使用专业术语进行讲解，就会使讲座变得曲高和寡，索然无味。因此，他在讲解有关医学知识的时候，往往选用一些通俗易懂的事例材料加以说明。比如，上例中，在讲解得病的遗传影响时，他就有针对性地选用了小白兔和北京鸭的实验材料作为例子，从而深入浅出地说明了不同类型的人的遗传差异及其与疾病之间的关系，让听众懂得了高血压、冠心病的遗传倾向对人的致病影响。

三、选用符合听众心理需求的材料

2007年4月5日，著名作家毕淑敏为她的心理励志小说《女心理师》在北京市监狱举行首发式。期间，面对众多服刑人员，毕淑敏发表了题为《世界上最大的勇气莫过于相信奇迹》的讲话，她充满真情地讲道：

心理是身体的奇迹，人获得幸福与否取决于心理是否健康。曾有一家报社做过一个调查：谁是世界上最幸福的人。结果最幸福的人依次为：给孩子刚洗完澡，怀抱婴儿微笑的母亲；刚给病人做完手术，目送病人出院的医生；在沙滩上筑起沙堡，看着成果的孩子；写完小说最后一个字，画上句号的作家。看完这个消息，我有深入骨髓的悲哀。这些幸福，我几乎都曾拥有，但自己却感觉不到，是幸福盲。因此，幸福关键在于我们发现幸福的目光，在于内在的把握、永恒的感情和灵魂的拯救。

毕淑敏深知，这些服刑人员中的大多数人之所以被关在这里，是心理困惑和精神空虚导致他们最终触犯法律的，他们也渴望幸福的生活，却理解错了幸福的真正含义，为了所谓的"幸福"，他们不择手段，铤而走险，最终走上了犯罪道路。于是，她针对这些特殊听众的心理困惑和精神需求，首先揭示了心理健康的重要性，接着引述了一个关于"谁是世界上最幸福的人"的调查材料，然后表达了自己是"幸福盲"的真实感受，最后得出结论：幸福的关键在于"我们发现幸福的目光"，在于"内在的把握、永恒的感情和灵魂的拯救"。她的讲话，重在心理分析和精神引导，既让服刑人员感到亲切，又能促使他们自我反省，从而达到针对听众进行心理矫正的目的。

此外，还可以选用契合听众兴趣和爱好的材料或者能向听众指明行动方向、教给听众行动手段和方法的材料等。总之，有针对性地选用材料，时刻把听众的愿望、想法、利益放在心上，才能使讲话吸引听众。

论据运用，要有话说

大多数讲稿的本质就是一篇议论文，目的是为了证明某一个观点的正确性。所以，论据就成了讲稿中不可缺少的一部分，它是证明观点的材料。观点要让人信服就不能只是空洞地说教，需要有充分的论据来证明。

在议论文里，论据可以分成事实论据和道理论据两类。事实论据，包括有代表性的确凿的事例、史实以及统计数据等。"事实胜于雄辩"，典型的事实论据，常常是最有说服力的证明材料。因此，使用事实论据，让事实说话，是写议论文章常用的基本方法，也是我们写讲话稿时应该被提倡的方式。如《发问的精神》一文，一连用了四个事例：牛顿由对苹果落地发问而创立了"万有引力"学说，瓦特由对壶水滚沸发问而发明了蒸汽机，释迦牟尼对人生发问而创立了佛教，孔子好问则成为万世景仰的圣人。从而有力地证明了"发问精神的可贵"。

作为论据的事实可以是具体的，也可以是概括的。《想和做》中有这样一段论证："在学校里，有些同学很'用功'，可是不会用思想。……另外也有一些同学，他们能想出些省力的有效的方法，拿来记住动植物的分类，弄清历史的年代。"这里讲的"有些同学"，用的就是概括性的事实材料。有些不擅长写讲稿的人，尤其是某些处于领导位置的人，刚开始尝试自己写讲稿时，一旦写到论据部分，往往把自己的思路限制在名人事例的小天地里，其实只要可以证明论点，无论天下大事还是个人小事，都可以为你所用。

在使用事实论据证明某一个观点时，需要注意以下几个问题：

1. 要注意事实材料的真实性，切忌胡编乱造。比如有时候由于材料记忆不准，又懒得再去核实，就把爱迪生发明电灯的事情安到了爱因斯坦身上。但事实又是被大多数听众所熟知的，一听就知道你所说的是错误的，当然会影响到效果，而且还会使听众对你的学识产生怀疑。

2. 要注意材料与观点的一致性，特别是那些内涵丰富的材料，一定要仔细斟酌。有时，一件事情的成因是多方面的，如果把握不好其中诸多因素的细微差异，就会造成论据与观点脱节。比如有一个材料是这样的：一位平时工作很努力的科学家，在业余时间喜欢研究围棋。某天，他收到一个重要课题要做，但时间有限，为了完成工作，他舍弃了平时钻研围棋的习惯，将业余时间也利用上，终于在限定的时间内取得了成功。但有人却用这个事例来证明"勤奋才能成才"，这显然不符合人们的逻辑思考关系，因为这个材料的主旨应该是为了事业的成功，要舍得割爱。材料的主旨与观点须一致，才能证明观点的正确性。

3. 用事实论证还要注意对事实的分析论述。不能只是将事实一摆，事例讲完就不管了。只有经过分析论述，事例才能更有效地证明观点。有一篇题为《俭以养德》的讲稿，为了论证"勤俭可以养德"的观点，内容中用了鲁迅不换新棉裤、坚持睡硬铺板的事例，紧随这个事例的是作者的议论："是鲁迅连一条棉裤也穿不起吗？当然不是；是鲁迅吝啬吗？当然更不是。鲁迅对青年、对革命，向来是十分慷慨大方的。鲁迅深刻地领悟到这一真理：工作容易被安逸的生活所累。"这段分析，揭示了所用事例的意义内涵，使事例与自己要证明的观点更加自然、紧密地融为一体，事例的证明作用才更加突出、有力。

4. 事例的指向性和论证意识要鲜明突出。在讲述事例时，最好使用概述的方法，详细叙述能够证明观点的主要情节。在能够有力论证观点的前提下，事例的叙述，应是越简洁越好。但有些人讲事例时缺乏论证意识，洋洋洒洒地把事情的全部经过描述一遍，占用的篇幅很大，却不能有力地证明观点。所以这一点应该注意，论述之前一定要明白你想要表达什么观点，然后在事例中找相同的部分，重点讲这一部分，其他辅助的材料可以几句带过。

与事实论据不同，道理论据是指经过实践检验的精辟理论、名言警句、民间谚语及公认的事理等。这样的言论有着一定的权威性和可信度，引用为论据，也能有力地证明观点，增强说服力。比如，要论证"贵在坚持"这一观点时，可以引用先贤荀子的名言"锲而舍之，朽木不折；锲而不舍，金石可镂"，因为这句话和观点十分贴切，其证明效果就很好。

使用道理论据，要注意所引语言与论点的一致。有的人在写讲稿时因为引言得之不易，内容又好，不忍割爱，硬塞入文，反而破坏了讲稿内容的统一。比如有人在论证"骄傲使人落后"的观点时写道："马克·吐温曾说：'每一个人都是一个月亮，他的一个阴暗面，从来不让任何人看见。'这不正是说明了人不能骄傲的道理吗？"显然，这则名言的使用是不恰当的。马克·吐温的话，意思是人都有两面性，这与"骄傲"并不是一回事，不能被用来证明观点。使用道理论据还要注意保证引言的准确，引文的内容及出处都不能有误。论据不真实、不准确，必定会削弱讲话的说服力。

用好论据的前提，是讲话者头脑中丰富的知识储备。平时要关心时事，关注生活，多读书报，注意准确地积累材料。还要特别注意强化自己的联想能力，打开思路，调动自己全部的知识积累。联想的触角可以古今中外，无所不及。自己学到的东西、报刊电视上得到的信息、耳闻目睹的生活事件等，都可以拿来使用，成为证明论点的论据。

准备有"适合性"的演讲内容

有人凭着三寸不烂之舌，不用一兵一卒，便能连下数城；也有人单枪匹马，面对众多敌人，慷慨陈词，结果竟化敌为友；陈胜当年揭竿而起，振臂一呼，天下便能风云响应，这与他那次成功的讲话很有关系。

一场成功的讲话，是一枝神奇的枪，一柄锋利的剑。而一场成功的讲话，又首先取决于一篇成功的讲稿。

当然，正如"诗无定法"一样，讲稿的写作也可以说是没有定法的。但一般来讲，它又具有一定的规律可循。

首先，讲稿的内容、风格要根据对象、场合，甚至讲话者本人的一些特定情况而定。用美国演讲专家多利斯·莎劳夫的话讲，讲稿既要适合你，又要适合他，同时，还要适合当时的场合以及规定的时间。

所谓适合你，是说讲稿正好适合讲话人的年龄、身份、气质以及特长等。否则，不仅会影响讲话效果，有时甚至还会弄得人啼笑皆非。比如你是一个中学生，却偏偏要你去讲一篇老成持重、带有严重教训口吻的训词，你试试看？再比如你是一个饱经沧桑的成熟老练的长者，那么，你去对一群天真活泼的青年作一次情绪激昂、甚至不合自己身份的讲话，试试看？这效果是可想而知的。所以说，讲稿一般来讲要适合讲话的人。像 1987 年曲啸的题为《我的路》的讲话，就非常适合讲话者本人的身份、年龄、职业以及气质。这次讲话的听众是大学生和大学里的老师们。而讲话者本人就是一个大知识分子、大学教授。他把自己的遭遇以及当时知识分子的真实心态呈现在听众面前，深深地打动了听众。正因为这篇讲稿准确地把握住了讲话者本人的身份以及其他一些特定的情况。所以，它隽永动人，易于接受。

所谓适合他，适合场合，这也是写讲稿时必须考虑的。比如你对一批山区的老农讲话，却不断地使用着"是可忍，孰不可忍"之类的文言句子，那么，尽管你的拳头握得再紧，你的声音提得再高，但听众的表情恐怕也只能是一片茫然。而像日本著名作家川端康成在瑞典斯德哥尔摩接受诺贝尔文学奖时所作的题为《我在美国的日子》的演讲，尽管它文气十足，华丽优美，但由于它适合到会的听众，适合当时的环境，所以，被认为是一篇著名的讲稿。

总之，讲稿的写作，一定要注意它的适合性。只有适合"你"的，才能易于表达，表达得更好；只有适合"他"的，才容易被人接受，取得应有的、更好的效果。

其次，演讲稿一定要有充沛的感情，有较强的说服力。当然，二者在一篇讲稿中有时允许有所偏重。如果是一篇呼吁性的讲话，由于要考虑到它的煽动性，可以偏重于充沛的激情；如果是一篇辩论性的或是一篇劝导性的讲话，由于要以理服人，所以，它可以偏重逻辑性、论证性。不过，如果能将二者统一在一篇讲稿中，则更好。

像闻一多先生的《最后一次的讲演》，便可以说是一篇富于激情，具有很强说服力的讲稿。正因为如此，所以它不仅在讲演时获得了数次的热烈掌声，而且，它至今仍回响在我们的耳畔，使我们缅怀先烈，痛恨敌人，时时想起闻先生的音容笑貌。

再如荣获北京市首届大学生演讲比赛一等奖的题为《弱者，你的名字不是女人》（张红、粟红钢撰稿，周怡演讲）的讲稿，也是热情洋溢，充满着时代气息的。它抓住当时社会上人们普遍注意到的女同志的事业和家庭生活的矛盾，层层剖析，步步推进，充分表达了八十年代的女大学生的宏伟抱负和崭新的生活观。在这篇讲稿中，作者以极富煽动性的语言，大声疾呼：

前人经验也告诉我们，女性同样可以在事业上获得辉煌的成绩。只不过作为女性，要多付出三分汗水、五分勇气、十分毅力、十二分艰辛。（议论、笑、掌声）我们既要事业也要生活，这就注定我们将终生忙碌。

我们认了！（长时间热烈鼓掌）

……

让怯懦的人去徘徊吧，让俗人们去议论和怜悯吧。同伴们，我们走着自己的路！弱者，你的名字不是女人。（持久而热烈的掌声）

听着这样的演讲，有几个勇敢的女性不把巴掌拍破？听着这样的演讲，又有几个新时代的女大学生不为之激动呢？

富于激情、富于煽动性的讲稿在中外历史上是很多的。如美国总统亚伯拉罕·林肯于 1863 年 11 月 19 日所作的著名的《葛底斯堡演讲词》；像英国首相丘吉尔任职第三天所作的《热血、辛劳、眼泪和汗水》的演说即是。

当然，有的讲稿是以雄辩性、逻辑性、说服力著称的。比如美国独立战争与建国时期著名的政治家和演说家佩特瑞克·亨利的《诉诸武力》即是。

最后，讲稿的写作还要注意文学性、技巧性。为了使讲稿写得生动、形象，人们常常采用比喻的手法，甚至有时采用通篇用比的手法。例如一个夺得全校演讲比赛第一名的同学，在授奖大会上做的答谢讲话：

在一个很大很大的瓜田里，有无数的西瓜。它们有很多很多，有的很大，而且很好。有一个西瓜恰好生长在路边。于是，它很容易地便被人发现了。和瓜田的其他许多西瓜比起来，这个生长在路边的西瓜或许并不算最大，并不算最好。但是，由于它被人们发现了，所以，受到了一连串的称赞："好瓜！好瓜！"

那么，这个西瓜应该怎么想呢？如果它在颂扬声中飘飘然起来，真以为是"老子天下第一"，那么，它便是一个大傻瓜；如果它以为自己的长成完全是凭自己，而忘记了园丁们的培育、浇水、施肥，那么，它也是一个大傻瓜；如果它在颂扬声中能保持清醒，继续生长，力追同伴，那么，它才真正是一个"好瓜"。

我，就是这个生长在路边的、已被人发现的、很大的瓜田中的一只瓜。

这篇演说词虽然很短，但由于它全篇用比，所以，将演讲者本人的那种谦虚谨慎、再接再厉、不忘园丁、不忘同伴的思想和品德表达得恰如其分，非常完满，非常生动形象。

紧紧抓住听众的注意力

听众的注意力是有限的，无论讲话者怎样努力，总会遇到听众注意力不集中的情况，在这种情况下，讲话时需要想一些办法把听众的注意力吸引回来，否则就会导致讲话的失败、会场秩序的混乱。

1. 声东击西

所谓声东击西，兵法原文是这样写的："凡战，所谓声者，张虚声也。声东击西，声彼而击此，使敌人不知其所备。则我所攻者，乃敌人所不守也。"它的意思是：凡是作战，所谓声，就是虚张声势。在东边造声势而袭击的目标是西面，声在彼处而袭击此处，让敌人不知道如何来防备。这样我所攻击的地方，正是敌人没有防备的地方。

我没有踌躇过一刹那，去放弃那遵循格律的戏剧。地点的一致对我犹同牢狱般地可怕，情节的统一和时间的一致是我们想象力的沉重枷桎。我跳进了自由的空气里，这才感到自己（生长了）手和脚。现在，当我认识到那些讲究规格的先生们从他们的巢穴里给我硬加上了多少障碍时，以及看到有多少自由的心灵还被围困在里面时，如果我再不向他们宣战，再不每天寻找机会以击碎他们的堡垒的话，那么我的心就会愤怒得碎裂。

法国人当作典范的希腊戏剧，按其内在的性质和外表的状况来说，就是这样的：让一个法国侯爵效仿那位亚尔西巴德却比高乃依追随索福克勒斯要容易得多。

开始是一段敬神的插曲，然后悲剧庄严隆重地以完美的单纯朴素（风格），向人民大众展示出先辈们的各个惊魂动魄的故事情节，在各个心灵里激动起完整的、伟大的情操；因为悲剧本身就是完整的、伟大的。

在什么样的心灵里啊！

希腊的！我不能说明这意味着什么；但我感觉出这点，为简明起见，我在这里根据的是荷马、索福克勒斯及忒俄克里托斯：他们教会我去感觉。

同时，我还要连忙接着说：小小的法国人，你要拿希腊的盔甲来做什么？它对你来说是太大了，而且太重了。

因此所有的法国悲剧本身就变成了一些模仿的滑稽诗篇。不过那些先生们已从经验里知道，这些悲剧如同鞋子一样，只是大同小异，它们中间也有一些乏味的东西，特别是经常都在第四幕里，同时他们也知道这些又是如何按照格律来进行的。这方面我就无须多花笔墨了。我不知道是谁首先想出把这类政治历史大事题材搬上舞台的。对这方面有兴趣的人，可以借此机会写一篇论文，加以评论。这发明权的荣誉是否属于莎士比亚，我表示怀疑；总而言之，他把这类题材提高到至今似乎还是最高的程度，眼睛向上看（的人）是很少的，因此也很难设想，会有一个人能比他看得更远，或者甚至能比他攀登得更高。

莎士比亚，我的朋友啊！如果你还活在我们当中的话，那我只会和你生活在一起；我是多么想扮演配角匹拉德斯，假如你是俄来斯特的话！而不愿在德尔福斯庙宇里做一个受人尊敬的司祭长。

这是歌德纪念莎士比亚的一篇讲话，但是他在并没有直接说明莎士比亚的作品有多么的优秀，而是在说明另一些作品的特点，最后通过这样的比较来达到了赞美莎士比亚的目的。声东击西，是忽东忽西、即打即离的一种讲话方式。如果我们发现听众对于讲话的内容出现了疲劳和厌倦，在采用正攻的方法是无法取得预期效果的，这时可以采取佯攻，突然说些表面上和讲话没有太大关系的内容，反而能够引起听众的好奇心。

因此，在同听众的接触中，不要太急于暴露自己的意图，尽量将对方的注意力转移到他所感兴趣的地方，使对方逐渐对你产生信任感，从而建立起良好的关系，此时讲话才能取得良好的效果。

2. 投石问路

当讲话者不确定某个论点是否能吸引听众时就可采用这种方式。有时，为了了解对方心中的秘密，又不便直问，可以用"投石问路"的曲问法进行试探。对于一些敏感的人来说，问者便显得谨慎。投石问路之法也被广泛运用于审讯之中。

3. 欲正故谬

当讲话者发现听众走神时，可以故意将一些简单的问题说错，这样不但能吸引没有走神的听众们的互动，同时能将走神的听众的注意力吸引回来，还能够缓解讲话现场的气氛。当我们要启发听众思考某一个问题时，与其告诉他们答案或者给予提示，不如我们故意说一个错误的答案来刺激他们思考问题，因为当讲话者说错时，就能够激发他们思考的欲望，最显著的例子就是教师在教学时的提问方式，学生在上课时，注意力大约只能集中 20 到 30 分钟，但是通常教师都要讲上 45 分钟，这样就会导致学生在后半段的课程上经常会走神，作为教师，为了保证教学质量，就要想尽一切办法把学生的注意力吸引回来，这时欲正故谬就是一种非常有效的方法。

4. 欲实先虚

所谓欲实先虚，是讲话者为了让对方顺着自己的意愿来展开话题而设下的一个圈套。这是因为平铺直叙地将道理讲述出来，有时无法打动听众的心，不能吸引听众的注意力。这个时候，由讲话者先虚设一问，这一问乍一看与讲话内容毫无关系，或者让对方摸不清虚实，当对方给出答案后，这种答案其实正是讲话者想要的，这时讲话者就可以抓住对方的话柄，以此为契机，得出想要的结论。这时，听众也就无法否认自己刚才说过的话了，这样也就无法否认讲话者的结论了。通过这样的小圈套来达到讲话的目的。

语言要富有知识性

如果想要使自己的讲话语言充实动人，必须具有丰富的知识性。知识可以使讲话产生魅力，知识可以使讲话闪现光彩。那么，如何让讲话内容富有知识性呢？以下几点建议供大家参考：

1. 要有生活常识色彩

讲话要尽可能地掌握各种有用同时又极其普通的生活常识，如风俗人情、乡土言谈、趣闻轶事以及谚语笑话等。各种知识在讲话中恰当运用，常常可以取得很好的效果。比如，某位领导在公司的业绩考核大会上，看到下面的员工都神情紧张，就风趣地说："弦要拉紧才发音，但是，拉得太紧就会断。该紧的时候就紧，该松的时候就不要绷着了。"在这里，这位领导运用的是一个极其普通的常识，而说的却是一个极其深刻的道理。

2. 要有专业知识色彩

讲话需要常识，更需要专业知识。如果说常识能使讲话显得生动、活泼，那么，专业知识却可以使讲话深刻、严密。

鲁迅先生在中华艺术大学做过一次讲话，他从上古时代的绘画、19世纪的新派画，一直谈到当时中国美术界的各种倾向，充分显示了鲁迅先生的知多识广，使听众受益匪浅。讲话者的专业学识水平直接关系着听众获取的知识量（或称信息量）及其质量。领导者的专业知识丰富且有较深造诣，讲话就能深刻，给人以启迪。

3. 要符合逻辑

语言学家吕叔湘、朱德熙在《语法修辞讲话》中指出："要把我们的意思正确表达出来，第一件事情就是要讲逻辑，一般人所说的'这句话不通'，多半不是语法上有毛病，而是逻辑上有问题。"显然，逻辑是正确表达思想的首要条件。领导者要使自己的讲话概念准确，判断恰当，推理合理，论证有力，同样要依靠逻辑，使之符合逻辑要求。

1919年3月，列宁在乌里茨基宫发表演讲。当时听众中别有用心的人叫喊："自由在哪里？"列宁便用无可辩驳的逻辑痛斥叫喊者："自由是个好的字眼，到处都可碰到'自由'，贸易自由、买卖自由等等。孟什维克和社会革命党人这些无赖在每一种报纸上、每一次讲话中，都要这样或那样地引用'自由'这个美丽的字眼，但所有这些人都是把人民拉向后退的资本主义的骗子和奴才。"革命导师用简明而有条理的逻辑判断和论证，有力地批驳了敌人的攻击。

4. 要善于运用警句

警句，就是诗文、谈话中言简意深、语意新颖、警策动人的句子。在领导者讲话中适当使用警句，往往能够妙趣横生、余味无穷，使听众眼界大开，收到事半功倍的效果。

2003年9月，光明日报代表团赴美，为第一套全方位展现300万在美华人当代生活的大型纪实文学丛书举行首发式，光明日报记者、著名女作家韩小蕙作的《且听他们的慷慨悲歌》的讲话中有这么一段话：

500多年前，中国明朝有一位著名的清官、忠臣，名叫于谦，他曾留下一首在中国妇孺皆知的诗，叫作《石灰吟》："千锤万凿出深山，烈火焚烧若等闲。粉身碎骨浑不怕，要留清白在人间。"我觉得华人在美的创业路程，就是"千锤万凿"，就是"烈火焚身"。同时，也有许多先驱者"粉身碎骨"，为后人铺下了越来越坚实的路。

讲话中巧妙地运用了于谦的诗，具体形象地表现了华人在美国创业道路上的不畏艰难、勇于拼搏的精神，同时充分地向听众展示了自己的文化底蕴和文学素养。

结尾要有力，引人深思

号召式结尾

俗话说"编筐编篓，重在收口；描龙画凤，难在点睛。"讲话的结尾，就是讲话的"收口""点睛"。美国作家约翰·沃尔夫认为"演讲最好在听众兴趣未尽时戛然而止"。其意就是说，最好在演讲达到高潮时果断"刹车"，以此来强化给听众的最佳印象。

拿破仑说过："兵家成败决定最后五分钟。"我们同样可以说，讲话的成败在相当程度上取决于讲话的结尾。这是因为，如果讲话者设计和安排的讲话开头和高潮精彩，再加上有一个出人意料、耐人寻味的好结尾，那么，就如同锦上添花，会给听众带来一种精神上的愉快和满足。相反，如果讲话者设计和安排的结尾没有新意而平凡无力，没有激起波澜而陈旧庸俗、索然无味，那就会使听众深感遗憾，失望而去。因此，讲话的结尾要比开头和主体部分要求更高，内容要更有深度，语言要更有力度，方法要更巧妙，效果要更耐人寻味。可见，讲话的结尾是走向成功的最后一步，它在整个讲话中起着不可忽视的重要作用。

好的结尾能揭示题旨，加深认识，给听众留下完整深刻的印象；能收拢全篇，使通篇浑然一体；能鼓动激情，促人深思，令人觉醒，能让听众在反复回味中受到教育和启发。所以，每位讲话者不仅要熟练地掌握讲话结尾的艺术技巧，而且要善于设计、安排出既符合内容要求，又符合讲话时境的新颖而又精彩的结尾，只有这样才能使自己的讲话取得全面成功。

讲话结尾的类型和方法，多种多样，不拘一格，讲话者可根据自己讲话的具体时间、地点、主题、听众及自己个性等因素，选择适合自己结束讲话的方法，使之有效地为讲话的思想和目的服务。归纳起来，常见的讲话结尾方式大体可以分为以下几种。

呼吁式结尾。如古希腊狄摩西尼的《斥腓力演说》是这样结尾的："即使所有民族同意忍受奴役，就在那个时候我们也要为自己而战斗。辞令的灵魂就是行动！行动！再行动！"这种结尾有利于号召听众愤然而起，具有强烈的鼓动色彩。

用提希望或发号的方式结尾。这种结尾是演讲者以慷慨激昂、扣人心弦的语言，对听众的理智和情感进行呼唤，或提出希望，或发出号召，或展示未来，以激起听众感情的波涛，使听众产生一种蓬勃向上的力量。如讲话稿《一位纪委书记的"小家"和"大家"》结尾就是用提希望的方式完成。

同志们，朋友们，我们正处在一个伟大变革的黄金时代，经济的发展，国家的富强，民族的振兴，需要全体人民的艰苦奋斗，特别是共产党人的模范带头作用。如果每一个共产党员都能正确处理好"小家"和"大家"的关系，严格地按党性原则要求自己，用党的纪律约束自己，用党旗下那神圣的誓言激励自己，那么我们党的形象将会更加光彩照人，我们党将会更加坚强伟大！

这种结尾的方式是讲话者用深刻的认识和独到的见解向听众提希望、发号召，能使听众精神为之一振，具有动人情、促人行的作用。

展望式结尾。如韩健在的《在失败面前挺起胸膛》讲话结尾为："我深知，我将来可能败得更惨，但我不怕，因为怕失败的人永远不会成功！"以展望未来结束演讲，使人憧憬，余韵深长。

结尾要简洁有力，余音绕梁。结尾是演讲内容的自然收束。言简意赅、余音绕梁的结尾能够使听众精神振奋，并促使听众不断地思考和回味；而松散疲沓、枯燥无味的结尾则只能使听众感到厌倦，并随着事过境迁而被遗忘。

评论式结尾

评论式结尾，是对前面的讲话内容作观点提炼，或者补充对核心事件或人物的评论，进而阐明意义、升华主旨。

恩格斯在 1883 年 3 月 17 日发表的《在马克思墓前的讲话》，结尾就让人永生难忘：正因为这样，所以马克思是当代最遭嫉恨和最受污蔑的人。各国政府——无论专制政府或共和政府——都驱逐他；资产者——无论保守派或极端民主派——都纷纷争先恐后地诽谤他、诅咒他。他对这一切毫不在意，把它们当作蛛丝一样轻轻抹去，只是在万分必要时才给予答复。现在他逝世了，在整个欧洲和美洲，从西伯利亚矿井到加利福尼亚，千百万革命战友无不对他表示尊敬、爱戴和悼念，而我敢大胆地说："他可能有过许多敌人，但未必有一个私敌。他的英名和事业将永垂不朽！"

这种讲话方式很值得人们回味。议论性、感叹性结尾，升华了感情，把听众的情绪调动到最高点，让人沉浸其中，自然回味无穷。

名言哲理式结尾

在所有的结尾方法中，如果你能找到合适的短句或诗句结尾，那是最理想不过的。它将产生最合适的风味以及庄严气氛，将可表现出你的独特风格，产生美的感受。如蒋昌健《性本善》的辩论总结陈词中这样结尾："谈到这里，我不由得想起一百多年前生活在柯尼斯堡的一位叫康德的老人说过的一句话：'这个世界唯有两样东西能让我们的心灵感到深深的震撼，一是我们头顶上灿烂的星空，一是我们内心崇高的道德法则。'"以名言警句作为演讲的结尾，内涵丰富，发人深省。

用哲理名言、警句作结尾。这种结尾方式，是通过引用名言、警句、谚语、格言、诗句等作为结尾，这样不仅使语言表达得精炼、生动、富有节奏和韵律，而且还可以使讲话的内容丰富充实，具有启发性和感染力，同时还可以给人一种生动活泼、别开生面之感。如讲话稿《谈毅力》的结尾：

毅力是攀登智慧高峰的手杖；毅力是漂越苦海的舟楫，毅力是理想的春雨催出的鲜花。朋友，或许你正在向成功努力，那么，运用你的毅力吧。这法宝可以推动你不断地前进，可以扶持你度过一切苦难。记住："顽强的毅力可以征服世界上任何一座高峰！（狄更斯语）"

世界扶轮社社长哈里·劳德先生以这种方式结束他的演说："各位回国之后，你们之中某些人会寄给我一张明信片。如果你不寄给我，我也会寄一张给你。你们一眼就可看出那是我寄去的，因为那上面没有贴邮票。但我会在上面写些东西：春去夏来，秋去冬来，万物枯荣都有它的道理。但有一件东西永远如朝露般清新，那就是我对你永远不变的爱意与感情。"

这首短诗很配合他演说的气势。因此，这段结尾对他来说，是极为合适的。

用名言式结尾，能给演讲者的思想提供有力的证明增加讲话的可信度，显得更加优美、含蓄，睿智大气，具有较强的说服力和鼓舞作用。

幽默式结尾

"余音绕梁，三日不绝"是讲话结尾追求的最佳效果。而在多种多样的讲话结束语中，幽默式结尾可算达到这种效果最好的一种。一个讲话者能在结尾时赢得笑声，不仅是自己讲话技巧十分成熟的表现，更能给本人和听众双方都留下愉快美好的回忆，也是讲话圆满结束的标志。那么，怎样才能做到幽默式结尾呢？

一、用幽默的语言来结束演讲

1. 造势

我国著名作家老舍先生是好幽默的。他在某市的一次讲话中，开头即说"我今天给大家谈六个问题"，接着，他按照第一、第二、第三、第四、第五的顺序，井井有条地谈下去。谈完第五个问题，他发现离散会的时间不多了，于是他提高嗓门，一本正经地说："第六，散会。"听众起初一愣，不久就欢快地鼓起掌来。

老舍在这里运用的就是一种"平地起波澜"的造势艺术，打破了正常的演讲内容，从而出乎听众的意料，收到了幽默的效果。

2. 省略

1985 年底，全国写作协会在深圳罗湖区举行年会。开幕式上，省、市各级有关领导论资排辈，逐一发言祝贺。轮到罗湖区党委书记发言时，开幕式已进行了很长时间。于是他这样说："首先，我代表罗湖区委和区政府，对各位专家学者表示热烈的欢迎。"掌声过后，稍事停顿，他又响亮地说："最后，我预祝大会圆满成功。我的话完了。"他以迅雷不及掩耳之势结束了讲话。

听众开始也是一愣，随后，即爆发出欢快的掌声。因为，从"首先"一下子跳到"最后"，中间省去了其次、第三、第四……这样的讲话，如天外来石，出人预料，达到了石破天惊的幽默效果，确实是风格独具，心裁别出。

3. 概括

某大学中文系一次毕业生茶话会，首先是系党总支书记讲话，三分钟的即兴讲话主要是向毕业生表示祝贺。然后是彭教授讲话，主题是希望同学们继续努力学习，还引用了列宁的名言。第三个讲话的潘教授朗诵了高尔基的《海燕》片段，以此勉励毕业生们学习海燕的精神。第四个讲话的系副主任希望同学们永远记住母校和老师们。紧接着，毕业生们欢迎王教授讲话。在毫无准备而又难以推辞的情况下，王教授站起来，先简单地回顾了数年来与同学们交往的几个难忘片段，最后一字一顿地说："前面几位给大家提出了殷切的希望，可我还是喜欢说他们说过的话。（笑声）第一，我要祝同学们胜利毕业！（笑声）第二，我希望同学们'学习、学习、再学习'。（笑声）第三，我希望同学们像海燕一样勇敢地搏击生活的风浪。（笑声、掌声）第四，我希望同学们不要忘记母校，不要忘记辛勤培育你们的老师们！"

在这里，王教授通过对前面四个人的讲话主题的简练概括，旧瓶装新酒，不落窠臼，结束了一次机智、风趣且具有个性特点的讲话。

二、借助道具产生幽默效果结束讲话

1. 对比

鲁迅先生在结束《在上海中华艺术大学的演讲》时说：

"以上是我近年来对于美术界观察所得几点意见。

"今天我带来一幅中国五千年文化的结晶，请大家欣赏欣赏。"

说着，他一手伸进长袍，把一卷纸慢慢从衣襟上方伸出，打开一看，原来是一幅病态丑陋的月份牌。顿时全场大笑。

鲁迅先生借助恰到好处的道具表演，与结束语形成鲜明的对比，极具幽默。不仅使演讲在欢快的气氛中结束，而且使听众在笑声中进一步品味先生讲话的深意。

2. 双关

在延安的一次演讲会上，当演讲快结束时，毛主席掏出一盒香烟，用手指在里面慢慢地摸，但掏了半天也不见掏出一支烟来，显然是抽光了。有关人员十分着急，因为毛主席烟瘾很大，于是有人立即动身去取烟。毛主席一边讲，一边继续摸着烟盒，好一会，他笑嘻嘻地掏出仅有的一支烟，夹在手指上举起来，对着大家说："最后一条！"

这个"最后一条"，毛主席的话是最后一个问题，又是最后一支烟。一语双关，妙趣横生，全场大笑，听众们的一点疲劳和倦意也在笑声中一扫而光了。

讲话的幽默式结尾方法是不胜枚举的。关键是讲话者要具有幽默感，并能在讲话中恰如其分地把握住讲话的气氛和听众的心态，才能使讲话结束语收到"余音绕梁，三日不绝"的效果。

祝福式结尾

诚挚的祝福本身就充满了打动人心的力量，最容易拨动听众的情感之弦，使之产生共鸣。所以，讲话最后用祝福语作为结尾，可以使讲话气氛变得欢乐愉快、热情洋溢，使听众在愉快中增加自豪感和荣誉感，而对于送出祝福的讲话人，当然也会心存好感，并因此认可你的讲话内容。如《在迎新茶话会上的演讲》的结尾：

最后，在春节即将到来之际，我借此机会向全市的父老兄弟、姐妹们拜个早年。祝老年人春节愉快、身体健康、寿比南山！祝中年人春节快乐、家庭幸福、事业成功！祝年轻人春节欢乐、爱情甜蜜、前程无量！祝大家年年幸福年年富，岁岁平安岁岁欢！谢谢大家！

人们一般都喜欢被赞美祝贺，因此，相互之间的赞颂成了人们交往的最好手段。通过这些赞颂的话，讲话氛围可以再次达到一个新高潮，讲者和听者的关系也会变得更融洽。但要注意演讲者在说这些赞颂的话时，不要过分的夸张和庸俗的捧场，否则听者就会认为你有哗众取宠之嫌。

最后，选用祝福式结尾还要注意：第一，发自内心，亲切动人。第二，注重场合，适度适情。第三，通俗易懂，简短明白。

总结式结尾

以总结归纳的方式结尾。这种结尾用极其精练的语言，对讲话内容和思想观点作一个高度概括性的总结，以起到突出中心、强化主题、首尾呼应、画龙点睛的作用。如讲话稿《永照华夏的太阳》的结尾：

我们是从哥白尼日心说中认识太阳的，我们又是从历史的迁徙中认识中国共产党的。八十年过去了，八十年斗转星移，日月变迁。太阳的辐射仍依托马列主义的热核放出它巨大的能量，从而去凝聚着属于它普照的民族和人民。月亮离不开地球，地球离不开太阳，人民离不开党。祖国的未来，中华的腾飞，需要中国共产党的领导，党就是永照华夏的太阳，也就是我们心中的太阳。

这个结尾高屋建瓴，总揽全篇巧妙地从自然界的太阳到华夏儿女心中的太阳的对比中，总结归纳出了"地球离不开太阳，人民离不开党"的结论。字里行间流露出对太阳的希望与向往，对共产党的歌颂与赞扬。给听众留下了深刻的印象。

讲话者往往有种错误的想法，认为自己要讲的观点在自己脑海中如水晶般清楚，因此听众也会同样清楚。事实上并不尽然，讲话者对自己的观点已经思考过相当长的时间了，但对听众来说这些观点却是全新的。它们就好像一把丢向听众的弹珠，有的可能落在听众身上，但绝大部分则零乱地掉在地上。听众只能"记住一大堆事情，但没有一样能够记得很清楚"。所以有必要在讲话结束时总结一下观点。

下面是芝加哥的一名交通经理的讲话结尾。他在这方面做得比较成功。

各位，简而言之，根据我们在自己后院操作这套信号系统的经验，根据我们在东部、西部、北部使用这套机器的经验，它操作简单，效果很好，再加上在一年之内它阻止撞车事件发生而节省的财力，我怀着最急切和最坦荡的心情建议：在我们的南方分公司立即采用这套机器。

他的成功之处在哪里？那就是我们可以不必听到他讲话的其余部分，就可以看到并感觉到那些内容。像这样的总结极为有效，不妨在实际运用中加以发挥。

创造一个动人的故事

选择合适的语气和文体

虽然摆脱了念稿，但讲话稿对于脱稿讲话来说也是很有必要的，它是为讲话服务的，是体现在书面上的讲话材料。在正式讲话之前，讲话稿就是讲话者练习的依据，根据讲话内容、目的的不同，讲话稿的形态也不同，一般有报导、有说明、有论辩、有答谢等。

总的来说，讲话稿有以下四种特征：

1. 内容上的现实性

脱稿讲话是为了说明某一个观点或表明一种态度的。所以在写讲话稿时，就要考虑这个观点和态度是否与现实生活紧密相关。其中讨论的文体应该是现实生活中存在的，并为人们所关心的问题。因此选用的材料也应该来自身边的生活或学习。还必须真实可信，能够证明你表达的观点是正确的。

2. 情感上的说服性

讲话的目的和作用就在于打动听众，听众接受讲话者所说的观点或表明的态度。作为这种具有特定目的的讲话稿，一定要具有说服力和感染力。很多著名的政治家都是很好的讲话者，他们往往借助自己出色的讲话，为自己的政治斗争铺路。

3. 特定情景性

不同的讲话场合有不同的讲话目的和态度，这就是讲话的情景，为讲话服务的讲话稿就要与这些特定情景相适应。所以在选择文体时，要把讲话情景考虑进去，比如校园讲话的听众是学生们，那么讲话稿应该写得有激情，符合学生们朝气蓬勃的心态。

4. 口语化

讲话稿的最终目的是用于讲话，所以，它是有声语言，是书面化的口语。因此，讲话稿要"上口""入耳"，要把较为正规严肃的书面语言转化为易听易明的口语，以便讲话。同时，讲话稿的语言应适应讲话人的讲话习惯，同讲话者的自然讲话节奏一致。

所以，在写讲话稿时要根据自己讲话的目的来确定讲话稿的文体。如果是在参加竞聘选举，就可以多加一些情感上的说服性，如果为了和听众亲切互动，就要适当多用一些口语化的说法。总之，不同的目的就要针对性地选择合适的文体，否则讲话效果会大打折扣。

写好讲话稿之后，应如何把讲话稿完美地演绎出来，就要考虑选择什么样的语气了。语气在和别人谈话中有着重要的作用，因为只要人们开口说话都离不开语气。在一句话中，不但要考虑如何遣词造句，还应考虑用怎样的语气表达，说话才准确、鲜明、生动。同一句话，说话语气不同，听众的接受程度也可能不同，有的人说话对方容易接受、愿意接受，有的人说话对方就不愿接受或者很难接受。甚至有时候不同的语气会产生相反的效果，比如，"对不起"三个字，如果用诚恳的语气说出来，更容易获得原谅，因为对方会认为你满怀歉意；如果用油腔滑调的语气说出来，就显得你的道歉没有诚意，对方即使表面上原谅你，心里可能还是存在不满。另外，语气傲慢者使人反感，语气谦卑者使人喜欢。所以，在脱稿讲话时，也要注意自己的语气。

讲话稿的感情色彩表现在辞章文采上，脱稿讲话的思想感情则表现在声音气息上。在讲话过程中，具体的感情色彩体现在语气中。语气的色彩不能随意涂抹，它体现的是语句内在的具体思想感情，是通过气息的变化表现出来的。一般来说，爱的感情气缓声柔；恨的感情气足声硬；喜的感情气满声高；悲的感情气沉声低；怒的感情气粗声重；惧的感情气提声疑；急的感情气短声促；冷的感情气少声平。所以说：正是感情的千变万化，才有气息的千姿百态，也才有了语气的千变万化。

所以，说话要充分表达自己的意思和情感，就要在语气的得体上下功夫。虽有"理直气壮"一说，但有理也要有礼，有理不在声高。有理再加上得体的语气，才会收到"情通理达"的效果。把握好说话语气的分寸，对任何人来说都是非常重要的。

当然，说话语气的运用要分对象、分场合、分时间。对于脱稿讲话来说，也是如此，不同的情况，要运用不同的语气，这其中的分寸，就需要说话者灵活掌握了。那么怎样才能够做到恰当地使用语气呢？可以从以下几方面入手：

首先，要因人而异。驾驭语气最重要的一条是语气要因人而异。语气能够影响听者的情绪和精神状态。语气适应于听众，才能同向引发，即喜悦的语气会引发对方的喜悦之情，愤怒的语气就会引发对方的愤怒之意；而语气不适应于听众时，则会异向引发，如生硬的语气会让对方产生不悦之感，埋怨的语气会引发出对方的满腹牢骚等等。

其次，要因地而异。不同的场合所适用的语气也不同，一般来说，讲话场面越大，越要注意适当提高声音，放慢语流速度，把握语势上扬的幅度，以突出重点。相反，讲话场面越小，越要注意适当降低声音，适当紧凑词语密度，并把握语势的下降趋向，追求自然。

最后，要因时而异。同样的一句话，在不同时候说，效果往往会大相径庭。抓住时机，恰到好处，运用适当的语气才能够产生正确的效果。

回味无穷的结束语

讲话的结尾，可以说是整场讲话的"点睛之笔"，其重要性与难把握性不言而喻。一种恰到好处的结尾方式，能使你的讲话完美"收官"，收到满意的效果。

这种结尾语尽而意不尽，意留在语外，留余味、泛余波，像撞钟一样余味袅袅，令人回味无穷。回味无穷的结束语好像秋天瑰丽的晚霞一样，收得俊美漂亮，并且伴有"渔舟唱晚"的娓娓之声，让听众流连忘返，久久回味。如讲话稿《人生的价值何在》的结尾：

我们的雷锋，在他短暂平凡的人生中，创造出了巨大的人生价值，给我们留下了无与伦比的精神财富，那么，亲爱的朋友们，在漫长而又短暂的人生之路上，我们将做些什么？创造些什么？留下些什么呢？

这个结尾采取对比和提问的手法，听后令人深思，发人深省，叫人不得不扪心自问，给听众留下了哲理性的思索和回味。

此外，还有一种方式，也可以在讲话结尾让人回味无穷，那就是在高潮处停止。这种结尾同样可以最大限度地调动起听众的内心感悟，让他们在无限回味中体会讲话的深意。在一次有关尼亚加拉大瀑布的讲话中，林肯是这么结尾的：

这使我们回忆起过去。当哥伦布首次发现这个大陆，当基督在十字架上受苦，当摩西领导以色列人通过红海，甚至当亚当首次自其造物者手中诞生时，那时候和现在一样，尼亚加拉瀑布早已在此地怒吼。已经绝种但其骨头塞满印第安土墩的巨人族，当年也曾以他们的眼睛凝视着尼亚加拉瀑布，正如我们今天一般。尼亚加拉瀑布与人类的远祖同期，但比第一位人类更久远。今天它仍和一万年以前一样声势浩大。早已死亡，而只有从骨头碎片才能证明它们曾经生存在这个世界上的史无前例的巨象，也曾经看过尼亚加拉瀑布。在这段漫长无比的时间里，这个瀑布从未静止过一分钟，从未干枯，从未冻上过，从未合眼，从未休息。

这段讲话结尾以回忆过往的形式，连用四个"当……"畅谈哥伦布、基督、摩西、亚当等的时代，彰显了尼亚加拉大瀑布的悠久历史，如滚滚春雷，气势不凡。最后，连着五个"从未……"在将讲话主题推向高潮的同时，突地戛然而止，但却余味未尽，给听众留下深刻的印象。可见，高潮处结尾是另一种形式的结束语，能使听众对讲话内容意犹未尽，反复回忆体味。

用纸笔策划一个故事

讲话在一定程度上就是讲故事，一场好的讲话往往离不开好的故事，那么，如何在脱稿讲话中讲好一个故事呢？众所周知，讲故事有五个要素，时间、地点、人物、经过、起因，每一个故事都应该包括这五项内容，才算表达清楚，时间的表述要注意开门见山，警示性地引起听众注意，地点的表述要尽快进入场景，这样才会突出你想表达的主题，人物的表述要有名有姓，有名有姓才显得真实，也方便听众理清思路，经过的表述应注意具体化、描述细节化，起因的表述相对不太重要，是对听众一个心理释放。

讲故事，最重要的是对经过的讲解，换句话说也就是重现场景，重现场景的一个技巧就是表达具体化、描述细节化，这才能使听众以一个一致性的画面进入情节，限制听众随意思考，你让他思考了，听众的反应就是不一致的，不一致在社会心理学中，就意味着心理互动的失败，心理互动失败，你就不能在讲话中达到最佳效果。

注意事项：

1.不要用模糊的概念。"可能是甲""可能乙""好像是1978年"等句子，模糊的概念会转移一部分的注意力，另外会使你故事的真实性下降，从而导致说服力下降。相比之下，直接确定为甲，或是直接说是1978年，故事则显得更有说服力。

2.不要用解释性的语言，尽量使用描述性的语言。比如在描述故事的天气时，说"那天因为天气很热，所以我穿得很少"，就不如"那天天气太热，我只穿了个短袖"，"因为台子有8米高，所以我站在上面发抖"，也不如"我站在8米高的台子上，双腿发抖"。

3.讲故事时，不要有谦虚的开场白，这样无疑会打击听众的信心，认为从你的讲话中学不到什么东西，而且你自己连这个自信也没有如何让听众有这个自信。

4.在讲故事之前，第一句话语的音语调语速，是非常关键的。如果第一句话较有力，那么首先会吸引听众的注意力，后面的故事陈述就会流畅得多，所以在讲话之前，要吸一口气稳一下自己的心神，然后再开始，不要慌慌张张的开始。

5.在讲一个事情时，尽量使用事实来侧面反衬，这样给听众的印象是生动的、形象的、记忆深刻的，如说害怕，说"事后发现衣服湿透了"，则更加真实形象。

6.避免使用抽象化的语言。如果你想陈述你的学习成绩，说"总是优秀"，是一个笼统概念，说"考试成绩不是第一，就是第二"，则更直接而且具体。

7.如果你想表达一种戏剧性的效果，你就应该使用原因倒置技巧。原因倒置往往是听众的恍然大悟，也可能是心理期待的骤然落空。这时笑声自然也就出来了。讲一个人最关键的是感情重现，喜欢一人，让大家都喜欢他，生气一人，让大家都生气他，只有做到了这一步，你才能算是有效地传递了这份信息。

在传递这份信息时，应注意四个原则：

1.用事例说话，用最典型的事例来突出你的思想。事例是别人不可反驳的，事例是论证性的，评论是阐述性的，所以真正起到作用的应是你讲话中的例子。

2.指名道姓原则，对任何一个人均应该冠以名字，这样有利于听众接受，瞎编一个名字也要比没有名字强。如果总是为了力求准确，一段话中有很多可能，这就大大地降低了阐述内容的说服力。

3. 用对方的语言来表达他的态度、他的特征。只有这样才会活灵活现地将他展现在听众的面前，也才能吸引听众的注意力。

4. 感情色彩。在表达一种感情时，用合适的词语来表达感觉，这样才更容易勾起听众的认同感。

最后，在表述时还需要注意的两个问题：一是围绕一个主题。一个故事只能有一个中心思想，所有的语言都是围绕这个中心展开的，写讲稿同样如此，一个讲稿只能有一个主题，主题太多，往往会分散听众的注意力。而且，在有限的篇幅里，主题多了，证明主题的论点就少了，本来整篇讲稿都是用来证明一个主题的，一旦主题增多，势必要占用篇幅，所以，多个主题的论点就比一个主题时少，也就没有全稿一个主题时论证充分了。另外，任何讲话都绝不要去背稿，背稿才会忘词，才会有做作感。当讲出来的话带有自己思想的痕迹时，才是最能感人的。

用真挚的感情讲出来

同一个故事，不同的人讲，听众的感受可能会不一样，这和讲故事的人所带的感情不同有一定关系。如果将自己置身事外，仅仅是把故事念出来；和进入角色，感情真挚地讲出来是完全不同的，相信更多人喜欢后者的方式。同样，脱稿讲话不仅要考虑到讲话的形式、内容以及内在的哲理对讲话效果的作用，还要考虑到讲话的对象是人，所以讲话要以情动人。需要讲话者用真挚的感情把话讲出来，而不是机械地重复稿子上的字句。因为听众也不喜欢听空洞、干巴的大道理。他们喜欢的是讲话者自己的真情实感。

那么，讲话者的真情实感从何而来呢？它不是凭空而来的，也不是故作姿态、逢场作戏，它来自实际生活，来自切身的感受。作为讲话者，要想打动听众，首先必须打动自己。只有通过感情才能发现对方、发现自己，从中找到共同的东西，产生心理"共振效应"。

1917 年 5 月 14 日，一次著名的讲话正在进行着。在演讲台上，一个身材矮壮的人正在慷慨陈词，他时而在讲台上来回走动，时而有力地挥动双臂，时而俯身，时而后仰，那激昂的声调，适当的动作，给人以无尽的感染力。

他就是俄国伟大的思想家、革命家，著名的演说家列宁。列宁的演讲可谓独树一帜。不仅演讲的内容结构严谨，论证清晰、有力，善于抓住关键，而且语言通俗易懂，生动形象，一针见血。最重要的是他在演讲中饱满的激情和内在的力量。对无产阶级革命必胜的信心，对敌人的蔑视，对人民的爱，是他的激情和力量的源泉。因而在演讲中，他总是那么热情洋溢、精神振奋。列宁的演讲，激情飞扬却没有丝毫的矫揉造作，也不以美丽的词藻来哗众取宠，不以无病呻吟来博取同情，而是以自己坚强的信念和执着的追求以及对是非功过的正确认识来激励、鼓舞群众，号召他们起来斗争。

脱稿讲话时感情真挚，才能打动人、感染人，有鼓动性。因此，在表达上注意感情色彩，把说理和抒情结合起来。既有冷静的分析，又有热情的鼓动，既有所怒，又有所喜，既有所憎，又有所爱。重要的是这种深厚动人的感情并不是"挤"出来的，而是发自肺腑，就像泉水喷涌而出。

美国的麦克阿瑟不仅是一位叱咤风云的军事统帅，而且还是一位富有激情的演讲家。他的几次著名的精彩演讲，都是饱含激情，使听众热泪盈眶、回味无穷。如在1951年，他的52年军事生涯之际，应邀在国会上发表的讲话中说道："我就要结束我52年的戎马生涯了。……我孩童时期的全部希望和梦想便实现了。……但我仍然记得那时军营中最流行的一首歌谣中的两句……"他饱含深情的演讲，博得了参议员和众议员们经久不息的雷鸣般的掌声，许多国会议员和在收音机、电视机前收听收看的听众与观众都热泪盈眶。

如果讲话华而不实，只追求外表漂亮，是难以使听众信服的；如果感情不真切，也难以使听众倾心，与之共鸣。有人说："在演讲和一切艺术活动中，唯真情，才能使人怒；唯真情，才能使人怜；唯真情，才能使人笑；唯真情，才能使人信服。"因此，在脱稿讲话时必须牢记这一点，唯有真挚的感情才能讲出动人心的话。

因为先有"动之以情"，才能"晓之以理"。所以讲话中的感情流露，必须真挚，最忌讳装腔作势。有些讲话内容，通篇慷慨激昂，一味地追求所谓高亢、铿锵，以为这就是"有情"，其实这只是另一种形式的平淡。另外还要注意，讲话中的体态语言要服从内容表达的需要，切忌过多过滥。有些脱稿讲话，因为没有稿子的束缚所以动作过多，喧宾夺主或举止不雅、造成失态，不仅降低了讲话的效果，也给听众留下矫揉造作的印象。

在有新意上做文章

老调新弹

法国的丹纳曾经说过："一切典型永远可以推陈出新，过去如此，将来也如此。"这句话同样适用于讲稿中，因为"喜新厌旧"是大多数人的通病，当一种形象或模式长期不变时，人们对它的兴趣就会逐渐降低，话语同样如此，一个道理总是被用同一个方式讲出来，听众就会厌烦，而老调新弹就是要我们从固定的模式中走出来，只要我们敢于和善于创新，就能使我们的言谈永葆生机和活力。

讲话也讲究"与时俱进"，需要创新，需要新的思维、新的模式，所以追求观点表达的创新是讲话者的重要任务。而创新并不是凭空臆想，而是要从"旧"的东西上挖掘出新的内容；旧，是新的基础，新的参考。这就像在市场经济中给商品换包装一样，同一种商品换一种新的包装，就给人耳目一新的感觉，增加商品的附加值，并激起消费者更强的购买欲望，比如大家最近些年来熟悉的月饼包装的更新换代。同样，在脱稿讲话时，把陈旧的观点道理"包装"一下，也可以让听众更容易接受。简单来说，还是那个词，老调新弹，在老旧的基础上说出新鲜的话题。

如联想集团总裁柳传志曾在讲话中说："联想集团培养人的第一个方法叫作'缝鞋垫'与'做西服'。"他的意思是培养一个战略型人才和培养一个优秀的裁缝有相同的道理，培养一个裁缝不能一开始就让他做出一件做工精良的西服，而是需要让他先学会缝鞋垫，鞋垫做熟练了再做短裤，然后学着做长裤、上衣，最后才能做出西服。培养人才也是这个道理，不能揠苗助长，操之过急，要一步一个台阶爬上去，这个并不新鲜的观点人人都懂。讲话者在这里把培养人才和培养裁缝类比，把培养人才的过程描绘为从缝鞋垫到做西服，用一个通俗而新颖的比喻给老观点披上了一件新外衣，内容是旧的，但形式是新的，可谓殊途同归，新意盎然。

除了"换包装"，还可以"破旧立新"，在旧的基础上树立新的内容。讲话中的破旧立新，就是在否定旧观点的基础上，提出与旧观点相反或相对的新观点，虽然破旧立新的难度和风险较大，但只要有实事求是的科学态度，有敢于将之说出来的勇气，就能收到震撼人心，甚至是一鸣惊人的效果。

如一位讲话者在《我们不愿做睡狮》中说："有人曾预言，中国是一头睡狮，就这样我们被人家当了一百年睡狮，我们也把自己当睡狮自我陶醉了一百年。狮子是百兽之王，但一头酣睡的狮子能称得上是百兽之王吗？一只睡而不醒的狮子，一个名义上的百兽之王，并不值得我们为之骄傲。如果我们为这样一个预言而陶醉，就好比陶醉于'爷爷说我们祖上曾经是富贵人家'一样，真是脆弱而又可怜。我们不要伟大的预言，我们只要强大的实力，我们不要做睡狮，只要我们觉醒着、前进着，就比做睡着的什么都强。"

别人的预言曾是我们骄傲的资本，但仔细分析起来，为一个过去的预言而陶醉或昏睡，于实际又有何益处呢？所以演讲者鲜明地提出"我们不愿做睡狮"的观点，犹如当头棒喝，既促人清醒，又激人奋发。

生活中有许多流传甚广的话，如民谣、俗语、谚语等等，但它们为人们所理解的内涵是相对固定的，如果讲话者能巧妙地借用这些老的形式，并加以"改装"，赋予它新的内涵，就能为我们在讲话中进行观点创新找到取之不竭的宝贵资源，而对于听众来说，则会使他们感到似曾相识但又侧重不同，只要讲话者能自圆其说且言之有理，就能在听众的认识上达成一种新的和谐。

除此之外，还有两种方式也属于老调新弹，用在讲话中同样可以达到让人耳目一新的感觉，那就是旧瓶装新酒和旧词反说。

旧瓶装新酒，是利用旧有的材料引申出新的、富有时代的意义。它是讲话当中非常重要的技巧，表面上看起来是旧瓶，平淡无奇，拾人牙慧——但是结尾往往出其不意，新意不断，令人眼前一亮。

比如，我们以前都听说过乌龟与兔子赛跑的故事，如果你再讲同样的故事，可能一点效果也没有。但是，你可以改编故事，就会讲得与众不同。比如乌龟和兔子在网上进行赛跑，乌龟和兔子在有河拦住的跑道进行赛跑，乌龟和兔子比赛偷菜，乌龟和兔子比赛溜冰等等，即使你讲一百次乌鱼和兔子赛跑的故事，你也要讲得不一样，讲得有新意思。这就是旧瓶装新酒，老调弹新意！

旧词反说，就是要学会逆向思维。它需要辩证地去思考。要求在讲话之前尽量考虑成熟，然后反其道而行之，就能起到出其不意的效果。比如，我们有句成语"掩耳盗铃"，是讽刺偷铃人"愚昧自欺"的心态的。但是我们可以反过来讲：我们就应该提倡"掩耳盗铃"的精神，当我们做一件事时，必须专注地去做，不要在乎别人的看法和闲言碎语！这里的"铃"就是我们人生的目标，我们在追求目标时就要有"掩耳盗铃"的精神——只有"掩耳盗铃"才能更加专注；只有"掩耳盗铃"才能全力以赴；只有"掩耳盗铃"才能不在乎别人的看法、不在乎别人的嘲笑，才能坚定我们前进的勇气。

总之，听众喜欢"喜新厌旧"，但是我们素材有限，无法总是吸收到新的资讯，所以老调新弹就是一种另类创新之举。只有创新之花才有永开不败的美丽，观点表述的创新是演讲生命力的源泉。掌握创新思维的方法，提出新颖而富有吸引力的观点，是讲话者水平和实力的真正体现。

让听众"身临其境"

细微之处见精神。与主题有关的细节如果能够描述得具体生动，会给人一种栩栩如生、身临其境的感觉，可以大大增强讲话的感染力。

一位参加过抗美援朝战争的志愿军战士，在某学校作以"教育下一代"为主题的讲话中，这样描述他的战友：

381号高地关系到整个战局的形势，夺下了就可以占据主动，痛歼敌人；夺不下，则有全军覆没的危险。因此，司令部下令要成立一支突击队进行首攻。

大家都积极报名，最后我们的团长担任这支突击队的队长。在发起攻击之前，团长亲自做了动员："同志们，你们是中国人民的骄傲。养兵千日，用兵一时，这次战役能不能成功，就看你们这百十号人了，别给咱中国人丢脸，是好汉还是孬种咱们战场上见。现在，我命令你们15分钟务必夺下381号高地。"

战斗打响了，团长端起冲锋枪，喊了声"跟我上"就一跃而起，冲在最前面，战士们也不甘示弱，呐喊着冲了上去。

敌人开始疯狂地扫射，炮弹和手榴弹不时在我们身边爆炸。战场上硝烟滚滚，喊杀声惊天动地，战士们机警地一边向上冲锋，一边寻找一切障碍物作掩护。但是，还是有人不幸中弹倒下了。

……

他只是简单地包扎了一下，便又继续匍匐前进。可是，又有一颗炮弹在他身边爆炸。他被巨大的爆炸声震得昏了过去。

等他醒过来的时候，他发现自己的小腹已经被炸开，肠子一大半都裸露在外面。可是，我们英勇的战士，随手在身边抓了一个钢盔，用手抓起沾满泥土和鲜血的肠子塞进肚子里，用钢盔卡住，再用子弹袋扎紧，就又挣扎着向前爬去。一米，两米，三米……

他实在没有力气了，便努力支撑着自己的身体，用尽最后一点力气端起冲锋枪，向着敌人的阵地扫射过去。在他牺牲前，他打完了枪里的30发子弹。

……

这激动人心、细致入微的讲述，让在场的每一个人都情绪激动，有些人已经悄悄啜泣起来，整个会场庄严、肃静，人们都在回味着战场上生与死的考验，回味着我们的志愿军战士视死如归的英雄气概。

这就是恰当的细节描述所带来的震撼性效果。要想打动你的听众，就应该带他们进入你所描述的意境，让他们仿佛置身其中，仿佛亲眼所见、亲耳所闻，这样的讲话才是真正的讲话。

化繁为简

现代的快节奏，要求讲话者的讲话要简短有力，化繁为简，而不是洋洋洒洒没完没了。如若那样，只会招来听众的反感。但有些人叙述一件事情，为了卖弄才华，极力地修饰他们的语句，用重复的形容词，或穿插些歇后语、俏皮话，甚至引用经典、名人语录，使人摸不清他在说些什么。

有些人在说话时，东拉西扯，缺少组织和系统，也使人有不知所云的感觉。如果你要提升自己的影响力，只要在说话时记住要说得简洁扼要就行了。在话未说出口时，先打好一个腹稿，然后再按照秩序一一说出来。

人们一般把冗长的讲话称为"马拉松式"的讲话,这种讲话往往空洞无物,占用别人大量时间;即便是言之有物,但冗长的时间也会让听众抓不住讲话重点,感到烦闷。所以,讲话人要注意讲话的场合,注意时间的掌握,在不宜多说的时候,要长话短说,而三言两语的讲话往往也能够收到很好的效果。

美国著名幽默作家、演讲家马克·吐温生平最头疼冗长的讲话。有一次,他在教堂里听牧师演讲,开始几分钟,他还听得津津有味,感觉讲得很有力量。准备在募捐时,将口袋里的钱悉数捐出。可是过了十分钟,牧师还没有讲完,他就改变了主意,决定给自己留下整元的钱,而只给牧师一些零钱。又过十分钟,牧师还未讲完,他就决定一分钱也不捐了。待牧师讲完,收款的盘子递到他面前时,马克·吐温非但没给钱,反而从盘子里拿出两元钱。

这篇趣闻对喜好长篇大论"马拉松式"讲话者是绝好的揶揄和讽刺。

讲话不仅要言之有物,还要言简意赅,化繁为简。在一般的情况下,没有必要滔滔不绝、长篇大论。简洁的话语常能让人有意犹未尽、余音绕梁之感。冗长而又索然无味的说话,不但无趣,还会让人觉得像老太婆的裹脚布,又臭又长,啰啰唆唆,使听者昏昏欲睡。

当讲话观点有高度概括性的时候,听众才容易记得住。常有人说:"今天的发言我就讲一个字,一个字讲了半个小时。"有的人说:"我就一句话,一句话讲了两个小时。"事实上,一个会议,一场讲话的内容,不要指望听众全记住,回去后能记住一个字、一句话就很不错了。针对这个概括性,举个例子来说明:

胡适在一次座谈会上说:"男人也要有三从四德。"顿时语惊四座,人们都在洗耳恭听。他进而解释说:"三从,就是太太出门要跟从,太太的话要服从,太太说错要盲从。"说罢,人们都笑起来。接着说:"四德是太太化妆要等得,太太发怒要忍得,太太生日要记得,太太花钱要舍得。"话音刚落,全场又大笑起来。

冗长的讲话是不会受欢迎的。如果结束语是用复杂的长句逐步展开的,那么最重要的结束语应该用短句,甚至可以用句子的一部分。

丘吉尔是英国历史上最著名的首相之一。他领导英国人民度过了战争的动乱灾难年代,引导英国走向辉煌。丘吉尔一生最后的一次讲话是在剑桥大学的一次毕业典礼上的讲话。

在上万名学生的注视下，丘吉尔在随从的陪同下走进了会场，挥挥手走向讲台。他脱下大衣交给随从，然后摘下帽子，默默地注视所有的听众。一分钟后，丘吉尔说了一句话："Never give up!（永不放弃）"说完后，丘吉尔穿上大衣，戴上帽子离开了会场。这时整个会场鸦雀无声，几秒钟后，掌声雷动。

"永不放弃"，这句话虽短，但浓缩了丘吉尔成功的根本原因。正是这种"永不放弃"的精神，丘吉尔领导英国在极端艰苦的情况下挺过了伦敦大轰炸，最终战胜德国赢得了"二战"的胜利。

总之，语言的高度概括会使你的讲话内容更加容易让人记住。高度概括性的语言不一定是名人才有的，我们也可以，把话说得精炼，高度概括，大家自然印象深刻，同时语言层次上一个新的高度。有一句话是这样说的："能把一句话说成十句话的人是语言的庸才，能把十句话说成一句话的人是语言的天才。"另外，还要提醒大家，高度概括的语言要让听众明白，而不是自造一些词而使听众不明白。

给讲话加点料

"料"，即"个性鲜明独特，与众不同"。讲话的"料"，体现在讲话者敢于打破常规，标新立异，独树一帜。讲话有"料"的人，不按常规的思维去思考问题，不按传统的观念去看待事物，他们的讲话立意新颖，角度独特，语言亦庄亦谐，表达灵动、张扬，充满了张力和磁性。显然，加了"料"的讲话，更具震撼力和吸引力，它会激活听众的思维，带给大家更多的回味和思考。那么，如何给你的讲话加点"料"呢？

一、欲抑先扬，"引君入瓮"

欲抑先扬，"引君入瓮"的目的在于让大家产生错觉，"诱导"大家的注意力固定在要表扬某人或某事上，然后突然向批评的方向转化，"期待"的落空使大家产生巨大的心理落差。这势必会带给大家更多的震撼。请看着名画家韩美林的一段讲话：

谁有权，谁钱多，谁就说了算。这就是没有文化的文化，用"没有文化"来干涉艺术，很可怕。也有的领导不错，很尊重艺术家。一次有一位领导同志，带了很多厂家，灯泡厂、钢铁厂的厂长来找我，说要让科学和艺术的两个翅膀结合起来。这位领导同志的想法很好，很正确，可是在审美上就有点问题了。我常说，一个人，他的世界观是正确的，但说不定他的艺术观会是落后的，甚至是反动的。这位领导总结得挺好，可下一句话我就听不下去了，他说，比如你画的猫头鹰，要是把两个眼睛挖了，放两个灯泡，我们不就结合了？（全场笑声）我当时就不客气了，就说干脆你把我的眼给我挖了吧。（全场大笑，鼓掌）

这是韩美林在《没有文化的文化是可怕的》讲话中的一段，他运用巧妙的构思，幽默诙谐的语言，欲抑先扬，"引君入瓮"。当讲到"也有的领导不错，很尊重艺术家。"这句话时，听众很自然就产生了思维定式：他要表扬尊重艺术家的领导了。可听到后边，大家发现演讲竟完全背离了大家的心理预期，没想到被演讲者"表扬"为尊重艺术家的领导竟会说出"比如你画的猫头鹰，要是把两个眼睛挖了，放两个灯泡，我们不就结合了？"这么一句令人啼笑皆非的话语来，这里，讲话者带给听众巨大的心理落差，大家在惊叹感慨之后自然忍俊不禁地发出会意的笑声：原来他是在善意地嘲讽那些"想法很好，很正确"，却没有文化、不懂艺术的一些领导。先对这样的领导予以表扬，将听众骗到"圈套"中，再揭示真相，这种方法自然加深了听众对他演讲主题的认识：没有文化的文化是可怕的。

如果演讲者不是以这种幽默诙谐的方式，而是一本正经，板着面孔地讲"没有文化的文化是可怕"这么一个大而严肃的话题，就很难吸引大家的注意力，也很难引发大家对问题的深入思考了。

二、暗示策略：寓理于事，不言自明

中国有句老话："只可意会，不可言传。"这句话一语道破很多无法用语言形容的景象和状况。很多时候就是这样，比如你看到一篇佳作，你被触动了，深深打动了，可是如果有人说，你写篇读后感吧，那你多半要没了兴致，提笔也写不出心中的感受。

不过"只可意会，不可言传"，毕竟只是一个托词，对于朋友家人问的一些问题不好回答了，可以用这句话搪塞过去。然而在公众场合，比如领导提问，记者采访或者像外交官一样代表国家形象去接受问答，这句托词就起不到作用。

如果对方问了一个让你非常棘手，不知如何回答的问题，该怎么办呢？

你不回答会显得你无知，若是回答又没有贴切的语言可以描述。这时候你可以针对提问讲一个事例，让对方认同其中包含的道理，然后将此道理应用于对方的提问，使答案不言自明。

如果能反被动为主动，让对方代替自己回答问题，可以说是人际应对中的较高境界了。我们可以针对对方的提问，举出一个类似的事例，反请对方说出其中的道理，然后回到最初的问题上，说明对方的观点正是问题的答案。一个回合下来，对方这个"系铃人"在我方的诱导下不知不觉又成了"解铃人"，使我方得以轻松地摆脱困境。

罗斯福第四次连任美国总统时，许多记者都抢着采访他，请他谈谈连任四次的感想。一位年轻记者破例得到罗斯福总统的接待。他没有正面回答青年记者提出的问题，而是先请他吃一块蛋糕。

记者获得殊荣，十分高兴，他很快便把蛋糕吃下去了。接着，总统又请他吃了一块。当他刚要开口请总统谈谈时，总统又请他吃第三块蛋糕。青年记者受宠若惊，肚子虽饱了，还是盛情难却，勉强吃了下去。

记者正在抹嘴之时，只见罗斯福总统微笑着对他说："请再吃一块吧！"

记者实在吃不下去了，便向总统申明。

罗斯福总统笑着对他说："不需要我再谈第四次连任的感想吧？刚才您已经亲身体验到了。"

罗斯福没有直接告诉记者自己的感受，而是让他通过连吃四块蛋糕的感受，体验自己连任四次总统的感想，可谓高明之极。

有的话不需要说得很明白，对于不好回答或者不方便说的话，不妨就打个比喻，或者推托一下，彼此也就明白，不会无趣地盘问下文了。

三、反弹琵琶，言此意彼

"反弹琵琶，言此意彼"就是说演讲表面上是在和一些名言或传统的观念唱反调，但实际上却言在此而意在彼，是在借"题"发挥，巧妙地阐述自己的观点。

世界上很多非常聪明并且受过高等教育的人，无法成功。就是因为他们从小就受到了错误的教育，他们养成了勤劳的"恶习"。很多人都记得爱迪生说的那句话吧：天才就是99%的汗水加上1%的灵感。并且被这句话误导了一生。勤勤恳恳的奋斗，最终却碌碌无为。其实，爱迪生是因为懒得去想他成功的真正原因，所以就编了这句话来误导我们。

这是阿里巴巴公司首席执行官马云先生精彩讲话《爱迪生欺骗了世界》的开头。这段讲话令人震惊，他简直是在颠覆人们心中的成功准则，可以说，很多人不但记得爱迪生说的那句话，而且是奉为真理的，讲话者如何敢如此妄言？于是，大家的注意力一下就集中到马云的讲话上，每个人都想知道他如何能自圆其说。讲话者列举了大量的事实来支撑他的观点，最后在结尾处点明：

懒不是傻懒，如果你想少干，就要想出懒的方法。要懒出风格，懒出境界！

这时听众恍然大悟，原来讲话者立意上要对爱迪生的名言反弹琵琶，是醉翁之意不在酒，他这样做只是想从一个全新的角度来谈论成功：成功需要多用心去思考，而不是一味地傻干、蛮干。这样一来，大家就由开头的好奇、反对，变得心服口服了。应该说，讲话者这样独出心裁，反弹琵琶，言此意彼，要比直接告诫大家"多思考、别傻干"要来得新奇、深刻得多，带给每个人的震撼自然也强烈得多。

四、大胆"错位"，奇思妙想

"大胆'错位'，奇思妙想"就是把本来不同类型的事或人联系在一起，因为超出常理，自然让人感到奇异和荒谬，而讲话在这奇异和荒谬中，又闪烁出理性和智慧的光芒。请看这段讲话：

他（阿Q）怎么求爱呢？他突然一天晚上就给吴妈跪下了，然后他说："吴妈吴妈，我要和你困觉！"哎呀，然后呢，吴妈就哭，要抹脖子上吊，然后大家就都认为阿Q干出了毫无人性、违反道德、不守规矩、伤天害理、不齿于人类的这种事情，阿Q没有写检讨因为他不识字，但是他表示了检讨之意，而且还赔了钱，把一年的工钱都给了吴妈，而吴妈却一直在那里哭、哭、哭。如果阿Q在语言文字的修辞上下点功夫，能够到咱们中文系上两节课，能来这儿听讲座，他就绝对不会用这种话了！如果他读过徐志摩的诗呢？那么他见到吴妈就会说："我是天空里一片云，偶尔投影在你的波心，你不必讶异，更无须欢喜，在转瞬间消灭了踪影。你我相逢在黑夜的海上，你有你的，我有我的，方向……"嘿，他可能就成功了！

这是著名作家王蒙为各大高校所作的讲话《语言的功能与陷阱》中的一

段，讲话题目学术味很浓，但讲话却被他"处理"得很像朋友间的"闲"聊，语言口语化，而且风趣幽默。这种"错位"已是让大家大吃一惊，而当他提出他那近乎"荒谬"的设想：要让目不识丁的阿Q用徐志摩的诗去向吴妈"表白"时，简直就更让人感觉是"驴唇不对马嘴"，可也就是这故意的再"错位"，却更令听众过"耳"不忘，大家在捧腹大笑中自然接受了讲话者的观点：语言是有功用的。显然，讲话者这段错位联想，却将道理讲得深入浅出，由此增加了讲话的"料"，使讲话更有吸引力，更受师生欢迎，毕竟，这不是在面对语言专家宣读学术论文。

这几位讲话者的讲话的确是各有各的精彩，但都有个共同点，那就是他们在讲话时，根据不同的场合和对象，有选择地加了点"料"，他们的讲话堪称是"加料"讲话的典范之作。

运用的时候还需要注意场合和分寸，否则可能弄巧成拙，贻笑大方。只有在"用法""用量"和"场合"上把握好，"加料"讲话才能让你的讲话取得成功。

在遣词造句上修辞

常用比喻

讲话稿既具有较强的逻辑性，也具有一定的艺术性，对语言艺术有较高的要求，所以运用一定的修辞手法是讲话稿中不可缺少的。无论是何种场合，如果想借题发挥的话，比喻绝对是个好方法，因为比喻有本体和喻体两种，我们可以借喻体发挥本体，如此一来效果绝对很好。而且比喻是用某个有类似点的事物来比拟想要说的某一事物，一般是拿具体的、浅显的、熟知的事物来说明或描述抽象的、深奥的、生疏的事物，所以会使讲话更加鲜明生动。

春秋时期的大教育家孔子，有个弟子叫子路。子路开始不大重视学习，孔子很想改变子路的这个缺点。

有一天，孔子对子路说："你有什么爱好？"

子路答："爱好长剑。"

孔子说："我不是问你这个，我是问你学习怎么样？"

子路毫不在乎地反问："学习也有好处吗？"

孔子说："一个国君，如果周围没有敢于劝谏的正直之臣，他在政策上就要失误。一个君子，如果没有能够给予他教益的朋友，他在品德上就会有失检点。驾驭烈性的马，不能放下手中的鞭子；操纵弓箭，绝不能离开矫正弓箭的工具。木头经过墨绳的规则加工，就能变直。人们经常听取别人的不同意见，就能变得非凡。如果你肯于学习，就能顺利成长。要想成为一个君子，不能不学习。"

子路虽然觉得老师讲得句句在理，但仍有点疑惑不解，也就打了一个比喻反问："南山上的竹子，不经加工自然直，砍伐下来做成箭，能够穿透犀牛皮做成的盔甲。这样看来，又何须学习？"

孔子借用子路的比喻，进一步开导他："话可不能这么说啊。用竹子削成的箭，虽说也能射穿物体，但不会是很锋利的。如果削去箭尾，插上羽毛，再装上箭头，就会射得远。如果把箭头再在磨刀石上加以磨砺，箭射入得不是会更深吗？"

这一番形象生动的教诲，终于打动了子路。他赶紧拜谢道："我一定牢记您的教诲。"

本来是比较枯燥的大道理，直接说给子路听，也许他会拒绝，孔子将道理蕴含到一系列贴切浅显的比喻中，一下子就深深抓住了子路的心，使他欣然接受。可见，对于一些抽象的、难以直接描述清楚的事物，比喻就是最好的表达方式，无论是平时交谈还是公众讲话，都可以用比喻来为语言增彩。

在进行脱稿讲话时也是这样，尤其是当说到一些听众不熟悉的题材时，便可多用比喻，用人们熟知的事物去形容他们所不知道的事物。深入浅出，能够把抽象的道理具体化,把概念的东西形象化,让听众听得入耳、听得明白。

在进行脱稿讲话时运用比喻，主要有以下四个功能：

1.化抽象为具体，彰显讲话的形象性

运用比喻，可以使抽象的事物具体化，再现一幅栩栩如生、生动形象的图画。

2.化深奥为浅显，体现讲话的通俗性

运用比喻，使深奥的理论浅显化，表述自然，语言直白，通俗易懂。

1935年秋，章乃器被聘为上海光华大学和沪江大学的教授，讲授"国际金融""中国财政"等课程。当讲到"金融"的含义时，章乃器用了非常形象的比喻："金是一种坚硬而固定的物质，融是融化流通的意思，金何以能融？这有赖于信用之火地燃烧，但有时烧得太猛了，'融化'了的金子沸腾洋溢，反而浇灭了信用之光，跟着'融化'的金也就冷却而冻结了，这就是信用过度膨胀，形成了恐慌的现象——就是所谓资产的冻结。'金融'的重要意义是要金钱'融化'流淌，顶顶要不得的就是呆滞冻结。"话音刚落，教室里就像开了锅似的，学生们一个个兴奋难抑。此后，每轮到章乃器上课，学生们均异常兴奋，听他讲课的学生也越来越多，常常连窗台上都坐满了人。

"金融"是经济学里难以用一两句话解释清楚的专业术语。章乃器教授先把"金融"拆开，解释其两个语素的含义，然后巧妙运用隐喻，把"信用"比作"火"妙解"金融"，揭示其含义，把深奥的理论浅显化，使学生轻松愉快地接受，不但通俗易懂，而且还幽默风趣。

3. 化平凡为神奇，展示讲话的创新性

运用比喻，使平凡的事情神奇化，令人耳目一新。2008 年中央台"赢在中国"第六场比赛，新东方教育集团总裁俞敏洪先生精彩点评，发表"树草理论"：

我们每一个人都需要自己的成长空间，我们人的生活方式有两种，第一种是像草一样的活着，你尽管活着，每年还在成长，但是你毕竟是一棵草，你吸收雨露阳光但是长不大，人们可以踩过你，但是人们不会因为你的痛苦而痛苦，人们不会因为你被踩了而来怜悯你，因为人们本身就没有看到你。

所以，我们每一个人都应该选择第二种活着的方式——像树一样活着，像树一样成长。即使我们现在什么都不是，但是只要你有树的种子，即使被人踩到泥土中间，你依然能够吸收泥土的养分，自己成长起来，也许两年三年你长不大，但是十年二十年，你一定能长成参天大树！

俞敏洪先生的出色演讲源于他的思维敏捷、思想深刻，这里他用比喻说明两种人：第一种是像草一样活着，第二种是像树一样活着，像树一样成长，对比鲜明，富有创新性，告诫每一个同学做人的标准和成长的标准，激起了听众的感情共鸣，产生一股强大的神奇力量。

4. 变严肃为轻松，拉近讲话人与听众的关系

运用比喻，可以使严肃的气氛变得轻松，消除讲话者与听众之间的距离，又能增加讲话的幽默风趣，使讲话收到较好的效果。例如：

今天来了这么多人，无非是想看看吕叔湘是什么人，就像动物园新到了一只猴，大家都跑去看，看完之后，就觉得不过如此。

这是著名语言学家吕叔湘先生有一次到苏州作报告的开场白。他这一调侃式的自嘲，把自己比喻成动物园新到的一只猴，引来了全场的笑声，使原来严肃的会场顿时变得活跃起来。讲话者开头自我贬低，以谦虚、俏皮的态度调侃，起到拉近距离、调节气氛的作用。

作家王尔德说："第一个把花儿比作姑娘的是天才，第二个把花儿比作姑娘的是庸才，第三个把花儿比作姑娘的是蠢材。"运用比喻，来描绘事物或说明道理，要勇于当"第一个"，展示讲话的形象性、通俗性、创新性和风趣性，才能使你的讲话别开生面，不同凡响，才能会充满蓬勃的生机，更加流光溢彩，新意盎然。

比喻是神奇魔棒，它可以贯穿于你的整场讲话中。巧妙运用比喻，它能让你在讲话时挥洒自如，让你的讲话生动形象，酣畅淋漓。用好比喻这根魔棒，让它为我们的讲话增辉添彩。

巧用借代

借代修辞手法指的是不直说某人或某事物的名称，而是借和它密切相关的名称去代替，这种辞格也叫作"换名"。其中，用来代替的事物叫作借体，被代替的事物叫作本体。当本体是某个具体事物的时候，借体往往是本体最明显的特征或标志，而这种特征或标志就是讲话人想要表达的语义重点，也应该是听众需要认真体会的重点。当本体是抽象事物的时候，借体通常会是有形可感的具体事物，这种方式不仅解决了讲话者对抽象事物难以解说清楚的难题，还能将无形托以具体，让听众对本体有了感性的认识，更容易理解讲话内容。

借代的形式简单说就是概念的替换，而换概念的主要功能有两个方面：一是称谓功能。借代就是换名，在脱稿讲话中，因为语境或内容的需要，讲话者不直接用本体事物，而是用与之相关的事物代替它。不管讲话者是出于什么目的，用了哪些方法构建借代文本，它最直观的形式还是改换称谓，所以说借代最基本的作用是称谓功能。老一代语言学家张志公先生把这一种语言表达方法叫作"改变一下名称或变换一个说法。"

二是描写功能。之所以有借代这一修辞手法，说明它有自己的积极作用，借代用替换概念的形式使被描述的事物更加形象生动，并以此引起听众的联想，让听众更容易感受事物本身的特征，这就是借代修辞的描写功能。

一般来说，借代的方式主要有以下三种：

一、特征代本体

指的是用借体的特征、标志去代替本体事物的名称。例如：

（1）风筝花花绿绿，各式各样，有"老鹰"，有"鹦鹉"，有"仙鹤"，有"蜈蚣"……

（2）"原来你家小栓碰到了这样的好运气了。这病自然一定全好；怪不得老栓整天笑着呢。"花白胡子一面说，一面走到康大叔面前。（鲁迅《药》）

二、专名代本体

是指用具有典型性的人或事物的专用名称作借体代替本体事物的名称。例如：

（1）三个臭皮匠，合成一个诸葛亮。

（2）你们杀死一个李公朴，会有千百万个李公朴站起来！（闻一多《最后一次讲演》）

三、具体代抽象

指的是用具体事物代替相关的抽象事物。例如：

（1）在中国共产党的领导下，中国人民用小米加步枪，打垮了帝国主义在中国的统治。

（2）模范不模范，从西往东看，西头吃烙饼，东头喝稀饭。（赵树理《老杨同志》）

四、局部代整体

就是用事物具有代表性的一部分代替本体事物。例如：

（1）几年来的文治武力，在我早如幼小时候所读过的"子曰诗云"一般，背不上半句了。（鲁迅《一件小事》）

（2）不拿群众一针一线，是三大纪律八项注意中的一条。

最后要注意的是，运用借代这种修辞方法，被用来借代的事物必须具有明显的代表性，最好是众所周知的事物，在一些场合能使听众清楚地知道你所指的事物是什么。另外，还要注意借代和比喻的区别，借代和比喻从表面上看，都是用乙事物替代甲事物，但两者是有区别的。比喻是由两个事物构成，借代是一个事物换名。比喻（除借喻外）本体、喻体都出现，借代是借体单独出现；比喻的本体和喻体是凭借两事物的恰似点结合，本体和喻体一定要有相似之处；借代的本体和借体之间可以毫无相似点，但一定要有相关性，它是凭借事物的特征和关系来代替的。

活用排比

排比是由三个或三个以上的意思密切相关、结构相似、语气一致的语句成串地表达相关或相连的内容的一种句式。这里需要指出，排比和对偶是有区别的，使用时应注意区分。对偶句限定为两个句子，排比可由三个或三个以上的词组或句子构成。对偶句要求上下句字数、结构均相同，而排比句只要求大体相同。对偶句可以表达相关或相反的意思。排比句不能表示相反的意思。

另外，运用排比应注意两点：一是不要生拉硬凑，表达的内容中有并列的部分才能运用。只从形式考虑，有意铺排，则显得累赘，反而影响表达。二是排比句的分句或词组之间都有一定的逻辑顺序，不能颠倒和错乱。无论在叙事讲话、政论讲话还是抒情讲话中排比都被广泛运用。

美国黑人民权运动领袖马丁·路德·金博士在他著名的演讲《我有一个梦》里运用了一系列排比句式。以排山倒海之势，令人回肠荡气。

我有一个梦：有朝一日，这个国家会跃然而起，将立国之纲的真谛付诸实践。我们信奉一条不用证明的真理："人，生而平等。"

我有一个梦：有朝一日，即便是密西西比州，那里压迫和不平如同酷暑炽热的荒漠，也终将变成自由和公正的青春绿洲。

我有一个梦：有朝一日，我四个所爱的孩子将生活在一个不再以肤色深浅，而是以品格高低为论人准绳的国家里。

今天，我心怀一个梦。

我有一个梦：终有一天，在亚拉巴马州，黑人男孩黑人女孩和白人男孩白人女孩如同兄弟姐妹一般，手挽手，肩并肩，同乐而行……

这篇演讲让我们感到他的梦想由来已久，感到他的梦想正从心底喷涌。他没有直言要民权、要自由，而是设置了几个在他所营造的，充满民权、自由和博爱的国度里，人们相亲相爱、亲密无间的场面。以此来唤醒人们对民权和自由的强烈愿望与追求。

古往今来，许多伟大人物运用排比的修辞在演讲中取得了非凡的效果。如美国独立战争时期杰出的政治家帕特里克·亨利在 1775 年 3 月 23 日弗吉利亚州第 2 届议会上的演讲《不自由，毋宁死》中有这样一段：

但是，我们什么时候能变得更加强大呢？下周？还是明年？难道非要等到我们被彻底解除武装，家家户户都被英军占领的时候吗？难道优柔寡断、毫无作为能为我们积聚力量吗？难道我们能高枕而卧，要等到束手就擒之时才能找到退敌的良策吗？……况且，我们已没有选择余地了。即使我们那样没有骨气，想退出这场战争，也为时晚矣！我们已毫无退路，除非甘愿受屈辱和奴役！囚禁我们的锁链已经铸就，波士顿草原上已经响起镣铐的叮当响声。战争已不可避免——那么就让它来吧！我再重复一遍，就让它来吧！

帕特里克·亨利属于主战派，反对向英军妥协和解，主张武装独立。以上三个反问分句组成的排比句式，力量雄厚，如泉奔涌，是向议长先生以及其他主张和解的议员的有力反问，排比的运用使演讲的情感越来越烈，层层逼近，咄咄逼人，如晴天霹雳，令人震撼，雄辩地捍卫了自己的主张，为后面提出对于战争"那就让它来吧"的呐喊做了完美铺垫。

由此可见，在演讲中恰当运用排比手法，能表达强烈奔放的情感，增强语言的气势，突出意思的重心，从而把道理阐明得严密透彻；把感情抒发得淋漓尽致、慷慨激昂；把事件叙述得井然有序；把人物刻画得细致深刻。真可谓巧用排比，力可拔山、气可盖世！

另外，在讲话中，一些特别要强调的字词、一些特别要加固的感情可以采用重复的方法去表现。如罗斯福 1941 年 12 月 9 日在对日宣战后向全国广播的《炉边谈话》：

十年前，在 1931 年，日本入侵满洲国——未加警告；

在 1935 年，意大利入侵埃塞俄比亚——未加警告；

在 1938 年，希特勒侵占奥地利——未加警告；

在 1939 年，希特勒入侵捷克斯洛伐克——未加警告；

同样在 1939 年，希特勒入侵波兰——未加警告。

在 1940 年，希特勒入侵挪威、丹麦、荷兰、比利时和卢森堡——未加警告；

在 1940 年，意大利先后进攻法国和希腊——未加警告；

而今年，1941 年，轴心国家进攻南斯拉夫和希腊，控制了巴尔干——未加警告；还是 1941 年，希特勒入侵俄国——未加警告；

而现在日本进攻了马来西亚和泰国——以及合众国——未加警告。

这里罗斯福十次反复使用"未加警告"强烈地呼吁和唤醒人们，如果让法西斯继续放任，他们将更猖狂地践踏人类。

这里运用的是同一重复的方法。讲话中为了防止格式的雷同，可以采取详略变化的方式重复。如"我是一棵小草，一棵秋冬以后枯萎在路边的小草"。使用重复手法，可以加深感情的程度，加大语言的力度，强化讲话的节奏。

运用重复切忌走向啰嗦，比如这段讲话："朋友，刚才我所说的就是事实，活生生的事实，什么是事实呢？刚才我说的是事实。"

善用设问

连续设问，就是将设问、排比两种修辞手法组合起来，通过连续的设问形成排比结构，在一次次的提问中深入主题的方法。这种方法运用在讲话中，不但能使听众在开场就了解到讲话的主题，还能深深地吸引听众。

一、直接回答与间接回答的连续设问：两种不同的表达途径

直接回答，也就是讲话者对所设之问作直接解答，通过自问自答的方式来引出主题。

甘地在《论不合作》的讲话中，一开始就问："有关不合作不是一个问题，你们已经有所耳闻。那么，什么叫不合作？我们为什么要提出不合作？在此，我愿直陈己见。我们这个国家面临两个问题，首先是基拉法问题……"演讲者用"什么"和"为什么"两个设问，简明扼要地引出了下文要讲话的内容，显得干脆、严谨，直入主题。但这种方式，往往给人一种中规中矩的感觉，因而多在严肃话题和正式场合中使用。

同样是自问自答，如果讲话者有意引导话题、步步展开论述，这时候主题的引出则更偏重于"问"的一面，因此，这种方式就显得委婉、含蓄和间接一些。

美国独立运动时期著名的演讲家帕特里克·亨利在《诉诸武力》的演讲中，开场便说："请让我提出一个问题，如果那些武装阵容和装备，并不是要迫使我们屈从，那它们的目的又会是什么呢？各位先生还能给它找出别的理由吗？难道大不列颠在这片土地上还另有可攻之敌，才不得不向这里广集军队、大派舰船？不是吧，先生们，英国在这里并没有别的敌人。"

这里，帕特里克·亨利的开场白没有像甘地那样简单地提一个概念，而

是从英国殖民者在美国土地上广集军队、大派舰船的事实出发，进而追问其目的、理由，同时又做了否定的假设，这种偏重于"问"的连续设问，既对讲话主题做了间接的提示，又对后文唤醒人民进行"武力反抗"的内容做了铺垫。由于它是有具体参照物的设问，所以较之于直接回答的方式，这种设问更能吸引听众的注意力，技巧也更高明一些。

二、温婉与大气的连续设问：两种不同的表现风格

由于连续设问在语气传递上有较大发挥空间，就使得开场白能够呈现出不同的风格：设问中既可以娓娓而谈、侃侃而述；又可以像反诘那般步步紧逼，关键在于讲话者所依凭的讲话主题与内容。

一般来说，如果面对的是一个软性主题，如学术性、说服性讲话，最好多用亲切、温和的风格，在揭示讲话主题或梗概的同时，也容易拉近听众的心理距离。

如《欣赏与创作》的文学讲话中，茅盾这样开场：

美，有粗线条雄壮的，比方一棵大树；也有细线条纤巧的，比如盆景里的花草。但是大树或盆景，是否人人都觉得美？美之所以为美，是不是人人意见相同？对于同样的自然物或艺术品，是不是大家都有相同的感觉？对于同样的文艺作品，是不是大家都有相同的爱好？显然会有不相同的情况！

这一连串"是不是……"的设问，既引出了后面的否定性回答——"不相同"，又对演讲的核心内容——审美观做了提示，带领听众在思考中自然地进入主题，十分吸引听众。

反之，如果讲话者面对的是一个号召性或鼓动性的讲话，那就最好在开场白中选择大气磅礴的豪放风格，利用语调的轻重、节奏的抑扬来一番"连续轰炸"，尽其所能地给听众的感官以强烈刺激。

在反对法西斯的著名讲话《打倒战争》中，克拉拉·蔡特金一登场便问："劳动妇女们！你们的丈夫在哪儿？你们的儿子在何方？他们8个月都在战场上了！"又如，戴高乐在《反击法西斯的广播演说》中，劈头便讲："事情已经成定局了吗？希望已经没有了吗？失败已经确定了吗？没有！请你们相信我，我是根据对事实的充分了解说这话的！"

两位讲话者都是用自问自答的连续设问方式引出主题，而且都选择了运用简短的问句、口号来营造出声势和气概，使得"打倒战争"和"反击法西斯"的讲话，一开始就有如火山喷发一样，给听众一种强烈的感官冲击与心灵震动。

三、感性与理性的连续设问：两种不同的形式表述着眼点

讲话需要情和理的表达，而连续设问因其特有的连续性、多样性和灵活性，也就为情与理的表达提供了广阔的空间。

如果讲话者着眼于用情，就不妨用一气呵成的连续设问来引出主题，以增添讲话的感染力和冲击力。

在题为《让女性青春永驻》的讲话中，讲话者一开始就讲道：

全面点说，青春不只是水样年华，它更是一团火，是智慧的闪耀，是个性的宣扬。君不见，国际政治的空间里，撒切尔夫人、阿基诺夫人、甘地夫人，她们哪一个不是在花甲之年，依然呼风唤雨、魅力无穷？君不见，在戏剧电影表演的舞台上，演越剧的王文娟、演豫剧的常香玉、演歌剧的郭兰英、演电影的秦怡和田华，她们哪一个不是春风满面、笑洒人间？正是她们，向我们亮出了女性美好的一面！

这两处"君不见……"的叙述性设问，将一连串杰出女性的名字罗列出来，既凸显了"为女性加油"的讲话主题，又让听众感受到了勃勃的生机和逼人的英气，用连续设问为讲话增添了无穷的魅力。如果讲话内容偏重于说理，那么，在使用连续设问来引出主题的时候，就不妨更加注重选择逻辑性强的设问句式。

选用类比

类比修辞是基于两种不同事物或道理间的类似，借助喻体的特征，通过联想来对本体加以修饰描摹的一种文学修辞手法。在文学中，类比属于比喻范畴，与明喻、隐喻紧密相连，但又同中存异。类比是扩展式的比喻，所涉及的两事物间的相似点往往非止一端，各个对应，形成逻辑推理的前提。它形象生动，说理有力，选择和运用好类比，无疑对拓展讲话艺术的空间有重要意义。观察许多讲话实例，可以看到类比物的选择与运用大致有以下几种形式：

第一、选已得到广泛认同的类比物做常规类比

常规类比是指所选的类比物已经得到人们广泛认同的一种类比。例：在一次地方"春蕾工程"奖金筹措的动员会上，一个讲话者这样说：

我们大家都来看看摆在讲台上的这一盆鲜花，它颜色鲜艳、形态美丽，还发出诱人的香味，它的美丽和芳香是品种优良、土壤肥沃、阳光雨露滋润、花匠辛勤劳动共同造就的。虽然它们是优良品种，但如果一旦失去土壤、阳光雨露和人们的精心呵护，它们会有怎样的命运呢？它们将没有机会绽放，它们将过早地枯萎，它们将无法给予这个世界美丽与芬芳。现在在我们生活的这个地区，有一些学龄女童，她们聪明、美丽、渴望读书，她们就像这盆花一样可爱，但是贫困使她们失学。她们就像失去肥沃土壤、阳光雨露的花儿一样，不能正常地生长，她们聪慧的大脑不能用于学习，她们不能学到谋生的技能和建设国家的知识……让我们敞开爱心，为她们做一点捐赠吧！我们的捐赠将使她们获得受教育的机会，获得正常生长的环境！

以上这段讲话是选择在某些方面已经得到广泛认可的类比物来进行类比推理的。选择和运用这种类比物符合人们的思维习惯，因为是脱稿讲话，所以类比物的选择也是就地取材，选用了讲台上的一盆鲜花，用它来比喻学龄女童再恰当不过，正好和讲话内容、主题十分协调，听众也很容易接受。这种类比方式是演讲中使用频率较高、运用较为广泛、讲话者易于学习的种类型。但是，选择和运用这种类型的类比物，往往难以给人耳目一新的感觉，难以让人深思。

第二、选不具有广泛意义的类比物做特定而神似的类比

特定而神似的类比是讲话者用自己长期使用并对之产生感情的事物作类比物的一种类比。由于这种类比物不具有广泛意义，所以它是临时的选择和运用。这种类比物虽然不具有广泛意义和形似意义，但它是讲话者深切感怀的、具有特定意义和神似意义的类比。例：一个单位的领导，在新年初进行了一次讲话，向在本单位兢兢业业工作多年的同志表示诚挚的敬意。他选择了自己使用多年的一支钢笔作类比物。他说：

我多年使用的这支笔是世界著名品牌的笔。它造型优美、性能良好、坚固耐用、品质超群。它书写着我人生和事业的答卷。它是我人生和事业的助手，它的价值是无法用语言来表达、用数据来统计的。各位同仁们，多年来我和你们共事，和你们朝夕相处，和你们共患难共欢乐。我深深体会到你们和我的这支笔一样，你们品质超群、你们写下了中国建筑史上充满艰辛和辉煌的篇章，你们也是世界的著名品牌。多年来你们表现

出的职业道德水平无与伦比，你们在各自的岗位上创建了团结和奋进的风气，你们过硬的技术创造出一个个建筑史上的奇迹。是你们多年来出色的工作，使我们公司誉满全球，居同行业前茅。你们贡献的最大价值是你们树立的榜样。你们以实实在在的为人风范告诉世人：什么是正确的人生态度和敬业精神，什么是精湛的技术。在你们身上所体现出来的价值是无论怎样颂扬都难以穷尽的……我为你们感到荣耀，我向你们表示深深的感谢和诚挚的敬意！

以上这段讲话的类比物显然不具有广泛的意义，钢笔和员工显然也不具有明显的形似。但这个类比物是讲话者十分熟悉的，所以信手拈来，亲切、自然，这个类比物又是讲话者深切感怀的，讲话者比较成功地挖掘了钢笔和他的员工内在品质上的相似点，做出了神似的类比。这种类比的临时性和非广泛性，使之具有广泛意义的类比所没有的个性化色彩和新奇性效果，不失为一种上佳的类比方式。

第三、选看似风马牛不相及的类比物做奇妙的类比

所谓看似风马牛不相及的类比物，是指讲话者所选的类比物与他所要讲的本体事物似乎毫不相干。以这种类比物所作的推理，似乎不符合一般人们认识事物的基本思维习惯，似乎与讲话的情景格格不入。总之，看上去这个类比物和本体事物是风马牛不相及的。例如美国的威廉·穆尼在《演讲其实很容易》一书中，写到这样一个实例：

杰克逊地区是全州基础教育水平最高的学区之一，乔·伯伦特一家因此才搬到杰克逊地区来。但是该区新上任的教育官员，想在该地区推行特色教育，辞退了一些多年从事基础教育的教师。乔·伯伦特于是打电话给地方教育委员会，要求重新聘用这些教师。委员会告诉他，明天晚上要召开一次会议，他可以作为社区的代表在会上发言。于是乔·伯伦特精心准备了一篇讲话稿。讲话时，他以自己的鞋作类比物说："我的鞋对我有极大的作用。买它是一次明智的投资。它保护我的脚，穿着很舒服，它是专为走路而制作的……这鞋帮助我明白为什么必须重新聘用这些教师。首先，像这鞋一样，重新聘用这些教师也是一种明智的投资。因为这些教师都是经验丰富的高素质人才，高素质的教师就意味着对我们的孩子进行高素质的教育。第二，正像这鞋保护我的脚一样，这

些教师保护孩子们脱离无知，使他们不在求职上受歧视，不失业，摆脱低下的社会地位。这鞋给我舒适感。那么这些教师是如何给我们大家舒适安逸的呢？孩子们感到这些教师十分亲切，每当学生们有问题时可以找到教师。另外，这些教师与学生家长的关系也是很好的……最后一点，正像这鞋是为走路而制作的一样，在教育的全过程中，教师每日每时都在把我们的孩子转化为有知识、爱学习的人。而如何去学习，正是孩子们从基础教育中得到的最好的脑力锻炼。它将让我们的孩子走好人生道路……最后，还有一句话，今晚当诸位脱自己的鞋的时候，请记住这些教师……"

鞋子和教师属于不同的范畴。鞋的特点和作用与教师工作的特点和作用，看似是风马牛不相及的。但鞋子与教师在很大程度上是外在上的不相及，内在上的许多道理、原理和活动规律是相及的、相似的。乔·伯伦特正是明白了这一点，才会以鞋的作用来类比推出教师的作用。运用这种似乎与本体事物风马牛不相及的类比物形成的奇妙类比能使听众有新奇的感觉，从而留下深刻的印象，能使听众从中得到不同寻常的启迪。这种类比方式的运用给讲话艺术和类比方法开辟了空间，就看我们善于不善于发现运用这无穷无尽、奇妙无比的类比物了。

第四、选一个核心类比物做系列类比

演讲者在演讲时可以使用几个类比物做系列化的类比。有时几个类比物是不同的事物，分别做出各自的推理，用以说明不同的问题。有时几个类比物虽然是不同的事物，但构成的是一个系列推理，用以说明一个中心问题。这时演讲者就要选一个核心类比物，引发出其他类比物，围绕一个中心进行系列的类比推理。例如一个高年级同学在迎新会上讲话。

我们94级同学进校时，人文学院刚刚成立，我们是第一届本科生，我们在学校的位置只是小小的一个点，这个点在理工大学那么不起眼。95级的同学进校时，他们又是一个点，这个点和我们那个点连成了一条线，成为理工大学一道独特的人文风景线。96级同学进校时，他们的那个点和94级的点、95级的点组成了一个稳固的三角形，从此人文学院在理工大学有了一定的地位。现在你们97级的同学进校了，你们这个点和前面的三个点可以形成一个圆了，我们就是一个完满的、父母和兄弟姐妹俱

全的大家庭了，人文学院新的一页开始了！

讲话者选择了"点"作为核心类比物，引发出"线""三角形""圆"等系列类比物，围绕人文学院的发展壮大进行了系列类比和推理，自然、贴切，给人直观的感受和丰富的联想。

以上是几种常见的类比形式。在讲话实践中，虽然类比物的选择和运用有一定的规律，但作为一种认识活动，类比的空间是无比广阔的，所以类比物的选择与运用也是可以不断丰富和开拓的。

妙用引用

在你的讲话中如果能恰到好处地进行引用，不仅能增加讲话色彩，更能让你的听众如饮纯酿，回味无穷。古人说："运用之妙，存乎一心。"所以讲话者在讲话时应该学会运用引用，使讲话更显生动、形象，富有文采。

1. 引用名言。在讲话中适当引用名言，可以起到增强说服力的效果；同时，名言大多具有精粹凝练、寓意深刻的特点，运用在讲话中，往往有画龙点睛的功能。

1929年，胡适为中国公学即将毕业的同学做了题为《不要抛弃学问》的讲话，在讲话末尾，胡适说："易卜生说：'你的最大责任是把你这块材料铸造成器。'学问便是铸器的工具，抛弃了学问便是毁了你自己。再会了！你们的母校要眼睁睁地看你们十年之后能成什么器。"

胡适引用的这句名言可谓恰到好处——内容已经阐述完毕，打算收束，借名言为自己总结，并且易卜生是当时学生心目中的大名人。名言一出，听者为之一振，胡适也就顺理成章地谈出自己的结论了。想想，连胡适这样的人物，都需要借助名言来增加讲话效果，一般人的讲话就更需要了。

2. 引用故事。讲话者若能在讲话中插入与讲话主题相关的故事，能够使讲话生动形象、引人入胜。著名企业家罗伯特在做关于"创新"的讲话时，曾引用过一个经典故事：

让我们看看创新到底是什么。在19世纪末20世纪初，德国有一位著名的化学家名叫拜耳。一天早上，拜耳走进实验室，发现他的助手搭建了一个很有创意的由水力涡轮带动的机械设备。拜耳马上被这个复杂的机器吸引住了，他甚至把他的妻子从隔壁的房间叫过来，与他一同欣赏。他妻子来后，静静地看了机器很久，然后佩服地说："用它来做蛋黄酱可是太妙了！"这里有一个基本的区别需要说明：拜耳的助手是发明者，而拜耳的妻子却是创新者。

"创新"一词很多人都听过，但解释起来却相当困难。而借助了拜耳的故事后，讲话者虽然依旧没有从正面下定义，但听众却对"创新"一词有了更加清楚而形象的了解，同时也使得这次讲话意趣盎然。语言交流专家卢卡谢夫斯基说，一张图片可能相当于一千个单词，但是一个好的故事却抵得上一万张图片，真是一点儿不错。

3. 引用古诗文。在讲话中引用古诗文，不仅可以展现讲话者的文化底蕴，更能使讲话气势磅礴，富有感召力。

他山之石，可以攻玉。将自己平时积累的名言故事、诗词歌赋恰当地引入讲话中，不仅展示了自己渊博的学识，更使得讲话锦上添花，风采卓然。当然，引用应遵循"有关""有度"的原则，只有恰到好处地引用，才会让听众如饮纯酿，回味无穷。

多说大众话

适当引用俗语、歇后语

一个成功的讲话者能将艰涩难懂的道理讲得通俗易懂，能把众人熟知的故事讲得别样生动，这就是语言的魅力。要想让自己讲出来的话容易理解，让听众一听就清楚明白，就要求讲话者在语言上做文章。讲话时的语言要简洁明了，易于被听众接受，简单来说，就是讲话者要多说大众话，语言不要过于书面化，否则脱稿讲话就变得和念稿子一样，没有生机活力，失去了脱稿的意义。

那么，什么才是大众话？怎样说话才算通俗易懂呢？这里有个简单的方法，就是在讲话中适当引用一些俗语、歇后语，因为它们多是劳动人民的社会生活经验经过长期传播在群众口头流传的通俗而含义深刻的固定语句。将它们放在讲话当中，让听众觉得熟悉亲切，既容易理解又容易接受，而且这些语言精练、形象、生动而有美感，平时多积累并将它们运用到说话中，能为我们的语言增添不少色彩。

俗语是群众语言，它包括谚语、歇后语等。这些语言大都来自社会实践，是人民群众创造发明的，在讲话时巧妙地运用，能够大大增强语言的感染力，容易被群众理解和接受。

谚语富于哲理，句式匀称，音调和谐，具体通俗，形象生动，运用得当能大大增强表达效果。如要表达"思乡"的意思，可以说"在家千日好，出门一时难""树高千丈，落叶归根"之类的谚语。谚语经历了千百年的长期流传，千锤百炼，因此常为讲演和谈判者使用。

歇后语带有隐语的性质，它的前一部分是比喻或说出一个事物，后一部分才是要表达的真意。如你要表达"两面讨好"这个意思，可以说"快刀切豆腐——两面光"；如果你要表达"假情假意"的意思，可以引用"下雨出太阳——假晴（情）"这样的歇后语。这样会使你的话生动活泼，饶有趣味，给听众留下鲜明深刻的印象。

抗战胜利后的一天，上海一幢公寓里传出阵阵欢笑。原来，画家张大千要返回四川，他的学生们为他送行，梅兰芳等名流也到场作陪。宴会开始，大家请张大千讲几句话，他站起来说了一句："梅先生，你是君子，我是小人！"众宾客都愣住了，梅兰芳也不解其意，随后，张大千笑着朗声说："你是君子——动口；我是小人——动手！"满堂来宾，笑声不止，宴会气氛一下子活跃起来。

张大千简单的几句话取得如此好的效果，原因就在于他灵活运用了"君子动口不动手"这一俗语。可见，如果想要活跃现场气氛，巧妙化用俗语也是一种不错的选择。另外，由于俗语的流传性广，能拉近讲话人与听众的距离，显得亲切自然，使气氛更融洽。尤其是当听众是一些外国人，或者是一些风俗习惯不同于你的陌生人时，如果在讲话中能用上他们所熟知的俗语，那么，一定会赢得听众的好感并受到他们的欢迎。

由此可见，在讲话中巧妙地运用俗语可以调节气氛，增强语言的感染力，从而达到讲清道理、发表观点的目的。比如，运用俗语，入情入理，也很有表现力；运用歇后语，言简意赅，生动形象；运用寓意深刻、韵味隽永的顺口溜，也可产生新鲜、奇特、生动的感觉。所以，我们在日常生活中，应该有意识地多积累一些约定俗成的语句，这是为脱稿讲话积累素材的一条捷径。

为自己的演讲风格定位

在我们有意培养自己讲话能力的过程中，哪种讲话风格适合自己？如何得到验证？我们首先了解一下讲话风格有哪些类别，体现各种讲话风格的代表人物都是谁，便于我们模仿训练。

第一类：谈话型讲话风格

特点：音色自然朴实，语气亲切委婉，清新自然，不加雕饰；表情轻松随和，语意语境纯净、真诚、厚重，形象亲切，生动感人，动作与平时习惯无异，讲话者与听众拉家常似的漫谈。能够把复杂深奥的理论变为通俗易懂的话语。

第二类：激昂型讲话风格

特点：讲话者音域宽广，音色响亮，精神饱满，手势幅度较大，给人以奋发向上，朝气蓬勃的振奋感觉。体现澎湃宏阔，激越高昂，豪壮刚健，英武奔放的语言风格。

第三类：严谨型讲话风格

特点：讲话者语言经过严密而又谨慎的加工，逻辑性强，经常用口头语言进行重音、反复强调重要内容，并加以说明。演讲者无论站立还是端坐，肢体都会相对的稳定。这种讲话多运用于隆重场合。

第四类：绚丽型讲话风格

特点：讲话内容讲究浓墨重彩，辞藻华丽，内容厚重，形式多样；采用富有色彩的词语和多变的句式，注重表情、神态、手势，讲究口语表达的轻重缓急和抑扬顿挫，富有节奏感和音乐美，酣畅淋漓地发表自己的观点。在讲话中，喜欢旁征博引，纵横古今，引用大量的名言警句、轶闻趣事、典故史实，以及某些新鲜有趣的材料，这样讲话很受年轻人喜欢。在二十世纪九十年代，大学辩论会火爆时可以经常看到的。

第五类：幽默型讲话风格

特点：音调变化大，带有一定程度的戏剧味，语言生动形象，逗人发笑，手势动作轻捷灵活，面部表情富有戏剧色彩。

第六类：柔和型讲话风格

特点：嗓音圆润甜美，吐字清晰准确，亲切的微笑，柔和的眼神，体现轻柔委婉，纤秀清丽曲折生动的语言风格。一些具备天赋的女士在讲话时采用这种方式，效果是很好的。

以上六类演讲风格不是绝对泾渭分明，在我们的练习讲话时，可以借鉴各种类型，最终形成自己的讲话风格。

第七章

脱稿讲话的组织思路

4W 原则

明白什么场合

在组织思路的 4W 原则中，我们首先要弄清讲话场合。因为每个场合的性质不同，其讲话的内容也会不同。我们需要根据场合的性质，来准备脱稿讲话思路，这样才能在各种场合说好合适的话。在我们平时的生活中，常见的场合主要分为两种：一个是工作场合，另一个是社交场合。下面我们就来具体看看，在这两种场合上，我们应该怎么说：

在工作场合上，讲话者在脱稿汇报或者讲话的时候，表达上要做到话语简洁、重点突出、言简意赅。因为工作的时间是宝贵的，并且任务多，并且长篇大论的讲话也会让人身心疲惫，产生厌烦的心理，所以应简洁明了。在脱稿讲话的构思上你可以围绕"是什么、为什么、干什么、怎么干"来思考。比如说，在项目立项的会议上，你所申请的某个项目要想获得领导的批准，不妨这样说：

首先要说明这个项目是什么。简要阐述一下这个项目的内容，对于某些新观点和信息要着重讲解，如果有些是专用术语，在场人听不懂的时候，可以用比较大众化的语言来解释，要确保你讲的东西能让在场每一个人都明白。

其次，告诉对方为什么要做这个项目。换句话说，就是做好这个项目有何意义。一般讲话者可以分三个层次来讲解，一是这个项目的宏观意义；二是这个项目的本身意义；三是反面意义，这个项目可以帮助解决哪些现实中的困难问题，尤其是当这些问题对社会有不良影响的时候，就能最直观地体现出这个项目的好处。

再次，讲话者要这个项目具体是做什么的。讲话者重点要讲出其核心内容，需要什么样的业务和配备什么样的技术。一个大项目必然是由几个小项目组成的，小项目分别是做什么的，在脱稿讲话准备思路的时候，要着重讲解。

最后，在具体讲一下怎么做这个项目。虽然讲话者不会具体到某一个细节，但也要把这个项目的工作思路讲出来，因为这是保证项目顺利实施的基础。

此外，在工作场合还要讲重点，把大家最关注某一方面讲透彻。在脱稿讲的时候，思路要清晰，不要颠三倒四，可以试着分几个层次去说。

倘若是社交场合，讲话者要意识到出席这类场合的主要目的是为了拉近彼此之间的距离，广交朋友。一般来讲，出席社交场合进行当众讲话，我们要依据场合的主题进行具体地阐述，多说一些增进感情的话语，不仅能调节宴会的气氛，同时也能彰显自己的口才，可谓是一举两得。

但社交场合的种类比较多，比如说同学聚会、应酬宴会、乔迁之宴、生日寿宴等等，讲话者需要根据场合来调整自己的讲话内容。具体来说：

1. 同学聚会。在即兴发言之前，我们要了解这样聚会的目的。同学聚会主要是联络和增进同学之间的感情，所以讲话者就要说出增进同学之间感情的话。比如说你在开场的问候之后，就可以举出具体的事例来回忆往昔岁月，使在场的每一个人都能产生情感的共鸣，不仅升华了主题，同时也调节了现场的气氛，增进感情。

2. 应酬宴会。不管是在家里应酬宴会，还是在酒店里举办的宴会，都需要有人致辞进行当众讲话。而要想在宴会上营造一种活跃、热烈的气氛，就需要讲话者说出大家感兴趣的话题，使大家在觥筹交错间能够兴致盎然地畅谈起来。

除此之外，还要说好祝酒词。祝酒词一般是在全场第一杯酒的时候说的话。因此，讲话者要注意祝酒词要短小精悍，千万不能太长太绕口，否则就会扰乱别人的兴致，尴尬收场。

3. 乔迁之宴。在生活中，朋友或者是领导乔迁新居举办宴会，需要你前去祝贺，在讲话的时候主要表达祝贺之意。

4. 生日寿宴。在生日宴会场合的脱稿发言，主要是表达庆生之意，以美好的祝愿为主。如果是小孩的生日，要对小孩做出希望和祝愿；如果是老人的生日宴会，主要以健康祝福为主。可见，生日宴会也要依据不同的对象进行合适的祝贺，这样才能把话说得恰到好处。

每个场合都有自己的设定，都需要讲话者根据实际情况来准备、组织思路，上述所说只是一个大致的思路，需要讲话者根据自己面对场合，再去做具体分析，这样你准备出来的讲话思路，才会更加符合场合要求，也更容易打动听众。

清楚自己的角色

在脱稿讲话时，我们不但要明白讲话的场合，还需要清楚自己的角色。比如说，工作场合，你是领导、助理，还是客户？在社交场合，你是主人还是嘉宾？角色不一样，自然讲话的内容也不一样。每个角色都有其特定的讲话内容，明确了这一点，脱稿讲话的思路也就有方向可寻了。

中国传记文学优秀作品奖每五年评选一届，是中国传记文学的最高荣誉。2013 年 6 月 15 日，第四届中国传记文学优秀作品奖颁奖典礼在北京举行，中国传记文学学会会长万伯翱先生首先在颁奖典礼上致辞。

尊敬的各位领导、各位获奖作家和各位嘉宾、同志们、朋友们：

大家好！

今天我们相聚在著名的北京京西宾馆举办"第四届中国传记文学优秀作品奖颁奖大会"，是为了彰显中国传记文学的精神和艺术价值。我首先代表中国传记文学学会和传记文学的同仁向获得第四届中国优秀传记文学作品奖的作家表示热烈的祝贺！

以习近平同志为核心的党中央对繁荣和发展我国社会主义文学事业高度重视，殷切希望全国广大的作家和文学工作者高举中国特色社会主义伟大旗帜，努力创造出无愧于我们时代、无愧于我们人民、无愧于历史的优秀精神文化产品，这代表了时代的召唤，反映了人民的心声，我们一定将其认真努力地体现在传记文学创作实践中来。

中国是具有数千年传记文学悠久历史传统的文明文化古国，新中国建立以来，尤其是改革开放以来，传记文学取得了显著的发展和引人瞩目的成就，在广大人民群众中有着广泛的影响和日益增长的需要。中国传记文学优秀作品奖是为了表彰这些文学优秀作品，推动传记文学事业的繁荣和发展而设立的专项奖项，是由老一辈革命家、文学家刘白羽、林默涵等人首先发起设立的，迄今为止该奖项已于1995年、2001年、2007年先后在人民大会堂举办过三届，一批优秀的长篇和中短篇传记文学优秀作品都获得了奖项。

第四届中国传记文学学会优秀作品在评选过程中，评委会坚持以思想性与艺术性完美统一为评选原则，要求入选作品要有积极的思想意义，在艺术上要有所创新，同时兼顾题材、主题、风格的多样化，具有一定的代表性，力求体现近五年以来全国传记文学创作的新成果。在评选过程中，评委严肃评奖纪律，确保了评选工作的导向性、权威性与公开性、公正性。根据本届参评的传记文学翻译作品数量多的实际情况，还第一次特别增设了传记文学翻译作品奖项。经过多轮的无记名投票，最终产生了12部获奖作品，其中长篇作品5部、中篇作品4部，短篇作品2篇，传记文学翻译作品1部，此外还有18部作品得到获奖提名。这些优秀作品基本上可以反映出中国传记文学创作的整体态势，比较全面地展现了传记文学创作的水平。我们的传记文学作家坚守内心的文学理想，勤奋笔耕，默默地奉献，书写出体现我们民族精神、时代精神的作品，真实感人、质地比较优秀的，大部分是歌颂中华优秀儿女作品。我们的获奖者赢了传记文学的荣光和人生的精彩，我们向他们表达由衷的敬意！

今天我们传记文学作家要认真思考，如何从事文学创作，以回应发展变化的时代，面对人生的诸多问题，这是对作家创作的勇气、智慧和毅力的极大考验，也为我们传记文学展现了广阔的创作新空间。我们认为获奖与不获奖不是唯一的、重要的，不是说我们获奖的作品就是完美无缺的极致的作品，而没有入选的就是差的和不好的作品，实际上没入选的仍有大量好的作品。

这里我引用莫言同志得了诺贝尔文学奖以后，首先对媒体宣布的获奖感言："我不是中国最优秀的作家。"在他得了奖回来以后有大量的赞美、吹捧，很多人管他叫作"大师"。他就很严肃、很认真地说："你不要这样叫，你叫我大师是讽刺。"我觉得莫言的这种态度非常好。现在大师的帽子也是满天飞，各种大师，文学的、散文的、戏剧的、国学的，大师这顶帽子不要轻易随便地乱戴。我们希望下一届将会创作更多紧扣时代脉搏，反映人民心声，艺术臻于完美的、大量的优秀传记文学作品来。

最后我们特别感谢在百忙之中亲自到会颁奖的中国作家协会、中国文联的领导和获奖作者，对本届评奖工作的指导和支持，感谢诸位评委、作家和出版社的投入与参与，也感谢今天到场的媒体对我们的报道，还要感谢我们的赞助商对此次颁奖大会做出的贡献！

最后，感谢各位热心人士和各界朋友，希望大家身体健康！谢谢大家！

获得第四届中国传记文学优秀作品奖的长篇作品是《从战争中走来——两代军人的对话》，作者张胜。我们来看一下张胜的获奖感言：

我没有准备。谢谢大家对我作品的认同！其实我是一个很业余的作家，昨天我跟杨正润同志还谈起过这件事，因为我有两个很好的机遇：

第一，我从1990年开始，我父亲退休以后，我跟他做了长达将近一年的对话，他把他参加革命以及到了老年他的人生经历、他的信仰，包括他的困惑都跟我谈了。我认为这就给了我一个丰富的创作资源，如果没有一个人跟你倾诉他的内心，你的创作是无源之水，我觉得这是我的一个幸运。

第二，我长期在最高统帅部工作，我在总参谋部、作战部、军训部工作过，长达17年。我们这个部门主要是研究战略问题、作战方案、战役行动，包括国防建设的一些规划和建议。所以这就使我跟我父亲有一个沟通，我可以理解他视野中间的策划、想法以及困难。因为我们两个人的工作几乎是在同一个层面上，当然他是领导，我只是一个幕僚人员。所以有了这两点，我觉得可能是给了我一个机遇，所以我写了这部作品，它并不代表我的写作实力。我也通过这个机会谢谢大家对我作品的认同。

我就谈这些。

从上面两篇不同的讲话内容可知，万会长的讲话主要是从中国传记文学学会会长和颁奖嘉宾的身份来说的，讲话的内容是以感谢、祝贺为主，并且简要总结了此次优秀作品评选中的要求和获奖作品数量等。而张胜的感言是以获奖者的角色表示感谢，以及自己有机会拿到奖的原因。正是由于两个人的角色和身份不同，因而讲话的内容也有很大的不同。因此，两个人的角色定位不同，在组织讲话时候的思路就会不同。只有清楚自己的身份，这样才是有目的的表达、有意义的说话。

每次出席不同场合进行脱稿讲话时，都要清楚自己的身份，扮演好自己的角色。人们常说见什么人说什么话，很多人会误认为这样的人太世故，太圆滑，其实不然。见什么人说什么是要告诉我们摆正自己的身份，比如说在孩子面前要说大人话，在客户面前要说主人话，在领导面前要说职员话。总而言之，要时刻记住我们所说的话要符合自己的身份，这样讲话就不会凌驾于身份之上，按照自己的身份、角色去讲就不会犯错。

若要脱稿讲话符合自我角色身份，需做到如下三点：

第一，称谓、口气要适合。

第二，要注意到自己的多重身份，针对不同的环境，选择相应的表达方式，使语言表达与自身思想情感的表达相符合。

第三，要选择与处境、心境相协调的说话方式。

知道听众是谁

脱稿讲话前一定要认真了解你的听众构成，知道听众都是谁，将会有哪些人群听你的讲话，包括他们来自哪些阶层、文化范围、感知程度等等，特别应分析听众对本次讲话的兴趣是什么，有些场合还要注意禁忌，以利于你找准讲话主题，或为主题提供听众有兴趣的辅助内容。

在脱稿讲话的时候，我们知道了听众是谁，才能够对症下药，正如中医讲究"望闻问切"，根据一个人的病理特征才能药到病除。我们也可以根据听众的情况，进行针对性的讲话，这样我们就能充分地做好脱稿的组织思路，让我们的讲话更加精彩。

通常来说，讲话者对听众了解越多，就会越利于讲话的进行。具体来说，对于了解听众的内容可以包括以下几个方面：

1. 年龄阶段。听众的年龄和他们的阅历、理解程度、词汇量多少是息息相关的。换句话说，不同年龄段的人，通常来讲他们掌握的词汇和知识会有很大的不同。比如说：对于二十多岁的听众来说，你和他们讲以前的生活怎么样，怎么艰苦，他们很难有直观的认识，因为他们不曾生活在那段时期，所以也许不会理解你的心情。因此，讲话者在讲话时需要根据年龄状况，讲出适合听众的话。

2. 教育程度。一个研究生和一个初中生的理解能力自然是差别很大的，他们的知识宽度也是截然不同的，因为他们在不同的教育层面上。比如说在你谈到"就业难"这个问题上，对于现实的理解，自然研究生会更胜一筹。他们会非常理解你所讲的内容，并且还会与你进行适当互动。但是对于初中生来说，这个问题，似乎离他们还很遥远，并且他们也体会不了你当时的心情和所讲的内容，因为他们没有经历，更没有触及这方面的事情，只是在校园里好好学习。所以，讲话者在讲话之前一定要事先了解听众的教育程度，以便对自己的讲话进行内容深度和知识宽度的丈量，这样一来，自己讲话的内容，包括主题和词汇才能够被台下的听众所接受，同时也有助于双方流畅的交流和互动。

3.个人信仰。从心理学上来讲，听众的信仰要比他们的年龄和受教育程度要重要得多。原因很简单，信仰和一个人内心的世界有着很大的关联。最好在对台下的观众信仰做好事先的调查，以免出现不必要的尴尬，给脱稿讲话带来麻烦。

4.性别特征。自古以来都说"男女有别"，正因为如此，不同性别听众对于讲话者讲话内容关注的部分也不尽相同。当你知道听众多是男性的时候，你就要多讲一些军事、政治、房产、汽车等男人们感兴趣的话题；当你知道听众多是女性的时候，就要多谈及时尚、情感、化妆、购物等女性感兴趣的话题。

千万不要交叉着讲，在女人的面前讲男人的话题，在男人的面前讲女人的话题，否则，很可能让听众失去听的兴趣。在讲话方式上，对男人要采取刚毅直接的方式，对女人最好采取温婉可亲的讲话方式。

正所谓"磨刀不误砍柴工"，对于听众的了解就恰如"砍柴"前的"磨刀"，这是一个必要的铺垫过程，对于听众了解得越详细，越能参透他们内心的需求。反之。一场对于听众一无所知的演讲很容易变成孤军奋战的不堪经历，其结果往往是徒劳无功。

拟定提纲或讲稿

卡耐基说过："演讲者只有做了充分的准备，才有自信的资格。"的确，对于上台脱稿讲话的人来说，做好充足的准备是缓解紧张情绪的一剂良药。就像士兵上战场一样，如果事先没有仔细检查过装备武器，心里是不会踏实的。其实，方法有很多种，比较稳妥的方法是事先拟定好提纲和讲稿，我们才会理出正确的逻辑和思路，也不会在脱稿讲话的时候语无伦次。

制定或者拟定提纲，就是要我们在讲话之前做好充分准备，搭好"架子"。我们可以用提要或图表的方式列举出一篇讲稿的观点。对于材料进行适当地合理的组合，这样也有助于思路顺畅。拟定提纲的方法也是多种多样，没有统一固定的格式，我们既可以编写得粗一些，也可以编写得细一些，既可以编写成书面文字，也可以只在脑海里思考。

我们通过编列提纲，可以把"腹稿"的轮廓用文字固定、明确下来，以免写作或讲话时遗忘；同时，还可以对"腹稿"不断加以修改和补充，使整个讲话过程的构思更为周密、完善。倘若我们不列提纲，心中无数，动笔就写或动口就讲，那么，就有可能丢三落四、忘东忘西，层次不清，让脱稿讲话变得一塌糊涂。所以，拟定提纲就显得很重要。

实际上，拟定提纲的过程也就是对讲话内容具体构思的过程。要想把提纲拟定的更为具体，就需要把讲话题目、结构层次、论述要点、典型事例、引文材料以及有关资料都写在里面，这样的提纲才能更加翔实，才能让讲话的思路更加顺畅。

众所周知，老师讲课是要根据提纲来讲的，首先讲什么，其次讲什么，最后讲什么，有条有理，所以学生才能更好吸收。同样的道理，讲话者列提纲也是这样，在搜集好资料后，开始列出提纲，那么具体来说，提纲包括哪些内容呢？可以将其归纳为五点：

第一，拟定好讲话的标题

每一篇讲话稿都是只有一个题目，要想使你的标题脱颖而出，就需要你在拟定的时候，反复斟酌。如果是一些特殊的情况，需要正标题、副标题，你需要根据具体的情况，一一列出来。

第二，编列讲话的中心论点和分论点

讲话往往不仅有中心论点，而且还有若干分论点，甚至分论点下面还有更小的论点。在编列提纲时，要把它们放到合适的位置，在什么样的情况要说什么话，逐条进行整理，这样中心论点和分论点都会清楚地呈现在你的眼前。你的讲话思路也会更加清晰。

第三，拟定好材料，把它们收集在一起

讲话所用的材料包括事实材料和事理材料。事实材料主要包括例证、数据和实物等；事理材料主要包括科学原理、科学定律、法律条文、有关文件规定以及名言、警句、谚语、成语等。这些材料，有的可以简明扼要地摘抄在提纲上；有的可以仅仅在提纲上做个标记而另外制作卡片；必要时，还可

以编排绘制成不同的图表，这样，使用起来就可以得心应手，灵活方便。

第四，编列讲话的内在逻辑联系、讲话内容和讲话层次的先后顺序

有时候一场讲话需要涉及很多不同方面的内容，这就导致整篇讲稿显得头绪繁多，结构层次复杂，所以在编列提纲的时候，就要注意分清楚主次，以便根据不同内容的轻重缓急来决定它们的排列顺序，先讲哪些内容，后讲哪些内容，这里面有个内在的逻辑联系问题，不能随便颠倒。否则容易出现轻重倒置、前后脱节等问题。

第五，讲话的开头和结尾

讲话的开头和结尾对讲话能否获得成功关系极大。为此，编列讲话提纲时应该考虑清楚：到底采用什么样的方式开头和结尾，才能获得讲话的最佳效果。这两个部分的内容在通篇讲话中占的篇幅虽然不算太大，但其作用却是忽视不得的。

思考逻辑与写作逻辑之间自如切换

逻辑顺序

在日常脱稿实践中，我们的思绪常常是杂乱无章的，有时会突破各种结构的限制，漫溢到讲稿的外面。所以，为了更顺畅地组织脱稿思路，我们不妨先思考再写作，在思考逻辑与写作逻辑之间自由切换，这样才能构建更加纯熟的逻辑架构。正如，贝蒂·休·弗劳尔斯在一篇文章中指出的写作有四个阶段：

疯子阶段：放开你的思路，天马行空的畅想。

建筑师阶段：把相关概念加工成提纲。

木匠阶段：给提纲加上句子，使其形成结构。

法官阶段：做出有效的裁决，剔除错误的语法或不当的文体。

在这四个阶段中，人们最常忽略的可能是疯子和建筑师之间的区别。我们往往期待自己以合乎逻辑的顺序提出观点。但是，事实证明，这种努力有时候并不能起到最好的效果。与其让"疯子"随便游荡，还不如掌控好它，运用到写作上，实现思考逻辑与写作逻辑之间的自由转换。

在思考阶段，就好比你独自一人展开辩论：你随手把自己想到的内容记下来，你想到了很多，它们没有什么顺序，或者是说按照思考的逻辑顺序记下来，这时记下的内容并没有安排要点的结构，甚至句子都不完整，或者有语法错误。但是，切记不要对它们的价值进行判断，尽可能地激发思想的火花，让充满创意的想法源源不断地冒出来。

当这些想法从脑中流露在笔上的时候，我们需要把这些文字进行加工和整理，在实际组织脱稿思路时，要重新确定逻辑顺序。比如说：某企业召开会议，要求与会人员提出解决问题的措施，某员工在思考时也许是想出如下几条建议：

1. 与主要的管理人员及监管人员谈话；

2. 跟踪并记录交易行为和工作流程；

3. 确定所有关键的环节；

4. 分析组织结构；

5. 理解服务和绩效措施；

6. 评估业务功能的绩效水平；

7. 找出问题和原因；

8. 确定改进生产效率的潜在机会。

但是在写讲稿思路时，就会重新地进行加工和处理，落实到写作上，也许就会变成下面的状况：

1. 确定企业的关键业务环节：

（1）与重要人员对话；

（2）跟踪并记录交易行为和工作流程。

2. 找出开展业务时存在的劣势：

（1）确定组织结构；

（2）确定服务和绩效措施；

（3）评估绩效水平。

3. 提出改革的实际建议。

从上述这个例子，我们可以看出，前后鲜明的对比，讲话者实现了思考逻辑与写作逻辑之间的切换，让自己的讲稿越来越清晰，越来越顺畅，从而组织了一个成熟的讲话思路，在脱稿讲话中就可以表达得更加清晰有层次，听众也会更加容易理解。

总之，思考出来的逻辑也许还是不成熟的逻辑，这时就需要我们在真正写作的时候进行加工和整理，只有做好了思考逻辑和写作逻辑之间的自由切换，我们才能组织和构建完美的讲话思路和框架。

时间顺序

时间顺序是按照事情发展过程来展开介绍的说明顺序，思考的时间顺序与写作的时间顺序是不同的。比如你说出了一个观点，需要讲述一个故事作为支撑。但是在思考故事的时候，你也许会先想故事的结果，再想事情为什么会发生，换句话说，也就是用一种倒叙的方式来想，但是落实到写作上，你会按照故事发生的时间顺序，从头到尾把故事的来龙去脉写出来。这样一来，就是实现了思考的时间顺序和写作的时间顺序切换，这样自由的转换更加有益于组织脱稿讲话的思路。

脱稿讲话的组织结构，按时间顺序来组织是一种不错的选择。比如你是在一家软件公司，你们计划把公司的品牌扩展到附属消费品，像一些会说话的动物等填充玩具。这个推广方案经过哪些步骤，会取得什么结果，以时间顺序一一澄清这些内容是个不错的选择，可以帮助你有效地证明自己的方案可行。

但是要分清思考的时间顺序和写作的时间顺序。在前期准备脱稿汇报的思路时，按照主题，你的脑海中大致有一个基本的思路和框架，可这个思路不能形成一个清晰的结构，需要我们落实笔头上进行加工和整理。比如下面这个例子：

公司召开会议，某人需就制定战略规划进行讲话，他之前是这样思考的。分为以下几个步骤：

1. 了解需求；

2. 制定能够提供相应产品或服务的战略；

3. 实施该战略；

4. 市场接收期，快速增长期；

5. 成长放缓期，开始进入成熟期；

6. 高现金增值期；

7. 衰退期。

试想一下，假设你自己是行动者，并开始采取行动，按照上述的方案："首先，我了解市场需求，然后，我制定战略，再然后，我实施该战略，再然后……"这种叙述方式给听众的感觉像是一张空头支票，只是你个人想象，没有可信的说服力，甚至领导会因此取消你的提案。所以，需要你在写作组织思路的时候，进行改写和整理。上述的案例就可以根据时间顺序改写成如下：

1. 了解需求；

2. 制定能够提供相应产品或服务的战略；

3. 实施该战略；

4. 评估市场反应；

5. 改变战略以适应市场。

综上所述，要灵活地运用思维，不管思考的是否成熟都要落实到写作上，这样由思考到写作的转换，才能让我们真正地看清脱稿思路是否出现了问题，是否符合正常的逻辑。此外，在进行准备时，我们把思考的思路写出来，然后仔细整理，做到写作和思考之间的自如切换，这样才能在正式讲话时思路清晰，表达更加顺畅。

做到不读稿也不背稿

通读记忆与讲出来的记忆

在脱稿讲话的时候，我们经常会发现这样的情形：精心准备的讲话要是逐字逐句地背诵，面对听众时很容易遗忘，即使没忘，讲起来也会显得机械生硬。这是因为它不是讲话者发自内心的言辞，而只是在应付记忆。要知道，人们的通读记忆和讲出来的记忆是完全不同的，背诵稿子只是在复述讲稿，也是变相读讲稿的一种形式，这样的讲话只能让现场死气沉沉，达不到脱稿讲话真正的效果。

为了能够流利顺畅而又充满激情地进行脱稿讲话，我们首先要放弃背稿的念头，然后静下心来好好地读已经打好的讲稿，并且不要强制自己去背，只要把主要的意思和框架熟记在心中，

凭借思维，用自己的语言把讲稿的内容完整地表现出来，这样不仅能使你讲话生动而深刻，同时也避免了忘词的困扰。

其实，在准备讲话的过程中，最好将自己的生活和经历融入讲话的内容之中。在自己的生活背景中，搜寻有意义、有人生内涵的经验，然后，把从这些经验中汲取的思想、概念等汇集在一起，并据此深思题目，让讲话的内容更为丰富和生动。因为都是你的生活经验，并不需要背诵，就可以记住。

同样一个人，同样的内容，莫言"讲"的和他准备"读"的稿子差别也很大。在准备的时候，他是这样写的：

我，一个来自遥远的中国山东高密东北乡的农民的儿子，站在这个

举世瞩目的殿堂上，领取了诺贝尔文学奖，这很像一个童话，但却是不容置疑的现实。

获奖后一个多月的经历，使我认识到了诺贝尔文学奖巨大的影响和不可撼动的尊严。我一直在冷眼旁观着这段时间里发生的一切，这是千载难逢的认识人世的机会，更是一个认清自我的机会。

我深知世界上有许多作家有资格甚至比我更有资格获得这个奖项。

我相信，只要他们坚持写下去，只要他们相信文学是人的光荣也是上帝赋予人的权利，那么，"他必将华冠加在你头上，把荣冕交给你。"（《圣经·箴言·第四章》）

我深知，文学对世界上的政治纷争、经济危机影响甚微，但文学对人的影响却是源远流长。有文学时也许我们认识不到它的重要，但如果没有文学，人的生活便会粗鄙野蛮。因此，我为自己的职业感到光荣也感到沉重。

借此机会，我要向坚定地坚持自己信念的瑞典学院院士们表示崇高的敬意，我相信，除了文学，没有任何能够打动你们的理由。

我还要向翻译我作品的各国翻译家表示崇高的敬意，没有你们，世界文学这个概念就不能成立。你们的工作，是人类彼此了解、互相尊重的桥梁。当然，在这样的时刻，我不会忘记我的家人、朋友对我的支持和帮助，他们的智慧和友谊在我的作品里闪耀光芒。

最后，我要特别地感谢我的故乡中国山东高密的父老乡亲，我过去是，现在是，将来也是你们中的一员；我还要特别地感谢那片生我养我的厚重大地，俗话说："一方水土养一方人"，我便是这片水土养育出来的一个说书人，我的一切工作，都是为了报答你的恩情。

谢谢大家！

而实际莫言在颁奖晚会上的即兴演讲词是这样讲的：

尊敬的国王、王后和王室成员，女士们、先生们：

我的讲稿忘在旅馆了，但我记在脑子里了。

我获奖以来发生了很多有趣的事情，由此也可以见证到，诺贝尔奖确实是一个影响巨大的奖项，它在全世界的地位无法动摇。我是一个来自中国山东高密东北乡的一个农民的儿子，能在这样一个殿堂中领取这样一个巨大的奖项，很像一个童话，但它毫无疑问是一个事实。

我想借这个机会，向诺奖基金会，向支持了诺贝尔奖的瑞典人民，表示崇高的敬意。要向瑞典皇家学院坚守自己信念的院士表示崇高的敬意和真挚的感谢。

我还要感谢那些把我的作品翻译成了世界很多语言的翻译家们。没有他们的创造性的劳动，文学只是各种语言的文学。正是因为有了他们的劳动，文学才可以变为世界的文学。

当然，我还要感谢我的亲人，我的朋友们。他们的友谊，他们的智慧，都在我的作品里闪耀光芒。

文学和科学相比较，的确是没有什么用处。但是文学的最大的用处，也许就是它没有用处。

谢谢大家！

两种致词结构和内容基本一致，都谈到了获奖的感悟、对文学的认识和对瑞典文学院、翻译者及故土家园的感恩之情。但明显看出来，脱稿发言简短、朴实、没有任何的繁文缛节，进而给观众留下了深刻的印象。要知道，北欧文化崇尚讲故事，最痛恨念稿子。

脱稿讲话的最大吸引力之一在于同样的内容讲出来的效果，要远远胜于念出来的效果。所以，在脱稿讲话的时候，不读稿也不背稿，试着用自己的话语来表达你所要讲的内容，这样的脱稿讲话才会更加充满生机和活力。

将文字实体化，形象记忆法

很多人在脱稿讲话时，犯愁怎样去记稿子，特别是在对于那些复杂或者是不熟知的稿子，总是觉得记起来特别费劲，在讲话时很容易出现忘词的现象。所以，我们就需要采取一些技巧和方法来帮助我们增强记忆。

众所周知，形象的事物只有转化为具体熟知的事物才能被人们记住，所以我们可以用形象记忆法来帮助自己强化记忆。换句话说，我们可以采用具体事物来帮助自己记忆。根据科学家们研究的结果表明，在人脑的记忆中，形象信息远远多于语言信息，它们的比例是 1000 ：1，足以证明形象信息是打开记忆大门的钥匙。因此，我们要学会运用这样的方法来帮助我们记稿子，不但会让我们记起来更有趣，同时也避免忘词现象的发生。

形象记忆法大都是通过谐音来产生联想或者通过派生形象等增强记忆的方法得到。因此，首先我们要对"谐音"有个清楚的认识和了解：在我国传统文化中，"鱼"可以象征"余"，如"年年有余"。"鸡"变"吉"，"荷"变"和""合"等，这是一种文字谐音方法。还有数字的谐音，比如说一个人的车牌号码是"1818"，大家一定知道这是"要发要发"，这就是谐音更意（谐音所表达的另一种意思）。而数字谐音目的是为了把无意义的数字变成有意义的文字来记，文字谐音是为方便自己记忆另起"更有趣的炉灶"，文字记忆有无必要"再转个弯子"谐音去记忆？我们先举个例子：在美术色彩协调中有一种机械方法，以绿色为主时，可配白、蓝、黑、橙、黄、棕六种颜色。用谐音去记忆则：路白难黑成棕黄。注意用"路"的形象去想。此一编马上就记住了！依次为参考，我们就可以采用谐音联想法来帮我们快速地熟记稿子。

在脱稿讲话上，倘若采用死记硬背机械记忆，效果如何想必大家心里会清楚。谐音法比较适合记无意义的难记而又琐碎的事情，琐碎的事情常常是"散意""无意"的，有了谐音形象记忆法帮助，我们就可以利用它给这些难记知识赋予新的意义和生动形象的意义。

熟记提纲

提纲是整个脱稿讲话的总体思路和框架。脱稿讲话时，只有按照既定的提纲，围绕设定讲话结构，才能进行充分的发挥，讲话思路才不会被打断和阻隔。所以，熟记提纲对于脱稿讲话就显得尤为重要。倘若你不熟悉自己的讲稿提纲，你的紧张感就会逐渐增强，自信心会明显不足，很可能会给讲话带来负面的效果。

美国总统奥巴马在谈到自己讲话时说："最后一个提纲列好之后，把初稿写下来，或者口述下来。在删改打好的讲稿上，不要加工得太细，因为那样会把口语的生气和节奏弄没了。若想脱稿讲话，就要熟记提纲，把提纲念上几遍，把关键的句子记下来。如果不把提纲记得很熟，那就有可能失去思维的连贯性，从而也就会失去听众。"的确，只有熟记提纲，才能确保脱稿讲话流畅的思维，才能创造精彩绝伦的演讲。

那么，具体来说我们怎样才能熟记演讲提纲呢？一般来说分为以下几个步骤：

第一步是识读，即阅读。讲话者只需要大体了解整体与细节，对稿子有个概观和微观，把握题旨，掌握例证阐述的关节，包括引述的事实、名人名言等，其中最有说服力的是准确无误的数字。对于这些要做到反复阅读，并且要快速地记在脑子里。

第二步是诵读。朱熹说："凡读书……须要读得字字响亮，不可误一字，不可少一字，不可多一字，不可倒一字，不可牵强暗记，只是要多诵数遍，自然上口，久远不忘。"的确，唯有如此，脱稿之类的当众讲话才能有理有据、有情有感、有声有色。而诵读对于增强记忆十分重要，这对于熟记提纲有着十分重要的作用。

此外，在大声诵读的时候，我们还要联系当时可能发生的情况，或者会用哪些表情、动作，争取做到在熟记提纲的同时，也能尽早让自己适应角色。

第三步是情读。情读就是要在充分理解演讲稿的基础上，用适度真实的情感来表达自己的观点。在熟记提纲时，切忌过多地投入感情。不要因为自己理解和熟记了提纲就开始胡乱地抒发情感。

综上所述，熟记提纲，一要用眼睛——识读，二要使口舌——诵读，三要动心思——情读。只有整体的，综合的，全方位的记忆，即"立体记忆"，才能深入人脑，打动人。

这里要提醒大家的是，提纲只是一个大致的思路，至于里面具体需要怎么讲，是要在现场即兴发挥的，因为即兴的语言才会有生命力和感染力，所以，在记提纲的时候，只需要把大致要讲的内容、思路和框架记下来就可以了，并且一定要做到熟记。

反复预讲

如果你已经写好了脱稿讲话的讲稿，为了让自己不读稿也不背稿，这就需要你在正式讲话之前进行反复预讲。俗话说："台上一分钟，台下十年功。"虽不需要十年那么夸张，但也需要我们不断地训练自己以适应不同环境、不同时段的脱稿讲话。比如说：你可以站在镜子前面练习，或者将演讲录下来，或者在几个朋友面前预讲等等。采取这样反复的预讲可以帮助我们减缓紧张不安的心理，提高讲话的效果。

反复的预讲是做好脱稿讲话一个重要的步骤，也是脱稿讲话准备工作一个重要的环节。古今中外的演说家大师，他们都很重视在正式讲话之前的预讲。古希腊演说家德摩斯梯尼把自己关在地下室书房长达三个月，专门在书房里练习演讲，学习演讲的技巧。为了让自己下定决心，他发誓只要自己达不到目的，就绝不让自己走出书房一步，甚至他还剃掉自己的头发。等到头发重新长出来，德摩斯梯尼也终于走出地下室，成了一个造诣颇深的脱稿演讲家。

不仅德摩斯梯尼如此，曾任微软全球副总裁的李开复先生也非常重视在演讲之前的预讲。每当在演讲之前，他都会事先做好预讲，每次都要请 1 个朋友去旁听，之后给他提出意见。他曾对自己承诺，不事先排练 3 次，是决不上台演讲的。在一个月的行程之内，都会安排两场演讲，在每次演讲之前都要排练三遍，专门找一个人听，这也就是所说的 231 工程。所以，为了让脱稿讲话更成功，我们需要进行反复地预讲，那么在预讲的时候，需要注意哪些方面呢？

1. 排练时要注意时间控制

在预讲的时候，要做好时间的把握，因为有些脱稿发言是有时间限制的。太长的发言易让听众厌烦；太短的发言则可能会被认为是在敷衍了事。所以，在预讲时，要用手表为自己计算好时间，如果时间太长，就需要缩减讲话内容，如果时间太短，就需要对内容进行丰富。经过了预讲，可以对自己的讲话时间做到心中有数，避免各种情况的发生。

2. 给自己录像或录音

你想知道自己在实际演讲时的表现吗？你的表现是否让自己满意呢？有些人在讲话的时候，表情是木讷的，没有任何的肢体动作，就犹如一根木头一样在那里说着，这样的脱稿发言是不会打动人心的。为了改变枯燥呆板的状态，我们可以尝试在预讲时，给自己录像或者录音，因为观看录像或听录音会是最直接的反馈，能够使你最直观地看到自己讲话时的表现。这样一来，反复观看自己的表现，同时不断地训练和改正，相信到真正讲话的时候，一定会表现得更加出色。

3. 预讲时要站在宽敞的地方

坐在写字台前反反复复地预讲稿子与站在众人的前面讲话有着千差万别的。即使你在写字台前很流利地讲出腹稿，但如果换了一个宽敞的环境，你就会不知所措，讲的时候也是结结巴巴，这就是场合效应。在狭小的空间里知道自己怎么办，在宽敞的地方，就不知所措了。与其这样，还不如在预讲的时候，就找一个比较宽敞的地方，大声地讲出你所说的话，如此一来，在正式讲话的时候，也能尽快地适应宽敞的新环境。

4.预讲时要使用正式讲话的全部材料

在预讲的时候，要做到全真模拟。如果你在预讲的时候，有的材料你讲到了，有的材料你觉得很简单不用讲，那么，在真正地脱稿讲话时就容易出现问题。比如说：在预讲的时候，本来为了说明事实要举出一个例子，可是你自认为太简单了没必要，在几次预讲的时候都没有讲到这个，那么在正式脱稿的时候，由于一些惯性，也不会有意识地提到，并且还会因为感觉自己落下了一些东西而感到别扭，越想越是想不起来，这就造成思维的断档。所以，在预讲的时候，要做到全部排练，最好是全真模拟，只有这样才能在真正脱稿讲话时万无一失。

5.做好最后一次排练

即使你以前反复预讲了很多次，但是在正式讲话之前还要再排练一次。如果正式讲话是早上九点开始，那么你需要在早上六点钟起来预讲一下，这样在台上你对稿子就会像对密友一样的熟悉。

也许上述的注意事项，你会觉得很麻烦，很没有必要，但无数事实证明，每个成功的演说家都是这么走过来的。戴尔·卡耐基在总结成功的演讲经验时说过："一切成功的演讲，都是来自于充分的准备。"的确，预讲也是准备工作之一，而且也是非常重要的环节，只有把这部分做好，我们才能在正式的脱稿讲话中自然而流利地展现自己的风采。

图像唤醒记忆

在生活中，很多人之所以不能进行脱稿讲话，是因为他们只会一味背诵讲稿，不知道怎么样做才能摆脱照本宣科，其实可以借助其他的工具来帮助自己增强记忆。在脱稿讲话的前期准备中，我们就可以通过图像来唤醒记忆，因为图像有更清晰直观的印象，比单纯看文字要有效得多，我们可以把要讲稿中难记的词语串联成一幅或者几幅的画面，这样一来，讲稿就显得不那么难记了。

图像有非常强的记忆协助功能，而较强的记忆工具就是图像法，大量事实研究表明，如果没有图像回忆，整个回忆过程就会显得很漫长。所以我们要在记讲稿时，试着使用图像记忆法，这样才能牢牢地抓住记忆。比如说，给出一组不相关难记的词汇，我们就可以利用图像记忆法帮助自己强化记忆：

路灯、车牌、飞机场、阿司匹林、德鲁克、东非大裂谷、哈萨克斯坦、虚假同感偏差、失落、阿拉巴马。这一组词汇乍看起来你可能觉得记忆下来有点困难，但我们可以利用图像记忆法组织一副画面：路灯按着车牌的标示来到了飞机场，派遣阿司匹林中队来阻止德鲁克掉进东非大裂谷，但是在哈萨克斯坦的上空，受到了虚假同感偏差的袭击，于是中队失落在了阿拉巴马。

显然这比散乱无章地要好记得多。当然，你还可以有自己的联想方式，只要是有助于自己的记忆就可以了。

我们可以把具体的事情进行联想进而创造图像来加强我们的记忆，这就大大方便了我们背稿。研究已经发现并证实，如果在记忆中加入其他联想的元素，我们就可以创造具体而清晰的图像。比如我们想象一个少年，"少年"图像是一个模糊的人形，还是有血有肉、呼之欲出的真人呢？如果这个少年图像没有清楚的轮廓，没有足够的细节，那就像将金库密码写在沙滩上，海浪一来就不见踪影了。这样的图像没有任何意义，模糊的图像会让你产生模糊的记忆，这不利于我们记讲稿。所以，我们在利用图像唤醒记忆的时候，必须要采用清晰的图像。

再比如，在你的脱稿讲话中可能会提到一个人，还需要对其进行评价，讲稿上主要有三点，它们分别是：同情心、生长背景、人生满足感。而这三个词是抽象词语，无法马上产生具体图像。在这种情形之下，就要运用我们的想象力了。同情心，我们可以联想到某一个具有同情心的人，如法师。生长背景，我们可以联想到演戏的布景。人生满足感，我们可以联想到一个饱腹的人，很满足的样子。

然后，把"法师""布景""饱腹的人"想象成一个电影情节的画面："一名法师在布景上飞来飞去，然后布景倒了下来压在饱腹的人身上。"如果我们把这个画面记住了，同时也就把同情心、生长背景、人生满足感这三个词给背下来了。

总而言之，图像唤醒记忆法能够帮我们快速地记讲稿，能够让我们不读稿，也不背稿。所以，从现在开始赶快行动吧，不要在为记讲稿犯难了。

第八章

即席发言的法则

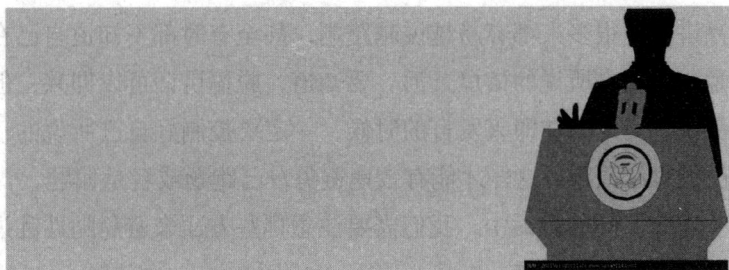

即兴发言的原则

可以即兴，不能随性

脱稿讲话有两种：一种是事先写好讲稿的，另一种是即兴讲话。对于即兴讲话，很多人都容易越说越跑题，甚至有时都不知道自己在讲什么，这就是我们通常所说的信口开河。要知道，脱稿讲话可以即兴，但是不能随性地乱说。因此，在即兴发言的时候，一定要控制好自己所说的话，不能任由自己的思绪乱跑，这样才能有效地避免自己跑题或者是偏题。

在实际的讲话中，我们需要注意哪些方面来避免随性乱说呢？以下的几点仅供参考和借鉴：

1. 简明扼要，不要废话连篇

即兴发言通常以简明扼要的语言来彰显其力度，以生动活泼的叙述给听众留下深刻的印象。不过简明扼要并不是说话语空洞无物，恰恰相反，即兴发言要求话语信息密度大，要言之有物。而只有做到思想性、知识性与趣味性三者统一，才能够吸引听众。要知道，言简意赅的讲话，往往能使人受到启发、令人肃然起敬。美国总统林肯有一次讲话，只讲了 2 分钟，却赢得了长达 10 分钟之久的热烈掌声。而现实生活中，一些人即兴发言的时候，废话太多，这不但浪费了自己的精力，而且也占用了别人的时间。所以，我们在即兴发言的时候要注意言简意赅、准确传神。

2. 用心讲话，不要流于形式

常言道："语为情动，言为心声。"以情感人，更能达到讲话的效果。

然而，目前还有不少人在即兴发言时，说一些空话和套话，很少讲出自己的观点，更别说其中带着一些情感。这样空洞的讲话必然让听众感到乏味，导致听者会出现瞌睡的现象。

有句谚语说："愚蠢的人用嘴讲话，聪明的人用脑讲话，智慧的人用心讲话。"即兴讲话就是最能体现智慧的表达方式，因为它的原则就是要用心讲话，不能流于形式。马克思曾经说过："语言是思想的直接外衣。"用心讲话，动心思，讲真话，独具匠心，打动人心，这是即兴讲话的最佳境界。

其实，即兴讲话最重要的是中肯实在，能够让听众感同身受，句句说到听众的心里，自然会得到更多听众的赞赏。

3. 迅速地奔向主题

很多人在即兴发言的时候，喜欢绕来绕去，旁敲侧击，就是不讲主题，让听众云里雾里，不知所云。这样的随性一定不能任其发展下去，如此的发挥并没有引出主题，反而是得到相反的效果，只会遭听众的讨厌。要知道，一个成功的即兴讲话者能够直接奔向主题，让听众能迅速地了解到他们的意思。

4. 端正态度，尊重听众

有这么一些人往往因为自己的身份和地位，在即兴发言的时候很随性，想说什么就说什么，也不考虑听众的感受，即使听众因为他们的讲话而受伤，他们也不在乎。其实，这样的随性是不正确的，你不尊重听众，听众也不会尊重你，你的即兴发言自然不会得到听众的认可。所以，不管你是什么身份的人，处于什么地位，都应该端正自己态度，尊重在场的每一位听众，只有赢得他们的掌声，才能说明你的演讲是成功的。

5. 条理清晰的顺序

有些即兴发言之所以随性地说，是因为他们没有清晰的条理。所以，为了控制混乱随性的表达，我们需要在即兴演讲之前理清自己的思路，脑中的思路清晰了，说起来就不会那么随性了。

语言精练，达意为上

在即兴讲话时，要在短短几分钟讲话中给听众留下深刻的印象，需要做到语言要简洁，不能说废话、空话、套话，不能冗长啰嗦。同时使用的句子不能过长，修饰语不应该太多。如果在句子中修饰语用得过多，就会使句子变得冗长累赘，给听众造成严重的负担。

现实生活中往往会存在这样的误解：说得越多表明自己的口才越好。其实不然，话不是越多越精彩，而是要把观点说清楚，一般越长的讲话越容易把关键点埋没，也不容易吸引观众注意力。

要使即兴演讲的语言简洁，不是简单地把话语转换成短的句子，而是要说少而有力的话，锤炼词句。我们要尽量地杜绝一切空话和废话，力求含而不露，留有余地，达到言简意赅。

1936年10月19日，在上海各界公祭鲁迅先生大会上，我国著名新闻记者、政治家、出版家邹韬奋先生发表了这样的演讲："今天天色不早，我愿用一句话来纪念先生：许多人是不战而屈，鲁迅先生是战而不屈。"仅仅一句话却表达出丰富的含义，既有对当时"不战而屈"的投降派的谴责，又有对鲁迅先生勇敢战斗、绝不屈服的可贵品质的赞颂，而且还激发了人们奋起抗争的勇气，鼓舞人们要以鲁迅先生为榜样，挺身而出，战斗不止。

显然，言简意赅的言语在关键的时刻会给听众爽快的感觉，也会更有感染力，给听众留下深刻的印象。正如莎士比亚所说："简洁是智慧的灵魂，冗长是肤浅的藻饰。"

要知道，脱稿讲话的目的是为了向他人传达一种思想，语言只是思想的一种表现形式，有思想的表达才有意义。在讲话中，我们只有把思想的"碎片"，逐渐地提炼和凝结成一句简洁醒目的话，这样一来，才能让听众把握和感知你的思想。

语言贵精不贵多，在讲话时要抛开转弯抹角和旁枝末节，尽量做到一语中的，直击人心，如此一来，自然会得到听众的拍手称赞。所以，为了以后在脱稿讲话中的语言更简练，我们要尽量长话短说。

长话短说是要用简短的话语传达给听众，但前提是要准确、有效地表达自己的意思。也就是要在语义完整的前提下，用精练的语言展示给听众，这样既体现了自己干练的做事风格，同时也展示了自己良好的口才。所以，我们要抛弃那些啰哩啰嗦的语言，用简洁有力的话语来打动听众的心，这样的讲话才不会引起听众的反感，也才能更容易达到讲话目的。

得体表达的方法

脱稿讲话是一门语言的艺术，脱稿讲话语言运用的过程是一种美的创造过程，成功的脱稿讲话必备的一个条件便是得体的表达。即兴发言时，有些人在台上以很高的姿态来对待听众，语气狂妄，目中无人甚至会出现一些不文明的语言，给听众留下狂妄自大的坏印象，当然对讲话内容也会产生厌烦的情绪。成功的讲话者善于使用得体的表达，尊重每一位听众，因此他们的讲话才会受到欢迎。

说话要得体，可以说是口语交际的一项基本原则。要想成功地完成自己的即兴发言，就需要我们在表达上要下功夫。只有得体的表达，我们才能赢得听众的掌声。

1. 得体的称呼

即兴发言时，在用语上一定要注意礼貌。

首先，称呼要全面。称呼要包括在座的每一位听众。如果情况允许的情况下，称呼最好细化，适当带上形容词，尤其是对一些重要的人，在提及他们名字的时候更要注意得体的称呼。

在脱稿讲话中，我们要根据情况与场合，可以称呼对方的行政职务，比如校长、局长、经理、董事长等；也可以称呼对方的职称，比如工程师、教授等；也可以称呼对方所属的行业，比如解放军、警察同志等。比如说"尊敬的杨校长、李校长，亲爱的老师、同学们，大家好！""连续奋战了三天三夜的李院长、黄医生、邓医生，以及战斗在一线的所有白衣天使，大家好！""精神头十足的、与我同为'80后'的彭清一老师、李燕杰老师，你们好！"当然，有些场合重要人物比较多，时间不允许一一说到，那么我们可以直接说"最热爱学习的伙伴们""大家""各位朋友""各位领导""女士们、先生们"等等。

其次，称呼要有顺序。依据通常习惯，应该按先长后幼、先上后下、先重后轻、先女后男、先疏后亲、先宾后主的次序来进行称呼。

此外，需要我们注意的是，在称呼的时候一定要注意一些问题：

第一，不可随意用替代性称呼。比如在讲话的过程中有听众提问，我们请他回答时就不可以说"后排的""穿蓝衣服的"，我们应该说"后排的那位先生，请您发言""穿蓝衣服的那位女士，请您发言"。

第二，不要使用容易引起误会的称呼。比如"小"这个词语有时候有可爱之意，但有时候带有轻蔑、取笑的意味。

第三，大家不熟悉的场合，简称不可以在第一次称呼时出现。比如，"各位来宾，以及今天的特别嘉宾——人大的李美凤同志、海淀区委的黄和敏同志，你们好！"这个开场简称是不符合规范的。

2. 使用文明语言，不说脏话

很多人在发言的时候，因为某些原因，情绪非常激动，所以不分场合地破口大骂，试图发泄自己的情绪。他们认为，听众也会和他们一样，一定会理解自己的行为。但是，听众最讨厌和反感这样的行为。所以，我们在即兴发言的时候，一定不要使用这种语言，即使你情绪再激动也要注意场合。

总而言之，得体的表达方式是讲话成功的一个保障，也能体现出讲话人的修养和素质，是赢得听众好感的一个重要因素。它无关身份地位，只要是站在人们面前发言，就必须注意表达是否得体，否则只会让讲话以失败收场。

3. 声音要洪亮，举止要适当

讲话者洪亮的声音反映其朝气、信心和魄力，有一种无形的感染力。还应当注意举止要适当，比如，不能过分地指手画脚，不应咬着烟斗讲话；动作也要注意，应尽量避免一些小动作，如不时地推推眼镜，把眼镜拿下来擦一擦，挠挠头，抖抖腿等等。这些事情虽然很小，但却会分散听众的精力，影响讲话者的形象。

条理清晰的思路

即兴发言的时候由于没有准备，最容易出现讲话言之无序、颠三倒四、没有重点、啰哩啰嗦等毛病。这样的即兴发言必定是失败的，是不会得到听众认可的。所以，无论是在生活中，还是社交场合中，即兴发言都要有一定的逻辑性和条理性，主次分明，重点突出。

如何能让我们的讲话做到条理清晰呢？可以采用"三点论"的方法，它可以帮助我们迅速地组织思路和讲话语言。

首先，总体概括。在即兴发言时把自己所讲的内容进行简单的概括和论述，告诉听众你想要表达什么主题。这样的简单介绍之后，听众就会对主题有一个清楚的认识。

因此，讲话者要先做一个总体的概述，说明自己所讲内容的主题以及分为几个部分，给听众一个整体的认知。这样听众就能很快地捕捉到你讲话的重点。比如说在销售现场，你需要为大家做一款电视机的介绍，可以这样开始："女士们、先生们！大家好！今天我向大家推荐一款高清电视，这款电视一经推出，便成为炙手可热的销售冠军，可见它的性价比比较高，颇受大家青睐。这款电视机的优良性能、高超技术和物美价廉的特点是成为销售冠军的法宝。那么今天，我就给大家说说这款高清电视的五个优势。"

其次，梳理框架结构。在即兴发言的时候，讲话者将想说的内容逐条说明，或者采用"一，二，三"等排列顺序的方式，清晰明了，易于听众接收记忆。

这里需要注意的是，在对讲话内容进行分条说明时，只要划分出一个层次就可以了，不要再插入小层次了。比如说一篇讲话分为"第一，第二，第三，第四"等，不要再在"第一"里面又分出几个小点"1，2，3"，这样多层次的表述一般是用于书面表达，在口语表达中如果出现这种多层次的表述，就会很容易使听众分不清主次，扰乱听众的思维。所以说在这部分，我们要注意结构简单清晰，不复杂，让听众一听就明白。

最后，做好结尾。在即兴发言快要结束时，就需要收尾，结尾要点题，简要总结一下先前所说的内容，最好形成前后呼应的形式。

其实，要使即兴发言的思路清晰并不难，我们可以根据具体的情况进行适当的安排。语言是思维的载体，思路清晰，说出来的话才会有条理，才能把即兴发言讲得更精彩。

逻辑严密，环环相扣

我们在讲话时要具有缜密的逻辑思维能力，能将正面的、反面的论证形成一个整体，并且层次鲜明、条理清楚。例如，梁启超曾对人生与事业的关系做过一次名为《敬业与乐业》的讲话。截取部分内容如下：

我这题目，是把《礼记》里头"敬业乐群"和《老子》里头"安其居，乐其业"那两句话，断章取义造出来的。我所说的是否与《礼记》《老子》原意相合，不必深求；但我确信"敬业乐业"四个字，是人类生活的不二法门。

本题主眼，自然是在"敬"字、"乐"字。但必先有业，才有可敬、可乐的主体，理至易明。所以在讲演正文以前，先要说说有业之必要。

孔子说："饱食终日，无所用心，难矣哉！"又说："群居终日，言不及义，好行小慧，难矣哉！"孔子是一位教育大家，他心目中没有什么人不可教诲，独独对于这两种人便摇头叹气说道："难！难！"可见人生一切毛病都有药可医，唯有无业游民，虽大圣人碰着他，也没有办法。

唐朝有一位名僧百丈禅师，他常常用两句格言教训弟子，说道："一日不做事，一日不吃饭。"他每日除上堂说法之外，还要自己扫地、擦桌子、洗衣服，直到八十岁，日日如此。有一回，他的门生想替他服务，把他本日应做的工悄悄地都做了，这位言行相顾的老禅师，老实不客气，那一天便绝对地不肯吃饭。

……

第一要敬业。"敬"字为古圣贤教人做人最简易、直接的法门，可惜被后来有些人说得太精微，倒变了不适实用了。惟有朱子解得最好，他说："主一无适便是敬。"用现在的话讲，凡做一件事，便忠于一件事，将全副精力集中到这事上头，一点不旁骛，便是敬。

……

第二要乐业。"做工好苦呀！"这种叹气的声音，无论何人都会常在口边流露出来。但我要问他："做工苦，难道不做工就不苦吗？"今日大热天气，我在这里喊破喉咙来讲，诸君扯直耳朵来听，有些人看着我们好苦；反过来，倘若我们去赌钱去吃酒，还不是一样在费神、费力？难道又不苦？须知苦乐全在主观的心，不在客观的事。

……

我生平最受用的有两句话：一是"责任心"，二是"趣味"。我自己常常力求这两句话之实现与调和，又常常把这两句话向我的朋友强聒不舍。今天所讲，敬业即是责任心，乐业即是趣味。我深信人类合理的生活应该如此，我望诸君和我一同受用！

这次讲话内容可谓是逻辑严密，条理清晰，论证说理，环环相扣。开头提出论题，中间内容分成两部分，分别论述敬业和乐业的重要，结尾总结全篇。主体部分论述时，用次序语"第一""第二"，更加清楚地显示出讲话的层次。同时列举了多重论据证明自己的观点，其中梁先生根据自己的亲身经验，指出"责任心"和"趣味"跟"敬业"与"乐业"的关系最为密切："责任心"就是"敬业"，"趣味"就是"乐业"。他认为做事必须具备责任心和善于"从职业中领略出趣味"。另外还有名言警句，如儒家的《礼记》《论语》，道家的《老子》《庄子》，佛家的百大禅师等等。

所以说，讲话的逻辑严密能增强语言的表现力。而且，严密的逻辑不仅有助于讲话者表达思想，论证观点，还可以提高讲话者识别和反驳谬论的能力，诡辩者总是故意违反逻辑规则，用貌似正确实则存在逻辑漏洞的推论进行辩护，如果缺乏逻辑能力，就很容易上当；如果懂得逻辑规律，就能迅速发现诡辩者的花招，从而在讲话中有力地进行揭露和反驳。

此外，语言是思维的产物，是思维成果的体现形式，语言能将抽象的思维灵活地表达出来，使用语言的过程实际上就是变信息为思想、变思想为语言的转换过程。可以说，掌握语言，实际上就是最早的思维和思维方式的训练。而使用语言表达思维也总离不开运用概念、判断、推理，这几个环节也就是形成逻辑的过程。概念、判断、推理要靠词、句、句群和简章来表达，所谓语言准确，实际上就是做到概念明确、判断恰当，推理合乎逻辑。优美的讲话语言总是包含着无懈可击的逻辑性。所以，讲话者掌握逻辑知识，做到逻辑严密，环环相扣，有助于准确地表达思想，增强语言的表现力。

即兴讲话要结合实际

提高口语能力

即兴讲话最能体现一个人的口语表达水平。即兴讲话与口语表达能力是密不可分的，要想成为即兴讲话的高手，就必须提高自己的口语能力。

1. 多听

我们要把话讲给别人听，并且要让对方觉得动听，那么自己首先要多听。我们可以从几个方面去听：

一是多听别人演讲，多听别人说话，以提高有声语言的表达能力。

二是多听自己的讲话或练习时的录音。罗马哲人塞涅卡曾说："在向别人说些什么之前，首先要把它说给自己听听。"的确，要想提高自己的口语表达能力，出色地进行演讲，就需要讲话者在正式上台讲话之前，反复地练习几遍。我们可以对亲朋好友讲，还可以找个偏僻无人的地方讲，也可以对着镜子或录音机讲。

在没有人倾听的时候，每讲一遍，自己都要录下来，发现问题以便及时地纠正错误。也可以请内行人指出弱点和不足，并加以改正。如果每次演讲、发言之前都能坚持试讲、试听几遍，口语表达能力肯定会不断提高。

三是多听电台、电视台播音员、节目主持人播音、讲话。听这些语言和腔调会为我们树立一些标准，让我们在音质、音量、语调上面进行改变，使得语言流畅悦耳、优美动听。

2. 多问

即兴讲话是一门学问，也是一门艺术。但是生活中很多人都会存在这样的误解，觉得说话是天生的，就不在意也不上心，更谈不上用心去求教，去学习。有的人虽然觉得说话、演讲有东西可学，但又只限于看看书或听听录音，而不好意思开口向别人请教，结果只是事倍功半。

柏拉图说过："不知道自己的无知，乃是双倍的无知。"我国古代教育家孔子也说过："知之为知之，不知为不知，是知也。"一个人要想提高自己的口语能力，就必须放下架子，向有经验的演讲者和对口才有研究的专家虚心求教，不懂就问，经过长期积累和反复琢磨，不断总结经验和教训，这样逐渐改变自己口语能力，才能让脱稿讲话做得越来越好。

3. 多学知识

英国哲学家、政治家培根说："知识就是力量。"苏联的伟大作家高尔基说过："用知识武装起来的人是不可战胜的。一个人知道得越多，他就越有力量。"的确，知识是口才的基础，多学知识，是提高口才和演讲水平的前提。

"不积跬步，无以至千里；不积小流，无以成江海。"要想给别人一杯水，自己就应有一桶水。那些学识浅薄、胸无点墨、孤陋寡闻、不学无术的人，是根本说不上有口才的。

4. 多学讲话技巧

一个人敢说话、会说话，还不等于有口才，正如一个人会骑自行车还不是艺术一样，只有杂技演员娴熟的骑车表演才称得上艺术。脱稿讲话是一种综合艺术，要真正掌握这种艺术，并非易事，它包括很多方面的技巧，诸如声音的字正腔圆、吐字归音，形体的动作、面部表情和仪表礼节，控场、应变的方法，即兴说话的诀窍，论辩的艺术，对话的妙法等等。这些都需要我们进行系统的学习和运用。

口才的技能不是天生的，同其他任何才能一样，口才的获得来之于勤奋的学习、刻苦的练习。"宝剑锋从磨砺出，梅花香自苦寒来。"古今中外一切口若悬河、舌辩滔滔的演讲家，都是在后天的努力和苦练的基础上，靠自信、勇气、拼搏、锻炼造就而成的。

提升说服力的方法

为什么有些讲话者所讲的观点很容易就被听众接受，而有些讲话者所说的话让听众觉得没有可信度呢？一个讲话者如何能够说服听众来支持一项事业、一项运动或一个候选人？这就需要讲话者来提升自己的说服力，只有这样才能更容易让听众听懂我们的话，并接受我们的观点。那么，如何提升说服力呢？以下提供几种方法供大家参考：

1. 提出统计数字

说服别人，就需要证据，而证据有好多种，其中一种有力的证据，就是统计数字。一个统计数字有时胜过千言万语。举个最简单的例子，当我们要倡导大家珍惜水资源，如果只是一直强调"要节约用水，珍惜水资源"，不会给人留下深刻印象。但是如果我们换一种说法，提出一些具体的数字，比如这样说："地球表面虽然 2/3 为水覆盖，但是 97% 为无法饮用的海水，只有不到 3% 为淡水，但其中 2% 封存于极地冰川之中。在仅有的 1% 淡水中，25% 为工业用水，70% 为农业用水，只有 5% 可供饮用和其他生活用途。目前世界上 100 多个国家和地区缺水，其中 28 个国家被列为严重缺水的国家和地区。据统计我国北方缺水区总面积达 58 万平方公里，我国 500 多个城市中有 300 多座城市缺水，每年缺水量达 58 亿立方米。由于人类的破坏使得地球水资源有限，不少大河如美国的科罗拉多河，中国的黄河都已雄风不再，昔日'奔流到海不复回'的壮丽景象已成为历史的记忆了。"显然，直观的数字更能让听众重视自己的观点，以此来吸引他们的注意力。

但是在说具体数字的时候，也要适当地运用生动的语言。比如卡耐基先生说："在每一百个接通的电话当中，有七个是超过了一分钟才来应话。这表示，每天约有二十八万分钟就这么浪费了，这样过了六个月，纽约因为迟接电话所浪费的时间，几乎是自哥伦布发现新大陆以来所有的工作天。"通过生动的语言来说明消耗和浪费时间，让人们更愿意接受，自然也会被人们信服。

2. 流畅、坚定地表达自己

经过大量事实证明，讲话者的表达方式会对讲话的效果产生重大的影响。比如讲话略快、声音抑扬顿挫、语气坚定有力的讲话者，通常是很容易被人们信服，因为他给人们展现的是自信、活力、激情。而那些总是在讲话中犹豫不决，时断时续，还经常出现"啊，哦，嗯"之类的词，会让听众感觉是一种不自信的表现，听众会认为："既然你对自己说出的话都不自信，为什么我要相信你说的话呢？"所以，在脱稿讲话时，我们需要让自己表现得坦然自若，胸有成竹，并使用流畅的语言，坚定的语气。这有助于提升自己的说服力，获得听众的信赖。

3. 利用论证材料

在讲话时，如果空谈一些道理，说一些理论和观点是不足以能够让听众信服的，如果加入一些论证材料，如事例、统计数据、证明材料等，说服力自然会提升很多。

比如，在谈到关于手机辐射的问题时，可以说"很多中国人都受到了手机辐射的污染"。但如果我们运用一些论证材料来支持观点会更好。"据信息产业部 2006 年 10 月底发布的消息，中国手机用户量已经超过 3.2 亿，这就意味着有 3.2 亿中国人都受到了手机辐射的污染"。讲话者运用了数据来证明自己的观点，就会大大增强了可信度。

因此，我们要学会在讲话中适当地运用一些论证材料，用来论证自己的观点，才能让讲话真实可信。

4. 合理推理

推理在生活中无处不在，但只有合理的推理才能使人们信服。在进行脱稿讲话时，或许需要由一个故事逐渐地推出所要表达的结论，在推理的过程中，需要依据客观规律或者是常理进行推导，进而自然地得出与主题相关的结论，听众自然会接受。但如果只是强制地、歪曲地、牵强地引入那个结论，势必会让听众心生质疑，甚至会产生反感。

因此，我们在讲话时要时刻地提醒自己，只有正确合理的推理，才能会让听众信服。若是你不知道自己的推理是否可行，就可以找一些朋友或者是专业人士来帮忙，让他们给你提出一些切实可行的建议。

因会而异

在主持会议的时候，会议主持者或即兴发言者一个重要的任务就是发挥语言的艺术性，针对不同的会议，调动听众的情绪，抓住听众的兴奋点，准确吸引听众的注意力。要知道，会议的类型不同要求也不相同，因此，作为讲话者，必须懂得因会而异，根据场合针对性地赋予语言不同的色彩。

会议一般出现在工作中，比如说公司的平常会议，公司的年底会议，洽谈会议，谈判会议等等，这就需要发言者根据场合的需要，来做出相应的调整，说出切合实际有用的话，只有这样，才能最终实现说话的目的。

1. 日常的工作会议

在职场中，每个人都讲究效率，所以，在出席这样会议的时候，我们就需要长话短说，避免那些空话、套话，直接讲出重点，切合实际地把主要问题讲清楚。

即兴发言者要想在会议上说出简单而实际的话，不妨做到以下几个方面：

首先，需要发言者明确会议的主题。只有知道会议的主题是什么，才能做到心中有数，才能说出合适恰当的话。

其次，根据主题分清问题产生的原因。发言者需要结合实际，把问题产生的原因进行简明扼要地分析，并指出其中主要的原因。这样，才能以最快的方式找到问题的所在。

最后，提出合理的解决方案。在这三个环节当中，最后这个环节是重点，发言者需要把问题的解决办法逐条说出来，让听众清楚明白。

2. 单位年会

年会指某些社会团体一年举行一次的集会，是企业和组织一年一度不可缺少的"家庭盛会"，在这样的场合，发言者就需要说出振奋人心的话。若你是公司的领导者，在发言的时候，不妨遵循这样的模式：

首先，在开头的时候要祝贺所有的员工，祝贺他们在这一年里取得的骄人的成绩，代表公司恭祝大家新年快乐。

其次，发言者需要年度回顾，用简单的话语回顾一下过去。

再次，在回顾过去之后，接下来就需要展望未来。描绘一下公司美好的愿景，鼓舞员工们的斗志。

最后，再说下一个年度安排。在新的一年里的工作安排可以简单提一下。

依照上述的框架，就知道在这样的场合，应该怎么说才能切合实际了。

3. 谈判会议

不同的谈判场合决定着讲话者应该说什么。这方面的会议，没有一个约定俗成的框架，需要发言者根据实际情况去应对。但这里要提醒的是，在谈判会议上，一定要切中要害地说出关键的话，让对方信服你。

首先，在会议开始时，要阐明自己的立场。比如说在销售方面的谈判会议，目的是双方要就各自提出的条件达成一致，那么在会议开始时便需要表明自己立场。需要注意的是，不要带着犹豫的口气，要做到干净利落的表达。

其次，协商过程。在谈判会议上，最易出现僵持的阶段就是协商的过程，这就需要讲话者打破这种僵局，找到突破口，尽量挽回局面，争取能够在协商的状态下，双方能够达成一致。

最后，要表示感谢，提出展望。就成功的谈判会议而言，在结尾时一般都需要表示感谢，感谢彼此能达成共识，并且期望在下一阶段顺利的合作。

总而言之，讲话者更根据不同的会议来调整自己的讲话内容，调整讲话节奏，才会在会议上得到更多人的认可。

允许讲话者说几句错话

在脱稿讲话时，有一些人因为说错了话，就不知道下面该怎么进行下去了，也不知道如何来挽回这种场面，最终把自己弄得特别尴尬。其实，说几句错话也没什么大不了的，这些错话是你成长的基石，只要你学会善于化解，巧妙应对，同样是出色的讲话者。

所以，首先不要害怕说错话，在讲话过程中偶尔说错几句话，听众应该是可以原谅的。而且，对大部分人来说，既不是学校里专职的老师，也不是大学里天天讲课的教授，更不是职业演讲家。讲话出错、讲不好并不奇怪。若是第一次当众讲话或者讲的是全新的内容，缺乏经验，出错就更正常了。因此在脱稿的时候，要允许自己讲错话，不要因为一句错话而大惊小怪。

美国总统布什在某次签署国防拨款法案时当众说错了话。布什说："我们的敌人变换手法，随机应变，我们也一样。"他接着说，"他们从不停止考虑危害我们国家和人民的新途径，我们也一样。"

布什说错了话，在场的所有美国高级军官和国防部官员没有一个人作出反应。他们当中有国防部长拉姆斯菲尔德、副部长沃尔福威茨和参谋长联席会议主席迈尔斯。美联社就此取笑说，布什总统在他的"布什主义"版本中加入了新的内容。但白宫发言人麦克莱伦说，布什的口误就像多数直言口快的人的口误一样。

布什身为总统也有出错的时候，脱稿讲话中说错话就更可以理解了，因为现场发挥中难免会因为紧张或急切而产生口误，只要后面的内容连贯、清楚就行。

当不小心说错了话时，先不要慌张，应该按照原来的主题继续下去。虽然自己抱有遗憾，但是不要为此沮丧。因为每个人都要允许自己有一个成长的过程，要学会随时随地给自己一个恰当的定位，任何事物的发展都是从小到大、由弱变强的，要允许自己在缺少经验和技能生疏的情况下讲不好，允许自己犯错误，这是再正常不过的事情了。